前沿信息技术的安全与应用丛书

区块链安全技术与应用

张小松 著

科学出版社
北京

内 容 简 介

本书是一部关于区块链安全与应用的技术专著，主要内容包括区块链简介、共识机制与智能合约、区块链隐私保护以及区块链技术应用四个部分。第一部分简要介绍区块链的定义、架构、相关技术、分类等；第二部分重点讨论区块链智能合约安全、优化、交易行为、以太坊虚拟机的安全问题；第三部分讨论数字签名在区块链安全与隐私保护中的应用与实例；第四部分介绍区块链技术的几个应用场景，对实现区块链监管的可编辑区块链技术进行讨论。

本书专业性较强，适合专门从事区块链技术和安全研究的学者参考，也可作为高等院校硕士、博士研究生学习区块链的参考书。

图书在版编目(CIP)数据

区块链安全技术与应用 / 张小松著. —北京：科学出版社，2021.3

(前沿信息技术的安全与应用丛书)

ISBN 978-7-03-066908-7

Ⅰ. ①区… Ⅱ. ①张… Ⅲ. ①区块链技术-安全技术-研究 Ⅳ. ①F713.361.3

中国版本图书馆CIP数据核字(2020)第225134号

责任编辑：张海娜　赵微微 / 责任校对：王萌萌

责任印制：吴兆东 / 封面设计：蓝正设计

科学出版社 出版

北京东黄城根北街 16 号

邮政编码: 100717

http://www.sciencep.com

北京中科印刷有限公司 印刷

科学出版社发行　各地新华书店经销

*

2021 年 3 月第 一 版　开本：720 × 1000 1/16

2023 年 3 月第二次印刷　印张：18 3/4

字数：372 000

定价：98.00 元

(如有印装质量问题，我社负责调换)

序

2019年10月24日，习近平在中央政治局第十八次集体学习时强调，把区块链作为核心技术自主创新重要突破口，加快推动区块链技术和产业创新发展[①]，标志着区块链正式上升为国家战略。2020年3月，中央政治局常务委员会会议提出，加快5G网络、数据中心等新型基础设施建设进度(简称“新基建”)。同年4月20日，由国家发展改革委进一步明确新基建内容，在信息基础设施中包含了区块链技术。可见，推进区块链技术研究应用的趋势已经势不可挡。

区块链技术起源于对去中心化数字货币体制的研究。自2008年中本聪发表文章《比特币：一种点对点的电子现金系统》，区块链的概念被正式提出并进入人们的视野。短短十几年时间，仅仅依赖自由市场模式的生长发展，比特币取得了令人瞩目的商业成功，引起全球的高度关注。一些国家从2014年陆续制定了区块链国家发展战略，欧洲国家，如英国、爱沙尼亚共和国、罗马尼亚等率先在公民身份系统、社会福利发放与扶贫债券、公民选举投票、土地不动产登记管理上部署应用区块链技术平台。但是，和其他信息技术一样，安全问题始终相随相伴，区块链在应用中已经面临着各种网络攻击。例如，因为智能合约漏洞，2016年6月，The DAO项目遭遇攻击，损失数千万美元；2018年4月，美链(BEC)数百亿美元市值几乎归零。频繁发生各种针对区块链系统、合约和应用的攻击事件，给学术界和产业界都敲响了警钟。针对区块链安全和应用问题的研究是一个重要的课题。

《区块链安全技术与应用》是一部关于区块链安全与应用的技术专著，主要内容源自电子科技大学网络空间安全研究院近年来在区块链交易行为分析、性能优化、安全架构等方面的研究成果，这些成果先后在国际顶级学术会议和顶级期刊上发表，部分成果获得了国际学术会议最佳论文的荣誉称号。作者张小松教授通过细心的整理融合，以专著的形式为广大读者系统介绍区块链安全和应用领域的最新研究进展；基于计算机科学、现代密码学、软件工程等多个学科的基础理论，对区块链的安全和应用开展专题研究，并给出严谨的理论分析和实验结果。

---

① 新华网. 习近平在中央政治局第十八次集体学习时强调 把区块链作为核心技术自主创新重要突破口 加快推动区块链技术和产业创新发展. http://www.xinhuanet.com/politics/2019-10/25/c_1125153665.htm.[2021-1-1].

区块链是当下热门的话题，上至国家战略，下至学科建设、技术研发、人才培养、成果应用，各行各业无不积极关注和投入，均把区块链视为数字经济发展的理想载体和平台。但是冷静下来，区块链技术仍然面临共识算法机制、运行效率、存储机制、实体资产可信绑定、匿名与可信矛盾、监管等方面的一系列问题，希望该书的出版能为广大学者提供一部优质和严谨的区块链研究学术专著，给加快区块链技术研究、突破应用和安全中的瓶颈问题提供重要的启迪。

中国工程院院士

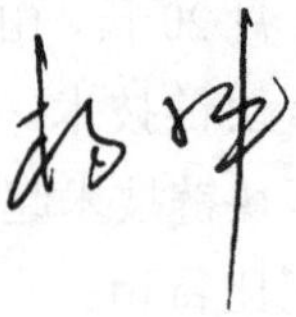

2021 年 1 月

前 言

本书针对区块链在体系架构、性能和安全方面的问题，以当前最具代表性的区块链平台——以太坊为实验研究对象，在交易行为分析、智能合约性能优化、安全架构和策略以及监管机制方面，进行深入的研究和探讨。在交易行为分析方面，提出采用复杂网络方法分析区块链交易行为，构建出三种复杂网络，获得了35个新发现，设计出通用区块链数据分析平台。在智能合约性能优化方面，首次发现智能合约浪费交易费的问题，设计出第一款合约自动化优化软件，提出能有效遏制磁盘操作系统攻击、动态自适应的燃料费方案，发现智能合约静态分析的基础性难题，检测出数千种不一致代币合约，包括50个未报道的漏洞，提出使用执行轨迹提高控制流转移识别的精度，从而精确识别代币行为的方法。在安全架构和策略方面，设计出扩展性好、性能好、兼容性好的区块链安全威胁检测框架，实现针对八种安全威胁的检测，并在三条不同的区块链上检测到大量的安全威胁。在区块链的监管机制方面，针对区块链去中心化和匿名化的性质被用户恶意利用的情况，提出一种门限变色龙哈希函数，并基于该函数设计了一种分布式可编辑的联盟区块链，用于构建安全和可靠的信任底层；进一步基于公钥密码算法和可证明安全理论，提出一种可撤销的变色龙哈希函数，设计了一种可自我修复的可编辑区块链。

本书汇集了电子科技大学网络空间安全研究院区块链团队近年的主要学术研究成果，已经分别在国际顶级学术会议和顶级期刊上发表，并先后获得了INFOCOM（International Conference on Computer Communications）2018最佳论文奖、ISPEC（International Conference on Information Security Practice and Experience）2017最佳论文奖、CCF（China Computer Federation，中国计算机学会）区块链专委会2018区块链最佳论文奖、ESEM（International Symposium on Empirical Software Engineering and Measurement）2019最佳论文提名等学术荣誉。

本书内容安排如下：第一部分，简要介绍区块链的定义、架构、相关技术、分类等；第二部分，重点讨论区块链智能合约安全、优化、交易行为、以太坊虚拟机的安全问题；第三部分，讨论数字签名在区块链安全与隐私保护中的应用与实例；第四部分介绍区块链技术的几个应用场景，对实现区块链监管的可编辑区块链技术进行讨论。具体章节安排如下：第1章主要介绍区块链的一些基本定义；第2章主要介绍共识机制；第3章主要介绍智能合约安全；第4章主要介绍智能合约的优化方法；第 5 章主要介绍以太坊的交易分析；第 6 章主要介绍以太坊虚拟机的安全问题；第 7 章对公钥哈希函数在区块链中的应用进行讨论；第 8 章对数字签名在区块链中的应用进行讨论；第 9 章围绕安全和隐私保护具体实现的问题，给出了相关定义、需求和实例；第 10 章主要介绍基于区块链的身份管理相关内容；第 11 章主要介绍基于区块链的云数据管理相关内容；第 12 章主要介绍区块链用于解决数据漫游服务的问题；第 13 章主要介绍区块链面临的挑战及在其他领域的应用；第 14 章主要介绍可编辑区块链的必要性以及相关研究。

本书相关的部分研究工作得到国家重点研发计划(2017YFB0802300)、国家自然科学联合基金重点项目(U19A2066)的资助，以及电子科技大学-成都交子金控集团区块链研究院的支持，在此表示感谢。

本书的撰写得到电子科技大学网络空间安全研究院相关教师、科研人员和博士研究生及硕士研究生的大力支持，尤其要感谢研究院的陈厅老师、黄可老师为本书的撰写提供了优质的研究文献内容。此外，研究院汪小芬、牛伟纳、陈瑞东等老师以及王艳平、程龙、李世鹏、许宗莲、张愉菲、李子豪、金祝光、肖修卓等同学也为本书撰写和素材调研提供了大力支持，这里一并感谢。

作者希望通过本书内容让广大读者对区块链有一个系统和全面的认识，为区块链研究者提供重要的技术经验和指导，为区块链从业者提供前沿的研究进展与成果，为区块链爱好者提供科学的视角和循序渐进的教程。

限于作者水平，本书难免存在不妥之处，敬请广大读者批评指正。

作　者

2020 年 9 月

目　　录

第四部分 区块链技术应用

第一部分

区块链简介

第一部分　区块链简介

区块链是首个成功的分布式公共账本技术，它涉及多种基础知识和技术。为了让读者对区块链有系统的认识，本部分安排一章，对区块链及其相关知识进行系统介绍。本部分首先介绍区块链的一些基本定义，包括区块、区块头的构造等；其次，介绍区块链的基本性质，包括去中心化、匿名性等；再次，对区块链涉及的不同层次结构、相关技术以及区块链分类进行介绍；接着，列出区块链目前存在的一些挑战以及未来的发展方向；最后，介绍区块链的典型应用平台——以太坊。本部分介绍的基本知识和概念将为读者后面章节的学习打下基础。

第1章　区块链概述

本章就区块链的定义、架构、相关技术、分类、发展与挑战、以太坊的知识进行介绍。

1.1　区块链定义

区块链： 区块链是分布式数据存储、点对点传输、共识机制、加密算法等计算机技术的新型应用模式。区块链系统具有以下五种常见的特性[1]。

(1) 去中心化：区块链实现了数据的分布式记录、存储和更新。所有网络节点的权利与义务相同，共同维护系统中的数据。信息的传输和服务的实现都直接在对等点之间进行，而无需中央机构的介入。

(2) 匿名性：区块链使用算法实现了基于地址的交易流转，而不是基于个人身份。每个用户都可以生成匿名地址与区块链网络进行交互。为避免身份暴露，用户甚至可以生成多个地址。区块链用户的资产，和谁进行了交易等信息在区块链中都可以被匿名保护。

(3) 不可篡改性：区块链中的每笔交易验证通过后，将会被打包成块并存储在区块链上，后一个区块包含前一个区块的内容，如果要修改一个区块中的数据，就需要重新生成它之后的所有区块。除此之外，网络中的每个节点都拥有所有的区块信息，这使得信息篡改的难度大、成本高。

(4) 可审核性：区块链上的每笔交易都经过验证并记录了时间戳，用户可以通过访问分布式网络中的节点轻松地追溯交易记录；前一个区块内容的哈希值被存储在后一个区块中，以此类推，形成了一条完整可追溯的链，信息可以被很轻易地审核。

(5) 自治性：区块链采用基于协商一致的规范和协议，使得整个系统中的所有节点能够在去信任的环境中自由安全地交换数据，使得对个人和团体的信任改成了对区块链网络的信任。

区块链结构： 区块链结构为线性排列的链式结构。如图 1.1 所示，所有区块按照时间顺序线性排列。每个区块都通过 hash 指针指向相邻的前一个块，即通过将前一个区块的哈希值存入当前的区块中。区块链的第一个区块称为创世区块。

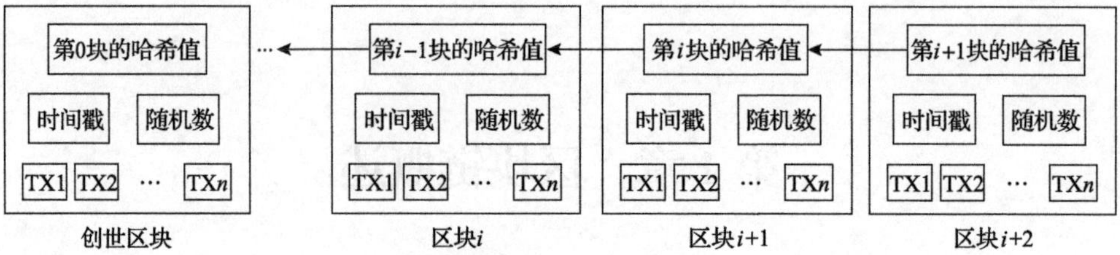

图 1.1 区块链结构

区块：区块可以描述为持有某些信息的单个实体。每一个区块由区块头和区块体组成。表 1.1 和表 1.2 分别介绍了比特币的区块头和区块体。

区块头：以比特币为例，其区块头中封装了区块的版本号、哈希值、时间戳及随机数等。区块头被用来作为区块位置的唯一标识。

表 1.1 比特币区块头

数据项	说明	大小/字节
Version	区块版本号	4
hashPrevBlock	前一区块的 256 位哈希值	32
hashMerkleRoot	根节点的 256 位哈希值	32
Time	以秒为单位的当前时间戳	4
Bits	压缩格式当前目标哈希值	4
Nonce	从 0 开始的 32 位随机数	4

区块体：以比特币为例，区块体包含了交易计数器及交易等，所有交易以 Merkle 树的形式被组织在一起。这些交易信息可验证且可独立审核，新区块一旦产生，就可以溯源访问链中的所有区块。

表 1.2 比特币区块体

数据项	说明	大小/字节
Magic no	魔法数，总是 0xD9B4BEF9	4
Blocksize	整个区块的字节长度	4
Blockheader	包含 6 个数据项的区块头长度	80
Transaction counter	交易计数器，为正整数	1～9
Transactions	交易	$m \times n\,(n>250)$

交易的步骤：以比特币为例，一个交易的产生和验证主要有以下五个步骤，如图 1.2 所示。

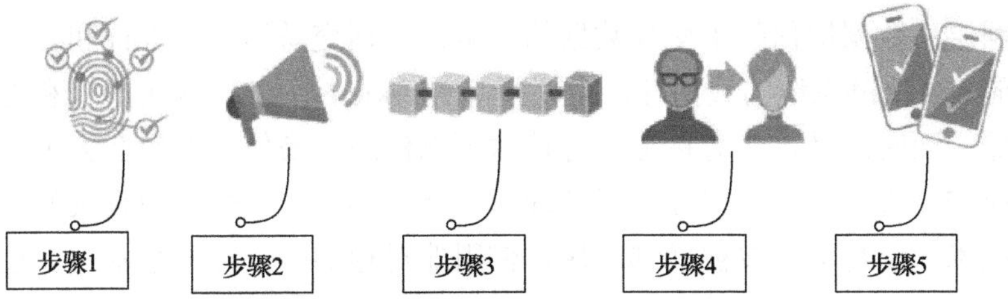

图 1.2　区块链交易步骤图

步骤 1　打包有最近交易集合的新区块并放入网络中，矿工们验证交易是否合法。如果合法，矿工将会收集在一段时间内的所有交易，并通过复杂的计算尝试解决一个密码学难题。

步骤 2　一旦其中的某一位矿工解决了该密码学难题，即向网络广播自己打包的所有交易。

步骤 3　奖励算法会奖励该矿工。新区块被添加到区块链。每个当前区块都指向前一个区块，形成区块链。

步骤 4　在交易发起后的一段时间内，交易双方分别收到了区块链系统签署的确认信息。

步骤 5　交易得到确认，交易完成。

1.2　区块链架构

从技术架构上来说，区块链系统可以分为数据层、网络层、共识层、激励层、合约层及应用层(图 1.3)。

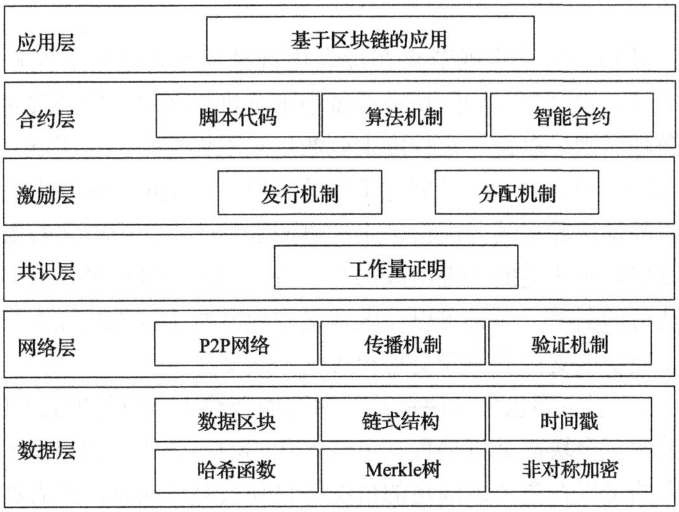

图 1.3　区块链技术结构

数据层：数据层保障了交易数据的安全，包括交易的安全进行和交易数据的安全存储。区块链系统的数据存储主要基于 Merkle 树，并以区块形式和链式结构进行存储。而时间戳、非对称加密等技术可以保障交易信息即使在去中心化的环境下也能安全进行。数据层提供了处理从网络、物理和社交空间收集的各种交易的关键技术。交易信息将被捆绑成块，使用非对称加密，经过哈希运算过后存储在区块链网络的所有完整节点上。如果存在矛盾数据(如比特币的双重支出)，网络中的大部分节点或者全部节点将进行协商解决该问题，达成一致后将数据写入区块中。

网络层：网络层主要通过点对点(P2P)对等网络实现数据的传播和验证。每一个区块链节点都可以参与系统中的记账和验证过程。由于采用点对点网络结构，网络中的所有节点都保存了全部的交易信息，即使部分节点出故障无法正常运行，但只要有一个节点运行正常，就可以从该节点处复制区块数据并进行更新，恢复数据。网络中的所有参与节点在没有中心节点的情况下享有同等数据传播和验证权力，它们持续不断地监听网络，并根据预定义的检查列表验证广播数据或数据块，无效的块将被丢弃，其他块将被转发到相邻节点。

共识层：共识层中封装了各种共识机制，采用这些机制可以让区块链系统中各个节点的记录保持一致。区块链共识机制的目标是使分布式系统中各诚实节点拥有一致的区块链视图，同时满足一致性和有效性。一致性表现为所有诚实节点保存的区块链的前缀部分完全相同，有效性表现为由某诚实节点发布的信息终将被其他所有诚实节点记录在各自的区块链中。区块链中的共识机制可以使高度分散的节点对区块数据的有效性达成一致，确保每一个节点都拥有一个公认的全局账本。

激励层：激励层可以实现节点在最大化自身利益的前提下保障系统的安全性。使更多的节点积极参与到区块链系统中来是维持区块链发展要考虑的问题，而区块链的激励层则可以在一定程度上刺激用户积极参与。这无疑是维护区块链网络系统长期运行的动力。一旦创建了新的区块，区块链系统将发行一定数量的加密货币作为奖励，并将其分配给矿工，以激励整个系统继续进行数据验证和区块创建。激励层是区块链的关键组成部分，特别是公共区块链，其不仅可以作为区块链提供动力的引擎，而且可以在区块链中建立基于嵌入式加密货币的金融系统，从而可以轻松地支持非中介交易和实施小额支付。

合约层：合约层主要包含区块链系统和智能合约所需的各种类型的脚本代码、算法。区块链的每个块都是可编程、可嵌入代码的，合约层则定义了这些脚本、算法。智能合约可以在条件被满足的情况下自动被触发执行，或者在不满足条件时自动取消合约，整个过程并不需要人工干预。从理论上讲，智能合约可以触发执行所有的约定条款。合约层是建立在区块链底部的逻辑、算法和规则策略，可为区块链系统提供灵活的编程和运营功能。

应用层：应用层是区块链系统的展示层，该层打包了所有可能的区块链应用场景和用例。尽管区块链技术仍处于起步阶段，但近年来在各种领域都取得了进步，也涌现出了大量新颖的应用模型和用例，其在这些领域的发展有利于构建具有数据安全性的去中心化系统。作为一种新时代技术，区块链和加密货币已在各种类型的行业中得到了广泛的应用，从数据存储、加密和验证的基础技术到金融和资产管理，再到各种商业模式，区块链的应用范围和场景在不断增加。

1.3　区块链相关技术

区块链相关技术有很多，其涉及密码学算法、共识算法、P2P 网络相关技术及智能合约技术等。

非对称加密：常用的非对称加密算法(图 1.4)有 RSA(Rivest-Shamir-Adleman)算法、椭圆曲线加密(elliptic curve cryptography, ECC)算法、ElGamal 加密算法等。在区块链网络中，所有的节点维护自己的密钥对，即公钥和私钥，公钥对外公开，私钥保密。密钥用以对各种信息的加密和解密，可以在匿名网络中构建信任。在区块链中非对称加密主要用于数据加密和数字签名。数据加密和数字签名都是对消息进行加密处理，只不过数据加密通常是用接收方的公钥加密，而数字签名则是用发送方的私钥进行加密。数据加密和数字签名分别保障了数据的可靠传输和可信验证。

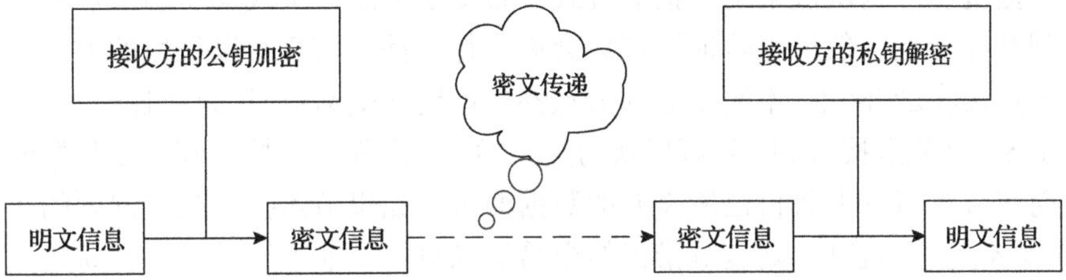

图 1.4　非对称加密算法

Merkle 树：区块链中的 Merkle 树(图 1.5)实际上是一个哈希二叉树，其包含根节点、中间节点和叶节点。Merkle 树的所有父节点都是由它的左右子节点的哈希值组成。区块中任意一个数据的变更都会导致 Merkle 树根值发生变化。在区块头中包含 Merkle 树根的哈希值，在交易信息验证对比的过程中，对比 Merkle 树根的哈希值就可以判断交易是否被篡改。Merkle 树结构能够大大减少数据的计算量，从而提高区块链的存储效率。

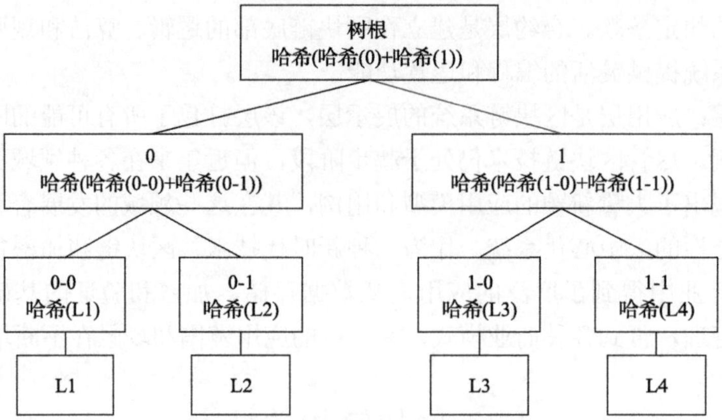

图 1.5 Merkle 树结构

哈希函数：哈希函数具有单向性、任意输入到固定输出、抗碰撞等特点。更具体地说，经过哈希函数运算过后的值不能反推出原始数据，且不同长度的输入可以输出等长哈希值，运算所需要的时间也相同，而对于不同的输入值则会有不一样的输出值。在区块链中常用的哈希函数是 SHA-256 算法，其将原始记录映射成固定长度(256 位)的哈希值，并将这些值组合成固定长度的字符串记录进区块中，以便存储和查找。

时间戳：通过在区块头中加入时间戳信息，可以确定区块被写入的时间，同时也使区块链具有时序的性质。时间戳可以作为区块数据的存在性证明，有助于形成不可篡改、不可伪造的分布式账本。更为重要的是，时间戳为支撑区块链技术的互联网和大数据应用增加了时间维度，使得可通过区块数据和时间戳来重现历史[2]。

广播机制：区块链采用广播的方式公布交易信息，生成交易的节点先将信息广播到其邻节点，邻节点验证通过后会再进行广播，信息会以极快的方式被全网中的节点接收。实际上，不需要全部节点都保留这条交易信息，只要保证大多数(大于等于 51%)节点接收到，就可以认为交易通过，而其他未接收到交易数据的节点直接向邻节点请求下载自己所需要的数据即可。如果节点接收到有问题的交易信息(余额不足等问题)，则这笔错误的交易信息将会验证不通过，该交易数据会被节点抛弃从而不会对它再进行广播。新区块的生成也是通过广播来确认的，找到满足条件的随机数后进行广播，经过验证后确认新区块的记账权，生成新的区块，全网进行同步，将该块添加到主链上[2]。

共识算法：工作量证明(proof of work，PoW)共识基于各计算机的算力竞争来解决一个复杂性问题以获得区块的记账权[3]。PoW 共识在早期的区块链系统中很有意义，其本身的运行特性导致了算力资源的浪费，这也是其最明显的缺点；权益证明(proof of stake，PoS)共识正是为了解决 PoW 的缺陷而被提出来的。PoS

共识本质上就是通过权益证明来替代基于哈希的算力证明，也就是说拥有最高权益的节点将获得交易的记账权[4]。权益证明实际上就是资源证明，拥有越多资源的节点获得记账权的概率就会越大。授权股份证明(delegated proof of stake，DPoS)共识是效率最高、最分散以及最灵活的共识机制，其基本思路类似于董事会投票，持币者会拥有与他们在网络上拥有的代币数量一致的选票，新区块的生产者由他们投票决定。当然，持币者也可以委托其他节点代表他们投票，最终票数最高的且愿意成为代表的节点将被选入董事会，轮流对交易进行打包并生产新区块。

P2P 网络：区块链系统的节点一般具有分布式、自治性、开放可自由进出等特性[5]，采用的是 P2P 网络方式(图 1.6)，即点到点网络。P2P 网络技术实际上是一种与客户机/服务器(C/S)模式相对应的分布式应用架构，它与 C/S 结构最重要的区别就是其所有的节点地位相等、功能相同，节点间的沟通交互和资源共享无须通过任何中间节点，在整个网络结构中实现了去中心化。区块链实现去中心化采用的就是 P2P 网络形式，即每个节点地位相等，共同承担网络路由、验证和传播交易信息等工作。按照节点存储数据量的不同，区块链网络拓扑可以分为全节点和轻量级节点，前者保存有从创世区块到当前最新区块为止的完整区块链数据，并通过实时参与区块数据的校验和记账来动态更新主链[5]。

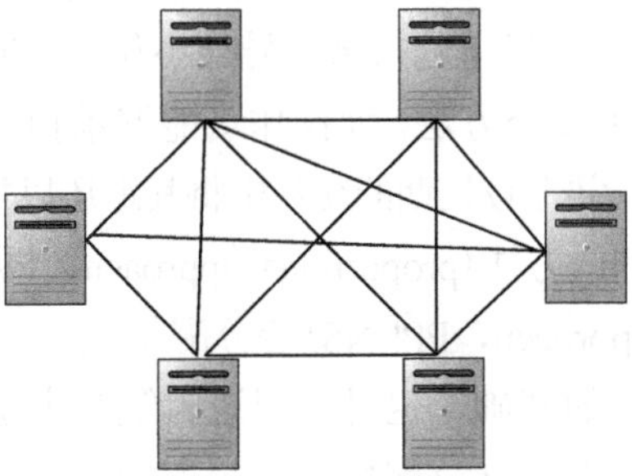

(a) P2P去中心化网络模式

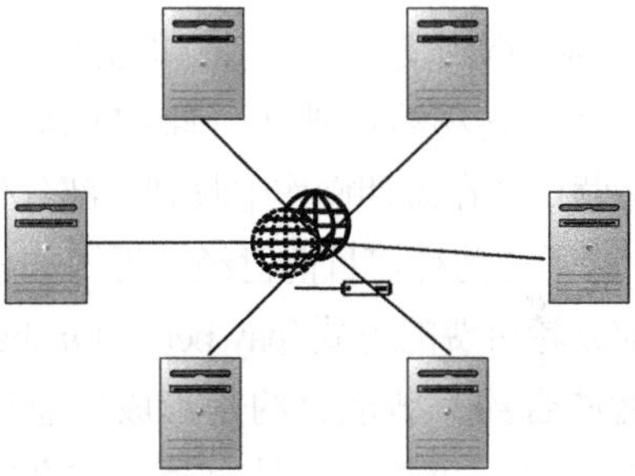

(b) 中心化网络模式

图 1.6　两种网络模式

数据验证机制：在区块链中，每一笔交易都会被广播，网络中的每一个节点都能接收到该交易信息，在信息通过审核过后会被记录在区块中。在 P2P 网络上的每一个节点都在时刻监听着网络中广播的数据和新区块，并对照预设定的标准验证交易的数字签名、输入输出、语法规范等信息的有效性。如果是合法的交易信息，则将交易信息按照其接收的顺序暂存在存储池中，同时向相邻区块转发该交易，如果验证失败，则立刻废弃该条交易信息，避免无效的交易信息在网络中继续传播。如果一个新区块被挖出来，其他节点也会验证其工作量证明、时间戳等信息是否符合预先设置的标准，如果有效，则承认该区块，并将其加入到主区块链上。

发行机制：区块链中的发行机制，以比特币为例，主要有两种。一种是新发行区块的比特币奖励，另一种是交易在流通中的手续费，这两种费用会被封装在每一个区块的第一个交易中，只有当各节点合作共建安全可信的区块链交易记录并维护系统的有效性，经济奖励才能发挥价值。比特币在交易的过程中会产生手续费，这个费用是发给矿工的奖励，以激励他们挖矿为区块链系统提供足够的算力，确保系统的安全。随着时间的流逝，比特币系统中每个区块发行的比特币数量逐渐减少，创世区块后的每个区块将向该区块的记账人发行 50 枚比特币，经过大约 4 年(210000 个区块)之后，每个区块发行的比特币数量减少一半，以此类推，直到比特币数量稳定在上限为 2100 万为止[6]。目前的比特币交易费是万分之一，相对来说还比较少，随着时间的推移，区块链节点规模不断扩大，交易的手续费将会取代创造新区块的奖励，成为驱动节点共识和记账的主要动力。

分配机制：区块链系统中的小算力节点会选择加入到矿池中，提高自己挖矿的概率，共享新区块奖励及交易费用。计算所开采的比特币的份额可能会很复杂，为了保证分配公平和防止系统博弈，目前已经有许多分配方案被提出，按次数分享(pay-per-share，PPS)和双几何方式(double geometric method，DGM)是目前最流行的两种方法。PPS 方法为矿工挖矿的份额提供了即时、有保证的支付，矿工将从矿池的现有余额中得到支付并可以立即提取，该模型将矿工的付款差异最小化，同时还将大部分风险转移给矿池运营商；DGM 是一种混合方法，使操作员能够承担一些风险，运营商会在短期操作中收到一部分付款，并在较长期的交易中将其退还以规范付款[7]。除了这两种，目前已经出现了如按比例的方式(proportional approach，PROP)、依据前 n 轮付费的方式(pay per last n shares approach，PPLNS)等分配机制。

智能合约：智能合约是形成信息逻辑链的基础，也是下层逻辑链与上层服务之间的桥梁。智能合约是交易双方之间的自保相互分配协议，甲方向乙方提出建议，乙方提供信息，如果满足，则交易完成，否则交易将会被终止。智能合约基本上是一段程序代码，它在被激活之前一直处于等待和阻塞状态，其拥有多种形式，如差价合约、代币系统、储蓄小钱包、农作物保险、多签名智能合约等。在信息传输过程中，可以部署相同的接口以获得所需的合同功能。在区块链系统中，通过统一的界面，可以根据不同的需求更改不同的合同功能，或将多个合同模块组合成一个通用的智能合同系统。

1.4　区块链分类

如图 1.7 所示，区块链可以被分为三种形式，即公有链、私有链和联盟链。本节简单介绍这三种区块链的基本概念。

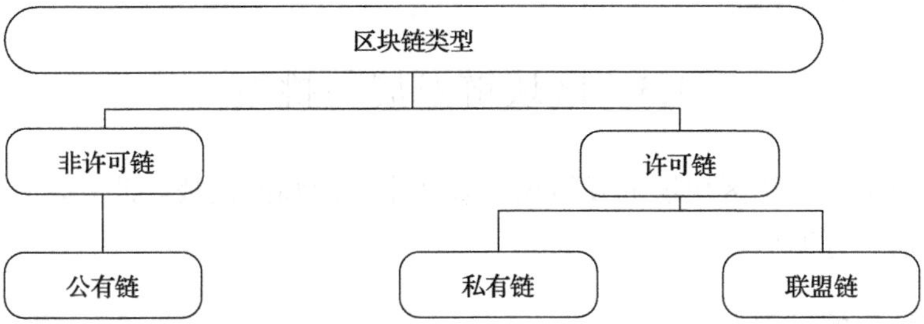

图 1.7　区块链类型

许可链一般指联盟链和私有链，其并非完全对外开放，不是任何个体或团体都能自由加入到区块链网络中，而是需要一定的权限许可，节点才能被加入以及访问区块链；非许可链指的是公有链，其对外完全开放，任何个体或者团体都可以参与，无需授权即可访问网络和区块链，可以随时发送交易，且交易能够获得该区块链的有效确认，任何人都可以参与其共识过程。

公有链：在公有链中，网络中的每个节点都可以验证交易并参与共识达成过程。区块链最初的宗旨是在资产交易场景中以安全的方式去除中央权威机构，其通过建立一个对等交易块来确保去中心化，公有区块链很好地实现了这一初衷。在公有链中，互联网连接的设备可以注册为节点，并可以获取完整的区块链历史记录。公有链含有大量冗余，这使其极为安全，但同时也导致其运行非常缓慢，效率低下。公共网络的好处是用户的匿名性和分类账的完全透明性。除了以上按照范围的分类方法以外，也有其他不同的参照标准可以作为区块链的分类依据，如可以按照区块链的部署环境将其分为主链和测试链等。

私有链：私有链是受限制的区块链类型。私有链对网络中数据访问的权限进行严格的管理。网络中的节点不参与交易的验证和确认，交易的验证是由公司或组织发起的验证。这种方式提供了高效性。私有链的架构与基于传统的治理模型的业务有关，更易于为基于政府或私营部门的公司所接受，因为它们允许中央机构使用更安全、更高效和更快的技术。私有链的显著缺点是不提供公有链所提供的分散式安全性。优点是公司可以管理个人的访问权限并允许更高级别的隐私。

联盟链：联盟链是公有链和私有链的结合，可以看成部分分散的区块链。在此区块链网络中，数据或交易明细可以是开源的也可以是私有的，并且节点有权事先进行选择。联盟链允许一组预定的节点来验证交易或区块，而不是允许具有网络连接的任何节点或公司来验证交易或区块。联盟链提供了许多与私有链相关的优势，在不授权单个公司或组织的情况下关注交易的效率及隐私。联盟链在一组实体的管理下运作，如董事会成员或理事会，该平台为组织伙伴关系提供了巨大的优势以及无限的可能性。

1.5 区块链发展与挑战

本节将大致介绍区块链的发展现状以及未来面临的挑战。此外，还对区块链的未来发展进行展望。

1.5.1 区块链的发展

区块链发展至今，可以分为三个阶段。区块链 1.0 的主要形态是数字货币系统，比特币是其初始形式。在区块链 2.0 期间出现了智能合约，可以支持货币领域以外的其他区块链应用。区块链 3.0 的主要特点是可编程社会[8]，旨在将区块链技术拓展到金融领域之外。本节将介绍区块链发展中的一些重大事件。

2008 年，“Blockchain”的概念在中本聪的文章《比特币：一种点对点的电子现金系统》中被首次提出。2009 年比特币的第一个区块，即创世区块被挖出，第一批比特币被生产出来，区块链 1.0 时代正式拉开序幕。在后续的发展过程中，比特币作为其底层技术开始进入大众的视野，其他数字货币如 Ripple、BCH 等，层出不穷。

Vitalik Buterin 于 2014 年正式发布了 Ethereum，智能合约引领区块链 2.0，这意味着区块链技术的应用不再只是数字货币，而扩展到了一个去中心化的应用平台。2015 年，美国纳斯达克率先引入了基于区块链技术的证券交易平台 Linq[9]，成为金融和证券市场分权趋势中的重要里程碑。同年，基于 Microsoft 云服务平台 Azure 推出的 BaaS(区块链即服务)，初创企业 R3 CEV 已与 40 多家主要银行机构(包括汇丰银行、高盛银行和花旗银行)签署了区块链合作项目，并致力于开发银行业区块链行业标准和协议。2016 年，英国政府发布了《区块链：分布式账本技术》研究报告，这是关于区块链技术应用的第一份国家级报告，其对区块链进行了综合分析并提出了研究建议[10]。该报告建议将区块链纳入英国的国家战略，并促进其在金融和能源等领域的应用；欧盟委员会将加密货币置于快速增长的目标区域的顶部，此举促进了各种机构对数字货币政策的研究。同年 5 月，日本首次批准了《数字货币监管法》，并将数字货币定义为财产，日本建立了第一个区块链行业组织，称为区块链合作联盟(BCCC)。2017 年 4 月，杭州市政府主办了 2017 年全球区块链金融(杭州)峰会，这是中国第一次从政府层面主办区块链峰会。同年，加拿大 ATB 金融银行使用区块链技术成功地在 20s 内向德国汇款了 1000 加元，通过传统的付款方式通常需要两个多工作日才能完成。2018 年，Bitwala 公司推出了欧洲首个受监管的区块链银行解决方案，该解决方案使用户能够使用德国银行账户管理其比特币及存款。区块链 3.0 时代主要体现为行业应用，体现为政府、健康、科学、工业、文化和艺术领域的应用。《区块链 3.0 共识蓝皮书》[11]的发布标志着区块链产业已经进入 3.0 阶段。

基于现有的基础设施，如互联网和移动通信的区块链的应用已经逐渐扩展到社会生活的各个方面，如科学、教育、文化等领域，世界各国也都越来越重视区块链技术的发展。区块链市场规模将保持高速增长[10]。随着区块链的发展，去中心化的模式变得越来越复杂。人们利用区块链技术，在全球各地构建去中心化的组织或社区。世界各国已开始探索许多领域的行业应用，如数字货币、证券交易、跨境支付、身份识别、学术证明、爱心捐赠等。但是在全球范围内，除了比特币，还没有新的成熟的区块链应用。

1.5.2 区块链面临的挑战

区块链技术诞生至今，围绕着构建数字信息基础设施，以实现价值互联网、支持数字社会为目标，在基础理论、关键技术、体系结构、创新应用四个层次开展研究并取得了快速进展[4]。区块链作为一种新技术，其发展一直伴随着一些挑战和问题，本节主要总结三种比较典型的挑战，即可拓展性、隐私泄露以及网络攻击等问题。

可拓展性：区块链网络中的每一个节点都必须存储所有交易，随着交易量的日益增加，区块链的存储负担变得越来越沉重。由于最初对区块存储大小以及用于生成新区块的时间间隔的限制，比特币区块链每秒只能处理大约 7 笔交易，远远不能满足实时处理数百万笔交易的要求。同时，由于区块的容量非常有限，矿工也更倾向处理那些费用高的交易，许多小型交易可能会延迟，而大区块又会减慢传播速度并导致区块链分支，可延展性问题非常棘手。当然，截止到现在已经出现了许多针对可拓展性的解决方案，例如，Nadiya 等[12]提出了一种新的方案，通过制作摘要块并对其进行压缩，从而增加区块链的空间节省，使交易更易于验证。还有一些新的方案，例如在文献[13]中，允许轻量级客户端通过大量输入外包并通过比较多个服务器的结果来确保计算结果正确。这些方案均存在优势和劣势，有些方案的技术实现复杂性导致目前落地仍存在难度。

隐私泄露：区块链一直被认为是非常安全的，因为用户仅使用生成的地址而不是真实身份进行交易。为了防止信息泄露，用户甚至可以生成许多地址来进行交易。但是区块链交易的数据公开、可追溯、可任意访问等特性，也带来一些潜在的隐私问题[14]。交易调用信息以明文形式包含了所涉及的账户地址、交易的数额等敏感信息。攻击者可以利用各种追踪等方法，对监控到的多条相关交易信息进行综合分析，关联到多个账户地址，推测出目标账户地址之间的行为和关系。Kosba 等[15]认为区块链不能保证交易隐私，因为每个交易的价值和公钥的余额都是公开可见的，攻击者可以将用户的比特币交易信息和用户身份进行关联，从而溯源用户。在隐私保护领域，区块链信息泄露将会导致一系列的问题，如经济损失等。

网络攻击：区块链很容易受到各种网络攻击，如51%攻击、日蚀(Eclipse)攻击、域名系统(DNS)攻击等。通常认为区块链中具有51%以上算力的节点合谋可以逆转已发生的交易，但是Eyal等[16]指出，即使用小部分节点(小于51%)的哈希计算能力来对网络进行攻击，也很有可能会危害区块链系统的安全性。自私挖矿，自私的矿工往往会获得更多收入，导致越来越多的正常矿工被吸引加入自私的矿池，自私矿池的能力可能会迅速超过51%，从而对整个系统造成威胁；日蚀攻击允许攻击者控制P2P网络中受害节点的输入和输出连接，并通过创建虚拟分区将这些受害节点与网络的其余部分隔离，然后攻击者可以进行其他攻击，如双花或拒绝服务(DoS)攻击；DNS攻击允许攻击者在一个开源区块链软件中注入一个无效的种子列表，或者破坏DNS缓存来危害用户，这种攻击最终隔离了区块链节点，并将它们指向一个由攻击者精心设计的网络。网络攻击无疑是区块链发展的一大挑战。

1.5.3 区块链未来的发展方向

区块链发展至今，已经在工业界和学术界展示了其潜力。本节阐述五个未来区块链的可能方向[1]，即区块链测试、阻止集中化趋势、大数据分析、智能合约和人工智能。

区块链测试：区块链测试可以分为两个阶段，即标准化阶段和测试阶段。在标准化阶段制定好所有的系统标准，一旦区块链被生产出来，可以按照预先商定的标准对系统进行测试，以验证其是否正常工作；测试阶段则是用不同的方案执行测试工作。随着区块链的不断发展，已经出现了各种不同的区块链。一些开发商为了盈利，可能会伪造其区块链产品的关键性能以吸引投资者；用户如果想将区块链结合到业务中，他们必须要知道哪种区块链更符合他们的要求。因此，建立区块链测试机制来测试不同的区块链十分必要。

阻止集中化趋势：区块链被设计为一个去中心化的系统，但是却存在矿工集中在矿池的趋势。到目前为止，排名前5位的矿池合计拥有超过比特币网络总哈希算力的51%，而自私的采矿策略表明，拥有总计算能力超过25%的矿池将获得超过平均份额的收入。矿工将被吸引到自私的矿池中，最后便很容易超过总算力的51%。由于区块链并非旨在服务于少数组织，应该提出一些解决方法来阻止这种集中化的趋势。这也意味着阻止集中化趋势在未来区块链的发展中很有必要。

大数据分析： 区块链与大数据的结合大致可以分为两种形式，即数据管理和数据分析。在数据管理上，区块链可用于存储重要数据，保障数据的分布式及安全特性。区块链还可以保障数据确实是原始未被篡改的，并且数据不会轻易被窃取；在数据分析方面，区块链上的交易可用于大数据分析，如可以提取用户交易模式，用户可以通过分析预测潜在合作伙伴的交易行为。因此，未来区块链与大数据结合可以解决数据管理和数据分析中所存在的问题。

智能合约： 智能合约的概念在 1997 年就已经被提出了，其实际上是执行计算机化合约条款的交易协议。现如今越来越多的智能合约开发平台正在涌现，智能合约可以实现越来越多的功能。目前已经有许多智能合约被部署在以太坊上，智能合约中的错误可能会带来灾难性的损失。例如，通过利用递归调用的漏洞，攻击者从 The DAO 项目的智能合约中盗取了超过 6000 万美元[17]。因此，针对智能合约的攻击分析非常重要。另外，性能对于智能合约也至关重要。随着区块链技术的快速发展，越来越多基于智能合约的应用程序将投入使用，公司必须要考虑其性能，因此智能合约的发展将是大势所趋。

人工智能： 随着区块链和人工智能技术的齐驱并进，两者融合也越来越受到各界的关注。区块链重心在于记录、审核和保证执行的准确度，而人工智能则致力于决策、评估和理解某些模式和数据集，最终产生自主交互。人工智能可以帮助解决许多区块链领域的挑战。例如，人工智能可以作为预言家负责确定智能合约条件是否得到满足，它也有助于区块链建立一个智能预言机制，不受任何一方的控制，只是从外部学习并训练自己；而区块链技术的最新发展也为人工智能应用创造了新的机遇，例如，区块链和智能合约可以帮助限制人工智能产品的不良行为等。区块链和人工智能的协同与结合将有很大的价值和发展空间。

1.6　典型区块链平台：以太坊

以太坊是一种典型的区块链平台。本节将从以太坊的背景和平台技术方面进行介绍，同时将会介绍以太坊的基础知识(如账户、交易、燃料、智能合约)及架构，并通过实例来展示以太坊的实际应用。最后本节介绍如何在各平台上搭建以太坊。

1.6.1　以太坊概述

以太坊(ethereum)是一个区块链平台，它允许用户根据自己的需求在上面搭建多种类型的去中心化区块链应用。以太坊虚拟机(ethereum virtual machine，EVM)提供的图灵完备性脚本语言可以执行任意复杂算法的编码供开发者使用。

EVM 和汇编语言有些类似，对于开发者来说，使用会有些麻烦，不过在真实情况中，开发者并不需要直接使用 EVM，而是可以使用 Solidity、LLL 等更为友好的高级程序设计语言进行编程，然后通过编译器将其转化成 EVM 语言。读者可以将以太坊想象为一个手机的操作系统，而以太坊上的应用就可以被类推为开发者根据操作系统提供的各种接口来实现的 APP。

1.6.2 以太坊背景

2008 年，中本聪在《比特币：一个点对点的电子现金系统》中提出了“比特币”的概念。比特币平台可以被认为是维护比特币账单的共享账簿。在比特币平台上，每个人都可以拥有一个比特币账户，进行比特币的交易，这些交易记录就是一个个账单。每过一段时间，一批账单就会被某位用户打包成一个区块并添加到区块链也就是共享账簿中。每个用户都可以验证账簿上的账单是否正确，这样，因为大家的监督，账簿上的内容很难因为某个人的恶意篡改而被改变。后来，人们设想对这个账簿的内容进行拓展，使其不仅仅记录比特币账单，还可以实现更复杂的功能，比如说每个人的资料可以数字化地保存在上面，或者可以实现对某一提案的在线投票，甚至可以建立去中心化自治组织。如果考虑不限于比特币的方案来实现上述拓展，可以尝试探索三种方式：

(1) 建立一个独立的网络(即脱离比特币，重新实现一个去中心化平台)；

(2) 在比特币上建立协议；

(3) 编写比特币脚本。

第一种方式允许建立独立的网络来实现任意的特性和自己想要的功能。不过，想要完成这项任务十分困难，因为它意味着从零开始，要创建独立的区块链并且要建立、测试所有转换状态和网络代码。而且，在建立这个网络之后，开发者并不能保证会有足够多的用户参与进来维护这个共享账簿，但是，一个账簿安全的条件是有足够多的用户来监督它。如果参与的用户不够多，区块链的安全性也就无法保证了。

第二种方式是在比特币上建立协议，它非常容易实现以及标准化。不过它有自身的缺点：它没有继承比特币进行简化确认支付的特性(在不运行完整网络节点的情况下，也能够对支付进行检验的特性)。这就导致它每次确认支付是否有效时，需要扫描整个区块链是否有效，这个所耗费的代价对于个人用户来说是巨大的，所以如果在比特币上建立协议，通常会交给可信任服务器来提供数据，但是一旦这样，用户的交易就又变相地依靠第三方平台维护了，所以这并不能算是一个很理想的方式。

第三种方式是依靠比特币自身在一定程度上实现上述拓展。比特币未支付的交易输出(unspent transaction outputs, UTXO)可以被不止一个公钥拥有，也可以被基于堆栈的编程语言所编写的更加复杂的脚本所拥有，开发者可以通过脚本语言来实现他们想要的拓展。不过遗憾的是，比特币的脚本语言存在一些严重的限制，其中一项就是缺少图灵完备性，这就导致该脚本语言不能支持程序所需要的操作(如循环)，有的程序无法被编写出来。

可以发现，以上三种方式各有优劣，如果有一个平台可以整合上述三种方式的优势，既具备图灵完备性，又支持简化支付，还有众多的用户，那么它的前景将会大大拓展，以太坊基于此而诞生。2013 年，年仅 19 岁的 Vitalik Buterin 提出了“以太坊”的概念。以太坊平台内置了一套图灵完备的编程语言，所以理论上可以搭建任何的区块链应用。开发者可以在应用中设立他们自由定义的所有权规则、交易方式和状态转换函数。

1.6.3　以太坊与比特币的差异

以太坊相较于比特币，在功能上有所扩充，因此和比特币相比，以太坊有很多的改进。以太坊使用了 Account 模式，相比于比特币的 UTXO 模式，它更节省空间，在查询用户余额时更加方便，也更有利于编程。此外，以太坊对比特币的工作量证明算法进行了一些改进，它使得现有的比特币 ASIC(为了挖矿而专门设计的集成电路)矿机在以太坊币上没有太多的优势，1.6.5 节的以太坊发展路线将会介绍到以太坊的共识机制逐渐从工作量证明过渡到权益证明上来；最重要的是，以太坊引入了智能合约，在这之上用户可以开发自己的去中心化应用，也可以定义一个数字资产。虽说以太坊相比于比特币有了更广阔的应用场景和更方便的账户查询方式，但是它也有其自身的限制。首先，虽然智能合约是图灵完备的，理论上可以使用它实现任意的计算机程序，但是运行智能合约的计算机并不一定能够支撑起庞大的软件计算工作；另外因为区块链的不可篡改性，一旦部署，智能合约中的安全漏洞就很难修复。如果将比特币比作“全球账簿”——记录着虚拟货币比特币的全部账单，那么就可以将以太坊比作“全球计算机”——记录着该平台中的所有程序及其数据。

1.6.4　以太坊设计原则

以太坊的设计遵循简洁原则、通用原则、模块化原则和无歧义原则。简洁原则是为了让以太坊足够简单以使尽可能多的用户能够参与到以太坊的开发中来，以达到去中心化的目的；通用原则是指以太坊提供了一套图灵完备的脚本语言以供开发者构建任何的去中心化应用；模块化原则是指以太坊的不同部分应被设计得尽可能模块化，以保证某处的改动不会影响到其他模块的正常运行；无歧义原则是指以太坊的协议不会主动去限制任何的功能、应用，就算被设计出的应用不符合大部分人的期望，如恶意的无限循环合约。当然这种合约可以通过一定的方式来阻止，相关内容会在下方以太坊中的基本术语中讲到。

1.6.5 以太坊发展路线

以太坊的发展大体被分成四个阶段。第一阶段为“边疆”，它随着 2015 年 7 月 30 日“边疆”(Frontier)协议的发布而正式开启，该协议包含了一系列关键特征，如区块奖励、gas、金丝雀合约等。边疆阶段的以太坊处于一个“最初始形态”，可以进行挖矿和测试去中心应用，但是没有图形化界面，开发人员的操作只能用命令行实现。这一现象随着 2016 年 3 月 14 日“家园”(Homestead)版本的发布而有所改善，以太坊至此进入第二阶段。“家园”版本取消了金丝雀合约，去除了网络的中心化成分，在以太坊编程语言 Solidity 中引入新代码，并且上线了具有图形界面的钱包，以提升以太坊的易用性。第三个阶段是“大都会”(Metropolis)，它分成了拜占庭(Byzantium)和君士坦丁堡(Constantinople)两个阶段进行，两者分别于 2017 年 10 月 16 日、2019 年 2 月 28 日在第 4370000 个区块、第 7280000 个区块上被激活。以太坊的最后一个阶段为“宁静”(Serenity)，它将标志以太坊从工作量证明到股权证明的完全转变。

除此之外，以太坊还经历了其他一些小阶段。如一起黑客攻击事件引发的一次分叉，2016 年 6 月 17 日众筹项目 The DAO 遭到黑客攻击，超过 300 万的以太币资产被分离出 The DAO 资产池，后来以太坊通过硬分叉挽回了被盗取的以太币。

1.6.6 以太坊基本术语

账户(account)：以太坊中有两类账户，即外部拥有账户(externally owned account，EOA)和合约账户(contract account，COA)。外部拥有账户是由人创建的账户，是用户实际控制的账户。每个外部拥有账户拥有一对公私钥，私钥来自用户创建时所输入的密码，公钥由私钥根据加密算法生成，而账户的地址就是公钥的最后 20 字节。合约账户是由外部拥有账户创建的账户，由合约代码控制，它的地址由合约创建者的地址和地址发出的交易两者计算得出。外部拥有账户有地址(由 20 字节构成，用于确定唯一用户)、余额(即账户拥有多少钱)。而合约账户有地址、余额(合约拥有的资金)、状态(指智能合约中声明的所有变量和变量的当前状态)、代码(编译后可以执行的代码)。外部拥有账户由私钥控制，合约账户由其合约代码控制。

交易(transaction)：交易是指一个被签名的数据包从一个账户向另一个账户发送的过程。这个数据包是由外部拥有账户发出的，有可能发给另外一个账户，也有可能发给一个合约。所以以太坊中的交易可以分为两类：一类是能够产生消息调用的交易；另一类是能够生成新账户的交易(如生成合约)。交易一般包括以下几个部分：消息的接收者、用于确认发送者的签名、发送的以太币数量、可选数据域(用来存储发送给合约的消息)、GASLIMIT(指执行这笔交易所要消耗 gas 的上限)、gasPrice(指发送交易的用户愿意为每单位 gas 所支付给矿工的费用，其值越高就代表给矿工的单价越高，就越容易被矿工优先执行该交易)。

消息(message)：消息和交易在形式上相似，但是本质不同。消息是由合约账户发出的，不会被记录到区块链中；而交易是由外部拥有账户发出的，执行的结果会记录在区块链中。消息包含的部分与交易类似。

燃料(gas)：以太坊中执行的每笔交易都会收取一定的费用，这个费用就是 gas。设置 gas 的目的之一就是前面说到的预防恶意滥用网络资源的情况，因为如果不收取费用的话，有人就可能通过无限循环等方式浪费以太坊网络资源。gas 的价格(即 1 单位 gas 等于多少以太币)由交易创建者设置，发送账户需要预付交易费用，每执行一个操作都会消耗一定的 gas，不同的操作所需要的 gas 数量不同(详见第 4 章)。若交易未执行完毕而 gas 被消耗完，系统会触发一个 out-of-gas 异常，同时当前交易所执行的所有操作都会被复原，所消耗掉的 gas 归矿工所有。如果执行结束仍有 gas 没有被消耗，则会返还给发送账户。

工作量证明(PoW)：指定哪个节点拥有新区块封装权的一种证明方式。一般来讲是给出某个数学困难问题，最先计算出这个问题的节点就可以得到新区块的封装权，并在封装成功后得到一定量的虚拟货币(以太币)。算力越高，获得封装权的概率就越大。同时，如果一个节点的算力超过其他节点算力的总和，那么就意味着可以通过发动 51%攻击来篡改区块链的历史记录。直观来看，参与区块链运算的人越多，区块链上的总算力就越强，发动 51%攻击的难度就越大，区块链的安全性就越高。

权益证明(PoS)：另外一种证明区块可以打包到链上的方式。它是根据每个节点拥有虚拟货币的比例和时间，依据某种算法等比例地降低节点的挖矿难度，从而加快寻找答案的速度。

智能合约(smart contract)：指以太坊网络上运行的程序，是代码和状态的集合。智能合约对于以太坊来说是一个非常重要的概念，以太坊平台上所有的程序都是以智能合约的形式来运行的，即程序都是一个个的智能合约。智能合约的引入大大拓宽了区块链的应用范围，使其不仅仅局限于简单的数字货币的交易，更可以拓展到其他领域。

1.6.7　以太坊 gas 消耗机制

“gas”在以太坊中是一种特殊的单位名称，它表示一个或多个“操作”执行消耗量的资源。例如，在计算一个 Keccak256 加密哈希值时，每一次的哈希计算会消耗 30 个 gas 并附带额外 6 个 gas 用于将一个 256bit 长度数据哈希。以太坊上的交易记录或合约执行的操作都会消耗一定数量的 gas，一般来讲消耗越多计算资源的操作消耗的gas也就更多。

gas定义工作量的意义：gas存在的一个重要意义便在于它可以确保每一份被提交到网络上的智能合约会对自身的行为支付一定的费用。这样的好处在于合约为自身行为付费可以有效地避免网络被一些密集且无价值的行为占用而阻塞。这个策略与比特币的交易费用不同，后者的交易消费仅仅取决于交易代码的字节长度，而以太坊允许任意复杂度的代码在上面运行，这使得一段长度很短的代码可能会带来很大的工作量(如递归或循环的代码)。基于以上考虑，出于对工作量的评估以计算费用，比起仅仅依据交易或合约代码长度作为标准更符合实际场景。

gas兑换以太币：在以太坊的gas消耗机制中，gas仅仅作为一个工作量的计量单位，属于EVM内置的一种变量。当涉及合约的消费与挖矿的奖励时EVM将会根据gas的量兑换成相应的以太币向合约发起人收费以及向矿工发放挖矿的奖励。为什么不直接使用以太币来计算工作量呢？因为以太币就像比特币一样具有市场价值属性，这意味着以太币的价格存在很快频率的波动。但计算带来的开销是相对固定的。所以将计算的价格与以太币的价值分离开来是很有意义的，它使得每一次指令操作带来的费用开销不会因为市场变动而时刻上下起伏。

EVM上的每一个指令都有gas值(表示这条指令消耗多少计算资源)，但gas本身也具有价值(表现在一个单位的gas兑换成多少以太币)。每一个交易都有确切的gas消耗及其对应的以太币价格，这使得市场能够决定以太币的价格与计算消耗价格之间的关系。因此，一次交易实际所支付的费用应为该交易的gas消耗乘以gas的价格(兑换为以太币)。

交易对gas的消耗：对于初学者来说，需要理解以下两种既令人困惑又很重要的区别，即交易没有足够高的支付费用与交易耗尽了gas。交易没有足够高的支付费用是指，当在交易中设置的gas值(愿意付给矿工每单位gas的价格)太低时，就没有人会选择运行该交易，这会导致它将不会被矿工记录到区块链上。交易耗尽了gas是指，交易被矿工选中并执行，但是在执行过程中发现，交易消耗了太多gas导致运行成本超出了之前预付的费用，这一部分预付的钱将付给矿工，但是矿工将会停止交易进程并恢复该次交易修改的数据，该次交易仍然会作为一次“失败交易”被记录到区块链上并收取计算费用。

提供了太多的交易费用与提供了太多以太币也是不同的。设置的gas价格很高就相当于只为一些简单的操作指令支付很多的以太币，类似于在比特币交易中设置了很高的交易费。虽然这样会使得提供的任务获得很高的执行优先级，但同时它的代价也很高。而另一种情况是所定的gas价格是一般水平，但预付的以太币比所消耗的gas要多，这时没有被用完的以太币会被以太坊退回，矿工只是收取了他们实际工作消耗的费用。

gas 机制是保证以太坊上的大量复杂计算工作安全可控的关键，因为在上面运行的程序即便失去控制，它们也只能运行到其上被附加的费用耗尽，随后矿工将会停止运行这些程序，就如上面讲的“交易耗尽了 gas”情况一样。这样一来那些有错误的程序只会对那些付费使用它的人产生影响，其余网络不会因为这些错误的程序遭受性能上的损失。也正是这个关键技术使得通用区块链的设想有了实现的可能。

1.6.8　以太坊架构

以太坊可以分成数据层、网络层、共识层、激励层、合约层和应用层六层，如图 1.8 所示。

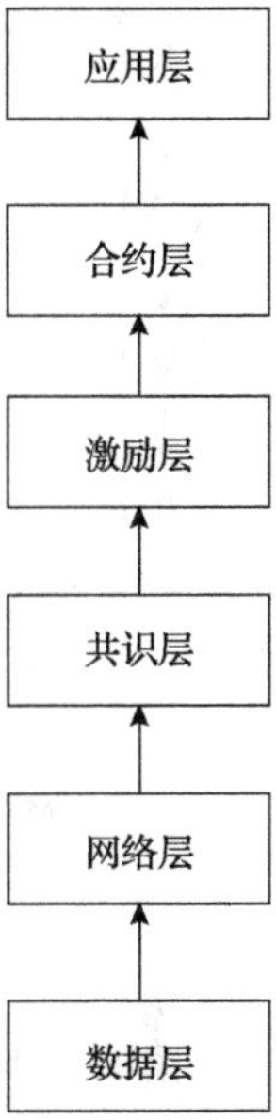

图 1.8　以太坊的六层结构

数据层：该层是一个分布式区块链，定义了区块的内容及区块成链的方式。以太坊基于 MPT(Merkle Patricia tree)，这种树融合了 Merkle 树和 Trie 树两种数据类型的优点，其中，1.3 节中已经介绍过 Merkle 树，因此接下来需要先认识一下 Trie 树的数据结构。

Trie 树称为字典树，又称为前缀树，用于保存关联数组。该树的特点是键不是直接保存在节点中，而是由节点在树中的位置决定。一个节点的所有子孙都有相同的前缀，根节点对应空前缀。Trie 树中一个 value 值永远只对应一个 key 值，所以它和哈希表不同，不会产生冲突问题。但是 Trie 树存在不平衡问题，可能会带来查找效率的损失。PROGRESS 和 PROGRAM 拥有同样的前缀 PROGR，它们和 PERSIST 构成的数据结构就如图 1.9 所示，可以注意到，想要查找 PERSIST 需要搜寻 7 层的树，这十分浪费查找时间。针对 Trie 树的不平衡问题，以太坊做了一些改进，使用了 MPT 结构，优化后的数据结构如图 1.10 所示，这样就减少了查找次数，提升了查找效率。

MPT 融合了 Merkle 树和 Trie 树的优点，它可以存储任意长度的 key-value 键值对数据，并且可以快速计算所维护数据集的哈希值，同时它提供了快速状态回滚的机制，最后还可以进行轻节点的扩展，实现简单支付验证。MPT 中，树枝节点被分为空节点、分支节点、叶节点、扩展节点。空节点表示一个空串；分支节点是一个长度为 17 的列表，在进行树操作之前，会对 key 进行一个转码，使其值为 0～15，所以一个分支节点的子节点最多有 16 个，最后一个元素用来存储自身的内容；叶节点是键值对的一个列表；扩展节点和叶节点类似，不过扩展节点的 value

是其他节点的哈希值，可以通过这个哈希值链接到其他的节点。

以太坊区块系统中使用了 MPT 结构，并且为三种对象设计了三种树，分别是状态树(state tree)、交易树(transaction tree)和收据树(receipt tree)。这三种树的哈希值会存储在区块中(图 1.11)。

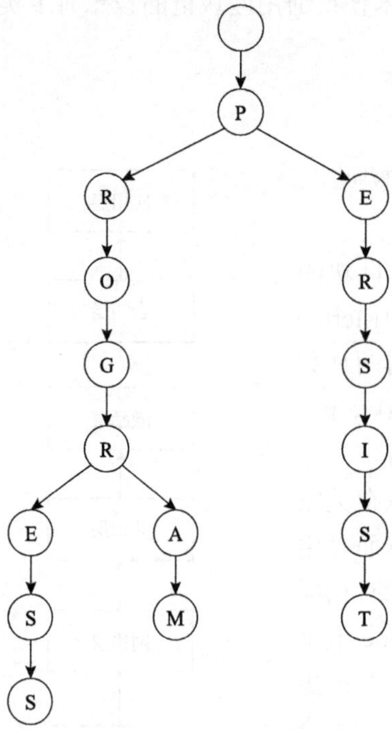

图 1.9　Trie 树举例

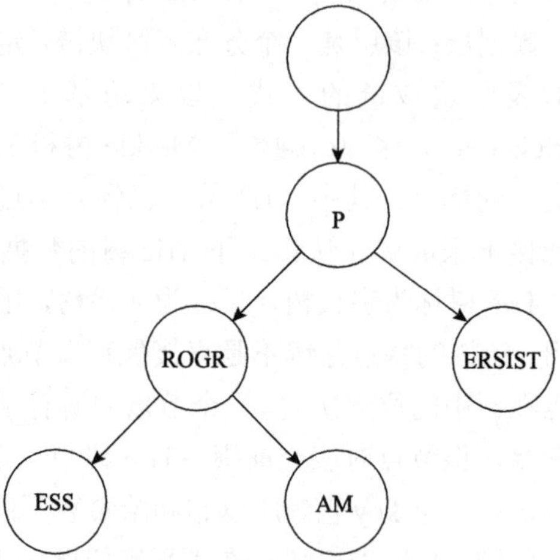

图 1.10　优化后的数据结构

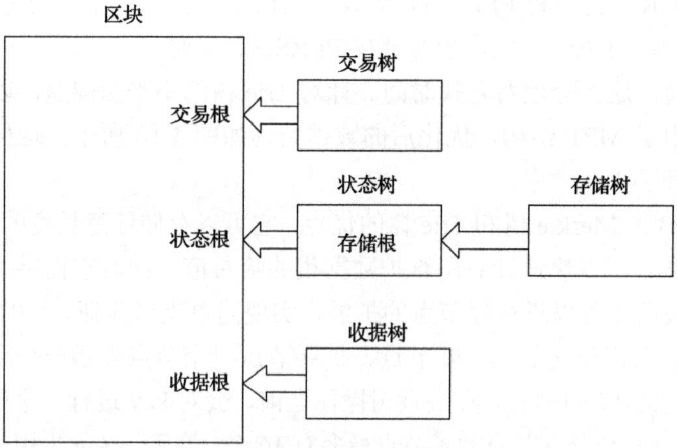

图 1.11　MPT 结构
存储树的根节点哈希值指向状态树，状态树的哈希值又指向区块

如图 1.11 所示，三种树分别有不同的功能，状态树可以查询某个账户是否存在以及账户的余额等信息；交易树可查询某笔交易是否被包含在特定的区块之中；收据树可以查询某地址在过去多少天内发出某种类型事件的所有实例。状态树每个节点有 16 个叶节点，每个叶节点表示一个账户。状态树包含的键值映射中，key 是账户地址，value 包括账户交易次序(nonce)、账户余额(balance)、代码哈希值(codeHash)、另一棵树的根节点(storageRoot)等。状态树代表的是访问区块后的整个状态，以太坊上所有的全节点所维护的状态树是一致的。与状态树不同的是，交易树不是所有全节点共同维护的，每个区块都有一个自己的交易树。区块中交易的顺序不是固定的，其由挖矿的矿工决定。矿工一般会根据交易的 gasPrice 和次序对交易进行排序。首先将交易列表中的交易划分到各个发送账户，每个账户的交易根据这些交易的次序来排序，每个账户的交易排序完成后，再通过比较每个账户的第一条交易，选出最高价格的交易，这些是通过一个堆实现的。和交易树一样，每个块都有自己的收据树，它不需要更新，代表每个交易响应的收据。收据树还包含一个键值映射，其中键值是与收据关联的交易位置的索引号，值是交易的内容。交易的收据是递归长度前缀(recursive length prefix，RLP)编码的数据结构，包括交易处理后树根的状态(medstate)、交易处理后 gas 的使用量(gas_used)、表格[address,[topic1,topic2,⋯],data]元素的列表(logs)。

网络层：作为去中心化货币系统，以太坊适用 P2P 通信架构，并且支持了多种协议。它可以分成三层结构，最上层用来实现各个协议；第二层为第一层协议提供信道，负责启动监听、处理新加入连接和维护连接；最下层是实现对 TCP/IP 及以下网络层的封装。

共识层：封装网络节点的各类共识算法。目前以太坊使用 PoW 共识机制，将来以太坊将会采用 PoS 共识机制。以太坊采用的 PoW 共识机制是经过专门设计的 Ethash 算法，它的特点是挖矿效率和中央处理器(CPU)的关系很小，但是和内存大小、带宽的关系成正比，这样就可以在一定程度上抵制 ASIC 的矿工，减小了中心化的风险，使得每个矿工更加平等。它的算法基本流程如下：

(1)通过扫描块头为每个块计算出来一个种子(seed)。

(2)根据这个 seed 计算一个 16MB 的伪随机缓存(cache)，轻客户端存储这个缓存。

(3)根据 cache 生成一个 1GB 的数据集有向无环图(directed acyclic graph，DAG)，该数据集中的每一项都取决于缓存中的某几个元素。完整客户端和矿工会存储这个数据集，数据集随着时间线性增长。

(4)挖矿工作包含抓取 DAG 的随机片，然后运用哈希函数计算。校验工作能够在低内存的环境下完成，通过使用缓存再次生成所需的特性数据集的片段。

缓存和 DAG 全网共享且每 3 万个块更新一次，所以绝大多数矿工的工作是读取而不是修改该数据集。PoW 可能会导致中心化现象，另外还会有电力资源的浪费，因此以太坊计划将来用 PoS 机制取代 PoW。在以太坊中，PoS 主要依赖以太币来保证系统的安全，节点获得记账权的概率与它们所拥有的以太币的数量和时间有关。与 PoW 一样，以太坊也有自己的 PoS 算法，在前面也已经介绍过了拜占庭问题。用以太坊的 PoS 算法解决拜占庭问题的方式如下，为了方便，将其简化：拥有以太币的用户可以发起一笔特殊的交易，将以太币锁定在一个存储中，这样它们就会成为区块链的一个验证者，验证者会进行投票来决定新块是否有效，投票的结果会遵循大多数人的意见，投票结束后属于多数意见的用户会被返回原来的以太币并获得奖励，而与多数意见相悖的用户会被没收以太币。可以看到，算法保证了每个用户只能投一票，且投票之后无法篡改自己的投票结果，最终区块遵循大多数的意见。实际上以太坊设计的权益证明方式更为复杂，有更多细节上的考量。

激励层：以太坊通过一定的激励措施来鼓励节点参与区块链的安全验证工作。2020 年 4 月 17 日，以太坊的激励措施是给成功将区块封装并被网络确认的矿工 2 个以太币的奖励(奖励的以太币数目会随着以太坊的更新而发生变化)，并且当前区块所有交易消耗的 gas 也归矿工所有；若区块成功封装但未被纳入主链，则矿工最多可以获得的奖励是正常区块的 0.875(奖励倍数随着父块与新块距离的增加而有所折扣，距离越大，奖励倍数越小)。

合约层：封装以太坊中的脚本、算法和智能合约。它有合同的一些特征，并且它可以在达到合同的约束条件时自动触发，在不满足合同条件时自动解约。合约层是区块链可以解放信用体系的重要技术，使其他领域使用区块链成为现实。以太坊的合约层包括了 EVM 和智能合约两部分。

应用层：封装了区块链中的各种应用场景和案例。

1.6.9 以太坊上的应用

截止到 2019 年 11 月，开发者已在以太坊上开发了约 1700 种应用，其中有金融类应用如 Maker DAO、Status，安全类应用如 ChainLink，游戏应用如 CryptoDozer，下面通过对几个应用的分析来推测以太坊的广阔应用前景。

Maker DAO 是以太坊上的智能合约平台，通过抵押债仓(CDP)、自动化反馈机制和适当的外部激励手段支撑并稳定 Dai 的价格。简单来说，就是把以太币抵押给 Maker 来换取 Dai 作为贷款。Dai 是一种数字货币，和比特币、以太币这种价值波动很大的货币不同，它可以通过经济学的方式稳定自身的价值，可以认为 1Dai 等于 1 美元。货币的稳定对于消费者贷款来说有重大意义，因为没有人愿意抵押自己的财产来贷款日波动可能达到 10%～20%的货币。Maker 用多种经济学手段维护 Dai 的稳定，使它有了广泛的市场潜力，如博彩、杠杆交易、跨境交易、透明记账系统等。

ChainLink 是一个去中心化的预言机网络，使智能合约能够安全地访问链外数据源、网站应用程序接口(API)和传统的银行支付。区块链的共识机制使得运行在上面的智能合约没有办法使用链外的数据，因为外部数据对于区块链来说是不确定的，如美元和以太币的汇率随时调整，智能合约没有办法自主地对汇率是多少达成共识，也就无法自主地获取这个数据。外部数据的不可用导致区块链的应用有了很大限制，比方说有一个保险智能合约是依靠某地是否发生地震来自动触发，但是地震数据对于区块链来说是个外部数据，没有办法获取，这就使得该智能合约的应用受到限制。ChainLink 充当中间件夹在区块链和外部数据之间，当智能合约需要外部数据时，只需要调用 API 给 ChainLink，它就会把外部数据整理成区块链可以读取的格式。

1.7　本 章 小 结

区块链拥有诸多优势，如去中心化、持久性、匿名性等。尽管目前区块链面临着许多挑战，但实际上区块链的应用十分广泛，其应用范围从金融服务、风险管理到物联网(IoT)等社会服务，其技术在构建未来的互联网系统方面具有巨大潜力。本章简要介绍了区块链技术，主要包括：

(1)区块链的基本概念、区块链架构、区块链的性质等。

(2)区块链的各种加密和非加密技术。

(3)区块链目前存在的各种挑战以及未来可能的发展趋势。

(4)区块链的典型应用——以太坊。

参 考 文 献

[1] Zheng Z, Xie S, Dai H N, et al. Blockchain challenges and opportunities: A survey[J]. International Journal of Web and Grid Services, 2018, 14(4): 352-375.

[2] 沈鑫, 裴庆祺, 刘雪峰. 区块链技术综述[J]. 网络与信息安全学报, 2016, 2(11): 11-20.

[3] Kiayias A, Miller A, Zindros D. Non-interactive proofs of proof-of-work[EB/OL]. https://nipopows.com. [2020-07-05].

[4] 李董, 魏进武. 区块链技术原理、应用领域及挑战[J]. 电信科学, 2016, 32(12): 20-25.

[5] 邵奇峰, 金澈清, 张召, 等. 区块链技术: 架构及进展[J]. 计算机学报, 2018, 41(5): 969-988.

[6] 袁勇, 王飞跃. 区块链技术发展现状与展望[J]. 自动化学报, 2016, 42(4): 481-494.

[7] Hesiod Services LLC. How does Bitcoin mining work? [EB/OL]. https://www.investopedia.com/tech/how-does-bitcoin-mining-work. [2021-01-12].

[8] Swan M. Blockchain thinking: The brain as a decentralized autonomous corporation [commentary][J]. IEEE Technology and Society Magazine, 2015, 34(4): 41-52.

[9] Parker L. Nasdaq linq claims to have issued first securities over a blockchain[EB/OL]. https://bravenewcoin.com/insights/nasdaq-linq-claims-to-have-issued-first-securities-over-a-blockchain. [2020-07-05].

[10] Wu J N, Tran N. Application of blockchain technology in sustainable energy systems: An overview[J]. Sustainability, 2018, 10(9): 3067-3090.

[11] 区块链 3.0 研究院. 区块链 3.0 共识蓝皮书[EB/OL]. http://xqdoc.imedao.com/165fab49e198dd73fe6a8288.pdf. [2020-07-05].

[12] Nadiya U, Mutijarsa K, Rizqi C Y. Block summarization and compression in bitcoin blockchain[C]. Proceedings of the International Symposium on Electronics and Smart Devices, Bandung, 2018: 1-4.

[13] Eyal I, Gencer A E, Sirer E G, et al. Bitcoin-NG: A scalable blockchain protocol[C]. Proceedings of the 13th USENIX Symposium on Networked Systems Design and Implementation, Santa Clara, 2016: 45-59.

[14] Meiklejohn S, Orlandi C. Privacy-enhancing overlays in bitcoin[C]. Proceedings of the International Conference on Financial Cryptography and Data Security, Puerto, 2015: 127-141.

[15] Kosba A, Miller A, Shi E, et al. Hawk: The blockchain model of cryptography and privacy-preserving smart contracts[C]. Proceedings of the IEEE Symposium on Security and Privacy, San Jose, 2016: 839-858.

[16] Eyal I, Sirer E G. Majority is not enough: Bitcoin mining is vulnerable[C]. Proceedings of the International Conference on Financial Cryptography and Data Security, Berlin, 2014: 436-454.

[17] Jentzsch C. The history of the dao and lessons learned[EB/OL]. https://blog.slock.it/the-history-of-the-dao-and-lessons-learned-d06740f8cfa5?gi=8d036e77267e. [2021-01-12].

第二部分

共识机制与智能合约

第二部分　共识机制与智能合约

共识机制与智能合约是区块链技术中的重要组件。其中，共识机制主要研究的是区块链中多个节点如何就区块历史以及新的区块达成共识。智能合约主要研究的是以信息化的形式传播、验证和执行合同的计算机协议。本部分安排了五个章节对相关知识进行介绍，主要如下。

第 2 章主要介绍共识机制，包括共识机制的研究背景、共识机制的评价标准、区块链中常见共识机制的运行原理和优缺点、当前共识机制在专利申请方面的研究进展等，最后介绍一种基于离散对数的共识机制的区块链实现方案。

第 3 章首先介绍智能合约，包括智能合约的概念和一些智能合约安全相关的案例。然后对两个智能合约安全相关的研究进行介绍，包括代币的不一致行为检测和智能合约控制流识别的大规模实证研究。最后对几个常用智能合约安全分析工具的控制流识别能力进行对比和分析。

第 4 章主要介绍智能合约的优化方法。通过对以太坊字节码级别的分析，提炼出 24 种高消耗模式并分析它们的优化方式。此外，还介绍另一种源代码级的优化方式并用其与字节码级的优化方式进行对比。

第 5 章主要介绍以太坊的交易分析，包括以太坊交易的基础原理及工作机制，如触发机制以及交易执行时的 gas 机制等。另外，还介绍交易在执行时产生的事件日志以及交易中的合约调用、可溯源研究，以及设计进行交易溯源的应用方法及规则。

第 6 章主要介绍 EVM 的安全机制、gas 机制，并进一步介绍相关机制存在的安全及优化等问题。

第 2 章　区块链共识机制

随着区块链技术的不断发展，共识机制的种类越来越多，对共识机制的要求在不断提高。本章首先介绍共识机制的相关概念，分析当前共识技术在专利申请方面的现状，并且对常见的共识机制进行对比性分析，从共识机制的安全性、扩展性、性能效率和资源消耗等方面对共识机制进行评价。最后，介绍一种基于离散对数的新型共识机制的区块链实现方案。

2.1　共识机制的概述

共识机制，即系统内的各个节点就某一问题的解决方案达成一致性共识。共识机制可以根据达成共识的个体，共识分为算法共识和决策共识两类。算法共识致力于复杂的网络环境下，去中心化的网络如何达成一致的问题，本质是多个机器之间达成共识。决策共识的目的是帮助人达成一致，在分布式人工智能领域较为常见。区块链中共识算法属于前者，目的在于在多个节点中记录同样的账本。区块链中共识机制要求满足两个性质：一致性，即不同的节点记录的数据必须相同；有效性，节点记录的数据格式和内容必须满足区块链规则[1]。

2.1.1　研究背景

计算机领域的“两军问题”开启了共识机制的研究。“拜占庭将军问题”研究的是在可能存在故障节点或恶意攻击的情况下，非故障节点如何对结果达成一致。拜占庭将军问题成为共识机制研究的基础。Paxos 算法是一种用于解决拜占庭将军问题的算法，该算法能够容忍网络中一定数量节点发生崩溃(crash)，在分布式系统中，就某个特定值达成一致。实用拜占庭容错协议(practical Byzantine fault tolerance, PBFT)作为拜占庭将军问题的解决方案，允许网络中存在一定数量的拜占庭节点，这些节点能够在共识达成过程中制造虚假信息，以各种手段阻碍其他诚实节点完成共识。PBFT 能够在敌手数量占比不超过全部节点数量 1/3 的情况下，实现最终诚实节点的共识。

比特币的提出使共识机制进入区块链共识时代。目前区块链共识可以分为两大类，一类是授权共识(permissioned consensus)机制，授权网络中节点一般通过公钥基础设施(public key infrastructure, PKI)完成身份认证后，才能参与后续共识机制；另一类是以比特币为代表的非授权共识(permissionless consensus)机制。非授权网络中，节点可以随时加入和退出，节点数量动态变化且不可预知，非授权共识通过特定算法完成出块者选举(block proposer)、区块生成和节点验证更新区块链等过程[2]。

2.1.2 共识机制的评价标准

区块链共识机制的目标是使所有的诚实节点保存一致的区块链视图，同时满足以下两个性质。

(1)一致性：所有诚实节点保存的区块链的前缀部分完全相同。

(2)有效性：由某诚实节点发布的信息终将被其他所有诚实节点记录在自己的区块链中。

在满足一致性和有效性的同时，系统的整体性能也会产生不同的影响。鉴于共识机制的不同特点，可以在下面几个方面进行评估。

(1)安全性：即是否可以防止二次支付、自私挖矿等攻击，是否有良好的容错能力。以金融交易为驱动的区块链系统在实现一致性的过程中，最主要的安全问题就是如何检测和防止二次支付行为。自私挖矿通过采用适当的策略发布自己产生的区块，获得更高的相对收益，是一种破坏比特币系统安全性和公平性的攻击方法。此外，日蚀攻击控制目标对象的网络通信，形成网络分区，阻隔交易传播。Sybil 攻击通过生产大量无意义的节点影响系统安全性。

(2)扩展性：即是否支持网络节点扩展。扩展性是区块链设计要考虑的关键因素之一。根据对象不同，扩展性又分为系统成员数量的增加和待确认交易数量的增加两部分。扩展性主要考虑当系统成员数量、待确认交易数量增加时，随之带来的系统负载和网络通信量的变化，通常以网络吞吐量来衡量。

(3)性能效率：即从交易达成共识被记录在区块链中至被最终确认的时间延迟，也可以理解为系统每秒可处理确认的交易数量。与传统第三方支持的交易平台不同，区块链技术通过共识机制达成一致，因此其性能效率问题一直是研究的关注点。比特币系统每秒最多处理 7 笔交易，远远无法支持现有的业务量。

(4)资源消耗：即在达成共识的过程中，系统所要耗费的计算资源大小，包括 CPU、内存等。区块链上的共识机制借助计算资源或者网络通信资源达成共识。以比特币系统为例，基于 PoW 机制的共识需要消耗大量计算资源进行挖矿，提供信任证明完成共识。

2.2 相关共识机制

区块链中的共识机制种类繁多，不同共识机制的原理和应用范围也不一样，下面对区块链相关共识机制的工作原理和优缺点进行介绍和分析。

2.2.1 工作量证明

PoW 机制的概念在被提出后，最初被用来防止垃圾邮件。邮件发送者必须要计算出某个特定数学难题的解才能够完成邮件的发送。后来在 1997 年的密码货币 Hashcash 中利用哈希算法作为 PoW 的核心。因为哈希函数为单向函数，能够抵抗原像攻击，因此设定哈希函数的特定输出值作为难度，输入值中嵌入随机数，当输出值小于或大于难度值时，输入的随机数便是哈希函数的解。PoW 的本质是：只有完成了一定数量运算的节点才能够被授权参与某项活动。

PoW 与节点算力密切相关。采用 PoW 共识机制的最大问题是能源的浪费。以比特币为例，由于比特币每 10min 产生一个区块，并且给予区块生产者一定奖励(目前是 12.5 比特币)和交易费作为激励，而目前比特币价格在每比特币一万美元左右浮动，因此想要获得高额回报的矿工利用所有算力资源，进行大量的哈希运算，这就造成了巨大的能源浪费。从最初的 CPU 挖矿、图形处理器(GPU)挖矿，到现在的现场可编程门阵列(FPGA)和专用集成电路挖矿，比特币所消耗的电量成倍增长。据估计，目前每年由挖矿消耗的能源已经超过了 31TWh，超过了全球 159 个国家消耗的能源，而 77.7%的算力集中在中国境内，挖矿造成的巨大能源消耗已经给中国电力网络带来了压力。

此外，基于 PoW 的共识机制还面临多种攻击，包括自私挖矿、扣块攻击(BWH)、扣块后分叉攻击(FAW)、日蚀攻击、延时攻击及网络隔离攻击等，除此之外还包括通过劫持网络流量或其他方法，将区块链中网络节点的 117 个信息输入通道控制或是将其与其他网络节点隔离，使其只能接收到敌手发送的信息，在此基础上发动女巫攻击、双花攻击、分布式拒绝服务攻击(DDoS)等[3]。

2.2.2 权益证明

为了解决 PoW 带来的巨大能源消耗，PoS 机制的概念被提出。PoS 的总体思路是：从所有的持币者中随机选取持币者作为出块者，持币者被选中的概率与其持币数目成正相关，即持币者持有的币越多，被选中的概率越大。PoS 中出块者的选举方式一般分为两类：一类是公开选举，选举结果能够被所有参与者获知，如 Ouroboros 项目等；另一类是私下选举，参与者利用私有信息确认是否被选中作为出块者，在出块者发布区块之后，其他参与者能够验证其合法性，如 OuroborosPraos 项目等。私下选举能够抵抗 DoS 攻击，因为在出块者公布区块之前，选举的结果对于其他参与者而言都是未知的；而一旦出块者公布区块，区块被加入区块链中，此时已经失去了 DoS 攻击的意义。

然而，PoS 也引入了一些新的安全问题。Chepurnoy[4]提出现有 PoS 机制存在的“无利害关系”问题，即拥有较少财产的用户，其作为区块生产者和验证者进行恶意操作的成本很低。基于理性节点的自利假设，参与者恶意操作的可能性较大，可以同时在链的不同分叉上挖矿，无须花费额外的成本，导致链倾向分叉，使得这些基于 PoS 的协议安全性降低。另外，区块产生者能够发动粉碎攻击，不断重新生成新的区块，直到生成的区块有利于其成为后续区块的生产者。与此同时，PoS 共识机制可能遭受长距离攻击，攻击者通过贿赂其他人，来获得他人的私钥。Gaži 等[5]提出了针对 PoS 机制的权益击穿攻击，如果 PoS 共识机制未采用检查点机制来进行全网状态统一，攻击者能够利用交易费作为激励的形式，通过长时间的累积制造区块分叉，进而发动双花攻击。

2.2.3 授权股份证明

DPoS 同样具有权益越高越容易计算新块的思想，分布式交易系统比特股(bitshares，BTS)最先采用该共识机制。顾名思义，DPoS 类似于股份制公司，各个节点首先投票选举出社区可信度较高的来作为达成共识过程中的决策者。当然，每个节点支持的票数由其持有的货币数量决定。这些可信节点可以被视为“挖矿池”，它们之间具有相同的权利。普通节点可以选举或驱逐不合格的“股东”。在比特股中这个股东数量被控制在 100。DPoS 能耗比较低，具有比较快的出块时间。缺点为普通节点话语权比较低，投票的积极性有待提高。如果发现一个恶意节点，处理流程不是很高效而且存在中止的情况。

2.2.4 基于单一委员会的混合共识机制

混合共识指的是利用 PoW、PoS 等防范女巫攻击手段，选举一定数量的节点作为委员会，负责对区块链进行读写操作，委员会内部通过经典分布式共识算法就区块达成一致。混合共识中利用共识委员会的形式来代替单一的节点，有着更高的容错能力。混合共识的两个重要部分是时期内共识和重配置。时期内共识是指在协议正常运行过程中，协议以时期为单位推进，每个时期包括多个轮。在每个时期，委员会的配置是固定的，即委员会成员身份确定且委员会领导者确定。委员会领导者一般通过每一时期的随机数决定，负责每一轮区块的提议。通常来说，每一轮委员会内部运行类似于 PBFT 的分布式经典共识协议，生成一个新的区块，一个时期对应多个区块的生成。

重配置指的是时期与时期之间进行的委员会成员的更新迭代。由于敌手的存在，敌手可能会对诚实用户进行控制。为了防止敌手控制的用户比例超过一定限制，就必须对委员会成员进行更新。混合共识中，重配置通过 PoW 或 PoS 的方法，选取新的节点对旧的委员会成员进行替换。由于委员会需要持续运作，一般只替换掉委员会中的部分成员，而不是每次重配置都全部更新[6]。

混合共识机制带来了新的安全问题。如 PBFT 之类的委员会内共识算法需要确保委员会中诚实节点占据 2/3 以上，而通过 PoW 选举这样的委员会会对诚实用户算力比例产生新的要求。如果不采取相应的措施，由于自私挖矿的存在，诚实节点算力需要占据 3/4 以上才能确保诚实用户产生的区块数量占比在 2/3 以上，满足委员会内诚实用户的占比要求。另外，在重配置过程中应当确保满足以下条件：第一，交易处理的不间断性，即重配置过程不会影响委员会处理交易；第二，重配置之后的委员会诚实成员占据 2/3 以上，才能确保委员会不会被敌手控制；第三，重配置的频率应当被合理设置，充分考虑敌手腐化节点的能力和节点的激励等问题。

2.2.5 基于多委员会的混合共识机制

多委员会的混合共识机制在单一委员会基础上进行设计，主要为了解决全网节点处理交易的可扩展性问题。可扩展性指的是网络处理交易能力随着全网节点的增加而增加。单一委员会的混合共识机制虽然在很大程度上增大了交易处理规模，但是当全网节点增多时，交易数量也会增多，此时如果委员会成员数目不变，那么其交易处理能力并不会改变。多委员会的混合共识机制又被称为分片共识机制，其原理是将网络节点分为多个并行的片区，每个片区由各自的委员会负责并行处理对应的交易。当网络节点增多时，片区增加，交易处理能力随之增加。分片共识中不同交易分属于不同的片区，分别完成交易的处理和存储过程。分片共识中最关键的问题是跨区交易的处理，跨区交易指的是一个交易有多个输入，而输入由多个片区掌管，因此跨区交易的处理牵涉多个委员会的共同处理，需要设计合理高效的跨区交易处理方式来避免交易锁死等可能出现的情况。

多委员会的混合共识能够实现交易的可扩展性，并且在该共识中交易的处理性能随节点数目增多、分区数增多而线性增长。经典分片共识方案 Omneledger 在每个分区人数为 70、分区数为 16 时交易处理速度能够达到每秒 5000 笔交易。多委员会的混合共识同样存在一些问题，为了保证多委员会的混合共识效率，需要解决跨区交易处理问题和委员会重配置问题。

2.3 共识机制效率和安全性对比

共识机制经过了数年的发展，在性能和安全方面都有了很大的进步，下面列举了不同区块链攻击对 PoW、PoS 和 DPoS 共识机制的威胁程度，接着对常见共识机制的性能进行了对比分析。王李笑阳等[7]针对区块链开展了调研和分析。基于王李笑阳等的工作，表 2.1 呈现了 PoW、PoS、DPoS 面临的攻击威胁，表 2.2 呈现了当前主流共识机制性能、特点的对比[7]。

从表 2.1 可知，PoW 共识相比于 PoS 和 DPos 共识安全性更高，能够抵抗多种区块链攻击；PoS 共识和 DPoS 共识牺牲了部分安全性来提高效率，导致更容易遭受区块链攻击。

表 2.1 PoW、PoS、DPoS 攻击威胁表

区块链攻击	PoW	PoS	DPoS
女巫攻击	高	高	高
账本分叉攻击	低	高	高
短距离攻击	低	高	低
长距离攻击	低	高	高
币龄累计攻击	低	高	高

表 2.2 当前主流共识机制性能、特点对比

共识机制	时间效率	资源消耗
PoW	高延迟	高
PoS	低延迟	低
DPoS	低延迟	低
Raft	低延迟	低
PBFT	低延迟	低
Paxos	低延迟	低

从表 2.2 可知，PoW 共识虽然安全性能高，但是相比于其他常见共识机制，在效率方面存在不足之处，在处理时间方面具有更高的延迟，并且 PoW 的资源消耗相比于其他共识更高。

2.4 共识机制的研究进展

本节首先介绍共识机制的国内外研究现状，接着介绍共识机制的相关专利申请情况，包括专利申请趋势、专利申请布局、专利单位分布以及共识技术主要国际专利分类(IPC)分布等内容的统计情况[8]，最后对共识机制的研究现状和未来发展方向进行总结。

2.4.1 国内外研究现状

1990 年，Lamport[9]提出了 Paxos 算法。该算法是现有一致性算法的基础。接着，研究人员基于 Paxos 算法进行了改进，提出了许多著名的分布式一致性算法，Raft 算法就是其中之一。Raft 算法要比 Paxos 算法简单易懂，在性能上也不弱于 Paxos 算法，因此在应用上 Raft 算法更加受人青睐。1999 年，Jakobsson 等[10]提出了 PoW 共识机制。2009 年中本聪在比特币系统中使用了该共识机制。PoW 共识机制通过算力竞争来选择特定节点进行记账，通过将该特定节点产生的新区块添加到区块链来保证分布式系统的一致性。具体来说，在 PoW 算法中，矿工通过各自的计算机算力来求解一个 SHA-256 数学难题，解决该难题的矿工可以获得挖矿

的权限。基于算力竞争的 PoW 共识机制能够实现系统的去中心化，并且能够有效地保证系统内数据的安全性。但是算力竞争也会造成大量的资源浪费，而且 PoW 共识机制的效率不高，比如在比特币系统中系统每秒只能处理 7 笔交易，导致交易确认需要花费大量的时间。另外 PoW 共识机制容易面临 51%的算力攻击。为了克服 PoW 共识机制的缺点，一系列的改进方案被提出。例如，针对传统 PoW 共识机制交易效率低下、数据确认时间长等问题，研究人员提出了 GHOST-PoW 共识机制为了减小系统的延迟以及提高系统的吞吐量，研究人员提出了 Bitcoin-NG 共识机制。

2002 年，Castro 等提出了 PBFT 共识机制[11]。PBFT 共识机制是基于拜占庭容错(Byzantine fault tolerance，BFT)机制提出的，该机制不需要通过选举的方式来决定区块的产生，而是通过让网络中的参与者直接通过投票的方式产生新的区块。PBFT 共识机制解决了之前拜占庭容错机制效率不高的问题，将机制复杂度由指数级降低到多项式级，使得拜占庭容错机制在实际系统应用中变得可行。PBFT 共识机制在保证安全性和可用性的前提下，提供了$(n-1)/3$ 的容错性。目前使用了 PBFT 共识机制的应用有超级账本(hyperledger)和小蚁(antshares)等。除了 PBFT 共识机制之外，2007 年，Ramakrishna[12]提出了投机拜占庭容错(speculative Byzantine fault tolerance，SBFT)共识机制，与 PBFT 共识机制相比，SBFT 共识机制能够有效降低复杂度，提高共识的效率；2013 年，Aublin 等[13]提出了冗余拜占庭容错(redundant Byzantine fault tolerance，RBFT)共识机制，与 PBFT 共识机制相比，RBFT 共识机制通过牺牲部分效率的方式增强了系统的可靠性；2016 年，小蚁区块链公司提出了授权拜占庭容错(delegated Byzantine fault tolerance，DBFT)共识机制，与 PBFT 共识机制相比，DBFT 共识机制更适合包含对等节点的 P2P 网络结构。在基于 BFT 机制的共识机制中，网络中节点的数量和身份必须是提前确定好的。BFT 共识机制无法做到 PoW 共识机制中实现的任何人都可以随时加入挖矿。另外，BFT 共识机制无法应用到大量的节点，业内普遍认为 100 个节点是 BFT 共识机制的上限。所以 BFT 共识机制无法直接用于公有链，BFT 共识机制适合的场景是私有链和联盟链。

PoS 共识机制[14]是对 PoW 共识机制的改进方案，在 PoW 共识机制中，矿工寻找哈希值的成功率与计算机算力成正比，而在 PoS 共识机制中，矿工寻找哈希值的成功率与矿工权益大小成正比，矿工权益是指该矿工所拥有的数字货币的币龄占所有矿工总币龄的比例。2012 年发行的点点币首次使用了 PoS 共识机制。与 PoW 共识机制相比，PoS 共识机制更加节能，资源消耗较少，并且相较于 PoW 机制更加公平，另外，PoS 共识机制通过提供一定的年利率解决了数字货币的通货紧缩问题。但是 PoS 共识机制挖矿成本较低，更加容易遭受攻击，并且 PoS 共识机制更容易出现分叉问题，因此需要通过多次确认才能保证交易的安全。

在 PoS 共识机制的基础上，DPoS 共识机制被提出[15]。与 PoS 共识机制相比，DPoS 共识机制从所有股东中选举出少数代表来参与记账，参与记账的节点数较少，因此节点的记账速度较快，可以达到秒级的共识验证。此外，这些代表的监督能够保证区块链节点的真实性，满足少数节点的利益。DPoS 共识机制的缺点是由于中间步骤较多，容易产生安全漏洞。采用了 DPoS 共识机制的平台有 Biteshare、Crypti 等。DPoS 共识机制是 PoS 共识机制的变形，除此之外，为了提高 PoS 共识机制的安全性，引申出了权威证明(proof of authority，PoA)共识机制，PoA 共识机制通过尽可能多地引入持币者来维护区块链网络的安全性。

2.4.2 专利申请的趋势

区块链中的共识机制专利以及相关的技术主题专利各年度的申请量如图 2.1 所示[8]。从图 2.1 可以看出，在世界范围内，对区块链的共识技术专利申请近几年才逐渐兴起，在 2012～2015 年相关专利研究比较缓慢，申请量很少，此时区块链的共识技术正处于技术的积累阶段，因此申请量还未明显增长。2015 年以后，人们将其从比特币技术中剥离出来进行改造，并且增加新的特性。2016 年以后，许可链大量广泛应用于金融行业，相关专利申请量呈现快速增长趋势。2018 年，在工信部发布的《2018 中国区块链产业白皮书》中提到区块链跨境支付具有良好的发展前景，国内对区块链中的关键技术进行了大量研究，使得区块链共识技术的相关专利呈现井喷式增长，申请量在 2018 年达到高峰。

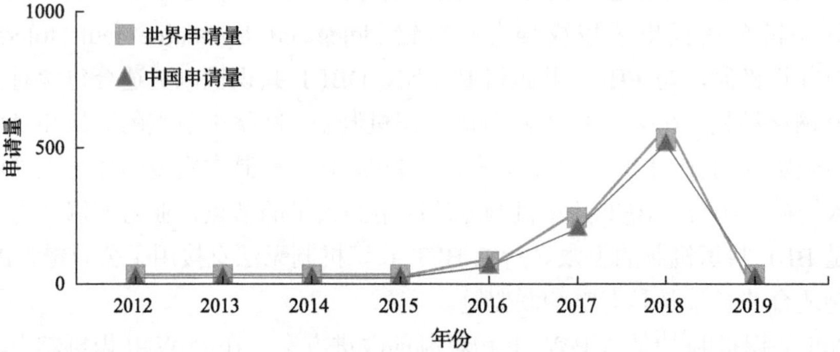

图 2.1　关于区块链共识技术的世界及中国专利申请趋势图

中国在专利申请量方面排名第一，领先美韩欧日等国家及地区[8]，这得益于中国企业在电子商务领域的快速发展。其中，阿里巴巴和京东两大电商企业在共识专利申请方面位于较为领先的地位。区块链的共识技术作为区块链技术中的关键技术，一直是人们研究的热点，各国申请人在积极部署标准建立的过程中也非常重视相关专利的全球布局，积极争取占据国际市场。

2.4.3　共识技术研究的趋势

图 2.2[8]展示的是区块链现有共识关键技术的分布。其中，与 PoW 相关的专利申请占比 48%，在所有共识技术中位列第一，而与 PoS 相关的专利申请占比 24%。由此可见，PoW 作为基于工作量的共识技术，一直是业内关注的焦点，而 PoS 作为基于权益的共识技术，也已经成为研究的热点。

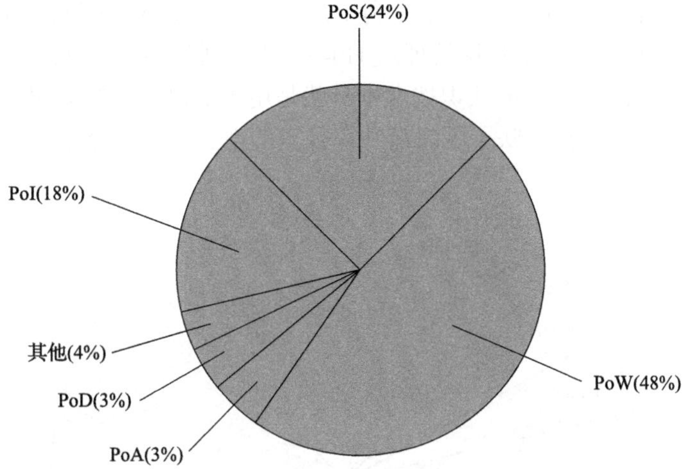

图 2.2　区块链现有的共识技术关键技术分布图

PoI 表示重要性证明(proof of importance)；PoD 表示距离证明(proof of distance)

2.4.4　专利单位分布

图 2.3 为区块链的共识技术相关申请单位的分布情况。从图 2.3 可以看出，共识技术专利申请主要集中在阿里巴巴、京东等电子商务公司以及国内的高校。其

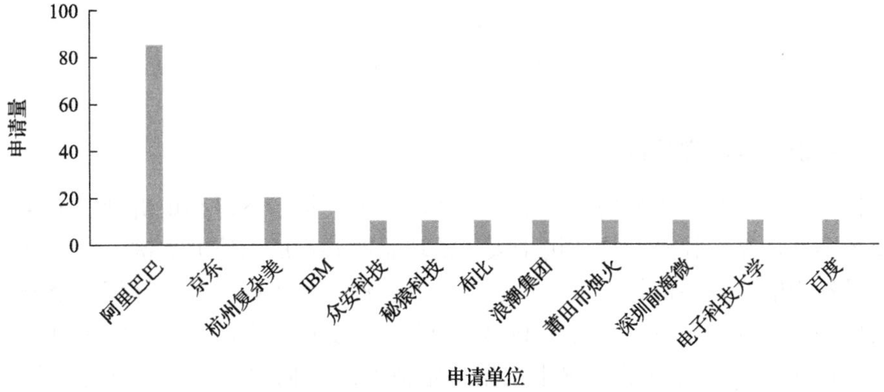

图 2.3　区块链共识技术相关申请单位一览

中，阿里巴巴公司从 2015 年开始就在区块链领域进行专利布局，在专利申请量方面高居榜首。随着区块链技术的进一步普及，其他电商在区块链发展的进程中也在不断加力，使得我国在区块链的共识技术方面的技术积累快速增加。

2.4.5 共识技术主要国际专利分类分布

图 2.4[8]展示了排名前 11 的相关国际专利分类(IPC)分类号的分布情况。从图 2.4 可以看出，区块链共识技术专利申请的前 3 个分类号分别为 H04L(数字信息的传输)、G06F (电数字数据处理)、H04W(无线通信网络)。其中 H04L 分类号占比最多，这是因为区块链共识技术本身就是用于解决信息传输和存储方面的问题。分类号的占比直接反映了区块链共识技术的现有布局点分布。

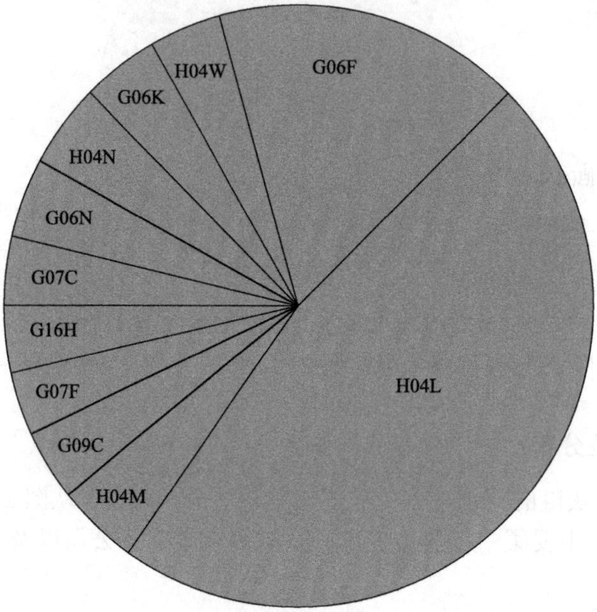

图 2.4　区块链的共识技术专利主要 IPC 分布图

2.4.6 共识机制研究总结

目前共识机制应用的场景越来越广泛，且不同场景下对共识机制安全性与效率要求不同，能否找到一种适用于大多数场景的共识成为研究关键。共识机制的发展目标为解决资源消耗、节点扩展性、安全性、效率以及开放性等五个方面存在的问题，例如，Ghost 协议在 PoW 基础之上缓解了部分资源消耗的问题。在五个方面不能同时提升的情况下根据特定情况选择牺牲一部分换取另一部分的提升同样是当前研究的热点。例如，DPoS 共识机制通过牺牲部分安全性来提高共识效率。

在共识机制改进方面可以归类为以下几种：基于传统一致性算法的改进、基于 PoW 算法的改进、基于 PoS 算法的改进，以及 PoW 与 PoS 的结合等。PoW 与 PoS 的结合是当前共识机制的发展趋势之一，通常属于时间效率与安全性的妥协。根据基于信任来源的不同，当前许多共识机制是在同一信任类型下的替换，例如，Proof of X 类型的共识协议通常是在多人信任之下修改信任的对象。是否可以找到一种可信的并且消耗资源量小的信任对象是当前共识机制改进的重要问题[16]。

区块链共识机制是区块链技术的核心，未来的发展趋势主要有以下几点：

(1) 在安全方面，设计并完善可证明安全的区块链共识机制，如基于 PoS 的共识机制，解决 PoS 共识机制面临的安全威胁；将经典分布式一致性算法与区块链技术结合，利用委员会实现强一致性，解决委员会重配置的安全问题等。

(2) 在扩容方面，研究分片技术，通过计算分片、通信分片和存储分片，实现交易处理的可扩展性，解决跨片交易问题；采用并行区块的架构，使得同一时间内区块链能够容纳更多的交易。

(3) 在启动方面，通过安全多方计算等密码技术在非可信环境下完成协议自启动，解决区块链协议的初始化问题；通过对区块链历史数据的合理裁剪，使新加入节点能够快速获取当前区块链状态，参与共识运行，解决新加入节点的启动问题。

(4) 在激励方面，设计合理可行的奖励和惩罚机制，以理性用户作为出发点，激励用户以诚实行为参与共识机制的运行和维护；合理惩罚恶意用户，同时给予举报者一定的奖励。

2.5　基于离散对数的共识机制设计

本节介绍的是根据实际共识需求提出的一个新型共识机制的设计：基于离散对数的共识机制。

2.5.1　需求分析

传统的区块链依赖单一的安全设想，如哈希函数的抗碰撞性和数字签名的不可伪造性等。这样，一旦哈希函数被攻破(如 SHA-1)，或者该类数字签名(或者其依赖的数学问题)被攻破(量子计算机)，那么区块链面临被攻破的危险。为了消除上述问题带来的安全隐患，可以通过引入额外的数学困难问题：离散对数困难问题，并且基于当前区块链的构造，来对区块链进行改进。然而，简单地引入离散对数困难问题容易降低整个系统的计算效能。如果让整个网络的所有节点都公平地参与到离散对数的计算上来，势必会造成计算开销过于庞大(利用当前设备求解高阶群上的离散对数问题，计算上是困难的)[17]。

2.5.2 方案设计

下面将介绍一种基于离散对数的联盟链构建方法。构建步骤如下：首先初始化陷门离散对数群，根据安全参数λ生成离散对数群所对应的参数(G,q,g,Td)。其中，G为q阶的乘法群，生成元为g，Td为该离散对数群的陷门。接着初始化联盟链，生成联盟链的创世块(genesis block)，并将公开参数$P=(G,q,g,H_1)$写入所述的创世块，其中第一哈希函数H_1为：$H_1:\{0,1\}^* \rightarrow G$，然后指定一批联盟节点，并将所述的陷门Td发送到每一个联盟节点。之后所述的各联盟节点对生成的各区块进行基于离散对数谜题的验证，通过验证的区块为正确的区块。各联盟节点对当前网络中生成的交易信息进行打包验证，并记录到经设计验证通过的区块中，然后生成一个离散对数谜题，并且使用陷门Td对上一个区块的离散对数谜题进行求解，将求解的结果记录到区块中，用于其他节点对区块进行验证。

2.5.3 执行步骤

首先根据安全参数λ，产生一个q阶的乘法群G，所述乘法群G的生成元为g，并产生用于计算离散对数的陷门Td，通过$g^a=h$计算得到离散对数的解a，其中h为乘法群G上的一个元素。接着在区块链中区块的区块头内加入一个由(a_{i-1},h_i)组成的离散对数谜题，其中a_{i-1}是满足上一个区块的离散对数谜题h_{i-1}的解，使$h_{i-1}=g^{a_{i-1}}$，i为当前区块的标识，$i-1$为当前区块前一个区块的标识，h_i为当前区块的离散对数谜题，h_i是根据Merkle哈希树的原理，将当前区块i中的每一个交易信息分别作为一个叶节点，两两进行哈希计算，最终得到根节点R_i，再由$h_i=H_1(R_i)$计算得到，并将得到的h_i作为区块$i+1$的离散对数谜题。其中a_{i-1}的值可由陷门离散对数的正确性得出，该过程容易推导。在区块头内还包含上一个区块的指针、区块的哈希值、时间戳、随机数和Merkle哈希树根节点等。最后在区块链中区块的区块头内加入一个由(a_{i-1},h_i)组成的离散对数谜题，通过陷门Td计算上一个区块的离散对数谜题h_{i-1}的解a_{i-1}，使$h_{i-1}=g^{a_{i-1}}$，然后将求解的a_{i-1}记录到区块中，a_{i-1}的值可由陷门离散对数的正确性得出，该过程容易推导。具体流程图和结构图如图2.5和图2.6所示。

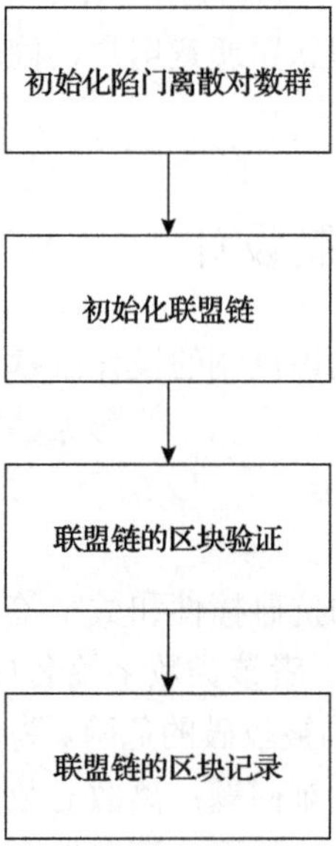

图2.5 基于离散对数的联盟链的构建方法的流程图

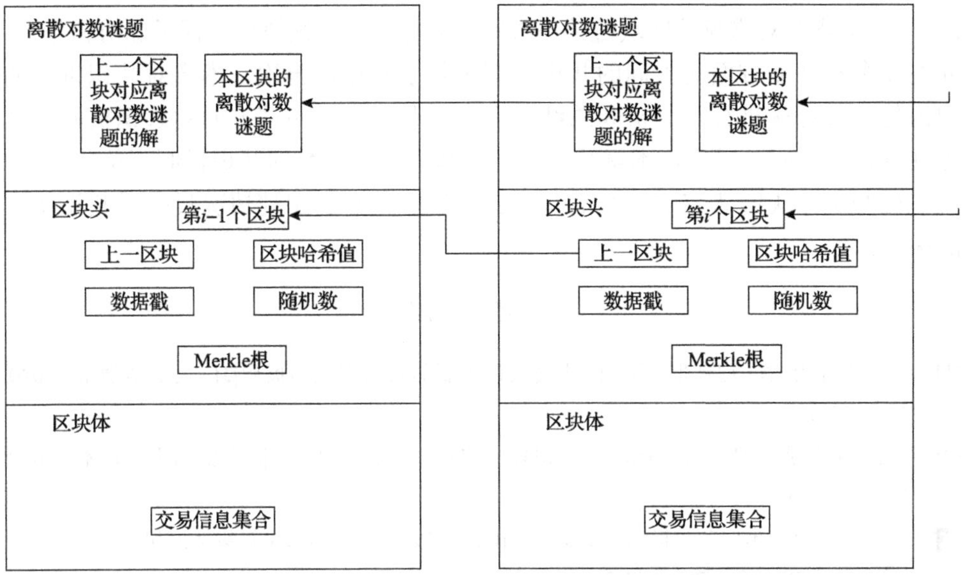

图 2.6　联盟链结构框图

该基于离散对数联盟链的构建方法具有如下优点：

(1) 实现了联盟链节点对区块的高效验证和确认，由于离散对数的计算困难性，任何非联盟节点无法有效地对区块链发起攻击(如私自挖矿(selfish-mining)等)，而联盟节点能够高效进行区块记录和确认(由陷门离散对数群的正确性可以推导得到)。

(2) 通过引入离散对数谜题，大幅度提高了区块链的安全性，由于常规区块链(如比特币网络)单一依赖哈希函数的抗碰撞性和不可逆的性质，一旦哈希函数被攻破(如 SHA-1)，区块链面临被攻破的危险，当额外引入离散对数作为数学困难问题时，一定程度上消除了区块链所面临的单一安全隐患。

(3) 实现了可延展的离散对数共识，通过额外对区块头加入一个离散对数谜题，实现了对区块链从公有链到联盟链的安全性升级，联盟链掌握有离散对数陷门，可以快速计算并且验证离散对数；相反，如果将该陷门公开，那么该联盟链可以转换为公有链，即所有的节点均可公平和高效地确认区块。因此实现了一种简单和可延展的基于离散对数的区块链共识。

2.6　本 章 小 结

本章主要介绍了共识机制的知识。首先，本章介绍了共识机制的相关背景，并从安全性、扩展性、性能效率和资源消耗等四个方面介绍了共识机制的评价标准。其次，本章对常见的区块链共识机制的运行原理和优缺点进行了说明和分析，并在安全和性能方面对不同的共识机制进行了对比。再次，本章对共识机制的国内外研究现状进行了分析和总结，之后从共识专利申请方面对共识机制研究进展进行了说明。最后，本章给出了一种基于离散对数的共识机制。总体来说，共识机制是区块链研究的一个活跃分支，近些年专利申请情况反映了共识研究的火热。

参考文献

[1] 刘明熹, 甘国华, 程郁琨, 等. 区块链共识机制的发展现状与展望[J]. 运筹学学报, 2020, 24(1): 23-39.

[2] 袁勇, 倪晓春, 曾帅, 等. 区块链共识算法的发展现状与展望[J]. 电脑知识与技术, 2019, 15(32): 34-35.

[3] 任佩. 区块链技术中共识机制的安全分析[C]. 2019 中国网络安全等级保护和关键信息基础设施保护大会, 北京, 2019: 24-27.

[4] Chepurnoy A. Interactive proof-of-stake[EB/OL]. https://arxiv.org/abs/1601.00275. [2016-01-03].

[5] Gaži P, Kiayias A, Russell A. Stake bleeding attacks on proof-of-stake blockchains[EB/OL]. https://eprint.iacr.org/2018/248.pdf. [2018-10-22].

[6] 李福涛. 区块链中的共识机制[J]. 中国新通信, 2019, 21(21): 12-13.

[7] 王李笑阳, 秦波, 乔鑫. 区块链共识机制发展与安全性[J]. 中兴通讯技术, 2018, 24(6): 8-12, 44.

[8] 李萍. 区块链中的共识机制[J]. 法制与社会, 2019, (25): 42-43.

[9] Lamport L. A theorem on atomicity in distributed algorithms[J]. Distributed Computing, 1990, 4(2): 59-68.

[10] Jakobsson B M, Juels A. Proofs of work and bread pudding protocols: US7356696[P]. [2008-04-08].

[11] Castro M, Liskov B. Practical Byzantine fault tolerance and proactive recovery[J]. ACM Transactions on Computer Systems, 2002, 20(4): 398-461.

[12] Ramakrishna K. Zyzzyva: Speculative Byzantine fault tolerance[J]. Proceedings of the ACM SIGOPS Symposium on Operating Systems Review, 2007, 41(6): 45-58.

[13] Aublin P L, Mokhtar S B, Quéma V. RBFT: Redundant Byzantine fault tolerance[C]. Proceedings of the IEEE 33rd International Conference on Distributed Computing Systems, Philadelphia, 2013: 297-306.

[14] 区块网. 漫谈 PoS 共识(一)—— PoS 诞生史[EB/OL]. http://www.ymcall.com/artinfo/822227846628342488.html. [2020-08-03].

[15] Binance Academy. Delegated proof of stake explained[EB/OL]. https://academy.binance.com/en/articles/delegated-proof-of-stake-explained. [2019-12-16].

[16] 傅威. 溯源区块链共识机制研究[J]. 信息系统工程, 2019,(5): 141-142.

[17] 殷凤梅, 王筱薇倩, 张江. 基于离散对数的门限解签密方案[J]. 井冈山大学学报(自然科学版), 2016, 37(4): 43-45.

第3章 智能合约安全

本章将关注智能合约的安全问题。首先，介绍智能合约的基本概念和相关研究。然后，介绍三种智能合约安全。最后，提出针对智能合约代币安全性的检测方案，并进行分析和论证。

3.1 研究背景

“智能合约”(smart contract)这个术语至少可以追溯到1995年，其是由一位法律学者尼克·萨博(Nick Szabo)提出，概念如下：一个智能合约是一套以数字形式定义的承诺(commitment)，包括合约参与方可以在上面执行这些承诺的协议[1]。由于缺少可信的执行环境，智能合约并没有被应用到实际产业中。区块链可以为智能合约提供可信的执行环境。作为典型的应用平台，以太坊首先实现了区块链和智能合约的完整契合。以太坊是内置有图灵完备编程语言的区块链，通过建立抽象的基础层，任何人都能够创建合约和去中心化应用，并在其中设立他们自由定义的所有权规则、交易方式和状态转换函数。一般来说，智能合约对于区块链上的所有用户都是可见的，这也是潜在的安全威胁和隐患。例如，在以太坊上，智能合约一旦被部署之后就不可更改，假如发生了攻击事件，很难迅速做出响应。如果要修复漏洞，只能重新部署一个新的合约到以太坊上。随着越来越多的资金涌入区块链，智能合约本身也携带了大量的金钱，一旦发生安全问题，就会面临直接的经济损失，因此智能合约的安全是一个重要的课题。

智能合约的安全问题已经在国际上引起了广泛关注，针对智能合约安全漏洞的检测、防御等已经有不少的研究成果。

Tikhomirov等[2]针对最主流的智能合约编程语言Solidity提出一种漏洞分析方案，他们对Solidity中的代码问题进行了全面分类，并开发了一款名为SmartCheck的工具，它是一种能够检测代码问题的可扩展的静态分析工具。SmartCheck将Solidity源代码转换为基于可扩展标记性语言(XML)的中间表示形式，并根据XPath模式进行检查。SmartCheck也有局限性：由于在区块链上存储的智能合约字节码所提供的静态信息非常有限，并且这种特定的面向交易的编程机制使得智能合约的语义比较特殊，想要完全实现自动化分析依旧具有一定的挑战性。Grishchenko等[3]提出一种针对EVM字节码的自动化静态分析方法，该方法比较实用并且可以扩展到大型合约当中。利用该方法分析存储在区块链上的合约通常需要花费几秒钟的时间，在效率和覆盖率方面要好于 OYENTE 一个数量级。

Brent 等[4]开发了 Vandal 作为一种新型静态分析框架，用于检测智能合约字节码中的安全漏洞。Vandal 包含一个反编译器，该反编译器可以将字节码转化为更高级别的中间表示。在平均分析时间和错误率方面，Vandal 的表现优于 OYENTE、EthIR、Mythril 和 Rattle 这几个分析工具。Luu 等[5]基于以太坊研究了在类似加密货币的开放分布式网络中，运行智能合约的安全性，他们分析了几个新的安全漏洞。作为改进，他们提出了一些方法来增强以太坊的操作语义，以尽可能弥补合约中的脆弱性。对于现有的以太坊系统，他们还构建了一个名为 OYENTE 的符号执行工具，以发现智能合约中潜在的安全漏洞。Krupp 等[6]考虑了智能合约的自动漏洞识别等问题，开发了一个通用的易受攻击合约的定义，并以此为基础建立了 Teether，这是一个只给定二进制字节码就可以挖掘合约漏洞的工具。

Rodler 等[7]指出，尽管现有文献中提出了许多关于智能合约安全的建议，但这些建议大多集中在证明合约内有某类漏洞的存在，但无法保护已部署的合约不被利用。作者在重入式漏洞的背景下解决这个问题，并提出了一种新型的智能合约安全技术，称为 Sereum(secure Ethereum)。该技术基于运行时监控和验证，以向后兼容的方式保护现有的、已部署的合约免受重入式攻击。Sereum 既不需要对现有合约进行任何修改，也不需要任何语义知识。此外，作者还提出了三种高级重入攻击模型，以证明现有的离线漏洞分析工具的局限性。

Torres 等[8]的工作重点是研究与整数漏洞相关的漏洞，由于 EVM 和 Solidity 编程语言的一些特性，这类漏洞特别难以避免。文献[8]介绍了一个结合了符号执行和污点分析的框架，即 Osiris，以准确地发现以太坊智能合约中的整数溢出漏洞。与现有工具相比，Osiris 可以检测出更大范围的漏洞。此外，除了能够识别出新闻报道中的几个漏洞外，该工具还能够在目前部署在以太坊区块链上的几个智能合约中识别出一种尚未可知的关键漏洞。

ContractFuzzer 是一种新型的模糊测试工具[9]，用来测试以太坊智能合约的安全漏洞。ContractFuzzer 基于智能合约的应用二进制接口(application binary interface，ABI)规范生成模糊输入，定义检测安全漏洞的测试口令，通过 EVM 记录智能合约的运行时行为，并分析这些日志来报告安全漏洞。作者对 6991 份智能合约进行了模糊测试，发现了 459 个安全漏洞。其中，该模糊测试工具成功检测到了导致 6000 万美元损失的 The DAO 项目智能合约漏洞。

Kolluri 等[10]研究了特定的一系列基于区块链的智能合约中的漏洞，并称之为事件排序(EO)漏洞。这些漏洞与合约事件的动态排序(即函数调用)密切相关。以前检测 EO 漏洞的技术一直局限于那些只涉及一两个事件排序的漏洞。该工作通过使用并发程序分析的技术，提供了一个新的方法来检测 EO 漏洞。作者构建了

EthRacer，一个针对以太坊字节码的自动分析工具。Securify[11]是一种用于以太坊智能合约的安全分析器，具有可延展性，完全自动化，能够证明合约行为相对于给定资产而言是否安全。

3.2　合约安全事件

本节将对智能合约涉及的三种典型安全事件进行介绍和分析。

3.2.1　The DAO 攻击安全事件

The DAO 项目是区块链物联网公司 Slock.it 发起的一个众筹项目。原本该公司只想采用 DAO（去中心化自治组织）来运作自己的系统通用共享网络（universal sharing network，USN）。后来发现这个机制也适合其他项目，因此决定创建 The DAO[12]。由于智能合约存在重大缺陷，The DAO 被攻击，具体经过如下：2016 年 6 月 15 日攻击合约创立，6 月 17 日攻击开始，黑客利用 DAO 合约中存在的递归调用不断转账“刷钱”，导致合约筹集的公款持续被转移到其子合约 childDAO 中。黑客针对 DAO 合约对账户开展攻击，从 DAO 账户中成功转移了 360 万个以太币（价值 6000 万美元）。以太坊创始人 Vitalik Buterin 得知攻击消息后在以太坊官方博客发布“紧急状态更新：关于 DAO 的漏洞”公告，解释了被攻击的一些细节以及提出软分叉解决方案。软分叉将从块高度 1760000 开始把任何与 The DAO 和 childDAO 相关的交易认作无效交易，以此阻止攻击者在 27 天之后提走被盗的以太币。这之后会有一次硬分叉将以太币找回。随后以太坊社区的 Ethcore 团队发布了支持软分叉的 Parity 客户端。7 月 20 日晚，备受瞩目的以太坊区块链硬分叉成功实施，中国的以太坊矿池 BW.com 成功挖到以太坊第 192000 个区块，不久后，该矿池还挖到了分叉出的新区块链的首个区块。此后以太坊形成两条链，一条为原链（ETC），一条为新的分叉链（ETH），各自代表不同的社区共识及价值观。此次分叉也导致了以太坊的市值产生了剧烈波动，对投资者产生不小的影响。

3.2.2　BEC 攻击安全事件

2018 年 2 月，美链（BEC）上线交易所 OKEx，发行了 70 亿代币 BEC Token，市值一度突破 280 亿美元。该项目宣称打造“全球第一个基于区块链技术打造的美丽生态链平台”。然而在 4 月 22 日，由于 BEC 智能合约爆出严重漏洞，OKEx 发布公告，暂停 BEC 交易和提现。黑客利用以太坊 ERC-20 智能合约中 BatchOverFlow 函数的整数溢出漏洞攻击 BEC 的智能合约，成功地向两个地址转出了数额巨大的 BEC 代币，导致市场上海量 BEC 被抛售，该数字货币价值几近归零，给 BEC 市场交易带来了巨大的打击。之后，BEC 的市值受到了严重影响。此外，区块链安全公司 PeckShield 当时发现除了 BEC Token 之外，还有超过 12 个项目的智能合约中存在 BatchOverFlow 整数溢出漏洞，其中包括明星项目：SMT。黑客可以利用这一漏洞转账生成“不存在”的虚拟货币并进行交易获利。合约被黑客攻击后的数小时内形成价格“瀑布”，币值归零，SMT 下架，涉及 SMT 代币交易的交易所不得不采取紧急处理措施。

3.2.3　假充值安全事件

2018 年 6 月 28 日深夜，区块链安全公司慢雾科技突然发表公告，宣称对泰达币(USDT)合约进行预警和漏洞分析，提醒各大交易所尽快暂停 USDT 充值功能，并自查代码是否存在逻辑缺陷。慢雾科技指出，USDT 合约存在“假充值”安全漏洞，利用该漏洞，用户不需要给银行账户充钱，余额也可以不断上涨，并且能够立刻进行交易。该预警发出后，火币等各大交易所相继暂停了 USDT 的交易并进行排查。之后，虽然大部分交易所宣布他们的系统并没有出现漏洞，但慢雾科技在其 Twitter 账户上表示，一家加密货币交易所已经遭受了攻击，并且公布了一页包含交易数据信息的截图。该漏洞可能将对整个加密货币行业产生巨大的影响，因为 USDT 是与美元锚定的加密货币，很多加密货币投资人使用 USDT 代替美元来快速周转自己在交易所内的代币，而无须等待漫长的银行电汇。Bianews 于 2018 年 7 月 11 日报道：以太坊代币“假充值”漏洞影响面非常之广，影响对象至少包括相关中心化交易所、中心化钱包、代币合约等。据慢雾科技的不完全统计，有 3619 份存在“假充值”漏洞风险，其中不乏知名代币。

3.3　代币的安全性

本节将围绕代币的安全性，对代币安全背景、基础知识、相关研究等进行介绍。

3.3.1　代币安全背景

受比特币的推动，许多加密货币随之产生。然而只有很少的加密货币是区块链的原生资产(如比特币)，它们中的大多数(即代币)是通过在以太坊上部署智能合约来实现的，因为以太坊是支持智能合约最大的区块链平台。本书将不区分代币和代币合约两个术语。这些代币通常涉及很多金钱，例如，以太坊上排名前 10 位的代币价值超过 28 亿美元[13]。为了规范代币合约和用户以及第三方工具(如钱包、交易所市场、区块链浏览器)之间的交互，社区已经提出了几种实施代币合约的标准。这些标准通常指定标准接口(即方法)及其功能(应由代币合约实现)以及应由代币合约发出以通知其他应用程序的标准事件。例如，最流行的代币标准

ERC-20 定义了 6 个标准接口(不考虑可选的标准接口)和 2 个标准事件[14]。

用户通常使用第三方工具来操作代币。例如，他们使用钱包转移代币，利用交易所市场购买/出售代币，并雇用区块链浏览器检查交易。这些工具通过代币标准中定义的标准接口和标准事件与代币交互。例如，通过研究 10 种流行的第三方工具的源代码，发现它们全部通过监视标准接口和/或标准事件来识别代币行为。更具体地说，3 个区块链浏览器(即 EthVM[15]、Toy-Block-Explorer[16]和 ETCExplorer[17])和 1 个钱包(即 METAMASK[18])监视标准方法。Ethereum ETL[19]是一种数据收集工具，它通过检测标准接口识别代币，并通过监视标准事件来捕获代币转移行为。此外，有 1 个区块链浏览器(即 BlockScout[20])、2 个钱包(即 MyEtherWallet[21]和 Etherwall[22])和 2 个交易市场(即 EtherEx[23]和 OpenANX[24])都对标准方法和标准事件进行监控。但是，如果代币合约的实施与标准不一致，则第三方工具既不能与代币正确交互，也不能识别代币。不幸的是，少有人知道这些部署在区块链上的代币行为是否与标准一致。不一致的行为可能导致用户困扰和财务损失。例如，名为 blockwell.ai KYC Casper Token 的代币发出了标准事件，通知其他人该代币已被转移。但是，它并没有真正转移代币并因此欺骗了用户。另一个例子是，代币 USDT 通过调用标准接口进行了伪造存款，但没有转移代币。交易所市场错误地认为一些代币被存入，因为它们通过监视标准接口的调用来检测代币转移。

基于最受欢迎的代币标准 ERC-20，本节将介绍如何检测和分析不一致的代币行为。已知现有的智能合约未考虑不一致的代币合约。为了应对这个问题，本书提出了一种新颖的解决办法，即通过对比三个不同来源的信息来自动检测不一致的行为，包括记录代币持有者及其份额的核心数据结构的操作、标准接口指示的操作以及通过标准事件通知的行为。如果它们中的任何两个都不匹配，则认为检测到不一致的行为。例如，如果代币持有者的代币余额减少 10，而标准 Transfer 事件通知的金额不同，则会发生不一致。然而，当前面临两个问题：①如何自动识别存储每个代币持有者的标识符和余额的核心数据结构；②如何识别通过合约间调用触发的代币转移。例如，当用户 1 想要将代币转让给用户 2 时，代币合约可以通过调用一个智能合约来减少用户 1 的余额，然后调用另一个智能合约来增加用户 2 的余额来实现这种功能。由于很难知道没有运行时信息将调用哪个合约，此类合约交互会阻碍现有的静态分析方法识别代币行为。

为了应对上述挑战，本书利用区块链的同步功能，从中恢复所有智能合约的执行轨迹，并使用轨迹分析的方法解决上述问题。首先，通过节点插桩恢复代币合约的执行轨迹，以调查合约交互。其次，找到维护每个代币持有者的标识符及其余额的核心数据结构，并通过利用 EVM 访问数据结构的方式来识别代币行为。

最后，通过解析轨迹收集标准接口指示的代币行为和标准事件建议的行为，并通过对比三个来源的信息来检测不一致的代币。

3.3.2　基础知识

代币：代币是一种智能合约，它记录代币持有者及其余额的信息，并支持代币活动，例如支持用户将代币转移到另一个账户中。代币合约应实现标准接口和标准事件，以便其他应用程序可以与其进行交互。由于代币接口中对标准接口和标准事件的语义进行了明确规定，所以用户知道应该调用哪种标准方法来完成任务，并且可以通过监视标准事件来获取执行结果。代币合约还可以具有非标准接口和非标准事件，其语义未在代币标准中指定。像法定货币一样，代币的流通总量也很大。代币铸造/燃烧分别意味着增加/减少发行总量。

ERC-20 标准：代币有多种标准，最流行的标准是 ERC-20，它定义了 6 个标准方法接口和 2 个标准事件。例如，标准方法 transferFrom 声明为“function transferFrom (address_from, address_to, uint256_value) public returns (bool success)”，将_value 代币从地址_from 转移到地址_to 。另外，transferFrom () 必须触发标准事件 Transfer。此事件被声明为“event Transfer (address_from, address_to, uint256_value)”，表示地址_from 将_value 代币转移到地址_to。而且，ERC-20 要求每当代币交易时 (无论是通过标准方法还是非标准方法) 都应发出 Transfer 事件通知。这项工作着重于 2 个标准接口 (即 transfer () 与 transferFrom ()) 和 1 个标准事件 (即 Transfer)，因为它们与代币余额的变化有关。

节点和同步：区块链的底层结构是由多个节点组成的 P2P 覆盖。本书只考虑一个完整的节点，因为它实现了以太坊的所有功能。每个以太坊节点运行一个 EVM，并通过同步维护相同的区块链副本。为了与其他节点达成共识，除了从其他节点下载区块，每个节点还重放所有历史交易以达到相同状态。因此，对于发送到合约的每笔交易，合约将在与其他节点同步的过程中在节点的 EVM 中执行。

3.3.3　实例

本节以 2017 年 6 月 27 日部署的 UGToken 为例来说明不一致的行为是如何发生的，并解释如何纠正它以满足 ERC-20 的要求。算法 3.1 显示了 UGToken 中三个功能的代码片段。本节中的所有代码段均采用 Solidity，这是开发以太坊智能合约的最流行语言。UGToken 使用一个映射变量“balances”来存储代币持有者的信息，balances 将代币持有者的地址映射到持有者拥有的代币数量。算法 3.1 中的三个函数都将导致不一致的行为，下文会一一进行解释。

算法 3.1　不一致代币 UGToken 的三个功能算法代码片段

```
1   function transferProxy(address_from, address_to, uint256_value, uint256_feeUgt, ...)...{
2       if(balances[_from] < _feeUgt + _value) throw;
//2* if(balances[_from] < SafeMath.safeAdd(_feeUgt,_value)) throw;
    ...
3     balances[_to] += _value;
//3* balances[_to] = SafeMath.safeAdd(balances[_to],_value);
4     Transfer(_from,_to,_value);
5     balances[msg.sender] += _feeUgt;
//5* balances[msg.sender] = SafeMath.safeAdd(balances[msg.sender],_feeUgt);
6     Transfer(_from, msg.sender,_feeUgt);
7     balances[_from] -= _value + _feeUgt;
//7* balances[_from] = SafeMath.safeSub(balances[_from],
          SafeMath.safeAdd(_feeUgt,_value));
    ...}
8     function transfer(address_to, uint256_value) returns(bool success) {
9       if(...)
    ...
10      else {return false;}}
//10* else {throw;}}
11    function allocateTokens(...){
        ...
12    balances[owner] += value;}
//12* balances[owner] = SafeMath.safeAdd(balances[owner], value);
      Transfer(0, owner, value);}
```

首先来看 transferProxy()函数。函数在第 2 行检查代币持有者_from 是否有足够的代币可以发送。如果没有，则智能合约执行停止。但是，第 2 行包含一个整数溢出错误，当"_feeUgt+_value$>2^{256}-1$"时，是可以绕过第 2 行的余额检查条件的，因为_feeUgt 和_value 均为 256 位无符号整数，它们的和大于 $2^{256}-1$ 时会溢出为 0。如果发生整数溢出，则两个代币接收者(即第 3 行的_to、第 5 行的 msg.sender)将收到比代币发送方(即第 7 行的_from)发出的数量多得多的代币。然而与此同时，标准事件(第 4、6 行)通知的内容未反映实际的代币行为，具体来说，第 4 行和第 6 行通知_from 地址发送了大量代币，但是，由于整数溢出，_from 实际仅发送了非常少的代币。核心数据结构 balances 的实际行为与标准事件通知的内容不符，代币就发生了不一致的现象。

函数 transfer()在执行第 10 行后会引起不一致的现象，因为 transfer()是一个标准接口，表明账户 msg.sender 将_value 代币发送给_to 地址，但实际上在第 10 行却不会转移任何代币，标准函数接口和实际的代币行为之间发生了不一致，这种不一致的现象就称为假充值。该行为可能会欺骗交易市场，因为虽然没有转移代币，但是合约代码正常结束，交易成功执行，交易所会根据成功的回执认为本次交易已经完成。在函数 allocateTokens()中，由于第 12 行增加了 owner 的余额，但是没有发出 Transfer 事件来宣布这种代币增发行为，所以函数 allocateTokens()也导致了不一致。缺乏标准事件会混淆第三方工具，如钱包、交易所、区块链浏览器，因为在代币转移时不会通知它们。

通过将第 2*、3*、5*、7*、10*和 12*行代码替换第 2、3、5、7、10 和 12 行代码，可以消除不一致之处，并且修改后的代币合约符合 ERC-20 标准。为了解决 transferProxy()中的整数溢出问题，导入 SafeMath 库，如果发生整数溢出，该库将终止交易执行。为了修复 transfer()，如果没有代币传递，将抛出异常以终止交易执行。注意，如果执行异常终止，则会恢复智能合约的所有已修改状态，因此，修改后的函数 transferProxy()和 transfer()不会产生不一致的行为。要修复 allocateTokens()，首先使用 SafeMath 库来防止潜在的整数溢出，然后发出 Transfer 事件以宣布代币增发(即"Transfer(0,owner,value)")，这意味着 owner 获得了 value 代币，并且其他用户的余额没有减少。

本书分三步演示如何检测整数溢出引起的不一致行为。第一步，找到存储代币持有者信息的核心数据结构(即 balances)。第二步，监视 balances 的修改(第 3、5 和 7 行)，以了解真实的代币行为。也就是说，由于整数溢出，_to 的余额增加_value，msg.sender 的余额增加_feeUgt，而_from 的余额减少_value + _feeUgt $- 2^{256}$。其次，监视标准事件(第 4 行和第 6 行)以获得事件 Transfer 指示的代币行为：_to 的余额增加_value，msg.sender 的余额增加_feeUgt，_from 的余额减少_value + _feeUgt(大于 2^{256})。第三步，通过将实际代币行为(即 balances 的修改)与 Transfer 指示的行为进行比较，可以检测到不一致。

3.3.4　实施方案

采用 M 代表代币合约中用于记录代币持有者信息的核心数据结构。代币持有者的代币余额表示它的资产，因此本节关注改变余额的代币行为。令 B 表示这种代币行为，它由一系列元组〈t_holder,Δvalue〉组成。每个元组意味着代币持有者 t_holder 的余额变化Δvalue。用 B_m 和 B_e 分别表示从标准接口和标准事件中学到的代币行为，而 B_r 表示修改 M 的实际代币行为。如果外部交易调用非标准方法，则 B_m 为空集，因为非标准方法的语义具有不确定性。如果代币合约的执行未发出标准事件，则 B_e 是空集。如果代币合约的执行没有修改 M，则 B_r 是空集。如果外部交易调用标准方法，则 B_m、B_e 和 B_r 中的任何两个不匹配时，就会发生不一致。

另外，如果外部交易调用非标准方法，则 B_m 的语义未知，本节会在不考虑 B_m 的情况下当 $B_e \neq B_r$ 时检测到 B_e、B_r 的不一致。

一旦检测到不一致的行为，首先找到记录执行轨迹的智能合约。请注意，每个轨迹记录了由一个外部交易触发的所有智能合约的执行行为。对于每个这样的合约，如果它调用标准方法或发出标准事件或修改 M 或存储 M，本书将其视为不一致的代币。这样的定义既包括单个不一致合约的情况，也包括多个合约交互以实现代币行为的情况。

检测程序包含三个阶段，如图 3.1 所示。它从以太坊中获取数据，并输出 B_m、B_e、B_r 表示不一致的代币行为，还有相应的代币。阶段 1 通过检测完整节点来恢复所有已部署智能合约的执行轨迹。阶段 2 通过分别监视标准方法的调用和标准事件的发出来获取轨迹以识别 B_m 和 B_e，然后从轨迹中识别 M。此阶段输出 M、B_m 和 B_e 作为下一阶段的输入。对于每个轨迹，阶段 3 通过监视 M 的修改来识别 B_r，并比较 B_m、B_e 和 B_r 来检测不一致。

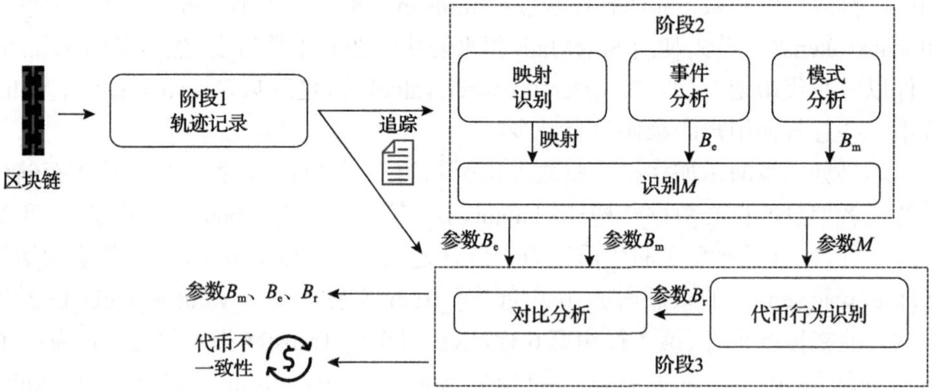

图 3.1　实例的架构图

阶段 1：轨迹记录。轨迹包含智能合约的执行日志。外部交易可以触发智能合约的执行，智能合约可以发送多个内部交易来调用其他智能合约。通过记录发送给合约的每个外部交易的轨迹，可以获得其执行日志和内部交易的执行日志(合约如何调用其他合约)。每个轨迹包括多个部分，分别是相应外部交易的哈希、交易接收方的地址(即被调用的智能合约)、由交易携带的信息、包括被调用的方法和参数的数据以及按顺序记录所有执行的 EVM 操作。本书对一个以太坊节点进行插桩，以记录轨迹，因为单个节点将会下载所有块并在同步期间重播所有交易。

阶段 2：定位核心数据结构。如算法 3.2 中介绍了定位用于记录代币信息的核心数据结构的过程。此阶段输入轨迹，并分别输出核心数据结构 M、标准方法 B_m 和标准事件 B_e。Mapping 是一种将键映射到值的数据结构，这是存储代币持有者信息的常用结构，其中键是代币持有者的标识符，值记录代币持有者拥有的代币数量。此阶段包括 4 个步骤。首先，在合约中找到所有 MAP 变量(步骤 1)。然后，通过轨迹分析从标准方法(B_m)(步骤 2)和标准事件(B_e)(步骤 3)中识别代币行为。由于合约可能使用映射变量来存储其他信息，通过将 MAP 与 B_m 和 B_e 相关联来排除无关的映射变量。更准确地说，如果两个映射项(其键是由标准方法或标准事件指定的两个代币持有者)被修改(步骤 4)，则将映射变量视为 M，因为标准方法和标准事件反映了代币传递行为。

算法 3.2　核心数据结构 *M* 的检测算法

Input: 轨迹 t.

Output: M,用于记录代币信息的核心数据结构; B_m,表示由标准化方法引发的代币行为; B_e,表示由标准事件引发的代币行为.

MAP = LocMap(t)　　//步骤 1

B_m = ParseStandardMethods(t)　　//步骤 2

B_e = ParseStandardEvents(t)　　//步骤 3

M = RecognizeM(MAP, B_m, B_e)　　//步骤 4

return (M, B_m, B_e)

阶段 3：检测不一致的行为。如算法 3.3 所示，获取阶段 2 的轨迹和输出，该阶段通过两个步骤检测不一致，即通过监视 M 的修改来识别实际代币行为 B_r(步骤 1)并比较 B_m、B_e 和 B_r(步骤 2)。如果 B_m 为空集，也就是调用了非标准函数，由于无法获取确切的语义，对函数声明的内容不作比较，仅仅判断标准事件和核心数据结构 M 的数据是否一致。如果 B_m 不为空，那么就将标准函数声明的数据加入比较中，识别是否有不一致行为的产生。此时，B_m、B_e 和 B_r 中只要任意两者的内容不是完全相同的，就认为这个代币的行为不符合 ERC-20 标准。

算法 3.3　不一致性检测算法

Input: 轨迹 t; M, 用于记录代币信息的核心数据结构; B_m, 表示由标准化方法引发的代币行为; B_e, 表示由标准事件引发的代币行为.

Output: 当发生不一致时输出 bin.

B_r = TokenBehavior(t, M)　　//步骤 1

if B_m == null: bin = Match(B_e, B_r)　　//步骤 2
else bin = Match(B_m, B_e, B_r)

return bin

3.3.5 代币漏洞利用分析

本节显示攻击者如何从交易市场上窃取 HYDRO 代币，目前已知有 26097 个外部交易发送到 HYDRO 代币合约，并且有 12705 个账户拥有 HYDRO 代币。HYDRO代币合约中的标准算法transferFrom()(算法3.4)包含一个导致不一致的错误。标准方法 transferFrom()指示的代币行为是将_value 代币从_from 地址传送到_to 地址(第 1 行)。但是，真实的代币行为是调用 transferFrom()函数的账户(msg.sender)将代币转移到_to(第 2、5～7 行)。

算法 3.4 智能合约 HYDRO 标准算法 transferFrom()

```
1  function transferFrom(address_from, address_to, uint256_value)...{
   ...
2   _transfer(msg.sender,_to,_value);
3    Transfer(msg.sender,_to,_value);
4    return true;}
5  function_transfer(address_from, address_to, uint_value) internal {
6    balances[_from] -=_value;
7    balances[_to] +=_value;}
```

本书从另一个属于 EtherDelta 的智能合约 EtherDelta_2 中找到了 15032 个对 HYDRO 的 transferFrom()函数的调用。EtherDelta 是一个受欢迎的交易市场，有超过 1000 万笔外部交易发送到 EtherDelta_2。用户可以通过在 EtherDelta_2 中调用 depositToken()和 withdrawToken()来接收和提取各种代币(算法 3.5)。存入或取出的代币的种类由参数 token 指定，金额由参数 amount 指定。depositToken()

算法 3.5 智能合约 EtherDelta_2 接收和提取代币算法

```
function depositToken(address token, uint amount) {
  if (token == 0) throw;
  if (!Token(token).transferFrom(msg.sender, this, amount)) throw;
  tokens[token][msg.sender] = safeAdd(tokens[token][msg.sender], amount);
  Deposit(token, msg.sender, amount, tokens[token][msg.sender]); }
function withdrawToken(address token, uint amount) {
  if(token == 0) throw;
  if(tokens[token][msg.sender] < amount) throw;
  tokens[token][msg.sender] = safeSub(tokens[token][msg.sender], amount);
  if (!Token(token).transfer(msg.sender, amount)) throw;
  Withdraw(token, msg.sender, amount, tokens[token][msg.sender]); }
```

调用 HYDRO 代币合约中的 transferFrom()，以将金额代币从调用 depositToken() 的账户(msg.sender)转移到 EtherDelta_2 合约(this)(第 3 行)。由于 HYDRO 代币合约的实施有缺陷，真正的代币行为是 EtherDelta_2 合约(而不是本次发交易调用 HYDRO 合约中 depositToken()函数的账户)将金额代币转移到 EtherDelta_2 合约。发现有 23 个账户发送了 15032 个交易来调用 EtherDelta_2 合约的 depositToken()，进而调用 HYDRO 代币合约的 transferFrom()。这 15032 笔交易存入了超过 26 亿个 HYDRO 代币。

要提取代币，用户需要调用 withdrawToken()将代币从 EtherDelta_2 合约转移到外部拥有账户中。由于 withdrawToken()调用的是代币的另一个函数 transfer()，HYDRO 代币合约中该函数的实现没有出现错误，攻击者首先调用 depositToken()，然后调用 withdrawToken()，就能够从 EtherDelta_2 合约(即 EtherDelta 交易所市场)中窃取 HYDRO 代币。已发现 11 个账户发送的 25 笔外部交易窃取了超过 250 万个 HYDRO 代币。图 3.2 显示了攻击过程。假设攻击者在攻击之前不持有 HYDRO 代币，而 EtherDelta_2 持有 x 个 HYDRO 代币。HYDRO 的 M 结构包含了 EtherDelta_2 及其对应的余额。攻击者使用参数 HYDRO 和 v 并调用 depositToken() 来将 v 个 HYDRO 代币从攻击者转移到 EtherDelta_2。EtherDelta_2 在其存储中记录了此类代币存放行为。如算法 3.5 所示，由于 transferFrom()的实现存在缺陷，EtherDelta_2(而不是攻击者)将 v 个 HYDRO 代币转移到 EtherDelta_2，也就是转给自身，最终结果是没有发生代币转移。之后，攻击者调用 withdrawToken()从 EtherDelta_2 中提取 v 个 HYDRO 代币。EtherDelta_2 更新相应的记录，并且 HYDRO 合约将 v 个代币从 EtherDelta_2 转移到攻击者。因此，攻击者从 EtherDelta_2 窃取了 v 个 HYDRO 代币。

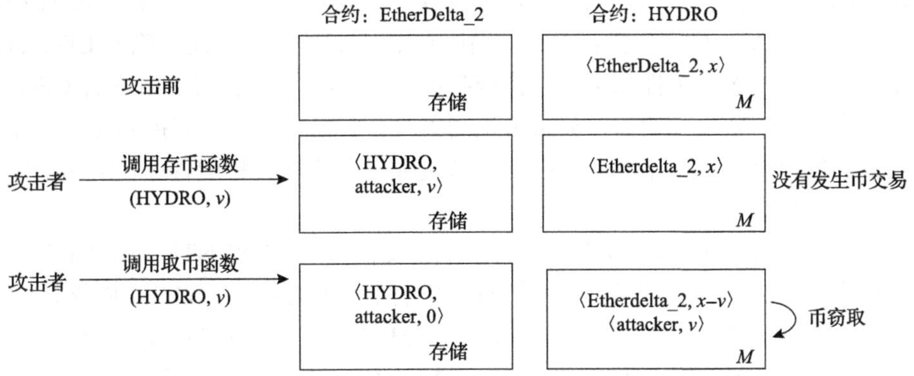

图 3.2　偷取 HYDRO 代币的过程

3.4 智能合约安全分析工具研究

数以百万计的智能合约已经部署到以太坊上，有些研究通过将静态程序分析技术应用于智能合约，发现了智能合约中许多严重的安全性和性能问题。给定一个智能合约，这些分析技术中的大多数都需要先构造其控制流程图(CFG)，通过控制流程转移(CFT)连接基本模块(BB)，然后进行进一步分析。不幸的是，人们对它们构建准确 CFG 的能力知之甚少，特别是识别 CFT 的能力以及结果不准确会造成的影响。本节的目的是介绍静态程序分析技术识别 CFT 的能力，并说明利用执行轨迹来补充 CFT 可以改进静态程序分析技术。

本节对六个广泛使用的智能合约分析工具进行了全面的实证研究，通过使用已部署的智能合约了解它们识别CFT的能力。首先捕获所有智能合约的执行轨迹，以评估这些工具能够识别的 CFT 数量。然后，利用执行轨迹，增强了其中效果最好的工具 OYENTE。这些工具由于多种原因(如代码模式不完整)而无法识别所有CFT。执行轨迹有效地改进了这些工具识别 CFT 的能力。通过将轨迹生成的 CFT 数据补充进去，OYENTE 的漏报率可以降低 30%。

3.4.1 研究目的

近年来，一些研究透过使用程序分析技术来发现智能合约中的安全和性能问题。例如，OYENTE 使用符号执行(SE)来揭示四种易受攻击的合约。GASPER 是本书提出的一种合约工具，用于检测合约的不一致性行为。GASPER 通过利用 SE 来检测智能合约中的三种低效能代码模式(这会浪费开发人员和用户的钱)[25]。给定一个智能合约，这些分析技术中的大多数都需要首先构造 CFG，该图通过 CFT 连接 BB，然后进行进一步分析，因为 CFG 代表执行流。从指令 A 到 B 的 CFT 意味着在执行 A 之后立即执行 B。识别所有 CFT 是构建完整而精确的 CFG 的必要步骤。由于许多安全性和可靠性检查都依赖 CFG，不完整或不精确的 CFG 将削弱此类检查的效果。例如，如果未识别出所有有效的 CFT，则控制流完整性保护可能会发出警报。此外，如果 CFG 不能完整地代表所分析的程序，则模型检查可能会使结果有偏差。

构建准确的 CFG 对智能合约分析也很重要。例如，OYENTE 使用 CFG 进行路径探索，如果无法确定跳转操作的目标，它将丢弃程序路径。GASPER 依靠 CFG 来检测死的基本块并发现循环。再如，基于 SE 的工具 sCompile 首先构建合约的 CFG，然后从 CFG 识别关键程序路径。这样，sCompile 可以仅通过探索关键路径来缓解路径爆炸，而其他路径则不予探索。不幸的是，对于构建智能合约的CFG(尤其是识别 CFT)现有技术的功能以及不准确 CFT 识别的影响知之甚少。

为了填补这一空白，本节对智能合约中的 CFT 识别进行了首次深入分析。由于 CFT 的识别高度依赖指令集，现有的二进制分析工具无法处理智能合约，并且从此类工具中学到的经验也无法直接应用于智能合约。例如，在 x86 / x64 中，CFT 通常是由 JUMP、CALL 或 RET 指令引起的。在智能合约中，CALL 操作用于合约间调用(即合约调用另一个合约的功能)，而合约内调用(即功能调用同一合约内的另一个功能)使用 JUMP 操作。此外，在智能合约中，跳转操作的目标存储在运行时堆栈中，而不是在跳转操作中进行编码。因此，需要运行时的堆栈信息来标识 CFT，尤其是当跳转目标受输入影响时。不同的，对于二进制文件(如 x86)，直接跳转的目标在 JUMP 操作中被编码，可以容易地获得。为了让人信服，本书对六种广泛使用的智能合约分析工具进行了全面检查(包括 500 万个智能合约及其所有执行轨迹，这些轨迹是通过对 EVM 进行策略性插桩而收集的)。本节运行选定的工具来识别这些合约的 CFT，并对比六个工具发现的 CFT 和从所有实际执行轨迹中提取的 CFT。通过定量分析和比较这些工具，可以获得许多有用的信息。例如，OYENTE 发现的 CFT 比其他基于 SE 的工具更多，而 Porosity 发现的 CFT 最多。

此外，研究中发现了一些问题和困难阻止了现有技术识别 CFT 的发展，如路径爆炸、受环境和输入影响的跳转目标等。另外研究中还发现了现有技术的一些利弊，例如，线性与递归反汇编程序相比，反汇编程序可以找到更多的 CFT；基于模式的工具应包含丰富的代码模式；需要使用 EVM 操作的语义解释来定位由算术/按位运算计算的目标。此外，研究中发现使用执行轨迹可以在 CFT 识别方面显著改善这些工具。本节使用从以太坊恢复的执行轨迹来增强 OYENTE。实验结果表明，该方法可以使 OYENTE 在识别 CFT 中的漏报率最多降低 30%。

3.4.2　相关技术背景

智能合约通常使用高级语言(如 Solidity)开发，然后转而编译为可以由 EVM 执行的字节码。作为基于堆栈的虚拟机，EVM 维护一个堆栈来存储 EVM 指令的参数和结果。堆栈项目的大小范围为 1～32 字节，具体取决于将项目压入堆栈的 EVM 操作。EVM 中的 memory 是一种固有的数据结构，用于存储交易中附加的数据和所调用合约的返回值。合约还具有类似于数据库的空间，称为 storage，用于存储持久性信息(如全局变量、智能合约的字节码)。在其他人使用智能合约之前，应将其事先部署到区块链上。具体的，开发人员将合约的字节码(而不是源代码)发送到区块链。尽管一些开发人员将其智能合约的源代码提交给各种区块链浏览器(如 Etherscan)以进行代码验证，但开源智能合约的比例不到所有已部署合约的 1%。合约一旦部署到区块链，将与其地址相关联。因此，要调用合约，应指定其地址。

智能合约的字节码由多个 EVM 操作组成。EVM 支持 130 多种 EVM 操作，其中 8 种可能导致 CFT。两次跳转操作(即 JUMP、JUMPI)会导致合约内 CFT，它们会从 EVM 操作跳转到同一合约中的另一个 EVM 操作，而其他六个操作(即 CREATE、CALL、CALLCODE、DELEGATECALL、STATICCALL、SELFDESTRUCT)导致合约间 CFT，这些合约间 CFT 从一个合约的 EVM 操作转移到另一个合约的 EVM 操作。这项工作主要研究合约内的 CFT。EVM 将跳转目标存储在堆栈中。JUMP 是无条件跳转，其跳转目标由堆栈的顶部项指定。JUMPI 是一个条件跳转，如果第二个堆栈项不为零，则将控制流转移到由顶部堆栈项指定的目标。否则，将执行 JUMPI 之后的下一条指令。跳转目标由 JUMPDEST 标记。请注意，合约内函数调用(如一个函数在同一合约中调用另一个函数)被编译为 JUMP，而 CALL 仅用于合约间调用(如当前合约调用另一个合约)。

此处介绍智能合约与 x86 二进制文件的差异，这些差异特征使得识别智能合约的 CFT 变得有些困难。首先，智能合约被编译为 EVM 字节码，这是一套新指令集。其次，分支语句(如“if ··· else ···”)和合约内函数调用均被编译为 JUMP 操作(包括 JUMP、JUMPI)，而 x86 使用 CALL 来发起函数间的调用。最后，跳转目标存储在堆栈中，而不是编码在跳转操作中，因此，无法通过分析跳转操作将该动作与其跳转目标相关联。在 x86 中，JUMP/CALL 的跳转目标被直接编码在 JUMP/CALL 指令中。由于有多种方法可以将跳转目标压入堆栈，将跳转操作与其跳转目标相关联并不容易。

图 3.3 显示了从已部署的智能合约中提取的六个字节代码片段，结合下文的介绍可以看到获取完整的 CFT 非常困难，说明智能合约的 CFT 识别非常具有挑战性。在图 3.3(a)中，执行 JUMPI(第 3 行)后合约是否跳跃取决于 EQ(第 1 行)的结果。如果最上面的两个堆栈项相等，则 EQ 将 1 推到堆栈顶部；否则，它就会将 0 压入栈中。跳转目标是 PUSH2 将两个字节(即跳转目标 0x009d)压入堆栈的结果。一些工具可以通过在合约中查找模式 PUSH2 / JUMPI 来识别此类 CFT。

```
1   EQ
2   PUSH2 0x009d
3   JUMPI
```
(a)

```
1   PUSH2 0x018e
...
2   POP
3   SWAP1
4   JUMP
```
(b)

```
1   PUSH40xffffffff
2   PUSH20x0536
3   AND
4   JUMP
```
(c)

```
1   ISZERO
2   PC
3   JUMPI
```
(d)

```
1   PUSH1 0x40
2   MLOAD
3   JUMP
```
(e)

```
1   PUSH1 0x04
2   SLOAD
3   PUSH2 0x1356
4   SWAP1
5   PUSH10 0x01…
6   SWAP1
7   DIV
8   PUSH4 0xffffffff
9   AND
10  JUMP
```
(f)

图 3.3　六个 CFT 案例

图 3.3(b)说明了将跳转目标压入堆栈的操作(第 1 行)可以距离跳转操作很远(第 4 行)。为了识别这种 CFT，一个工具需要模拟堆栈操作或应用一些静态分析技术。图 3.3(c)中表明跳转目标没有直接编码在字节码中，相反，它是按位运算的结果(第 3 行)。因此，为了获得跳转目标，工具应执行 EVM 操作或至少解释 EVM 操作的语义。图 3.3(d)中通过执行 PC 指令设定 JUMPI 的跳转目标(第 2 行)，它获得当前程序计数器(即第 2 行)并将该值压入堆栈。为了处理这种情况，工具需要解释 PC 的语义并定位操作以获取跳转目标，因为目标没有编码到合约字节码中。

在图 3.3(e)中，通过执行 JUMP(第 3 行)操作来转移控制流，它的跳转目标从 memory 中读取。MLOAD 指令从 memory 中读取一个值，读取的位置信息在栈顶中(0x40，第 1 行)，并将读出的值压入堆栈。图 3.3(f)给出了一个更复杂的示例，该示例通过执行 SLOAD(第 2 行)从 storage 中读取一个值，并在几次 EVM 操作(第 3～9 行)之后根据该值计算跳转目标。请回想一下，memory 中存储了交易的数据，storage 可用于存储合约运行时信息(如全局变量)。因此，不实际执行合约就很难确定这样的跳转目标，即使是模拟 EVM 操作也不太可能解决最后两种情况(即(e)和(f))，因为跳转目标由存储在 memory 或 storage 中运行时的值确定。

3.4.3 CFT 识别的深度分析

首先介绍收集区块链上所有的智能合约方法。收集已部署的智能合约的字节码的一种简单方法是在给定合约地址的情况下调用以太坊客户端提供的 API，即 web3.eth.getCode()。API 会使用查询到的合约地址，然而要获取所有合约的地址并不容易。此外，API 可以提供适当的块号来获取已删除的智能合约的字节码，但是，对于每个已删除的合约，没有简单的方法来知道在哪个区块(即何时)删除了它。本节通过插桩以太坊客户端来收集所有合约的字节码。在检查了 Geth(最受欢迎的以太坊客户端)的源代码之后，了解到 evm.Create()函数的作用为部署一个智能合约，其返回值是合约地址。因此，在 evm.Create()返回之前获取已创建合约的地址。evm.Create() 调用 evm.StateDB.SetCode()将合约字节码(即 evm.StateDB.SetCode()的第一个参数)存储在 storage 中。要记录合约字节码，在 evm.Create()中添加代码以记录 evm.StateDB.SetCode()的第一个参数。本节的方法甚至可以收集已经部署然后从区块链中删除的合约的字节码，因为它捕获了所有历史合约部署活动。

接下来，首先对现有用来识别智能合约 CFT 的技术进行总结。符号执行(SE)：SE 使用符号值而不是具体值作为输入，在达到目标代码时，分析器可以得到相应的路径约束，然后通过约束求解器来得到可以触发目标代码的具体值。SE 通常用于路径探索。基于 SE 的智能合约工具通常会模拟堆栈并符号化地执行 EVM 操作，因此可以从模拟堆栈中获得跳转目标。模式识别：EVM 提供 32 个压栈操作，PUSHx（$1\leqslant x\leqslant 32$）将 x 字节值压入堆栈。由于跳转目标存储在堆栈中，在跳转操作之前的 PUSHx 会将跳转目标压入堆栈。根据观察，模式识别技术首先通过在合约中查找此类代码模式（如 PUSHx/JUMP 和 PUSHx/JUMPI）来发现 CFT，然后从 PUSHx 中提取跳转目标。轻量级静态分析：一些轻量级静态分析技术已应用于 CFT 识别。例如，当使用定义可达性分析时，每个 EVM 操作都带有一组对该操作可见的变量，并且对于每个此类变量，在代码中记录该操作之前最后分配该变量的位置，它在执行操作之前用堆栈布局注释每个操作。该堆栈布局包含对产生此堆栈项目操作的引用，而不是实际值。基于轻量级静态分析，即使未位于跳跃操作之前，也可以识别用于设置跳跃目标的压栈操作。

尽管许多研究提出了各种可以识别智能合约中 CFT 的工具，但是本书过滤掉了既不公开也无法处理智能合约字节码的工具。最终，选择了六种流行的开源工具，它们可以直接处理 EVM 字节码。OYENTE、MAIAN[26]和 Mythril[27]能够发现智能合约的漏洞；evmdis[28]、Miasm[29]和 Porosity[30]是智能合约的三种逆向工程工具。将这些工具分为两类：路径敏感型工具，包括 OYENTE、MAIAN 和 Mythril，这些方法应用 SE 来确定路径可行性；对路径不敏感的工具，包括 evmdis、Miasm 和 Porosity。由于对路径不敏感的工具不会检查程序路径的可行性，它们可能会发现实际上无法执行的 CFT。相反，对路径敏感的工具仅考虑在路径探索期间发现的 CFT。evmdis 是一种利用定义可达性分析的反汇编工具；Miasm 也是反汇编工具；Porosity 是 EVM 字节码的反编译器。后两个应用模式识别这一技术来识别 CFT。运行这些工具来处理合约字节码时，发现 OYENTE 和 MAIAN 分别会在处理 27131（0.5%）和 115286（2.3%）个合约时崩溃。其他工具不会崩溃，因为它们捕获了所有异常。我们找到了工具崩溃的三种原因（即字节码格式错误、不支持的操作以及求解器异常）并加以解决。

针对上述所选工具，本节介绍以下研究结果：每个工具识别的 CFT 数量，不同工具输出相同结果的合约数量以及所有工具可以标识的 CFT 数量。图 3.4 显示了六个工具识别的 CFT 数量，该图中标出了平均值。在检查了这些工具的结果和源代码之后，有几点发现：首先，MAIAN 找到的 CFT 最少，因为一旦发现漏洞，它就会停止路径探索。因此，由于未探索某些路径，MAIAN 无法识别所有 CFT。此外，由于 MAIAN 不会在没有 CALL、CALLCODE、DELEGATECALL 或 SELFDESTRUCT 的情况下处理合约，它发现此类合约的 CFT 为零。MAIAN 之所以采用这种策略，是因为该工具旨在检测三种漏洞，其中包括上述四个 EVM

操作，而不是探索所有程序路径。

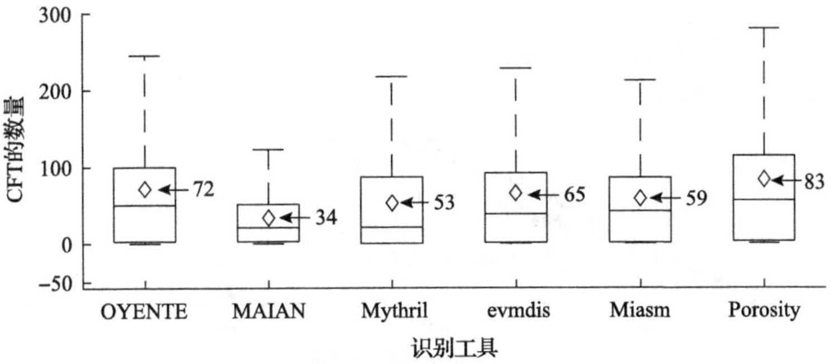

图 3.4　六个工具识别的 CFT 数量

尽管 OYENTE 和 Mythril 都使用 SE，但由于配置不同，OYENTE 发现的 CFT 比 Mythril 多。更准确地说，由于基于 SE 的工具遭受路径爆炸的困扰，通常的补救措施是设置最大路径深度，该深度是指路径可以执行的最大跳转操作数。这样，基于 SE 的工具会在深度达到阈值时终止路径。OYENTE 比 Mythril 可以探索更多的路径，因为前者将最大深度设置为 50，而后者将最大深度设置为 12。请注意，尽管 MAIAN 将最大深度设置为 60，但是发现 CFT 最少，因为它一旦发现漏洞就不处理某些合约并停止分析，后续 CFT 就不再捕捉。尽管上述都是对路径不敏感的工具，但 Miasm 和 evmdis 发现的 CFT 不如 Porosity 多。研究中发现它们的区别在于处理合约字节码的方式。更准确地说，Miasm 和 evmdis 是递归反汇编程序，它们按照控制流处理合约的字节码。它们从第一个操作开始反汇编合约字节码，然后在遇到跳转操作时尝试查找跳转目标。如果找到，它们将继续根据跳转目标处的 EVM 操作进行分析。否则，如果无法确定跳跃目标，它们将停止分析。相反，Porosity 实现了线性反汇编功能，它不遵循合约字节码的控制流程，而是检查合约字节码中的每个跳转操作。因此，Porosity 可能会发现 Miasm 无法完成其跳转操作的某些 CFT。然后，手动检查由 Porosity 标识但未被 OYENTE 发现的 CFT，并发现了 Porosity 包含将无法执行的 CFT。OYENTE 不包括此类 CFT，因为它检查路径的可行性。

基于符号执行的三个识别工具(OYENTE、MAIAN、Mythril)，统计每个智能合约的 JUMP 操作的数量和发现的 CFT 平均数量。图 3.5 显示了路径敏感型工具识别的 CFT 平均数量。x 轴是 JUMP 操作的数量，这表明智能合约的复杂性，通过扫描合约字节码来计算得出。y 轴是 CFT 平均数量。因此，该图中的点(x, y)表示如果合同包含 x 个跳转操作，则工具识别的 CFT 平均数量为 y。图 3.5 显示，当 JUMP 操作的数量从 1 增加到大约 200 时，由三个工具识别的 CFT 的数量几乎呈线性增加，这是合理的，因为更复杂的智能合约包含更多的 CFT。但是，当 JUMP

操作的数量大于 200 时，线性趋势不会持续。

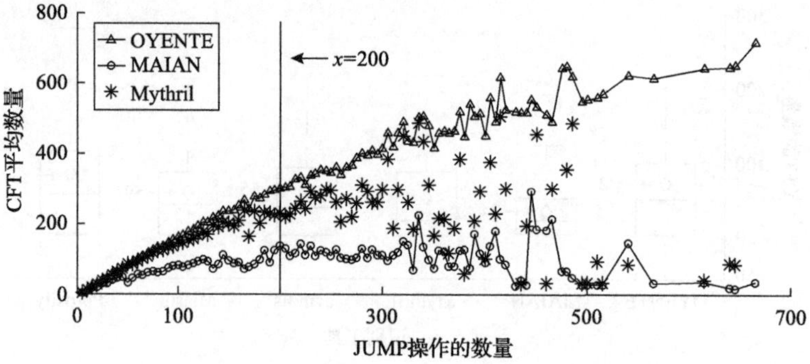

图 3.5　路径敏感型工具识别到的 CFT 数量

研究中还发现，这些工具设置了四种终止条件，以缓解路径爆炸问题。也就是说，如果符合下列条件它们将停止分析：①达到预期目标；②已经探索完所有路径，但是探索深度小于最大路径深度；③分析时间超时；④BB 的数量达到预设的阈值。例如，MAIAN 将最大路径深度设置为 60。同时，如果 SE 已执行 2000 个 BB，则停止分析合约。Mythril 除了将路径深度设置为 12 外，还为每个合约提供 60s 时限。OYENTE 将每个合约的超时设置为 50s，如果执行 BB 超过 10 次，它将终止探索程序路径。本书对另外三个反汇编器(evmdis、Miasm、Porosity)进行实验，同样发现了相似的结论。如图 3.6 所示，在 JUMP 操作的数量为 300 以下同样保持良好的线性关系。进一步分析发现，这三个工具在分析结束条件上同样也存在较大差异。

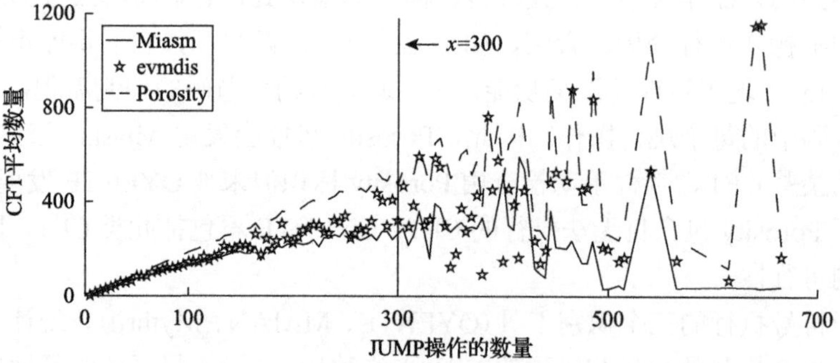

图 3.6　路径不敏感型工具识别到的 CFT 数量

为了研究上述工具的控制流分析差异，本书统计了在不同工具处理结果都相同的合约的占比。结果发现，无论是符号执行工具还是反汇编工具，控制流分析输出相同的合约都占比很小。图 3.7 展示了任意两个工具在每个合约中找到相同 CFT 的合约比例。我们发现，对于约 46%的智能合约而言，工具 evmdis 可以产生与工具 Porosity 相同的结果，这是与其他组合相比最高的比率。原因是代码模式识别的 CFT 也可以通过定义可达性分析来识别，因为后者可以找到将跳转目标压入堆栈的所有操作。此外，任何其他两种工具都会产生非常不一致的结果。原因是除 Miasm 以外的所有工具都会检查跳转目标处的操作是否为 JUMPDEST，如果不跳转到 JUMPDEST 处就认为目标无效。除 Miasm 以外的所有工具都将排除跳转目标无效的 CFT。最后，三个基于 SE 的工具仅对 7%的合同产生相同的结果，因为 MAIAN 如果发现漏洞就会停止，而 OYENTE 和 Mythril 设置了不同的路径深度。

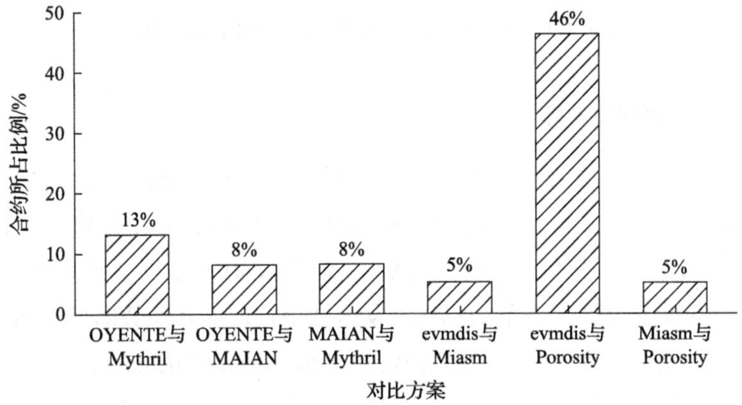

图 3.7　任意两个工具找到相同 CFT 的合约比例

针对上述路径敏感性类型的三种合约分析工具，通过实验收集了控制流输出相同的全部合约，然后对它们进行复杂度分析，如图 3.8 所示，随着合约复杂度增加，三种工具分析结果相同的合约数量在减少。同样，针对路径不敏感的三种工具(evmdis、Miasm、Porosity)，分别计算每个合约中它们发现的控制转移记录并集和合集，同时计算每个合约的复杂度，如图 3.9 所示。显然，针对任何一个合约，复杂度越高，这三种工具发现的相同控制转移记录就越少。

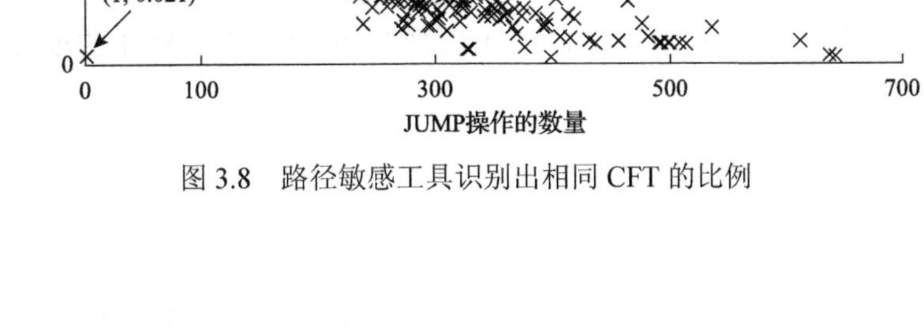

图 3.8　路径敏感工具识别出相同 CFT 的比例

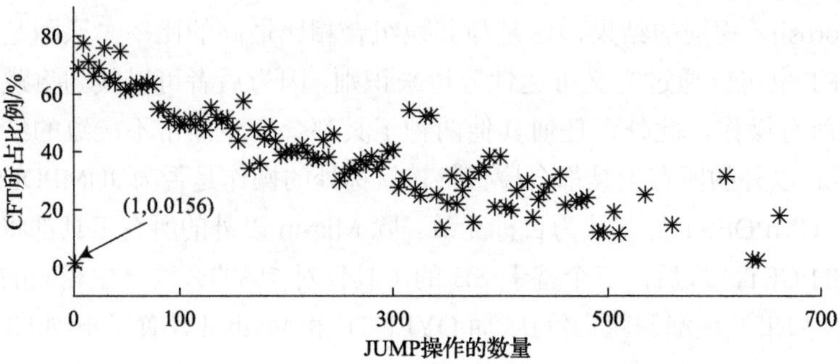

图 3.9　路径不敏感工具识别出的 CFT 的比例

3.4.4　基于轨迹的 CFT 标识

从智能合约的执行轨迹中提取 CFT，以检测执行轨迹是否可以对其他工具进行补充。首先需要收集执行轨迹。执行轨迹在智能合约中记录每个已执行的 EVM 操作的执行信息。记录的信息包括执行的 EVM 操作、程序计数器、操作指令从堆栈/内存/存储三处位置所读取/写入的数据以及从区块链读取的其他数据(如挖矿难度、区块编号)。一种获取轨迹的方法是调用 Web3 API，即 web3.debug.traceTransaction()，该 API 接收交易的哈希值并输出由该交易触发的轨迹。但是，要获得所有交易哈希值并不容易。更严重的是，该 API 运行缓慢。在检查了以太坊的源代码之后发现，该 API 在执行查询的交易之前，必须初始化运行时环境，以确保在执行被查询的交易之前构造正确的状态。此外，Web3 API 使用远程过程调用与以太坊节点进行通信，这进一步引入了延迟。

本节提出给以太坊客户端插桩来恢复执行轨迹。客户将执行所有历史交易，而智能合约的执行由交易触发。在研究了 Geth 的源代码之后，发现 Geth 为每个 EVM 操作提供了一个处理程序，将代码插入所有处理程序中以记录执行信息。算法 3.6 展示了执行 JUMPI 时如何记录 CFT。具体的，opJumpi()(第 1 行)是用于执行 JUMPI 的处理程序(为演示而简化)，从堆栈中弹出跳转目标和标志(第 2 行)。在第 3 行记录 JUMPI 的程序计数器。然后，相应地更新程序计数器(第 5、6 行)。在第 7 行记录新的程序计数器。由于插入了记录代码，该 CFT 从旧的程序计数器跳转到新的程序计数器，它就被记录了下来。在执行 JUMP 或 JUMPI 时，跳转目标位于栈顶，因此标识轨迹覆盖的 CFT 需要为 JUMP 和 JUMPI 的处理程序进行插桩。

算法 3.6　执行 JUMPI 时记录 CFT 算法

```
func opJumpi (pc *uint64, …, stack *Stack) () {
  pos, cond := stack.pop (), stack.pop ()
  log (“current PC”+*pc)
  if cond.Sign () != 0 {…
    *pc = pos.Uint64 ()
  } else {*pc++}
  log (“jump target”+*pc) }
```

由于一个合约可以调用另一个合约，执行轨迹中可以包含来自多个合约的 CFT，需要将执行轨迹分为几个子轨迹，每个子轨迹对应一个合约。需要找到执行合约的开始和结束。合约调用另一个合约有四种 EVM 操作(即 CALL、CALLCODE、DELEGATECALL 和 STATICCALL)。因此，本书为这四个操作都进行了插桩。算法 3.7 展示了 opCall()的代码片段，它用于执行 CALL 的处理程序。由于其他三个处理程序与 opCall()相似，故省略了它们的详细信息。堆栈上的第二项是被调用合约的地址(第 3 行)，因此在第 5 行标记了执行合约 B 的开始。使用 evm.Call() (第 6 行)执行了合约 B，将其标记为在第 7 行执行 B 的结束。

算法 3.7　opCall()算法代码片段

```
1 func opCall (evm *EVM, contract *Contract, stack *Stack…) () {
2   stack.pop ()
3   addr := stack.pop ()
4   toAddr := common.BigToAddress (addr)
    …
5   log (“Contract start”+toAddr)
6   ret, returnGas, err := evm.Call (contract, toAddr, …)
7   log (“Contract end”) …}
```

然后对上述工具识别的控制流和执行轨迹获得的控制流进行了分析，如图 3.10 所示，发现执行轨迹可以提升上述工具的控制流识别能力，尤其是对于 MAIAN 和 Miasm 工具，提升能力皆超过 80%。即使是最优秀的控制流发现工具 Porosity，提升能力也有 10%。

针对以太坊区块链智能合约控制流识别的大规模深度研究，取得了多项新的发现：①六个分析工具由于其技术或配置的不同而识别出数量不同的 CFT。线性反汇编程序比递归反汇编程序发现更多的 CFT，因为如果无法确定跳转目标，则后者会停止。②不同分析工具在分析复杂智能合约控制流时能力差异较大，典型

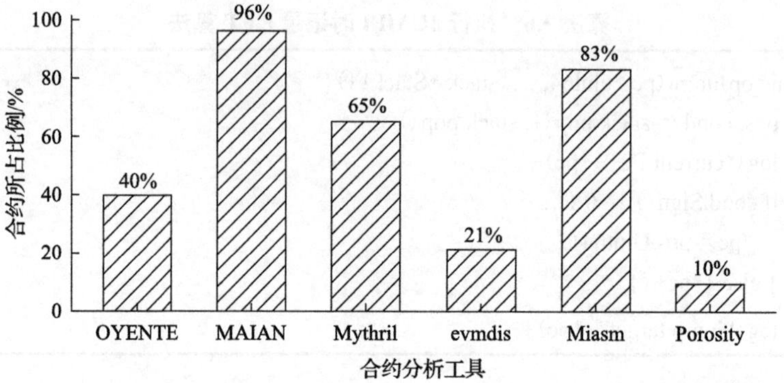

图 3.10　执行轨迹可以提升各种工具 CFT 发现数量的合约比例

原因有路径爆炸、提前结束条件和不完备的代码模式。③本节提到的六款主流分析工具仅针对 1.7%的智能合约才能识别出相同的控制流转移。④合约的复杂度越高，不同分析工具得到一致的结果越困难。⑤执行轨迹可以有效提升上述工具的智能合约控制流识别能力，能发现这些工具不能发现的控制转移。这些发现将有助于以太坊用户、开发者和分析人员对合约的安全开展更深入的研究。

3.5　本 章 小 结

本章首先对智能合约的基本概念进行了简单介绍，然后分析了智能合约安全的国内外研究现状和部分智能合约安全事件。接下来，对当前智能合约中的主流应用“代币”及其不一致行为进行了介绍，并给出了针对代币不一致的检测方案和案例分析。最后，基于六个主流分析工具，对现有智能合约的安全分析工具进行了大规模实证研究。

参 考 文 献

[1] 欧阳丽炜, 王帅, 袁勇, 等. 智能合约: 架构及进展[J]. 自动化学报, 2019, 45(3): 445-457.

[2] Tikhomirov S, Voskresenskaya E, Ivanitskiy I, et al. SmartCheck: Static analysis of ethereum smart contracts[C]. Proceedings of the 1st International Workshop on Emerging Trends in Software Engineering for Blockchain, Gothenburg, 2018: 9-16.

[3] Grishchenko I, Maffei M, Schneidewind C. Ethertrust: Sound static analysis of ethereum bytecode[R]. Wien: Technische Universität Wien, 2018.

[4] Brent L, Jurisevic A, Kong M, et al. Vandal: A scalable security analysis framework for smart contracts[EB/OL]. https://arxiv.org/pdf/1809.03981.pdf. [2020-08-03].

[5] Luu L, Chu D H, Olickel H, et al. Making smart contracts smarter[C]. Proceedings of the ACM SIGSAC Conference on Computer and Communications Security, Vienna, 2016: 254-269.

[6] Krupp J, Rossow C. Teether: Gnawing at ethereum to automatically exploit smart contracts[C]. Proceedings of the 27th USENIX Security Symposium (USENIX Security 18), Baltimore, 2018: 1317-1333.

[7] Rodler M, Li W T Y, Karame G O, et al. Sereum: Protecting existing smart contracts against reentrancy attacks[EB/OL]. https://arxiv.org/pdf/1812.05934v1.pdf. [2020-08-03].

[8] Torres, C F, Schütte J, State R. Osiris: Hunting for integer bugs in ethereum smart contracts[C]. Proceedings of the 34th Annual Computer Security Applications Conference, San Juan, 2018: 664-676.

[9] Jiang B, Liu Y, Chan W K. ContractFuzzer: Fuzzing smart contracts for vulnerability detection[C]. Proceedings of the 33rd ACM/IEEE International Conference on Automated Software Engineering, Montpellier, 2018: 259-269.

[10] Kolluri A, Nikolic I, Sergey I, et al. Exploiting the laws of order in smart contracts[C]. Proceedings of the 28th ACM SIGSOFT International Symposium on Software Testing and Analysis, Beijing, 2019: 363-373.

[11] Tsankov P, Dan A, Cohen D D, et al. Securify: Practical security analysis of smart contracts[C]. Proceedings of the ACM SIGSAC Conference on Computer and Communications Security, Toronto, 2018: 67-82.

[12] 曾晶晶. 区块链应用系统若干脆弱性分析与评测[D]. 北京: 北京邮电大学, 2019.

[13] Etherscan. Token tracker[EB/OL]. https://etherscan.io/tokens. [2020-08-03].

[14] Vogelsteller F, Buterin V. ERC-20 Token Standard[EB/OL]. https://github.com/ethereum/EIPs/blob/master/EIPS/eip-20.md. [2020-08-03].

[15] Michaels K. EthVM: Open source ethereum blockchain explorer[EB/OL]. https://medium.com/myetherwallet/ethvm-the-open-source-ethereum-blockchain-explorer-powered-by-mew-f17fc4d74f0a. [2020-08-03].

[16] Wentworth J. Curvegrid.Toy-Block-Explorer[EB/OL]. https://www.slideshare.net/ICOVO/curvegrid-toy-blockchain-explorer-by-jeff-wentworth. [2020-08-03].

[17] ETCExplorer[EB/OL]. https://github.com/ethereumclassic/explorer. [2020-08-03].

[18] METAMASK—Brings ethereum to your browser[EB/OL]. https://www.pinterest.ch/pin/670262357024829673. [2020-08-03].

[19] Ethereum ETL[EB/OL]. https://github.com/blockchain-etl/ethereum-etl. [2020-08-03].

[20] BlockScout, blockchain explorer for inspecting and analyzing EVM chains[EB/OL]. https://github.com/poanetwork/blockscout. [2020-08-03].

[21] MyEtherWallet. Ledger-friendly third-party Wallet MyEtherWallet[EB/OL]. https://www.ledger.com/ myetherwallet. [2020-08-03].

[22] Etherwall. Etherwall: The first ethereum desktop wallet[EB/OL]. https://www.etherwall.com. [2020-08-03].
[23] EtherEx: Decentralized exchange built on ethereum[EB/OL]. https://github.com/etherex/etherex. [2020-08-03].
[24] OpenANX: Decentralised exchange token sale smart contract[EB/OL]. https://github.com/openanx/OpenANXToken. [2020-08-03].
[25] Chen T, Li X, Luo X, et al. Under optimized smart contracts devour your money[C]. Proceedings of the IEEE 24th International Conference on Software Analysis, Evolution and Reengineering, Campobasso, 2017: 442-446.
[26] Nikolić I, Kolluri A, Sergey I, et al. Finding the greedy, prodigal, and suicidal contracts at scale[C]. Proceedings of the 34th Annual Computer Security Applications Conference, San Juan, 2018: 653-663.
[27] Mueller B. Smashing ethereum smart contracts for fun and real profit[EB/OL]. https://conference.hitb.org/hitbsecconf2018ams/sessions/smashing-ethereum-smart-contracts-for-fun-and-actual-profit. [2020-08-03].
[28] Arachnid[EB/OL]. https://github.com/arachnid/evmdis. [2020-08-03].
[29] Reverse engineering framework in Python[EB/OL]. https://github.com/the7day/miasm. [2020-08-03].
[30] Porosity: A decompiler for blockchain-based smart contracts bytecode[EB/OL]. https://infocondb.org/con/def-con/def-con-25/porosity-a-decompiler-for-blockchain-based-smart-contracts-bytecode. [2020-08-03].

第 4 章　智能合约的优化

围绕智能合约的优化问题，本章介绍了作者团队开发出的 GasReducer 工具，以及如何使用该工具来检测高消耗模式的合约执行。此外，本章还介绍了智能合约优化的方案：GASPER。

4.1　研究背景

基于区块链框架，智能合约可以成为一个自主的计算机程序。一旦启动，合约可以根据预先定义的程序逻辑强制执行。部署和执行智能合约需要消耗节点的存储和计算资源。为了确保智能合约能够终止并防止资源滥用，以太坊引入了 gas 机制。在部署智能合约时，开发人员需要支付一定的 gas；在执行智能合约时，用户需要支付一定的 gas。由于智能合约的部署消耗资源(如磁盘)，部署所需的 gas 与字节码中智能合约的大小成正比，智能合约的开发者也要被收取一定费用[1]。用户要支付的费用通过 gas_price×gas_cost 来计算，gas_price 代表一单位 gas 的价格，gas_cost 是所有执行操作所消耗的 gas 量，每单位 gas 的价格由用户决定，受市场波动，而每个操作所消耗的 gas 量在 EVM 中被规定好了。

由于开发人员的疏忽或者其他原因，区块链上智能合约的一些代码中含有一些并不合理的操作，如两个元素的地址连续交换两次、在循环中调用 storage 变量等，这些操作无实际意义并且可以被其他更高效的操作替代，属于浪费 gas 的情况。由于区块链的不可篡改特性，已部署的智能合约如果出现了这些不合理操作，那么对其进行修补就会变得十分困难。如果使用高效的操作代替这些高消耗的操作，那么就可以节省矿工的计算资源以及节约开发者和用户的 gas。这些浪费 gas 的操作在以太坊中到底有多少呢？它们所浪费的资源严重吗？现有的编译器能不能优化这些代码呢？基于提出的这些问题，解答如下：统计截至 2017 年 6 月 10 日，部署所有智能合约(599959 个)之后，共检测到 9490768 个部署智能合约时留下的高消耗模式实例，这些实例总共浪费了 2040892224 单位的 gas。此外，在复制和检查这些已部署智能合约的所有执行轨迹(9250400 个)之后，共发现 557565754 个高消耗模式实例，这些实例在调用智能合约时浪费了 7185048532 单位的 gas。将 515 个开源的智能合约使用具有优化功能的编译器进行编译之后，有 506 个智能合约仍然存在 15205 个高消耗模式实例。通过这些数据可以发现，智能合约所浪费掉的 gas 量是非常大的，这也意味着有大量的计算资源被浪费，同时，目前编译器无法完全优化这些高消耗模式，因此对于智能合约 gas 消耗的优化很有必要。表 4.1 给出了两个典型的以太坊优化方案的比较。

表 4.1 以太坊优化方案的比较

方案	侧重点	技术路线	优势或劣势	存在问题
GASPER	智能合约中对 gas 消耗量的优化	该方案通过分析以太坊上已部署的智能合约的源代码，提取出了七种会浪费 gas 的编程模块，并给出了更高效的编程模块来代替它们	这是对智能合约在 gas 方面的首次优化尝试，可以找到智能合约开发者所编写源码之中的一些无用代码、低效代码等，并对其进行优化。相较于之前方案在智能合约的效率和安全方面的提升，该方案在节约矿工的计算资源以及节省用户所需要支付的 gas 方面进行了优化	(1)需要获取智能合约的源代码，但是很多智能合约不是开源的。 (2)虽然总结了一些浪费 gas 的代码模块，但是在实际检测中对这些模块检查有难度。该方案在总结出的七种高消耗模式中，有四种模式的检测方案并未完全实现
OYENTE	计算智能合约中最高的 gas 消耗量	该方案编写了四个主要部件：CGFBuilder、Explorer、CoreAnalysis、Validator，通过符号执行的方式执行智能合约，对判断分支使用 Z3 求解器进行查询，对于无法判断该走哪条路的分支使用深度优先搜索方案进行模拟，最终求解出消耗 gas 最多的路径	不需要获取智能合约的源代码，这对于一些企业开发环境或者非开源的智能合约来说非常友好	可以分析出 gas 的最大消耗量，但是并没有提出使这些合约节约 gas 的解决方案。另外该方案主要针对以太坊的安全方面，对以太坊的加速、gas 优化并未进行太多研究

4.2 相关工作

本节对智能合约优化有关的研究进行梳理，相关研究如下：Luu 等[2]开发了 OYENTE，这是一个用于发现智能合约中安全漏洞的基于符号执行的工具。Bhargavan 等[3,4]使用了正式的验证来分析智能合约(例如合约是否检查 send 操作的返回值，因为发送有可能失败)。Juels 等[5]针对智能合约滋生网络犯罪行为的问题提出一种去中心化的智能合约系统 HAWK[5]，开发者能够编写保留隐私的智能合约。Juels 等解释说明了智能合约是如何导致机密信息的泄露、密码密钥的盗窃[6]等相关恶意或者犯罪行为。TOWN CRIER 的目标是为智能合约提供可信的数据[7]，因为许多智能合约的应用程序需要来自区块链外部的数据。Atzei 等[8]调查一系列利用合同漏洞窃取或篡改资产的攻击。文献[9]中提出了 GASPER 这种高消耗模式优化模型，列出了 7 种高消耗模式，并检测了其中的 3 种。它与本章要介绍的 GasReducer 有很大的不同。首先，本章中识别的高消耗模式是字节码级的操作序列，而在文献[9]中发现的高消耗模式是在高层结构(如无效代码)中被识别的；其次，本章确定了 24 种高消耗模式，而文献[9]中只列出了 7 种高消耗模式；再次，GasReducer 可以检测到 24 种高消耗模式并尝试进行补救，而 GASPER 只能检测到 3 种高消耗模式；最后，本章量化了部署和执行智能合约所浪费的 gas。

尽管存在关于低级高消耗模式[10]和自动导出高消耗模式[11]，但它们不能直接应用到本章的工作中。原因有两个：第一，它们关注的是智能合约的加速执行而不是节省 gas，因此它们的反模式不适合智能合约；第二，由于低级反模式依赖体系结构，需要大量的工作来识别 EVM 字节码的反模式。文献[2]提到了使用形式化方法检查智能合约的属性，并构建了 OYENTE，这是一种用于在智能合约中发现安全漏洞的符号执行程序。

4.3　高消耗模式识别与分类

本节对智能合约的高消耗模式的识别与分类进行简单的介绍，以便后面进一步介绍针对高消耗模式的优化工作。

4.3.1　高消耗模式的定义

EVM 的状态可以被定义成一个元组：

$$\sigma = \{g, \mathrm{pc}, m, s, \mathrm{st}\}$$

其中，g 代表拥有的 gas；pc 代表程序计数器；m 代表内存(memory)；s 代表堆栈(EVM 是基于堆栈的虚拟机)；st 代表存储(storage)。内存与每个事务关联，这些事务为智能合约提供参数并存储调用函数的返回值[12]。存储是一个可以永久保存数据的空间，就像数据库一样，用来存放账户余额、智能合约的字节码等信息。一个操作 OP 的执行可以定义为：将函数 ξ 应用于 EVM 状态 σ 并将其传输到另一个状态 σ'。$\sigma' = \xi(\mathrm{OP}, \sigma)$，其中 $g' = \xi(\mathrm{OP}, g), \cdots, \mathrm{st}' = (\mathrm{OP}, \mathrm{st})$。

在智能合约中，对于操作序列 OS_1，如果存在另外一个操作序列 OS_2 和 OS_1 的语义等价，但 OS_2 消耗的 gas 更少，那么操作序列 OS_1 就是操作序列 OS_2 的高消耗模式。给定当前状态，如果执行 OS_1 之后的状态 σ_1 与执行 OS_2 之后的状态 σ_2 相同(gas 除外)，那么 OS_1 和 OS_2 在语义上是等价的。设 gd_1、ge_1、gd_2、ge_2 分别是部署与执行 OS_1、OS_2 所需要消耗的 gas，那么如果 $(\mathrm{gd}_1 - \mathrm{gd}_2) + (\mathrm{ge}_1 - \mathrm{ge}_2)T > 0$，则 OS_2 比 OS_1 更高效，其中 T 表示预期会执行主智能合约的次数。这里需要注意，智能合约是一次部署，多次执行。

4.3.2　高消耗模式的识别

接下来介绍的是哪些操作可以被归为高消耗模式，以及编译器如何在众多的以太坊智能合约中找到这些高消耗模式。为了筛选出高消耗模式，首先要获取智能合约自创建以来的所有执行轨迹。获取它的一个简单方法就是调用以太坊提供的 debug.traceTransaction(txid)这个 API，它会返回自哈希值为 txid 的这个交易开始的全部执行轨迹。这个 API 运行得非常缓慢，因为虽然调用 API 时传递的参数告诉以太坊只需要自 txid 以来的交易，但是为了构建 txid 交易执行时所在的精确状态，所有在 txid 之前的交易也会被重放。要解决这个问题，可以使用一种新的方式：为了确保每个用户的节点都处于相同的状态，同步对于区块链来说是非常重要的。可以利用构建 EVM 时的同步过程来记录执行轨迹。为了解释每个函数和对应的 EVM 操作(如 opAdd()负责执行加法操作)，可以将日志代码插入 EVM 中的每个处理程序中；为了识别不同的交易，也可以在/core/state_processor.go 中的 ApplyTransaction()函数插入日志代码，这个函数是应用单个事务的入口点。

在获取所有的执行轨迹之后，就开始在其中寻找高消耗模式。首先在执行轨迹中采集 N 个操作，然后使用滑动窗口生成操作序列，视窗大小(即视窗中的操作次数)是从 1 到 5 不等，最后在这些操作序列中识别高消耗模式。本章在执行实验时共收集了 286647 个操作序列，并在经过人工检查这些操作序列之后发现了很多高消耗模式，最终将它们归为了 24 类。

图 4.1 是从一个执行轨迹中提取出高消耗模式的方法的例子。这个轨迹包含了 347 个 EVM 操作，为了方便，图中截取了仅包含 5 个操作的片段。“|”之前的内容是 EVM 的操作符，之后的数字是在执行了这些操作之后可用的 gas。因此，可以通过减法运算来追踪每个操作需要消耗的 gas 量。图 4.1 还列出了通过滑动窗口从执行轨迹提取的操作序列。不同的序列用“;”分隔。在手动检查所有的 15 个操作序列之后，可以找到高消耗模式的实例(如图 4.1 下画线所示，将在后面进一步分析)。

swap1 | 276,363	OS (len=1) :**swap1;push1 0x01;add;swap1;swap1**
push1 0x01 | 276,360	OS (len=2) :**swap1;push1 0x01;push1 0x01,add;add,swap1;<u>swap1,swap1</u>**
add | 276,357	OS (len=3) :**swap1,push1 0x01,add;push1 0x01,add,swap1;add,swap1,swap1**
swap1 | 276,364	OS (len=4) :**swap1,push1 0x01,add,swap1;push1 0x01,add,swap1,swap1**
swap1 | 276351	OS (len=5) :**swap1,push1 0x01,add,swap1,swap1**

图 4.1　在一个执行模式中找到的 P1

4.3.3　高消耗模式的分类

接下来将列出 24 种高消耗模式。“→”之前的操作序列表示高消耗模式，“→”之后的操作序列表示优化后的高效代码(delete 表示高消耗模式实例需要被移除)。目前，高消耗模式的一致性和它们相应的高效代码是手动检查的，自动化的方式仍在探索。

$$\text{P1}-\{\text{swap}(X),\text{swap}(X)\}\rightarrow \text{delete},\quad 1\leqslant X\leqslant 16$$

其中，(X)表示内部的数字，而不是操作的一部分。swap(X)交换第 1 个和第 X+1 个堆栈内容。因为两个数据连续交换两次并没有实际意义，所以两个连续的 swap(X)可以被省略掉。这个高消耗模式占据了 2 字节(比如 swap1 的字节码是 0x90[1]，占一个字节的空间)，因为部署时每个字节码需要消耗 68 单位的 gas[1]，所以它在部署时浪费了 136 单位的 gas；因为每次执行 swap 操作需要消耗 3 单位的 gas[1]，所以每次执行该高消耗模式时要浪费 6 单位的 gas。

$$\text{P2} - \{M \text{ consecutive jumpdests}\} \rightarrow \{\text{jumpdest}\},\quad M \geqslant 2$$

其中，jumpdest 代表一个有效的跳跃点(即每个有效的 jump 操作都必须跳跃到一个 jumpdest 上)。M 个连续的 jumpdest 可以被一个 jumpdest 取代，因为它们跳向同一个操作(即跳跃点代表那个操作)。部署、调用这个高消耗模式分别会浪费 68×(M–1)单位和(M–1)单位的 gas(执行一次 jumpdest 操作需要消耗 1 单位的 gas)。

$$\text{P3} - \{\text{OP,POP}\} \rightarrow \{\text{POP}\},$$
$$\text{OP} \in \left\{\begin{array}{l}\text{iszero,not,balance,calldataload,}\\ \text{extcodesize,blockhash,mload,sload}\end{array}\right\}$$

其中，OP 使用堆栈项，产生一个结果并把结果压到堆栈中；POP 弹出栈顶元素。这个高消耗模式在语义上等同于一个 POP 操作，因为 OP 产生的结果立即被 POP 操作弹出了。此处不对每一个 EVM 操作进行详细解释，有兴趣的读者可以参考文献[1]。这个高消耗模式在部署时浪费了 68 单位的 gas，在执行时被浪费的 gas 和 OP 操作的 gas_cost 有关。

$$\text{P4} - \{\text{OP,POP}\} \rightarrow \{\text{POP,POP}\},$$
$$\text{OP} \in \left\{\begin{array}{l}\text{add,sub,mul,div,sdiv,mod,smod,exp,sigextnd,}\\ \text{lt,gt,slt,sgt,eq,and,or,xor,byte,sha3}\end{array}\right\}$$

这个高消耗模式和 P3 相似，但是 OP 操作是取出 2 个堆栈元素，产生一个结果之后放回堆栈中，随后使用 POP 操作将堆栈元素弹出。这个高消耗模式和使用 2 个连续的 POP 操作语义上相同，因为原操作的结果就是 2 个堆栈元素被 POP 操作弹出了。这个高消耗模式在部署时不会浪费 gas，因为高消耗模式和低消耗模式一样都包含两个非零字节，低消耗模式对此没有优化的空间；在执行这个高消耗模式实例时浪费的 gas 和 OP 操作的 gas_cost 有关。

$$\text{P5} - \{\text{OP,POP}\} \rightarrow \{\text{POP,POP, POP}\},\quad \text{OP} \in \{\text{addmod, mulmod}\}$$

这个高消耗模式也和 P3 相似，但是这个 OP 操作是取出 3 个堆栈元素，产生一个结果之后放回堆栈中，随后使用 POP 操作将堆栈元素弹出。这个高消耗模式和使用 3 个连续的 POP 操作语义上相同，因为源操作的结果就是 3 个堆栈元素被 POP 操作弹出了。这是唯一一个优化之后在部署时增加 gas 消耗(增加了 68 单位 gas)的高消耗模式。不过，3 个连续 POP 操作比 OP、POP 更有效。POP 执行需要 2 单位的 gas，其他的 addmod 或者 mulmod 操作需要 8 单位的 gas。因此，执行这个高消耗模式要浪费 4 单位的 gas。因为智能合约是部署一次而执行多次，所以可以认为{OP,POP}操作比{POP,POP,POP}操作要更低效。

$$\text{P6}-\{\text{OP,POP}\}\to\text{delete,}$$
$$\text{OP}\in\left\{\begin{matrix}\text{address,origin,caller,callvalue,calldatasize,codesize,gasprice,}\\ \text{coinbase,timestamp,number,difficulty,gaslimit,pc,msize,gas}\end{matrix}\right\}$$

这个高消耗模式同样也和 P3 相似，但是这个 OP 操作不使用堆栈，只是得到一个结果并将该值放到栈顶，然后将该栈顶元素取出扔掉。显然，这相当于什么都没做。这种高消耗模式在部署时会浪费 136 单位的 gas，在实际执行时浪费的 gas 量和 OP 操作对应的 gas_cost 有关。

$$\text{P7}-\{\text{swap1, swap}(X)\text{, OP, dup}(X)\text{, OP}\}\to\{\text{dup2, swap}(X+1)\text{, OP, OP}\},$$
$$2\leqslant X\leqslant 15,\quad \text{OP}\in\{\text{add, mul, and, or, xor}\}$$

其中，dup(X)操作的功能是在堆栈上复制第 X 项。假设堆栈前三个元素分别是 i0、i1 和 i2，X 值是 2，OP 指代的是 add 操作。执行这个高消耗模式之后，堆栈中就减少了一个元素，前两个元素分别为 i0+i1+i2 和 i1。因此可以省略一个交换，因为 OP(如 add)是可交换的。这个高消耗模式分别会在部署和执行时浪费 68 单位和 3 单位的 gas。

$$\text{P8}-\{\text{OP,stop}\}\to\{\text{stop}\}$$

其中，OP 是除了 jumpdest、jump 、jumpi 以外，所有可以更改存储的操作；stop 会停止智能合约的执行，并且堆栈和内存都会被清空[1]。举个例子，假设 OP 操作是 add，在 stop 操作执行之后，add 操作保存在 stack 上的输出结果会被丢弃，因此 add 操作可以被省略。除此之外，那些涉及控制流传输或者更改了永久存储空间的操作不能被省略。

$$\text{P9}-\{\text{swap}(X)\text{,dup}(X+1)\text{, swap1}\}\to\{\text{dup1,swap}(X+1)\},\ \ 1\leqslant X\leqslant 15$$

假设堆栈前两个元素分别是 i0 和 i1，X 的值为 1。在执行了这个高消耗模式之后，堆栈中的元素个数增加了 1 个，前 3 个元素分别为 i1、i0 和 i0。因此，可以省略一个 swap 操作。部署和执行这个高消耗模式分别会浪费 68 单位和 3 单位的 gas。

$$\text{P10}-\{\text{push}(X),\text{swap}(Y),Y\text{ consecutive POPs}\}\rightarrow$$
$$\{Y\text{ consecutive POPs},\text{push}(X)\},\ \ 1\leqslant X\leqslant 32,1\leqslant Y\leqslant 16$$

假设栈顶元素是 i0，第一个操作为 push1，push 进的值为 i1，Y 的值为 1。在执行完这个高消耗模式之后，栈顶的元素会变成 i1。因此，这个高消耗模式可以被 POP、push1 替代，能够在高消耗模式之中省略一个 swap 操作。部署和执行这个高消耗模式分别会浪费 68 单位和 3 单位的 gas。

$$\text{P11}-\{\text{swap}(X),X+1\text{ consecutive POPs}\}\rightarrow\{X+1\text{ consecutive POPs}\},\ \ 1\leqslant X\leqslant 16$$

假设 X 的值为 1，因为两次 POP 操作会弹出堆栈中前两个元素，swap1 操作实际上是没有任何意义的。部署和执行这个高消耗模式分别会浪费 68 单位和 3 单位的 gas。

$$\text{P12}-\{\text{swap}(X),\text{swap}(Y),Y\text{ consecutive POPs}\}\ \rightarrow$$
$$\{X\text{ consecutive POPs},\text{swap}(Y-X),\ (Y-X)\text{ consecutive POPs}\},$$
$$1\leqslant X\leqslant 15,X<Y$$

假设堆栈中的前三个元素分别是 i0、i1、i2，X 的值为 1，Y 的值为 2。在执行了这个高消耗模式之后，堆栈元素的数目会减少 2 个，栈顶元素会变成 i1。因为两个连续的 POP 操作让一个交换没有了效果，所以该 swap 操作可以被省略。部署和执行该高消耗模式分别会浪费 68 单位和 3 单位的 gas。

$$\text{P13}-\{X\text{ consecutive push}(N),\ Y\text{ consecutive POPs}\}\rightarrow$$
$$\begin{cases}(X-Y)\text{ consecutive push}(N), & X>Y\\(Y-X)\text{ consecutive POPs}, & \text{其他}\end{cases},\ \ 1\leqslant N\leqslant 32$$

在一个 push 操作之后紧接着执行一个 POP 操作，会让这两个操作都没有意义。为了进一步研究 gas 浪费情况，下面分两种情况讨论。第一种情况，push(N)的数量大于 POP 操作的数量，在这种情况下，所有的 Y 个 POP 操作另外还有 Y 个 push(N)操作可以被省略，因此在第一种情况下高消耗模式分别在部署和执行时浪费了 $136Y$(即 $68\times 2Y$)单位和 $5Y$ 单位的 gas；第二种情况，POP 操作的数量大于 push(N)操作的数量，在这种情况下，所有的 X 个 push(N)操作和 X 个 POP 操作都可以被忽略，因此在第二种情况下高消耗模式分别在部署和执行时浪费了 $136X$ 单位和 $5X$ 单位的 gas。

$$P14-\{X \text{ consecutive dup}(N), Y \text{ consecutive POPs}\} \rightarrow$$

$$\begin{cases}(X-Y) \text{ consecutive dup}(N), & X>Y \\ (Y-X) \text{ consecutive POPs}, & \text{其他}\end{cases}, \quad 1 \leqslant N \leqslant 16$$

这个高消耗模式和 P13 类似，因为 dup(*N*)会把堆栈中第 *N* 个元素复制到栈顶，它的效果会被 POP 操作抵消。相似地，当 *Y*>*X* 时，这个高消耗模式会在部署和执行时分别浪费 136*X* 单位和 5*X* 单位的 gas。

$$P15-\{\text{dup}(X), \text{swap}(X)\} \rightarrow \{\text{dup}(X)\}, \quad 1 \leqslant X \leqslant 16$$

假设 *X* 的值为 1，dup1 会复制堆栈中的第 1 个元素到栈顶上，所以 swap1 操作就没有效果。这个高消耗模式会在部署和执行时分别浪费 68 单位和 3 单位的 gas。

$$P16-\begin{Bmatrix}\text{swap1}, \text{swap2}, \cdots, \text{swap}(X), \text{swap}(X-1), \\ \cdots, \text{swap1}, X-1 \text{ consecutive POPs}\end{Bmatrix} \rightarrow$$

$$\{X-1 \text{ consecutive POPs}, \text{swap1}\}, \quad 2 \leqslant X \leqslant 16$$

假设栈中前三个元素分别是 i0、i1 和 i2，*X* 的值是 2。在执行完这个高消耗模式之后，堆栈中的元素会减少 1 个，堆栈中前两个元素分别是 i2 和 i1。通过在交换操作序列之前执行 POP 操作，所需要的交换操作更少。因为 swap(*X*)将栈中的顶部元素和第 *X*+1 个元素进行了交换。换言之，EVM 不能准确地判断非空栈元素的顺序；相反，它必须在堆栈顶部移动一个项，然后通过执行多个操作让它和堆栈中其他的元素进行交换。优化后的操作序列减少了 2*X*－2 个冗余操作。因此，这个高消耗模式在部署和执行时分别浪费了 136(*X*－1)单位和 6(*X*－1)单位的 gas。

$$P17-\{\text{swap1}, \text{OP}\} \rightarrow \{\text{OP}\}, \quad \text{OP} \in \{\text{add}, \text{mul}, \text{and}, \text{or}, \text{xor}\}$$

因为 OP 是可交换的，所以 swap1 不起作用。因此，这个高消耗模式在部署和执行时分别浪费了 68 单位和 3 单位的 gas。

$$P18-\{\text{OP}, \text{iszero}, \text{iszero}\} \rightarrow \{\text{OP}\}, \quad \text{OP} \in \{\text{lt}, \text{gt}, \text{slt}, \text{sgt}, \text{eq}\}$$

以 gt 为例，它的结果是非 0 即 1，取决于栈顶元素是否大于第 2 个堆栈中的元素。iszero 操作是针对栈顶元素的，如果该元素为 0，那么它将被置为 1，否则它将被置为 0。因此，两个连续的 iszero 操作并不能改变 OP 操作的结果。这个高消耗模式在部署和执行时分别浪费了 136 单位和 6 单位的 gas。

$$P19-\{N \text{ consecutive push}(X), \text{ consecutive swap}(Y)\} \to \\ \{N \text{ consecutive push}(X)\}, \quad Y < N, 1 \leqslant X \leqslant 32, 1 \leqslant Y \leqslant 16$$

push (*X*) 是唯一具有操作数的操作。假设 *N* 的值是 2，*Y* 的值是 1，那么操作序列 push (*X*),push (*X*),swap1 可以被优化成 push (*X*),push (*X*)。也就是说，通过调整 push 操作数的顺序，可以省略一部分交换操作。这个高消耗模式在部署和执行时分别浪费了 68 单位和 3 单位的 gas。

$$P20-\{\text{push}(X),\text{swap}(Y),\text{push}(M),\text{swap1}\} \to \\ \{\text{push}(M),\text{push}(X),\text{swap}(Y+1)\}, \\ 1 \leqslant X \leqslant 32, 1 \leqslant Y \leqslant 15, 1 \leqslant M \leqslant 32$$

和 P19 原因相同，这个高消耗模式中的一个交换操作可以被省略。部署和执行这个高消耗模式分别会浪费 68 单位和 3 单位的 gas。

$$P21-\{\text{consecutive } X \text{ push}(N),\text{dup}(Y),\text{swap}(Z)\} \to \\ \{\text{combination of } X \text{ push}(N) \text{ and dup}(M)\}, \\ Y \leqslant X, Z \leqslant X, M \leqslant X, 1 \leqslant N \leqslant 32, 1 \leqslant Y \leqslant 16, 1 \leqslant Z \leqslant 16, 1 \leqslant M \leqslant 16$$

和 P19 原因相同，这个高消耗模式中的交换操作可以被省略。部署和执行这个高消耗模式分别会浪费 68 单位和 3 单位的 gas。

$$P22-\{\text{swap}(N), M \text{ consecutive OPs}, (N+M) \text{ consecutive and same OP}'\} \to \\ \{M \text{ consecutive OPs}, (N+M) \text{ consecutive and same OP}'\}, \\ \text{OP} \in \{\text{push}(X), \text{dup}(Y)\}, \text{OP}' \in \{\text{add,mul,and,or,xor}\}, \\ 1 \leqslant X \leqslant 32, 1 \leqslant N \leqslant 16, 1 \leqslant Y \leqslant 16$$

因为 OP′ 是可以交换的，并且每次执行 push (*X*) 或 dup (*Y*) 都会增加 1 个堆栈中的元素数目，所以在这个高消耗模式中 swap (*N*) 可以被省略。因此，部署和执行这个高消耗模式分别会浪费 68 单位和 3 单位的 gas。

$$P23-\{\text{dup1},\text{swap}(X),\text{dup2},\text{swap1}\} \to \{\text{dup1},\text{dup2},\text{swap}(X+1)\}, \quad 1 \leqslant X \leqslant 15$$

假设堆栈中前 2 个元素是 i0 和 i1，*X* 的值是 2。在执行完这个高消耗模式之后，堆栈中会增加 2 个元素，堆栈中的前 4 个元素会变成 i1、i0、i0、i0。优化后的操作和之前有相同的效果，但是它少了一些操作。部署和执行这个高消耗模式分别会浪费 68 单位和 3 单位的 gas。

$$\begin{aligned}&\text{P24}-\{\text{dup}(X),\text{swap}(X-1),\text{swap1},\text{dup}(X),\text{swap1}\}\to\\&\{\text{dup}(X),\text{dup1},\text{swap}(X),\text{swap2}\},\quad 3\leqslant X\leqslant 16\end{aligned}$$

假设堆栈中的前 3 个元素分别是 i0、i1 和 i2，X 的值是 3。在执行完这个高消耗模式之后，堆栈中的元素会增加 2 个，堆栈中前 5 个元素会变成 i0、i2、i1、i2、i2。优化之后可以省略一个 swap 操作。部署和执行这个高消耗模式分别会浪费 68 单位和 3 单位的 gas。

4.4 基于 GasReducer 的优化

4.3 节总结了 24 种高消耗模式，接下来介绍如何在智能合约的字节码中找到它们，并通过字节码级的转换将这些高消耗模式转化成更节约 gas 的模式。为了实现上述目的，本书作者团队开发了 GasReducer，它能够接收智能合约的字节码并输出优化后的字节码。它的具体工作流程如下：首先通过以太坊提供的 disasm 指令将字节码分解成对于人类来说易读的汇编代码(如 add)。然后，对汇编代码进行高消耗模式检测。如果找到高消耗模式，将会生成一个报告，报告中包含每个被发现的高消耗模式的位置以及相应的高效代码；否则，会通过 asm 命令将汇编代码转换成字节码。基于上述原理，GasReducer 会将高消耗代码用高效代码代替，然后重构汇编代码。GasReducer 会一直迭代这个检测和优化过程，直到在汇编代码之中检测不到高消耗模式实例。

在用高效代码代替高消耗代码之后，汇编代码的结构可能会被破坏。例如，以太坊的协议规定，控制流传输的跳转目标(如 jump)应该在编译中确定，并且应该在 jump target[1]中放置一个 jumpdest。字节码替换过程可能会造成跳转操作指向一个错误位置，从而导致执行被优化过的智能合约时出现运行异常。为了解决上述问题，GasReducer 会通过以下步骤重构汇编代码：首先，根据报告搜索 jumpdest，计算优化之后每个汇编代码中新的 jumpdest 位置。然后，会将跳转操作(如 jump)与之相应的 jumpdest 关联起来。通常情况下，跳转操作前面的是一个 push 操作，操作数是 jumpdest 的位置，可以通过将 push 操作数与 jumpdest 位置匹配来识别关联。不过，用匹配的方式并非每次都有效，因为有的跳转目标是通过一系列的计算操作来实现的。

图 4.2 中描述的流程包括：首先将字节码通过反汇编的方法转换为汇编代码，然后将其和高消耗模式进行一一比对，如果发现汇编代码中包含某种高消耗模式，就将其优化并重新比对，直到无法检测出高消耗模式为止，最后将优化后的汇编代码进行编译。

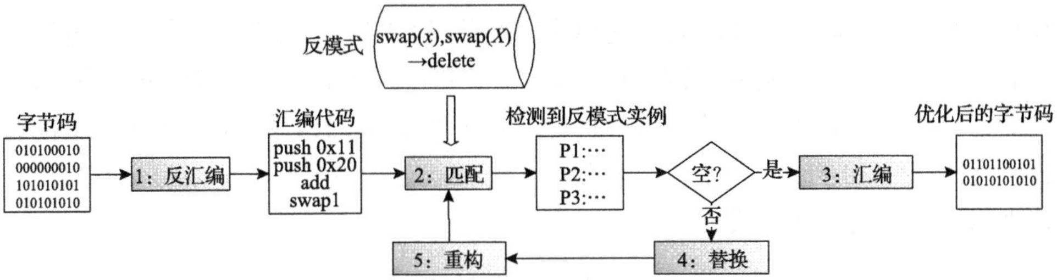

图 4.2　GasReducer 的工作流程图

为了匹配计算操作所得到的跳转目标，可以通过模拟执行的方式来查找关联，即在仿真环境中执行 EVM 操作，遇到跳转操作时就在堆栈中找到跳转目标的地址，因为在执行一个跳转之前跳转目标的地址应该存放在堆栈上[1]。要实现该功能，只需模拟所有堆栈操作(如 push1)、算术操作(如 add)、按位操作(如 and)和比较操作(如 iszero)就足够了。最后，将设置跳跃目标的操作序列替换为 push(X)，$1 \leqslant X \leqslant 32$，$X$ 通过模拟执行获得。

4.5　使用 GasReducer 测试资源浪费

由于高消耗模式的存在，会有浪费 gas 的情况，那么以太坊在部署和执行智能合约时浪费了多少 gas？已推出的编译器能够识别并优化掉这些高消耗模式吗？本节会对这些问题展开研究。

首先，调查部署过程中浪费的 gas 需要获取智能合约的字节码。由于所有智能合约都存储在区块链中，而以太坊提供下载字节码的 API(即 getCode())，所以可以通过此方式获取字节码。此次实验，利用此 API 下载了截至 2017 年 6 月 10 日所有(599959 个)已部署的智能合约。由于其中 145907 个智能合约没有代码(即它们已从区块链中移除)，GasReducer 只能处理剩余的 454052 个智能合约。检查在使用智能合约时浪费的 gas 需要在这些智能合约的历史执行中识别出高消耗模式实例，因此获取智能合约的历史执行无疑是非常重要的。不过，历史执行并不存储在区块链中，要解决这个问题，需要检测 EVM，以此来记录所有的执行轨迹。通过这种方式，此次实验获得了从以太坊发布到 2017 年 6 月 10 日所有(9250400 个)的历史执行记录，并用 GasReducer 对它们进行了分析。

需要注意的是，即使有一部分智能合约在编译期间可以被优化，或是由于开发人员的忽视或考虑到程序稳定性，它们并没有被优化。这个观察结果并没有降低此次实证研究的价值。由于区块链的不变性，被部署的智能合约不能被修改。表 4.2 列出了智能合约或执行轨迹的数目，其中包括高消耗模式的智能合约或执行跟踪数(第 2 列)、发现的高消耗模式实例数(第 3 列)、为存储未优化的智能合约而浪费的磁盘空间大小(第 4 列)，以及部署和执行智能合约时浪费 gas 的量(第 5 列)。结果表明智能合约的部署和执行浪费了 2040892224 和 7185048532 单位的 gas。表格中报告的 gas 浪费量仅仅代表了已浪费 gas 的最低值，因为实验并没有识别出所有的高消耗模式。

表 4.2　gas 浪费情况

	智能合约/执行轨迹数	实例数	磁盘浪费量/字节	gas浪费量
部署	386906	9490768	32426256	2040892224
执行	5663971	557565754	0	7185048532

图 4.3 展示了在每周的执行轨迹中检测到的 gas 浪费量。通过使用 GasReducer 对不正常的执行轨迹进行检查，发现了 93637713 个{extcodesize,POP}序列和 8207970 个{balance,POP}序列。这些序列和 P3 相匹配，可以用一个 POP 代替。结果表明，实验的分析结果与关于 DoS 攻击的报告一致，DoS 攻击的目的是通过重复执行 extcodesize、balance 等操作[12]来耗尽以太坊节点的计算资源。更准确地说，攻击者利用了这两个操作消耗资源较大、但设置的 gas_cost 成本较低的情况[12]。

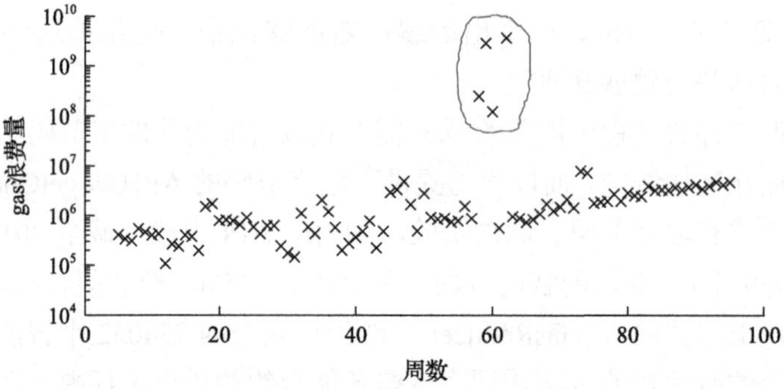

图 4.3　gas 浪费量

实验使用 Solidity 0.4.17 来研究针对智能合约删除高消耗模式实例优化的有效性。智能合约的源代码可从 Etherscan 地址处(https://Etherscan.io/)下载。在启用优化的情况下使用 Solidity 0.4.17 编译之后，通过将 GasReducer 应用于已编译的智能合约，可以发现仍然有 515 个已编译的智能合约中存在 15205 个高消耗模式实例。这些实例如果经过 GasReducer 处理，可节约 1688560 单位的 gas。图 4.4 中的每个点 (x,y) 表示有 y 个智能合约存在不超过 x 个高消耗模式实例。总体来说，现有的编译器优化不能消除所有的高消耗模式。

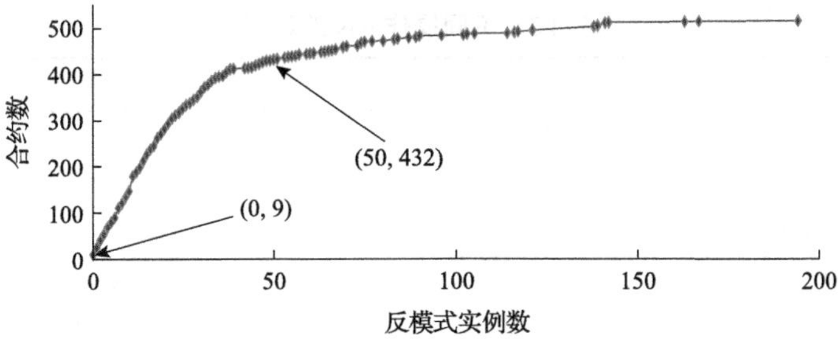

图 4.4　智能合约中的实例数量

4.6　智能合约另一优化方案

本节将对七种高消耗的模式进行总结，并将其进一步分为两类。此外，本节将介绍本书开发的新工具：GASPER，它通过分析智能合约的代码来实现自动定位高消耗部分的功能。

4.6.1　GASPER 的研究背景

未优化的智能合约会消耗多余的 gas，因此创建者和用户会被多收取费用。为了节约费用，开发人员需要遵循低消耗 gas 的编程方式，但是目前并没有实际的解决方案，因此开发人员很难确定哪些代码消耗了大量 gas，也就没有方法用高效的代码代替它们。此外，实现上述功能需要开发者对 EVM 有深入的了解、需要知道不同操作的 gas 消耗量等。因此，开发人员急需一个可优化代码的 gas 消耗最小化的编译器。Solidity 这款被以太坊推荐的以太坊编译器并不会优化消耗大量 gas 的代码。因此，开发一种可以识别并优化高消耗模式的工具很有必要。该工具可以减少智能合约开发者和用户在部署和使用过程中造成的 gas 浪费，并且可以节省矿工的计算资源。

4.6.2　符号说明

gas 可以被视为和钱具有同等价值的货币。部署和执行智能合约要花费 gas。例如，一个将前两个数加起来的加法运算需要消耗 3 单位 gas，合计大约 7.5×10^{-7} 美元。可能有人认为该成本很低，因此没有必要对它进行优化。然而，实际上部署的智能合约会包含很多操作，一些操作消耗的 gas 比执行加法运算要多很多，表 4.3 列出了不同的操作分别需要消耗多少 gas[1]。此外，智能合约通常给各种用户和其他智能合约提供无限制的公开函数接口，这就意味着会白白多消耗大量的 gas。因此，通过比例效应，优化过的智能合约会节省可观的 gas，因此会更省钱。

表 4.3　不同操作 gas 消耗量

操作符	gas 消耗量	描述
add/sub	3	算术运算
mul/div	5	
addmod/mulmod	8	
and/or/xor	3	按位逻辑运算
lt/gt/slt/sgt/eq	3	比较操作
POP	2	堆栈操作
push/dup/swap	3	
mload/mstore	3	记忆操作
jump	8	无条件跳跃
jumpi	10	有条件跳跃
sload	200	存放操作
sstore	5000/20000	
balance	400	获取账户余额
create	32000	使用 CREATE 创建一个新账户
call	25000	使用 CALL 创建一个新账户

经观察，堆栈操作(如 POP/push)、算术运算(如 add/sub)、按位逻辑运算(如 or/xor)和比较操作(如 lt/gt)消耗更低，因为 EVM 是基于堆栈的虚拟机，倾向于此类与堆栈相关的操作。从存储器中加载(mload)一个 256bit 的字或者将字保存到内存中(mstore)消耗也比较低，因为以太坊中的术语“内存”代表一个特殊的存储区域，合约已经获得了该区域每个消息调用的实例，例如，消息呼叫中附加的数据就存储在内存中。需要注意的是，如果读写内存中大量字，gas 的消耗会翻倍。而且，当访问到一个之前从没有被访问过的内存地址时，内存可以被扩展，每扩展一个字需要 3 单位 gas。从存储中加载数据(sload)或保存数据(sstore)消耗的 gas 很多。以太坊中提到的“存储”是一个长期的存储区域，一次调用之后对存储的更改，会影响到该合约后续的调用。将存储的区域从零置为非零区域的 sstore 操作会花费 20000 单位 gas；反过来，将非零区域置零的 sstore 操作会花费 5000 单位 gas。尽管合约中 sstore 将非零区域置零的调用会返还 15000 单位的 gas，但是只有当这次交易完成之后，这个退款才会返还。

EVM 具有许多区块链特有的操作，会消耗大量的 gas，如 balance、create 和 call。而且，有条件的跳转比无条件的跳转更贵。随着以太坊的发展，每个操作的 gas 消耗量会随之变化，但是总体来说，用户需要支付的费用与消耗的计算资源量成正比例。

4.6.3　高消耗的编程模式

确定七种 gas 消耗量高的模式，可以将其分为与代码无关的无用模式和循环相关模式两类。前者会因为在部署期间增加的字节码以及在运行中的可移动字节码导致额外费用；后者则涉及使用循环中的高消费操作。可以使用 Solidity V 0.4.4 来验证它会不会优化这些代码，具体的，在代码中使用这些高消耗的模式，将代码编译之后检查 Solidity 在字节码中有没有把这些高消耗优化成低消耗的模式。结果表明，Solidity 并没有做这件事情，没有一个模式被优化。为了便于理解，下面将使用源代码代替字节码来说明这七种模式。

1. 无用代码模式

1) 无效代码

```
1 function P1(uint x) {
2     if(x>5)
3     (x*x<20)
4               xxx;}
```

在上面代码中，如果第 2 行的 if 判断成立，那么第 3 行的表达式就必定为假；那么这整个的 if 判断就没有实际的意义，因为判断之后并没有任何的有效执行。Solidity 应该把这种无效代码给删掉，不过 Solidity 并没有这么做。

2) 不透明谓词

不透明谓词是指，表达式是否为真在执行之前就已经知道了。

```
1 function P2(uint x) {
2        if (x>5)
3                if (x>1)
4                        xxx;}
```

在该代码中，如果第 2 行的 if 判断成立，那么第 3 行的判断就必定为真，第 3 行的 $x>1$ 是不透明谓词，为了节省 gas，可以将这行代码删除。

2. 循环相关模式

1) 循环中昂贵的操作

循环中昂贵的操作是值得注意的，因为它们可能在一个智能合约的运行期间内执行很多次。

```
uint sum = 0;
function P3(uint x) {
     for (uint i = 0; i<x; ++i)
          sum += i;}
```

可以看到该代码有一个全局变量 sum，在循环中，每次执行循环时都会执行一次将 sum 加载到栈中的 sload 操作和将 add 之后的 sum 值保存到存储中的 sstore 操作，而这种对于存储的操作是十分消耗 gas 的。实际上，可以把这种操作放到循环外一次性执行，如下面代码所示：

```
uint sum = 0;
function P3(uint x) {
     uint tmp = sum;
     for (uint i = 0; i<x; ++i)
         tmp += i;
     sum = tmp;}
```

这样的话，每次调用 P3 只需要执行一次 sload 操作和一次 sstore 操作，会比之前节约很多 gas。

2) 循环的常量输出

有时循环里的计算结果是一个在编译时就可以推测出的常量。

```
function P4() returns(uint) {
     uint sum = 0;
     for (uint i = 1; i <= 100; ++i)
          sum += i;
     return sum;}
```

如上面代码所示，每次调用 P4 函数得到的结果都是 5050，那么其实就不需要每次都执行循环了，只需要每次调用 P4 时直接返回 5050 就可以。

3) 循环合并

对于有的循环，如果将多个循环合并为一个循环，那么就可以减少字节码的大小，同时还可以减少条件跳跃和比较等操作，两者可以降低 gas 的消耗。

```
function P5(uint x) {
     uint m = 0;
     uint v = 0;
     for (uint i = 0; i<x; ++i)
         m += i;
```

```
    for (uint j = 0; j<x; ++j)
        v -= j;}
```

如上面的代码所示，两个循环可以合并成一个循环，这样 m 和 v 都会被更新，同时消耗的 gas 也会降低。

4) 循环重复计算

有些情况下，循环部分只是产生相同结果的表达式的循环迭代，可以先把结果算出来，然后在后续的循环中重复使用这个结果，这样就能避免每次使用该结果时都要重新计算一次，尤其是在涉及昂贵操作时，这样的操作对 gas 的节约效果更大。如下面的代码所示，第 6 行就是每次都要让 sum 增加一个 $x+y$ 的值，但是代码中的消耗量是非常大的，因为每次计算 $x+y$ 都要使用 sload 将 x 和 y 从存储中加载到堆栈中。可以在循环开始之前，先将 $x+y$ 的值算出来并保存到一个临时变量 tmp 中，然后在循环时让 sum 每次增加一个 tmp。

```
1 uint x = 1;
2 uint y = 2;
3 function P6(uint k) {
4    uint sum = 0;
5    for (uint i = 1; i <= k; ++i)
6         sum = sum + x + y;}
```

5) 与单边结果进行比较

在循环的每个迭代中执行判断表达式，但是即使表达式不像模式 2 中不透明谓词那样在编译阶段就能确定结果，在执行时这个表达式得到的结果却是确定的。如下方的代码所示：

```
1 function P7(uint x, uint y) returns (uint){
2     for (int i = 0; i<100; ++i)
3          if (x>0) y += x;
4     return y;}
```

在该代码里，if 中判断表达式的结果在调用 P7 函数时就已经确定下来了。实际上可以把第 3 行的 if 判断提前到 for 循环前面去，这样就可以减少 if 判断所带来的额外花费。

总体来说，开发者可以通过消除无效代码、减少不必要的比较等措施来减少字节码的大小，从而降低合约开发者的成本；同时，也可以通过减少高消耗的循环操作等措施降低合约用户的使用成本。随着循环量的增加，相关模式所产生的额外 gas 消费量也会随之线性增加。

4.6.4 基于 GASPER 的合约漏洞检测

本书作者团队开发了GASPER以实现自动化查找智能合约中高消耗的编程模式。因为只有很少的智能合约公开了它们的源码，所以本书没有把 GASPER 设计成基于源代码定位的工具，它可以直接处理字节码。根据早期的研究成果，GASPER 可以查找到所有 A 类模式和 B 类模式中的一种(循环中昂贵的操作)。

GASPER 对字节码进行符号执行，以覆盖所有可达到的代码块(块是一个直线代码序列，只有一个入口和一个出口，没有其他的入分支和出分支)。给定一个智能合约，GASPER 首先通过以太坊提供的 disasm 将字节码转化为汇编代码，然后，GASPER 构造控制流图。在符号执行期间，如果找到了新的控制流转移，则会更新控制流图。符号执行会从控制流图的根节点开始遍历，当碰到条件跳转时，它会通过 Z3 解算机[13]检查哪个分支是可行的。当两个分支都可行时，GASPER 会在深度优先搜索之后选择其中一个分支。

那么 GASPER 是如何检测这七种模式的呢？步骤如下所示：

(1)针对无效代码检测，首先，GASPER 记录所有已通过符号执行的块的地址；然后，通过扫描控制流程图来收集所有块的地址；最后，GASPER 会报告那些被扫描到但是没有被执行过的块，这些就是无效代码。

(2)针对不透明谓词检测，GASPER 在模拟执行智能合约的过程中，当遇到条件跳转操作时，记录被执行过的分支。所有的这些做完之后，那些条件跳转操作中从没有被执行过的分支就是不透明谓词。

(3)针对昂贵的循环操作检测，GASPER 通过两个步骤来检测这一模式。首先，GASPER 在字节码中查找循环；然后，在循环中搜索昂贵的操作。更确切地说，GASPER 首先寻找控制流图中表示循环存在的后边缘，然后识别每个循环的入口块和出口块。之后，GASPER 使用 Dijkstra 算法分别用入口块和出口块计算每个块之间的距离。两个块之间的最小距离就是从一个节点到另一个节点所需要走的最少的边数。如果一个块更靠近出口块而不是入口块，则认为它处在循环之中。目前 GASPER 支持检测三种昂贵的操作，分别是 sload、sstore 和 balance，其他的操作将会在接下来的工作中跟进。

4.6.5 实例的数据分析

本书作者团队基于 OYENTE[2]开发了 GASPER，并且对所有部署在以太坊上的智能合约进行了评估。由于每个被部署的合约必须关联一个地址，所有在区块链上的地址都要被扫描。截至 2016 年 11 月 5 日，共发现 566907 个地址，其中有 539617 个地址不包含字节码。因此，一共有 27290 个合约含有字节码。在这 2 万多个合约中，有很多的合约是一模一样的(即它们的字节码相同)。在消除了相同的合约之后，还剩下 4669 个合约。在实验过程中，有 429(少于 10%)个合约因为 OYENTE 由于内部原因崩溃(如未知的指令委托调用、堆栈下溢、未知指令代码大小)或者 OYENTE 没时间了而无法测试。最终 4240 个智能合约被进行检查。

图 4.5 列出了有三种高消耗模式的智能合约数量。超过 70%的智能合约包含了所有的这些模式，这表明它们并没有被优化来节省 gas。另外，超过 90%的合约有无效代码或者不透明谓词。

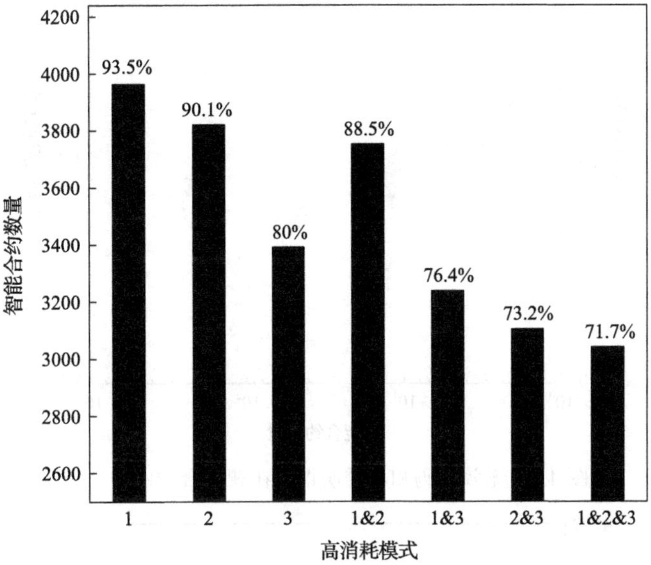

图 4.5　三种高消耗模式的智能合约数量

1、2、3 分别表示无效代码、不透明谓词和循环中昂贵的操作

图 4.6 展示了无效代码和不透明谓词在智能合约中的分布。每个点(*a*,*b*)表示在 *a* 个智能合约上出现了 *b* 个无效代码或不透明谓词，没有这两种模式的智能合约不计算在内。无效代码和不透明谓词的分布呈现相似的趋势：51.7%的合约有超过 20 个无效代码，52.6%的合约有超过 10 个不透明谓词。

图 4.7 表明分别有 69.9%、78.5%和 21%的合约在循环中有 sstore、sload 和 balance 操作。令人担忧的是，如果一个智能合约在循环中有 sstore 操作，那么它有 69.3%的可能性在循环中还会有 sload 操作。与此同时，如果一个智能合约在循环中有 balance 操作，那么它有 18.6%的可能性在循环中同时包含 sload 操作和 sstore 操作。

图 4.8 表明，有相当一部分的智能合约在循环中包含了许多高消耗操作。例如，分别有超过 57.1%和 51.5%的合约在一个循环中有超过 7 个 sstore 操作和 20 个 sload 操作。没有这些操作的智能合约没有计算在内。

经观察，智能合约的字节码越多，就越有可能包含更多的高消耗操作。图 4.9 显示 sload 和 sstore 操作数量和智能合约本身大小之间的关系。举个例子，一个部署在 0x37b4869e73B7cE1284D6502B01aC81d500b50237 名叫 ARK 的智能合约有 34767 字节，它在循环中有 304 个 sload 操作和 168 个 sstore 操作。

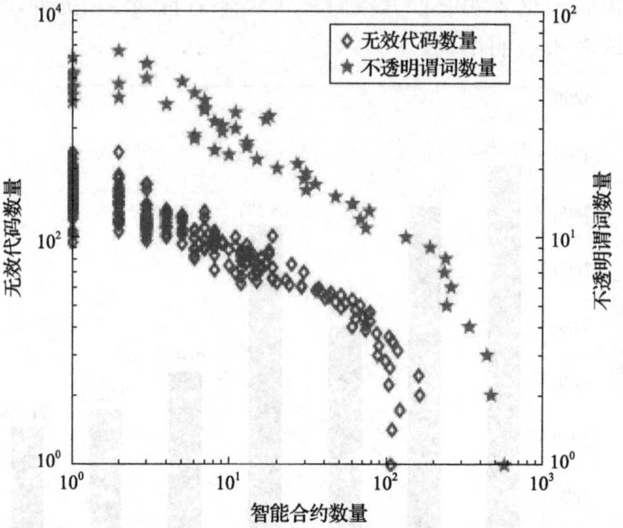

图 4.6　无效代码和不透明谓词在智能合约中的分布

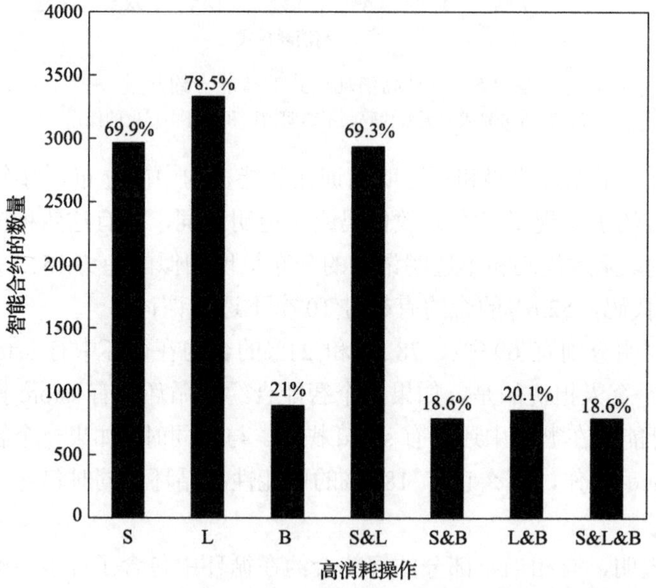

图 4.7　在智能合约的一个循环中 sstore、sload 和 balance 的分布

S 表示 sstore；L 表示 sload；B 表示 balance

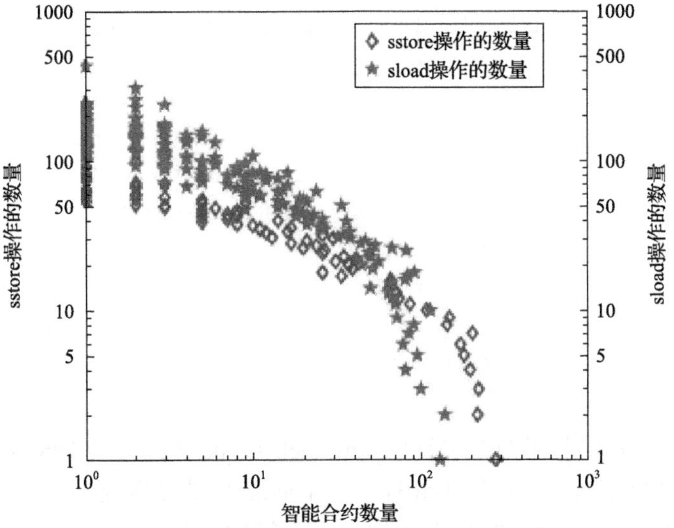

图 4.8　智能合约包含的高消耗操作数

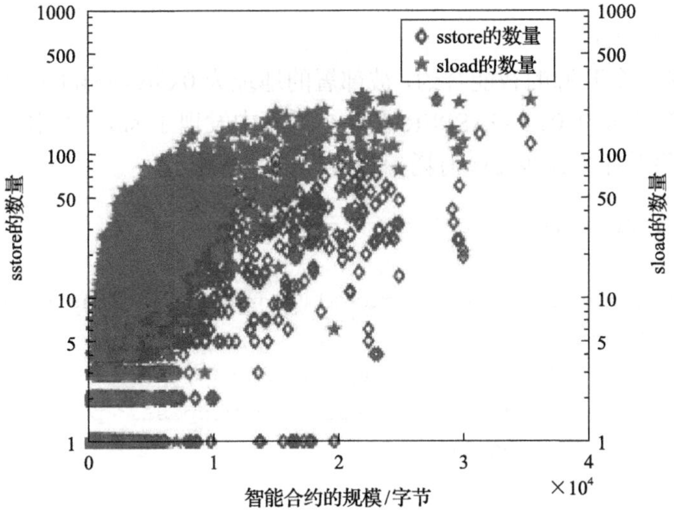

图 4.9　循环中包含 sstore 和 sload 的合约的统计信息

下面来看两个智能合约的实例。

实例 1：FirstContract。

FirstContract 是一个开源的智能合约，被部署的地址为 0x68C7147205A8bEB9D99fD19908b93462CdFfC60d。GASPER 在第 200 行发现了无效代码，在第 199 行发现了不透明谓词。相关代码如下所示：

```
193 function indexOf(string_haystack, string_needle)
        Internal returns(int)
194 {
195     bytes memory h = bytes(_haystack);
196     bytes memory n = bytes(_needle);
197     if (h.length<1 || n.length<1 || (n.length>
        h.length))
198     return-1;
199     else if (h.length>(2 ** 128 - 1))
200     return-1;
...
```

函数 indexOf 接收了两个字符串_haystack 和_needle，在第 195 行中，_haystack 被转换成一个字节数组，在第 196 行中，_needle 也被转换成一个字节数组。在第 199 行，*h* 的长度和 2**128–1 进行比较，但是这个判断条件永远都不可能为真，因为“**”代表指数运算。因此，第 200 行也永远不会被执行。

实例 2：Ballot。

Ballot 是一个开源的智能合约，被部署的地址为 0x5A4964bb5FDd3CE646bB6AA020704F7D4db79302。GASPER 在一个循环中发现了 sload 操作，并且这个操作可以被移除循环来减少 gas 消耗。相关代码如下所示：

```
29 Proposal[] public proposals;
...
57 function winningProposal()Constant returns (uint8 winning
   Proposal){
58      uint 256 winningVoteCount=0;
59      for(uint8 proposal = 0; proposal<proposals.length;
        proposal++)
...
```

由于数组 proposals（在第 29 行定义）位于存储区中，获取它的长度就涉及 sload 操作。不仅如此，sload 操作的执行次数还和 proposals 数组的长度有关。这一高消耗代码可以通过将 proposals.length 保存在一个临时变量中来优化。在优化之后，sload 操作就只需要执行一次了。

4.7　本 章 小 结

目前在以太坊上运行的智能合约所浪费的 gas 量非常大，因此对于智能合约的 gas 消耗优化十分有必要。在编译器方面，一款能够对智能合约进行优化的编译器可以节省开发者和用户的资金。本章通过识别 24 个高消耗模式并开发 GasReducer 的方式从智能合约的字节码中自动检测这些高消耗模式并进行优化，对优化不足的智能合约进行深入调查。将 GasReducer 应用于所有已部署的智能合约及其执行轨迹之后，可以检测到许多高消耗模式实例。这项研究有助于对智能合约开展更深的探索，如新的开发和优化技术、寻找所有高消耗模式并将其移除的新算法等。本章还介绍了另一种针对智能合约源代码进行优化的方案：GASPER，该方案通过对以太坊上已经部署过的智能合约进行检查，总结出了 7 种浪费 gas 的方案，并将其总结为无用代码模式和循环相关模式两大类。无用代码模式包含无效代码、不透明谓词两种模块，循环相关模式包含循环中的昂贵操作、循环常量输出、循环合并、循环重复计算四种模块。GASPER 对其中三种模块实现了检测，并发现它们分别对 93.5%、90.1%、80%的智能合约产生了 gas 浪费的影响。

参考文献

[1] Wood G. Ethereum: A secure decentralised generalized transaction ledger[EB/OL]. https://www.semanticscholar.org/paper/ETHEREUM%3A-A-SECURE-DECENTRALISED-GENERALISED-LEDGER-Wood/da082d8dcb56ade3c632428bfccb88ded0493214. [2020-08-03].

[2] Luu L, Chu D H, Olickel H, et al. Making smart contracts smarter[C]. Proceedings of the ACM SIGSAC Conference on Computer and Communications Security, Vienna, 2016: 254-269.

[3] Bhargavan K, Delignat-Lavaud A, Fournet C, et al. Formal verification of smart contracts: Short paper[C]. Proceedings of the ACM Workshop on Programming Languages and Analysis for Security, Vienna, 2016: 91-96.

[4] Filliâtre J C, Paskevich A. Why3—Where programs meet provers[C]. Proceedings of the European Symposium on Programming, Rome, 2013: 125-128.

[5] Juels A, Kosba A, Shi E. The ring of gyges: Investigating the future of criminal smart contracts[C]. Proceedings of the ACM SIGSAC Conference on Computer and Communications Security, Vienna, 2016: 283-295.

[6] 简书. Ethereum 智能合约漏洞案例分析[EB/OL]. https://www.jianshu.com/p/81646c802964. [2020-08-03].

[7] Zhang F, Cecchetti E, Croman K, et al. Town crier: An authenticated data feed for smart contracts[C]. Proceedings of the ACM SIGSAC Conference on Computer and Communications Security, Vienna, 2016: 270-282.

[8] Atzei N, Bartoletti M, Cimoli T. A survey of attacks on ethereum smart contracts（SoK）[C]. Proceedings of the International Conference on Principles of Security and Trust, Uppsala, 2017: 164-186.

[9] Chen T, Li X, Luo X, et al. Under-optimized smart contracts devour your money[C]. Proceedings of the IEEE 24th International Conference on Software Analysis, Evolution and Reengineering, Campobasso, 2017: 442-446.

[10] Bansal S, Aiken A. Binary translation using peephole superoptimizers[C]. Proceedings of the 8th USENIX Conference on Operating Systems Design and Implementation, San Diego, 2008: 177-192.

[11] Bansal S, Aiken A. Automatic generation of peephole superoptimizers[J]. ACM SIGARCH Computer Architecture News, 2006, 34(5): 394-403.

[12] Wilcke J. The Ethereum network is currently undergoing a DoS attack[EB/OL]. https://news.ycombinator.com/item?id=12557372. [2020-08-03].

[13] de Moura L, Bjørner N. Z3: An efficient SMT solver[C]. Proceedings of the International Conference on Tools and Algorithms for the Construction and Analysis of Systems, Budapest, 2008: 337-340.

第5章　交易分析

本章主要介绍区块链中的交易以及针对其展开的分析与研究工作。本章首先介绍交易的基本原理，然后介绍交易的原理和事件机制，最后通过信息提取及相关模型建立实现了交易的溯源，并通过两个实例进行演示。

5.1　交易概述与相关研究

交易是由EOA发出，由以太坊客户端通过网络传输并记录在以太坊区块链上的签名消息。交易可以触发以太坊全局状态的更改或引发EVM执行智能合约。智能合约的运行从交易开始。交易是包含有用信息的消息经过签名后的数据包。例如，交易中的value字段表示交易发起者所转移的以太币金额。如果交易是从EOA发送的，那么它可称为外部交易，EOA通常由钱包应用程序生成，由用户提供相关数据(如要传输多少以太币)。此外，由外部交易引起的智能合约的执行也可称为内部交易，内部交易的发送方是智能合约。外部交易可能会引发许多内部交易。

当前区块链已广泛应用于各种应用领域(如DDoS缓解[1,2]、业务流程管理[3]、能源资源优化[4]、私有保留投票[5]、增强医疗保健[6]、云系统访问控制[7]、注册表[8])。Kosba等[9]提出一种新颖的区块链模型：HAWK。该模型允许开发人员编写保护隐私的智能合约，用于保障用户在区块链上交易的安全与隐私。Juels等[10]指出，智能合约加剧了网络犯罪，这严重威胁用户的交易安全。其中，电子交易涉及的违法事件包括隐私泄露、盗窃密钥[10]等。Town Crier旨在为智能合约提供值得信赖的数据[11]。根据针对智能合约的攻击[12]，Chen等[13]建议通过动态调整gas成本来防御以太坊的DoS攻击。此外，Chen等[14]提出使用图来描述在以太坊上发生的汇款、合约创建和合约调用的行为。他们实现了两个基于图表的数字取证和异常检测应用。Delmolino等[15]分析了编写安全智能合约的难度和陷阱。Kothapalli等[16]使用智能合约设计一个激励兼容的共识协议，该协议在链外运行并实施链上奖励和/或惩罚机制。Dickerson等[17]提出了基于软件事务存储器改编的技术，用于执行智能合约，以此提高区块链的吞吐量。Chainspace是一个用于执行智能合约的新颖平台[18]，由于只有交易所关注的节点才参与合约，它比以太坊更具扩展性。Blockbench是私有区块链的测量平台[19]，通过执行合约来分析区块链的数据处理能力，包括CPU/内存/磁盘消耗等。上述工作虽然围绕智能合约及其平台展开，但都旨在保障区块链的交易安全。

以太坊上的大多数智能合约都没有附带名称标签，也不是开源的，因此用户很难找到合适的合约来调用。为了发现合适的智能合约，Norvill 等[20]建议根据字节码的相似性对智能合约进行聚类。Dai 等[21]提出了一个新颖的智能合约系统，该合约的基本单位是交易(如比特币)而不是账户(如以太坊)。同时，Dai 等采用了一种资源友好的挖掘技术(即股权证明)。Bhargavan 等[22]和 Filliâtre 等[23]应用形式验证来检查智能合约是否具有某些属性。例如，检查智能合约是否检查发送操作的返回值。Sergey 等[24]使用形式验证来检测智能合约中的并发错误。Luu 等[25]开发了一种基于符号执行的工具：OYENTE，用于检测智能合约中的四种安全漏洞。SmartCheck 是一种静态分析工具[26]，可以用于检测以太坊智能合约中的 21 种代码问题。GasChecker[27]与 SmartCheck 不同之处在于：SmartCheck 依赖智能合约的源代码。然而，开源合约占区块链总合约的比例不到 1%。SmartCheck 仅检测到两种不同的低效 gas 特征，而 GasChecker 可以检测到十种低效的 gas 代码模式。上述工作围绕智能合约的执行耗费展开，但都旨在保障区块链的交易效率。

比特币作为最大的区块链网络，虽然也拥有一个基本的脚本机制，但是该机制不支持像智能合约这样的复杂程序。在比特币中不存在账户及余额的概念，且比特币的交易基础块是 UTXO。当一个地址接收到 BTC(比特币中的加密货币)时，其数量被记录在 UTXO 中。所以一个地址拥有的 BTC 可能被分离在大量的 UTXO 块中[28]，地址所拥有的 BTC 可以通过解析所有 UTXO 块来计算[28]。不同的是，以太坊有着单独的账户及余额机制，账户对应着以太坊的一个地址，而余额对应着该地址拥有的所有加密货币。

最近的一些工作[29-34]考察了比特币的 P2P 覆盖。Miller 等[30]在其 P2P 拓扑中寻找有影响力的节点。而其他的工作者[31,32]分析了表征的网络延迟、客户端延迟等。Donet 等[34]研究和分析了比特币 P2P 网络的传播时间、位置分布和网络稳定性。Bojja Venkatakrishnan 等利用 P2P 拓扑和 P2P 流量进行去匿名化[29,33]。Reid 等[35]将比特币抽象为一个交易网络图，对每个节点的交易进行再处理，从节点 A 到节点 B 的有向边意味着 A 的输出是 B 的输入。Meiklejohn 等[36]建议地址聚类以将用户与其地址相关联。此外，比特币可以被建模为用户图，基于该用户图已经开发了一些应用程序，如去匿名化[35]和洗钱检测[37,38]。上述工作对区块链交易的传播路径问题开展了研究。其他与区块链交易有关的内容可参考文献[39]和文献[40]。

5.2 交易概念和知识

接下来介绍区块链交易涉及的相关概念和知识。

5.2.1 交易的结构

以太坊中使用的术语“交易”(transaction)是指已签名的数据包，用于存储从外部拥有的账户到区块链上的另一个账户要发送的消息。作为一个序列化的二进制消息，交易拥有如下几个元素：nonce 字段元素，指交易发起账户的序列号，用于防止消息重播；gasPrice 字段元素，指交易发起人愿意支付的 gas 价格；startgas 字段元素，指发起人为交易愿意支付的最大 gas 量；to 字段元素，指交易目标的以太坊地址；value 字段元素，指发送到目标地址的 ether 数量；inputdata 字段元素，指发送到智能合约的消息及参数。

5.2.2 交易的 gas

gas 是以太坊的燃料，gas 不是以太币，而是独立的虚拟货币。gas 有相对于以太币的汇率。以太坊使用 gas 来控制交易可以花费的资源量，因为它将在全球数千台计算机上处理。开放式(图灵完备的)计算模型需要某种形式的计量，以避免拒绝服务攻击或无意中的资源吞噬交易。将 gas 与 ether 分离的方法，目的是保护系统免受随着 ether 价值快速变化而产生的波动。交易中的 gasPrice 字段允许交易创建者设置每单位 gas 的汇率。gas 价格以每单位 gas 价值多少微以太币来度量。钱包可以在他们发起的交易中调整 gasPrice，以更快地确认(挖掘)交易。gasPrice 的值越高，交易可能被验证的速度越快。相反，较低优先级的交易可能会降低他们愿意为 gas 支付的价格，导致确认速度减慢。可以设置的最低 gasPrice 为零，这意味着免费的交易。与 gas 有关的第二个重要内容是 startgas。简单地说，startgas 定义交易发起人愿意花费多少单位完成交易。对于简单付款，意味着将以太币从一个 EOA 转移到另一个 EOA 的交易，所需的 gas 数量固定为 21000 单位的 gas。要计算需要花费多少以太币，用户需要将其愿意支付的 gasPrice 乘以 21000。如果用户交易的目的地址是合约，则可以估计所需的 gas 数量，但无法准确确定。这是因为合约可能在不同状态下执行，导致不同的执行路径和不同的 gas 成本。这意味着合约可能只执行简单的计算或更复杂的计算，具体取决于用户无法控制且无法预测的条件。为了说明这一点，这里举一个例子：每次调用合约时，它会增加一个计数器，并在第 100 次(仅)计算一些复杂的逻辑。如果交易中调用 99 次合约，会计算一种逻辑，但在第 100 次调用时，会执行完全不同的逻辑。用户要支付的 gas 数量取决于交易开采前有多少其他交易调用了该功能。也许用户对交易费用的估计是基于第 99 次交易，并且在用户的交易被开采之前，其他人已经调用了 99 次合约。现在，用户提交的交易是第 100 个要调用该功能的交易，则实际交易计算的工作量(和 gas 成本)要比估计的高得多。

交易的总以太成本是 gasUsed 与 gasPrice 的乘积。默认情况下，以太坊执行环境是不会变化的；没有任何反应，每个账户的状态保持不变。但是，任何用户都可以通过从 EOA 发送交易并触发以太坊的机制来触发动作。如果交易的目标地址是另一个 EOA，则交易可能会转移一些以太币，但不执行任何其他操作。但是，如果交易的目标地址是智能合约，则智能合约将依次激活并自动运行其代码。该代码具有读取/写入其自己的内部存储(将 32 字节的键映射到 32 字节的值的数据库)、读取接收到的消息的存储并将消息发送到其他合约的能力，依次触发它们并执行。一旦执行停止并且由智能合约发送的消息触发的所有子执行停止(所有操作都以确定性和同步的顺序发生，即子调用在父调用进一步执行之前完全完成)，执行环境将再次停止，直到下一次交易触发。

5.2.3 交易的接收者

交易的收件人地址在交易的 to 字段中设置。这包含一个 20 字节的以太坊地址。地址可以是 EOA 或合约地址。而以太坊没有进一步验证这个字段。任何 20 字节的值都被认为是有效的。如果 20 字节的值对应于没有相应私钥的地址，或没有相应的合约，则该交易仍然有效。以太坊无法知道某个地址是否是从公钥(私钥)正确导出的。用户可以发送到没有相应私钥或合约的地址，从而“燃烧”以太币，使其永远不会被花费，这是因为没有相应私钥用来生成使用它的签名。交易中发送给交易接收者的信息还包括 value 字段和 inputdata 字段。交易可以同时具有价值和数据，只有价值，只有数据，或没有价值和数据。以上四种组合都是有效的。只有价值的交易是支付交易。只有数据的交易是调用交易。既没有价值也没有数据的交易可能只是浪费 gas。

将 value 传递给 EOA 和合约：当用户构建包含 value 的以太坊交易时，它等同于支付交易。根据目的地址是否为合约，这些交易行为会有所不同。当目的地址是 EOA 地址时，或者更确切地说，当目的地址是未在区块链中注册为合约的任意地址时，以太坊将记录状态更改，并将用户发送的 value 添加到目的地址的余额中。如果该地址之前没有被使用过，则会创建该地址账户并将其余额初始化为交易的 value 值。如果目标地址(to)是合约，则 EVM 将执行该合约并尝试调用用户交易的 inputdata 中指定的函数。如果用户交易中没有 inputdata 这个元素，那么 EVM 将调用目标合约的 fallback 函数，如果该函数是 payable 的，则将执行该函数以确定下一步该做什么。合约可以通过在调用付款功能时立即抛出异常或由付款功能中编码的条件来拒绝收款。如果付款功能成功结束(没有出错)，则更新合约状态以反映合约的以太币余额增加。

将数据传输到 EOA 和合约：当用户的交易包含 inputdata 时，该交易很可能是发送到合约地址的。这并不意味着用户无法向 EOA 发送 inputdata，此时 inputdata 的解释取决于用户访问 EOA 的钱包。大多数钱包会忽略它们控制的 EOA 交易中收到的任何 inputdata。与合约执行不同，EOA 对 inputdata 的任何解释都不受以太坊共识规则的约束。当用户的交易是向合约地址提供 inputdata 时，该 inputdata 将被 EVM 解释为函数调用，调用指定的函数并将编码的函数参数传递给该函数。发送到合约的 inputdata 是一个十六进制的序列化编码数据，其中有函数选择器，即函数的 keccak256 哈希的前 4 个字节，这使得 EVM 能够明确地识别用户希望调用的函数及函数参数。

有一种特殊的交易只带有 inputdata，没有 value。这表示要部署一个新的合约。合约的部署交易被发送到一个特殊的目的地地址，即空地址。简而言之，合约部署交易中的 to 字段包含地址 null。该地址既不代表 EOA(没有相应的私人/公共密钥对)，也不代表合约。它永远不会花费以太币或启动交易。它仅用作目的地，具有“部署此合约”的特殊含义。合约的部署交易可以不包含 value，且需要包含合约编译字节码的 inputdata。

5.2.4　交易的广播与记录

以太坊网络使用“泛洪”路由协议来构建。以太坊客户端在对等协议(P2P)中作为单个节点存在，网络中的客户端构成无线网格网络，其中的节点互相作为对等节点。这里将使用术语“节点”来指代连接并参与 P2P 网络的以太坊客户端。交易广播开始于创建签名交易的以太坊节点。然后被验证正确的交易会传送到直接连接到始发节点的所有其他以太坊节点上。一般来说，每个以太坊节点需要保持与至少 13 个其他节点的连接，这些节点称为邻居节点。每个邻居节点在收到交易后立即对交易进行验证。如果这些节点验证该交易是有效的，它们会保存一份交易副本并将其传播给所有的邻居节点。最终，交易从始发节点向外涟漪式地遍历网络，直到网络中的所有节点都拥有该交易的副本。短时间内，以太坊交易就会传播到全球所有的以太坊节点。从单个节点的角度来看，不可能辨别到交易的起源。发送给节点的邻居可能是交易的发起者，或者可能从其邻居那里收到这笔交易。为了能够跟踪交易的起源或干扰交易的传播，攻击者必须控制相当大的百分比的节点。这是 P2P 网络安全和隐私设计的一部分，尤其适用于区块链。

虽然以太坊中的所有节点都是身份相同的对等节点，但其中一些节点由矿工操作，并将交易和数据块提供给挖矿池，这些挖矿节点是具有高性能 GPU 的计算机。矿工计算机将交易添加到候选块，并尝试查找使得候选块有效的工作量证明。有效的交易最终将被包含在一个交易块中，并记录到以太坊区块链中。

5.2.5　交易的调用

EVM 是以太坊的基础，它负责执行所有的交易，并且根据这些交易来维护整个以太坊的账户状态，或者更准确地称之为全局状态。交易分很多种，最简单的是以太币交易，还有部署或者调用智能合约的交易。智能合约是由虚拟机执行的代码，用以完成复杂的业务逻辑。Solidity 是目前最流行的编写智能合约的高级语言，由 Solidity 编写的智能合约会先被编译成可被虚拟机直接接收的字节码，然后被用户以交易的方式发送给以太坊从而进行智能合约部署。在这之后，用户便可以调用智能合约的函数来完成业务逻辑。而这种直接发送给智能合约的交易目的即为调用智能合约。

关于合约间的消息调用，合约间可以通过消息调用实现相互调用。一个 Solidity 合约在每次调用另一个合约函数时，就会生成一次消息调用。每次调用具有发送者、接收者、二进制内容(inputdata)、value 及 gas 数量。限制消息调用的深度不大于 1024 层。Solidity 为地址类型提供了原生调用方法，工作方式为 address.call.gas(gas).value(value)(data)。其中，gas 是要传递的 gas 数量，address 是调用的地址，value 是要传递的以太币微数，data 是要发送的二进制内容。value 和 gas 是可选参数，使用应谨慎。在默认情况下，低层调用会将发送者几乎全部剩余的 gas 发送出去。合约的调用可能会因为“gas 耗尽”异常而终止执行。为避免出现安全问题，调用中至少会保留发送者的一部分 gas。这使得发送者可以处理调用的 gas 耗尽异常，完成执行而不会耗尽 gas，进而也不会触发异常。

智能合约间调用时可能出现的安全风险是重入。重入是编程中的一种现象，函数或程序被中断，然后在先前调用完成之前再次调用。在智能合约编程的情况下，当合约 A 调用合约 B 中的一个函数时，可能会发生重入，合约 B 又调用合约 A 中的相同函数，导致递归执行。在合约状态在关键性调用结束之后才更新的情况下，这是不安全的。为了理解这一点，想象一下通过钱包合约调用银行合约的提现操作。合约 A 在合约 B 中调用提现功能，试图提取金额 X。这种情况将涉及以下操作：第一步，合约 B 检查合约 A 是否有必要的余额来提取 X；第二步，合约 B 将 X 传送到合约 A 的地址(运行合约 A 的 payable fallback 函数)；第三步，合约 B 更新合约 A 的余额以反映此次提现。无论何时向合约发送付款(如本例中)，接收方合约(A)都有机会执行自己的函数，如默认的 fallback 函数。但是，恶意攻击者可以利用这种执行。想象一下，在合约 A 的 payable fallback 函数中，合约 A 再次调用合约 B 的提现功能。合约 B 的提现功能现在将经历重入，因为现在相同的初始交易正在引发循环调用。

在合约 B 的退出提现函数的第二次迭代中，合约 B 将再次检查合约 A 是否有可用余额。由于第三步(其更新了合约 A 的余额)尚未执行，所以对于合约 B 来说，无论该函数被重新调用多少次，合约 A 仍然具有可用资金来提现。只要有 gas 可以继续运行，就可以重复该循环。当合约 A 检测到 gas 量不足时，它可以在 payable 函数中停止调用合约 B。合约 B 将最终执行第三步，从合约 A 的余额中扣除 X。然而，这时，合约 B 可能已经执行了数百次转账，并且只扣除了一次费用。在这次袭击中，合约A有效地洗劫了合约B的资金。这个漏洞与DAO攻击相关。用户利用了这样一个事实，即在调用转移并提取价值数百万美元的以太币后，合约中的余额才发生变化。为了防止重入，最好的做法是让程序员使用Checks-Effects-Interactions模式，在进行调用之前应用函数调用的影响(如减少余额)。在本书的例子中，这意味着切换第三步和第二步的顺序：在传输之前更新用户的余额。在以太坊，这是完全没问题的，在没有支付给用户的情况下更新余额是不可能的。要么都发生，要么抛出异常，都不会发生。这样可以防止重入攻击，因为所有后续调用原始提现函数的操作都会遇到正确的修改后余额。通过切换这两个步骤，可以防止合约A的提现金额超过其余额。

5.2.6　交易的事件

事件(event)和日志(log)在以太坊中承担着很重要的作用，因为它们有助于智能合约与其用户界面之间的通信。在传统的Web开发中，服务器响应是在对前端的回调中提供的。在以太坊中，当交易被挖掘时，智能合约可以发出事件并将日志写入前端可以处理的区块链中。有多种方法可以解决事件和日志。当一个交易完成(成功与否)时，它会产生一个交易收据。交易收据包含日志条目，用于提供有关在执行交易期间发生操作的信息。事件是用于构造这些日志的Solidity高级对象。事件在轻量级客户端和DApps中特别有用，它可以“监视”特定事件并将其报告给用户界面，或对应用程序的状态进行更改以反映底层合约中的事件。事件对象接收序列化的参数并记录在区块链的交易日志中。用户可以在参数之前应用关键字indexed，以使其值作为索引表(哈希表)的一部分，并可以由应用程序搜索或过滤。

事件可能会造成混乱，因为它们可以以不同的方式使用。事件和日志有三种主要用例：用户界面的智能合约返回值、数据异步触发、作为一种便宜的存储方式。用户界面的智能合约返回值，事件的最简单用法是将合约的返回值传递到应用程序的前端。而数据异步触发返回值是事件的最小用例，通常可以将事件视为带有数据的异步触发器。当合约想要触发前端时，合约会发出一个事件。由于前端正在监视事件，可以采取行动、显示消息等。

对于作为一种便宜的存储方式，此种用例与前面所讨论的用例完全不同，那就是将事件用作廉价的存储形式。在EVM和以太坊黄皮书中，事件被称为日志(有log操作码)。说到存储，从技术上讲，将数据存储在日志中比将数据存储在事件中更为准确。但是，当编者违反协议时，可以说智能合约发出或触发前端可以响应的事件更为准确。每当发出事件时，相应的日志就会写入区块链中。事件和日志之间的术语是造成混乱的另一个原因。日志被设计为一种存储形式，其gas成本远低于合约存储。日志基本上每字节花费8单位gas，而合约存储每32字节花费 20000 单位 gas。尽管日志可以节省大量 gas，但无法从任何合约中获取日志。但是，在某些情况下，使用日志作为廉价存储，而不是使用前端触发器。日志的合适示例是存储可由前端呈现的历史数据。加密货币交易所可能希望向用户显示他们在交易所进行的所有存款。与将这些存款详细信息存储在合约中相比，将它们存储为日志要便宜得多。之所以可以这样做，是因为交易所需要用户的余额状态(存储在合约存储中)，而无须了解历史存款的详细信息。

5.3　交易的溯源

本节通过以太坊区块链中的交易数据，介绍对以太坊的特征分析方法和思路。另外，本节提出交易信息的相关模型来实现以太坊交易的可溯源性，并通过两个实例来解释。本部分的内容和分析基于作者团队已发表的文献[14]。

5.3.1　交易数据收集

针对交易的可追溯性分析，首先进行数据收集。本书收集了从 2015 年 7 月 30 日以太坊启动到 2017 年 6 月 10 日的所有交易(28502131 笔外部交易和 19759821 笔内部交易)。由于外部交易是由 EOA 初始化并存储在区块链中的，可以简单地直接通过运行以太坊客户端来收集它们的相关数据。请注意，每个以太坊客户端根据其协议维护所有历史交易的相同区块链副本。内部交易是由智能合约在执行过程中产生的，它们不存储在区块链中。进行分析时，不应忽略内部交易，因为内部交易可以使智能合约与其他账户进行交互，如创建新合约、调用其他合约。

获取内部交易的一种可能方法是从以太坊社区维护的一些以太坊资源管理器网站(如 Etherscan，https://etherscan.io)中进行爬虫爬取。但是，为了使网站对所有访问者开放，它们通常会限制可以爬虫的数据量。此外，据我们所知，没有可用的工具来收集内部交易。为了解决上述问题，本书建议通过在定制的 EVM 中重放外部交易来收集所有的内部交易。提出该解决方案是由于内部交易是由智能合约的执行引起的，而智能合约是由外部交易触发的。更准确地说，通过将工具代码插入 EVM 中，来修改 go-ethereum v1.6.0(一种以 GO 语言实现的流行的以太坊客户端)。以太坊为 EVM 定义了 130 余个操作，并且智能合约的字节码可以视为此类操作的序列。以太坊在 EVM 中运行智能合约，该合约负责解释 EVM 操作。

EVM 提供 61 个处理程序来分别解释 61 种操作，并提供 4 个特殊处理程序分别执行 PUSHx $(0<x<33)$，DUPx $(0<x<33)$，SWAPx $(0<x<33)$ 和 LOGx $(0\leqslant x<4)$。PUSHx 将一个元素压入堆栈，x 是元素的大小(以字节为单位)；DUPx 复制第 x 个堆栈项；SWAPx 交换第 1 个和第 $x+1$ 个堆栈项；LOGx 追加带有 x 个标

题的日志记录。通过检查 EVM，发现五个操作可以导致内部交易，包括 CREATE、CALL、CALLCODE、DELEGATECALL 和 SELFDESTRUCT(原始 SUICIDE 操作的别名)。CREATE 和 CALL 分别创建和调用智能合约。CALLCODE 和 DELEGATECALL 也会调用智能合约，但是被调用的智能合约会在调用者的上下文环境中运行。通过使用它们，可以将另一个智能合约作为库加载。

SELFDESTRUCT 从区块链中删除智能合约，并将智能合约中的剩余资金发送到指定目标。因此，我们修改了这五个操作的处理程序。更准确地说，在 CREATE 的处理程序中，在智能合约创建成功之后插入工具代码，以记录智能合约创建者的地址、创建的智能合约的地址，以及由智能合约创建者在创建的智能合约中存放的以太币的数量。同样，在 CALL、CALLCODE 和 DELEGATECALL 的处理程序中，记录调用者、被调用者的地址，以及从调用者转移到被调用者的以太币数量。在 SELFDESTRUCT 的处理程序中，记录销毁合约的地址，接收剩余以太的地址以及以太的金额。

资金转移、合约创建和合约调用是以太坊上发生的三大活动。为了对其进行调查，本书基于内部和外部交易构建了三个图数据模型，即资金转移图(money flow graph，MFG)、合约创建图(contract creation graph，CCG)、合约调用图(contract innovation graph，CIG)。在预处理阶段，排除与上述活动无关的四种交易类型。第一种类型的交易将以太币从 EOA 发送到另一个，但金额为零。第二种类型的交易会自毁智能合约，并且该智能合约没有剩余的以太币。因此，这种交易不会导致汇款。第三种类型交易是 EOA 之间的不成功交易，因为它们不会导致汇款。第四种类型交易是无法创建智能合约的交易，因为它们无法创建合约。

注意，不排除在进行合约调用了失败的交易，因为回滚之前，合约将被(部分)执行。此外，在构建 CIG 时，即使它们执行已创建的智能合约的构建功能，也不会考虑用于创建智能合约的交易，因为根据以太坊协议，在创建智能合约后，构建功能的代码将被丢弃。因此，没有用户可以再次调用它。通过解析外部交易(即签名字段和收件人字段)和内部交易日志来收集账户地址。经过预处理后，获得了 2721080 个账户(即 2121146 个 EOA 和 599934 个智能合约)。在构建阶段，将剩余的交易分为三组(即 BG_{MF}、BG_{CC} 和 BG_{CI})，分别对应于汇款、智能合约创建和智能合约调用。请注意，如果一个交易触发多个活动，则它可能包含在多个数据模型中。例如，用于创建智能合约的交易也可以在创建的智能合约中存入一些以太币。因此该交易应同时包含在 BG_{MF} 和 BG_{CC} 中。作为另一个示例，当交易调用智能合约时，它可以将以太币发送到该合约。在这种情况下，此类交易应包含在 BG_{MF} 和 BG_{CI} 中。表 5.1 列出了三组交易的数量。

表 5.1　三组交易数量

交易模型	BG_{MF}	BG_{CC}	BG_{CI}
交易数量	27535903	599934	9125860

可以看到，BG_{CC}(599934)的交易数量等于智能合约的数量，因为智能合约只能创建一次。此外，与在以太坊上调用智能合约交易的用户相比，基于应用程序进行交互的用户更频繁地转移资金(27; 535; 903 vs. 9; 125; 860)。图 5.1 给出了交易数量的累积概率分布图，显示 0.8%(点(0，0.008))的 EOA 不会转移以太币。换句话说，如果一个 EOA 是一个用户，则几乎所有用户都在以太坊上进行转账(即接收或发送)。但是，超过 2/3 的智能合约(点(0，0.69))不会转移以太币。此外，大约 81%的账户(96%的智能合约和 77%的 EOA)参与的交易不超过 5 笔。也就是说，大多数账户(尤其是智能合约)很少转移资金。

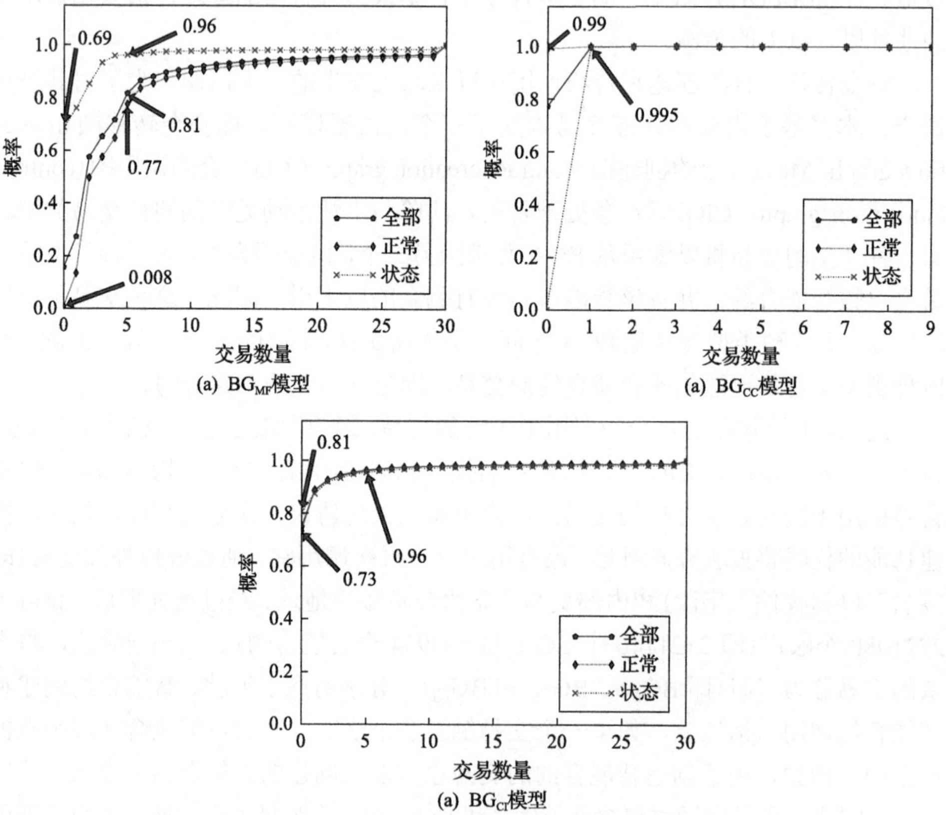

(a) BG_{MF}模型　　(a) BG_{CC}模型

(a) BG_{CI}模型

图 5.1　交易数量的累积概率分布图

图 5.1 显示 99%的 EOA(点(0, 0.99))未创建合约。如果创建智能合约的 EOA 是智能合约开发商，则开发商的比例仅为总用户的 1%。点(1,0.995)显示 99.5%的

智能合约仅涉及 1 笔交易(即用于合约创建的交易)。因此，可以得出结论：几乎所有合约都不创建合约。一个可能的原因是，以太坊是一个年轻的平台，开发人员很少利用这种高级功能。图 5.1 表明 73%(点(0，0.73))的 EOA 未调用智能合约，而 81%(点(0，0.81))的智能合约未调用。此外，约 96%的 EOA 调用智能合约的次数不超过 5 次(点(5，0.96))。因此，我们了解到不是所有的用户都频繁地使用智能合约。由于 69%的智能合约不会转移资金，我们将调查是否调用了这些合约。结果表明，有 60%的智能合约既不转移资金也不会被调用(即那些智能合约根本没有使用)，因此浪费了大量资源(如网络、磁盘)同步并存储它们。

5.3.2　三种图分类方法

下面详细描述交易可溯源分析的三个网络图(资金转移图、智能合约调用图、智能合约创建图)的定义及分类方法。

关于资金转移图有 $\mathrm{MFG}=(V,E,w)$，其中 V 是一组节点，E 是一组边线，w 是一个将边线映射到其权重的函数。$V=V_{\mathrm{n}}$，V_{n} 是 EOA 的集合，V_{sc} 是智能合约的集合。E 是一组有序的节点对，$E=\{(v_i,v_j)\,|\,v_i,v_j\text{属于}V\}$。边的顺序代表转账的方向。$w$ 将每个边缘与一个权重相关联，该权重是一个或多个事务沿该边缘转移的以太币的总量。因此，MFG 是加权有向图。在本节的其余部分中，将术语账户和节点互换使用。由于在预处理阶段已枚举了所有节点，添加了一些边来构建 MFG。具体来说，解析 $\mathrm{BG}_{\mathrm{MF}}$ 的每个外部交易中的 value 字段，该字段指示转账的金额。如果发送者到接收者之间没有边，将其加一，并将边的权重设置为值。如果边已经存在，将按值增加其权重。内部交易以类似的方式处理。表 5.2 列出了 MFG 的统计信息，包括边缘数量、孤立的 EOA 数量和孤立的智能合约数量。MFG 中的隔离节点意味着它既不接收以太币也不发送以太币。在 MFG 中是隔离的，因此只有 16845 个 EOA(总计 2121146 个)不会转移资金。表中的数据与观察结果相吻合，几乎所有的 EOA 都进行了转账，而大约 2/3 的智能合约却没有这样做。

表 5.2　三个网络的统计数据

网络图	边缘数量	孤立的 EOA 数量	孤立的智能合约数量
MFG	5267627	16845	412293
CCG	599934	2098922	0
CIG	1281500	1554301	483404

关于合约创建图有 $\mathrm{CCG}=(V,E)$，其中 V 是一组节点，E 是一组边，$E=\{(v_i,\ v_j)\,|\,v_i\text{属于}V,v_j\text{属于}V_{\mathrm{sc}}\}$，其中边 (v_i,v_j) 表示账户 v_i 创建智能合约 v_j。该

定义暗示了 CCG 的两个属性：①如果$(v_i,v_j)=2E$，则$(v_j,v_i)=2E$，也就是说，两个节点之间的边是单向的；②如果(v_i,v_j)属于 E，则(v_k,v_j)不属于 E，这意味着智能合约不能创建两次。CCG 实际上是由多棵树组成的森林。每棵树的根是 EOA，树的其他节点是由根直接或间接创建的智能合约。由于 BG_{CC} 中的每个交易都表明已创建智能合约，将来自交易发送方的边添加到创建的智能合约中。CCG 的统计数据与来自图 5.1 的观察结果相符，即绝大多数 EOA 是孤立的，即它们不创建合约。此外，智能合约边缘数量(599934)明显超过了创建合约的 EOA。如果创建智能合约的 EOA 是开发人员，则开发人员的数量要比智能合约的数量少得多。实际上，开发人员可以拥有许多 EOA，因此差异可能更大。

关于合约调用图有$CIG=(V,E,w)$，其中 V 是一组节点，E 是一组边，而 w 是一个将边映射到其权重的函数。E 是节点的有序对，$E=\{(v_i, v_j)\,|\,v_i$属于$V;v_j$属于$V_{sc}\}$。边(v_i, v_j)表示账户 v_i 调用合约 v_j。w 将每个边与一个权重相关联，该权重是一个或多个事务沿该边缘的调用总数。因此，CIG 是加权有向图。为了构造 CIG，处理 BG_{CI} 中的每个(外部和内部)交易以提取交易发送方和接收方的地址。然后，从发送者到接收者添加一条边，如果它们之间没有边，则将边的权重设置为 1。否则，将边的权重增加 1。表 5.2 显示了 CIG 的统计数据，这与图 5.1 的观察结果相符，即 73%的 EOA 不称为智能合约，并且没有调用 81%的智能合约。

5.3.3　交易可溯源分析及案例

基于本书提出的方案，接下来介绍交易可溯源的两种潜在应用。

应用设想一：给定一个恶意的智能合约，攻击取证者打算找到攻击者控制的所有账户。为了实现攻击取证，将 CCG 和 CIG 关联起来，以获得攻击者创建的所有智能合约以及调用此类智能合约的所有账户。具体的，首先计算包含来自 CCG 的恶意合约的相关信息（WCC)，以收集由根创建的所有(直接或间接)合约。然后，对于 WCC 中的每个节点，从 CIG 找到所有呼叫者。如果呼叫者是一个智能合约，将回溯 CIG，直到达成 EOA。最终，WCC 中的所有节点以及(直接或间接)调用 WCC 中的节点的所有节点都由攻击者控制。图 5.2 显示了对真实案例的分析结果，其中节点 BD37(以太坊中账户的地址有 20 字节，这里取地址的前 2 字节来表示)是针对 DoS 攻击的恶意合约。包含 BD37 的 WCC 的根节点为 FCD0。$x{:}\,y$ 表示节点 x 创建了 y 个合约。可以看到图中的 7C20 节点创建了 34144 个合约，这是 CCG 中最重要的节点之一。图 5.2 突出显示了节点(如果被调用)以及连接到节点的边。通过这样做，呈现了来自 CCG 和 CIG 的与攻击相关的节点和边缘。使用这种方法，发现攻击者总共控制 34983 个账户，其中 34939 个是智能合约，但仅调用了 9 个。

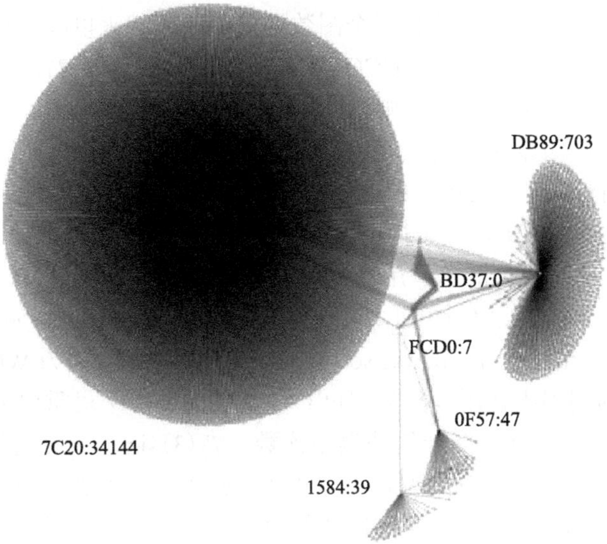

图 5.2 针对 BD37 攻击进行的攻击取证及相应节点网络结构的可视化处理结果

应用设想二： 设计一种新方法来检测异常合约的创建，该方法通过创建大量合约来消耗大量资源(如磁盘、网络)，因为每个以太坊客户端都必须维护区块链的副本。直观的检测方法是计算已创建合约的数量。这种方法还不完备，因为良性应用程序(如交易所市场)还可能为其业务创建许多合约。如算法 5.1 所示，如果本书所提的检测算法创建了大量合约且这些合约几乎不用于转账或调用，则该

算法 5.1 异常检测的算法

Input: 账户 x, MFG, CCG,CIG；阈值 T_1,T_2,T_3

Output: True/False

1. sc_set=created_sc(CCG,x);
2. **if** size(sc_set)<T_1 **return** False;
3. **for** each node y in sc_set
4. caller_set=inedge(CIG,y);
5. **for** each edge z in caller_set
6. num+=z.weight;
7. sender_set=inedge(MFG,y);
8. **for** each edge s in sender_set
9. value+=s.weight;
10. **if** num >T_2 size(sc_set)||value>T_3 size(sc_set)
11. **return** ;
12. **else return** True;

账户会将其视为异常。该算法将三个图数据模型关联起来以检测异常活动。检测算法的输入包括账户 x、MFG、CCG、CIG 和三个阈值(即 T_1、T_2、T_3)。如果 x 启动非正常智能合约创建活动，则返回 True，否则返回 False。它首先从 x 获得 CCG(第 1 行)直接或间接创建的所有合约。如果该数字小于 T_1，则该算法认为 x 是良性的(第 2 行)，因为创建的账户并不多。对于每个创建的智能合约 y(第 3 行)，指向它的所有边都从 CIG(第 4 行)获得。由于 CIG 边缘的权重是调用次数，num 是属于 WCC 的所有合约的总调用次数(第 6 行)。

此外，基于 MFG(第 9 行)计算由 y 传输的以太量(即值)。如果 num 大于 T_2 size(sc_set)，并且值大于 T_3 size(sc_set)，则将 x 视为异常，因为 WCC 中的合约很少在汇款和合约调用中使用。表 5.3 列出了 CCG 的前十个最重要节点创建的所有以太坊的转移量和所有智能合约的调用次数。T_2(3) size(sc_set) 的结果也列在表 5.3 中。通过将 T_1、T_2 和 T_3 分别设置为 10000、0.5、0.5，检测到四个异常账户 7C20、3898、8B3B 和 29DF。请注意，可以从普通账户的活动中了解阈值，以便在以后的工作中对其进行调查。对于 7C20，已传输的以太量(即 0 个以太)和调用次数(即 2 个)都非常小，因此本书所提的检测算法将其视为异常。另一个例子，3898 在短时间内创建了很多合约，这可能会大大减慢块的传播速度。图 5.3 显示了由 3898 而导致的两个连续的合约创建事件之间的时间间隔的累积分布。可以看到 91%(点 (0, 0.91))的合约是在很短的时间内创建的。这可以用作检测异常活动的另一个指标。实际上，已经确认表 5.3 中的 7C20 和 3898 是攻击账户[41,42]。另外两个可疑账户具有类似的活动，我们已经将其报告给以太坊社区。

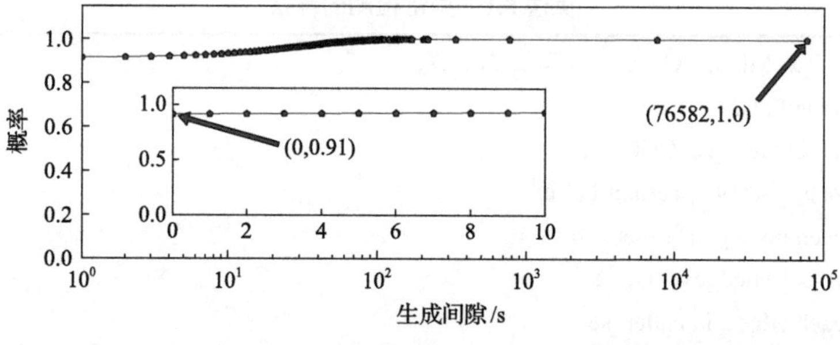

图 5.3　两个连续的合约创建事件之间的时间间隔的累积分布

表 5.3　CCG 排名前十的节点信息

账户	6090	B42B	8B3B	42DA	7C20	EDCE	0536	29DF	3898	6A39
类	sc	n	sc	n	sc	sc	n	sc	n	sc
高出度	126233	62786	54445	43134	34144	31453	20219	18605	15994	12880
身份	Name service	Polomiex	—	YUNBI	—	New Alchemy	Polomiex	—	—	Incent

续表

账户	6090	B42B	8B3B	42DA	7C20	EDCE	0536	29DF	3898	6A39
类别	fundamental	exchange	anomaly	exchange	attack	finance	exchange	anomaly	attack	finance
Ether	4753280	1049504	144	15392521	0	4505	890	0	0	64827
# invoke	3	33577	10	1218859	2	42025	15481	2	1122	2699
T_2(3) size(sc_set)	63117	31394	27224	21568	17074	15728	10110	9304	7997	6440

5.4 本 章 小 结

本章围绕交易分析对以太坊的交易展开了分析和研究。本章分别对交易的概述与交易的溯源两方面进行了阐述，详细介绍了以太坊的交易主体、属性及工作机制等内容。此外，本章对交易的运行细节和原理进行了介绍，还对实现交易的可溯源方案进行了介绍，并举出了两个实际应用设想。

参 考 文 献

[1] Rodrigues B, Bocek T, Lareida A, et al. A blockchain-based architecture for collaborative DDoS mitigation with smart contracts[C]. Proceedings of the IFIP International Conference on Autonomous Infrastructure, Management and Security, Zurich, 2017: 16-29.

[2] Saad M, Thai M T, Mohaisen A. POSTER: Deterring DDoS attacks on blockchain-based cryptocurrencies through mempool optimization[C]. Proceedings of the Asia Conference on Computer and Communications Security, Incheon, 2018: 809-811.

[3] Mendling J, Weber I, Aalst W V D, et al. Blockchains for business process management challenges and opportunities[J]. ACM Transactions on Management Information Systems, 2018, 9(1): 1-16.

[4] Münsing E, Mather J, Moura S. Blockchains for decentralized optimization of energy resources in microgrid networks[C]. Proceedings of the IEEE Conference on Control Technology and Applications, Hawaii, 2017: 2164-2171.

[5] McCorry P, Shahandashti S F, Hao F. A smart contract for boardroom voting with maximum voter privacy[C]. Proceedings of the International Conference on Financial Cryptography and Data Security, Kota Kinabalu, 2017: 357-375.

[6] Zhang P, White J, Schmidt D C, et al. Applying software patterns to address interoperability in blockchain-based healthcare apps[EB/OL]. https://arxiv.org/abs/1706.03700. [2020-08-03].

[7] Ferdous M S, Margheri A, Paci F, et al. Decentralised runtime monitoring for access control systems in cloud federations[C]. Proceedings of the IEEE 37th International Conference on Distributed Computing Systems, Singapore, 2017: 2632-2633.

[8] Tran A B, Xu X, Weber I, et al. Regerator: A registry generator for blockchain[C]. Proceedings of the International Conference on Advanced Information Systems Engineering, Essen, 2017: 81-88.

[9] Kosba A, Miller A, Shi E, et al. Hawk: The blockchain model of cryptography and privacy-preserving smart contracts[C]. Proceedings of the IEEE Symposium on Security and Privacy, San Jose, 2016: 839-858.

[10] Juels A, Kosba A, Shi E. The ring of gyges: Investigating the future of criminal smart contracts[C]. Proceedings of the ACM SIGSAC Conference on Computer and Communications Security, Vienna, 2016: 283-295.

[11] Zhang F, Cecchetti E, Croman K, et al. Town crier: An authenticated data feed for smart contracts[C]. Proceedings of the ACM SIGSAC Conference on Computer and Communications Security, Vienna, 2016: 270-282.

[12] Atzei N, Bartoletti M, Cimoli T. A survey of attacks on ethereum smart contracts（SoK）[C]. Proceedings of the International Conference on Principles of Security and Trust, Thessaloniki, 2017: 164-186.

[13] Chen T, Li X, Wang Y, et al. An adaptive gas cost mechanism for ethereum to defend against under-priced DoS attacks[C]. Proceedings of the International Conference on Information Security Practice and Experience, Nanjing, 2017: 3-24.

[14] Chen T, Zhu Y, Li Z, et al. Understanding ethereum via graph analysis[C]. Proceedings of the IEEE INFOCOM IEEE Conference on Computer Communications, Honolulu, 2018: 1484-1492.

[15] Delmolino K, Arnett M, Kosba A, et al. Step by step towards creating a safe smart contract: Lessons and insights from a cryptocurrency lab[C]. Proceedings of the International Conference on Financial Cryptography and Data Security, Kota Kinabalu, 2016: 79-94.

[16] Kothapalli A, Miller A, Borisov N. Smartcast: An incentive compatible consensus protocol using smart contracts[C]. Proceedings of the International Conference on Financial Cryptography and Data Security, Sliema, 2017: 536-552.

[17] Dickerson T, Gazzillo P, Herlihy M, et al. Adding concurrency to smart contracts[C]. Proceedings of the ACM Symposium on Principles of Distributed Computing, Sliema, 2017: 303-312.

[18] Al-Bassam M, Sonnino A, Bano S, et al. Chainspace: A sharded smart contracts platform[EB/OL]. https://arxiv.org/abs/1708.03778. [2020-08-03].

[19] Dinh T T A, Wang J, Chen G, et al. Blockbench: A framework for analyzing private blockchains[C]. Proceedings of the ACM International Conference on Management of Data, Chicago, 2017: 1085-1100.

[20] Norvill R, Pontiveros B B F, State R, et al. Automated labeling of unknown contracts in ethereum[C]. Proceedings of the 26th International Conference on Computer Communication and Networks, Vancouver, 2017: 1-6.

[21] Dai P, Mahi N, Earls J, et al. Smart-contract value-transfer protocols on a distributed mobile application platform[EB/OL]. https://www.chainwhy.com/upload/default/20180815/310ed03a66c1544c157483baab3bc266.pdf. [2020-08-03].

[22] Bhargavan K, Delignat-Lavaud A, Fournet C, et al. Formal verification of smart contracts: Short paper[C]. Proceedings of the ACM Workshop on Programming Languages and Analysis for Security, Vienna, 2016: 91-96.

[23] Filliâtre J C, Paskevich A. Why3—Where programs meet provers[C]. Proceedings of the European Symposium on Programming, Rome, 2013: 125-128.

[24] Sergey I, Hobor A. A concurrent perspective on smart contracts[C]. Proceedings of the International Conference on Financial Cryptography and Data Security, Sliema, 2017: 478-493.

[25] Luu L, Chu D H, Olickel H, et al. Making smart contracts smarter[C]. Proceedings of the ACM SIGSAC Conference on Computer and Communications Security, Vienna, 2016: 254-269.

[26] Tikhomirov S, Voskresenskaya E, Ivanitskiy I, et al. SmartCheck: Static analysis of ethereum smart contracts[C]. Proceedings of the 1st International Workshop on Emerging Trends in Software Engineering for Blockchain, Gothenburg, 2018: 9-16.

[27] Frowis M, Bohme R. In code we trust? Measuring the control flow immutability of all smart contracts deployed on ethereum[EB/OL]. http://people.cs.georgetown.edu/~clay/classes/fall2017/835/papers/In_Code_We_Trust.pdf. [2020-08-03].

[28] Antonopoulos A M. Mastering Bitcoin: Unlocking Digital Cryptocurrencies[M]. Sebastopol: O'Reilly Media Inc., 2014.

[29] Bojja Venkatakrishnan S, Fanti G, Viswanath P. Dandelion: Redesigning the bitcoin network for anonymity[J]. Proceedings of the ACM on Measurement and Analysis of Computing Systems, 2017, 1(1): 1-34.

[30] Miller A, Litton J, Pachulski A, et al. Discovering bitcoin's public topology and influential nodes[EB/OL]. https://allquantor.at/blockchainbib/pdf/miller2015topology.pdf. [2020-08-03].

[31] Decker C, Wattenhofer R. Information propagation in the bitcoin network[EB/OL]. https://ieeexplore.ieee.org/abstract/document/6688704. [2020-08-03].

[32] Neudecker T, Andelfinger P, Hartenstein H. Timing analysis for inferring the topology of the bitcoin peer-to-peer network[C]. Proceedings of the International IEEE Conferences on Ubiquitous Intelligence and Computing, Advanced and Trusted Computing, Scalable Computing

and Communications, Cloud and Big Data Computing, Internet of People, and Smart World Congress, Toulouse, 2016: 358-367.

[33] Biryukov A, Khovratovich D, Pustogarov I. Deanonymisation of clients in bitcoin P2P network[C]. Proceedings of the ACM SIGSAC Conference on Computer and Communications Security, Scottsdal, 2014: 15-29.

[34] Donet J A D, Pérez-Sola C, Herrera-Joancomartí J. The bitcoin P2P network[C]. Proceedings of the International Conference on Financial Cryptography and Data Security, Barbados, 2014: 87-102.

[35] Reid F, Harrigan M. An analysis of anonymity in the bitcoin system[C]. Proceedings of the Security and Privacy in Social Networks, Boston, 2013: 197-223.

[36] Meiklejohn S, Pomarole M, Jordan G, et al. A fistful of bitcoins: Characterizing payments among men with no names[C]. Proceedings of the Conference on Internet Measurement Conference, Barcelona, 2013: 127-140.

[37] Zhao C, Guan Y. A graph-based investigation of bitcoin transactions[C]. Proceedings of the IFIP International Conference on Digital Forensics, Orlando, 2015: 79-95.

[38] Maesa D D F, Marino A, Ricci L. Uncovering the bitcoin blockchain: An analysis of the full users graph[C]. Proceedings of the IEEE International Conference on Data Science and Advanced Analytics, Montreal, 2016: 537-546.

[39] Hari A, Lakshman T V. The internet blockchain: A distributed, tamper-resistant transaction framework for the internet[C]. Proceedings of the ACM Workshop on Hot Topics in Networks, Atlanta, 2016: 204-210.

[40] Min X P, Li Q Z, Liu L Z, et al. A permissioned blockchain framework for supporting instant transaction and dynamic block size[C]. Proceedings of the Trustcom/Bigdatase/ISPA, Tianjin, 2016: 90-96.

[41] Bok Consulting Pty Ltd. Ethereum network attacker's IP address is traceable[EB/OL]. https://www.bokconsulting.com.au/blog/ethereum-network-attackers-ip-address-is-traceable. [2020-08-03].

[42] Attacker is gearing up again for new spam deluge[EB/OL]. https://www.reddit.com/r/ethereum/comments/55rd3j/attacker_is_gearing_up_again_for_new_spam_deluge.[2020-08-03].

第 6 章　EVM 的安全问题

以太坊运行在其自研的虚拟机 EVM 之上，EVM 关系整个以太坊上层应用的安全性。本章将围绕 EVM 的机制及其安全性能展开介绍。

6.1　研究背景

本节对 EVM 安全的基本概念和国内外研究现状进行回顾，为读者开展后续研究打下基础。

6.1.1　基本概念

以太坊上运行的程序是由用户编写的智能合约，这些合约一旦运行便难以控制。要确保合约按照预期执行，就需要从 EVM 的本身设计及其安全性做出考虑。为了防止 DoS 攻击，EVM 中合约的每个计算操作都需要提前支付相应的 gas 费用，从而增加攻击者开展攻击和制造无效合约的成本。此外，EVM 还被设计成了一个沙盒，只负责合约的执行、账户状态的更改以及其他合约的调用。EVM 还要求程序的执行必须保证一致性和确定性，以防不同的节点出现不同结果，以及通过 gas 机制保障程序的可终止性等。尽管如此，针对 EVM 机制的安全隐患仍然存在。本章将从 gas 机制入手开展研究工作[1]。

6.1.2　国内外研究现状

自以太坊建立以来，国内外的研究人员针对 EVM 的安全问题开展了研究。Yang 等[2]为了解决 EVM 中代码执行效率低的问题明确了三个基本的要素，并且提出了一种新颖的正式符号过程虚拟机框架。该框架结合了高阶逻辑定理证明和符号执行，以验证以太坊系统中智能合约的可靠性和安全性，以此避免合约遭受可重用、一致性及自动化方面的安全问题。在 EVM 兼容性方面，Westerkamp[3]提出了与 EVM 兼容的可验证智能合约可移植性的概念。基于一套工具箱，建立与 EVM 兼容的可移植智能合约，而无须与迁移过程中的实体建立信任关系。

Bhargavan 等[4]报告了一种新型的形式化符号过程虚拟机的开发和验证。该虚拟机用于在 Coq 证明助手中验证以太坊智能合约的可靠性和安全性。这项工作有助于解决高阶逻辑定理证明中的自动化、不一致和可重用性问题。在 gas 消耗方面，Chen 等[5]提出并开发了 GASPER，通过分析智能合约的字节码来自动确定 gas

的消耗模式。该工作将 EVM 上运行的智能合约中 gas 消耗量高的字节码替换为低耗的字节码，从而降低 EVM 的 gas 开销。在 GASPER 的基础上，Chen 等[6]进一步设计和开发了 GasReducer，从真实智能合约的执行轨迹中识别出 24 种反模式。反模式表示 EVM 操作序列，可以用另一种具有相同语义但需要较少 gas 消耗量的序列代替。由于存在大量可能的 EVM 操作序列，识别此类反模式和相应的有效代码并非易事。GasReducer 是第一个从智能合约的字节码中自动检测所有这些反模式并通过字节码到字节码优化将其替换为高效代码的工具。为了使优化的智能合约保持有效，其还解决了重新计算控制流转移目标的问题。

在智能合约安全层面，Torres 等[7]提出了一种将符号执行与污点分析相结合的框架 Osiris，以此发现智能合约中存在的整数错误。Osiris 相对于其他一些工具，检测结果更加精确。Osiris 使用更精确和完整的传播逻辑，同时允许用户定义自己的源和汇。Osiris 会尝试推断每个整数的宽度，以便精确地判断算术运算是否可以溢出。该工具可以有效地区分良性和恶性整数错误。Feist 等[8]从静态分析的角度设计了静态分析框架 Slither，通过将 Solidity 智能合约转换为称为 SlithIR 的中间语言来工作。SlithIR 使用静态单一分配(SSA)形式和精简指令集来简化分析的实施，同时保留将 Solidity 转换为字节码时会丢失的语义信息。Slither 分析器最初旨在分析 Solidity 代码，但是平台和中间语言都可以适用于另一种智能合约语言。最后，从 SlithIR 到 EVM 或 Ewasm 字节码的转换将允许 Slither 充当编译器。Angelo 等[9]提出从所有外部事务和内部消息中提取重复代码的框架。该框架可以识别代码中的代码模式，跟踪这些模式会发现合约漏洞。基于代码攻击的合约漏洞有助于改进智能合约的设计。

在工作量计算方面，Aldweesh 等[10]提出了 OpBench，这是一种与平台无关的基准测试方法。OpBench 测量了在 EVM 中执行操作码所需的 CPU 时间，并在 PyEthApp 和 Go-Ethereum 客户端实现了 OpBench，在三种不同的机器和操作系统上展示了两种平台的结果。结果表明，以太坊设置的静态费用并不总是与所投入的 CPU 时间成正比，跨操作码的差异高达一个数量级。结果还显示了客户端之间的性能显著差异，其中 Go 客户端的性能优于跨计算机的 Python 客户端。为了检测 EVM 发生的溢出情形，Gao 等[11]设计了 EVM 级别的溢出检测器 EASYFLOW。EASYFLOW 背后的关键是一种基于污点分析的跟踪技术，可以分析涉及的污点的传播。具体来说，EASYFLOW 不仅可以将智能合约划分为安全合约、明显的溢价、受良好保护的溢价和潜在的溢价，还可以自动生成交易以触发潜在的溢价。Weiss 等[12]提出了一个共谋执行框架 Annotary，该框架用于分析智能合约漏洞，由开发人员直接在 Soliditysource 代码中直接编写。相较于其他工作，Annotary 支持交易间、合约间控制流的分析，并将 EVM 字节码的符号执行与来自以太坊公共区块链的具体值的解析结合。

ContractFuzzer 用于对 EVM 上智能合约的安全检测[13]。作为一种全面的模糊测试框架，ContractFuzzer 可检测七种以太坊智能合约漏洞。根据对数千个现有智能合约进行分析，ContractFuzzer 的输入生成和测试 Oracle 分析策略可以精准地触发和检测安全漏洞。为了弥补对 Solidity 的关注不如针对 EVM 字节码语义的形式化研究这么广泛，Massimo 等[14]提出了一种用于 Solidity 合同的最小计算方法，该方法用单个原语扩展了命令式核心来转移货币和调用合约程序，可以分析检测出一系列基于 Solidity 的漏洞。此外，Lee 等[15]提出了一种修改现有的 Solidity 编译器和 EVM 为开发人员提供新的关键字的方法。通过该方法开发人员使用新引入的关键字来防止调用回退函数，从而降低了回退函数带来的安全风险和隐患。

6.2　针对 gas 机制的 DoS 攻击与应对现状

以太坊中的 gas 机制通过对每一次操作收取费用来确保合约能够最终终止(gas 耗尽不再执行)。如果设置了不恰当的 gas 消耗，攻击者可能利用该漏洞发动 DoS 攻击。尽管以太坊调整了 gas 费用来预防 DoS 攻击，但这并不能防止未知的 DoS 攻击。为了确保智能合约的顺利终止，以太坊开始向交易发送方收取 gas，并将其作为对矿工执行智能合约的激励。尤其是在消耗大量计算资源来执行某些合约时，gas 费用的收取可以防止资源滥用。为执行 EVM 操作而支付的钱(如加、乘、读取账户余额)是 gas 价格乘以该操作的 gas 成本。gas 成本由以太坊客户端中的 EVM 确定，gas 价格可以由交易发送方设置。每笔交易都有一个 gas 限制，称为交易 gas 限制(transaction gas limit，TGL)。因此，如果智能合约的执行需要比 TGL 更多的 gas 开销，则该合约将触发 gas 异常。因此，以太坊试图将 EVM 运营的 gas 成本与执行它们所需的计算资源成比例地关联，合理设置 gas 成本可以为矿工提供适当的奖励，并阻止意图浪费大量资源的 DoS 攻击者。但是，正确设置每个操作的 gas 成本并非易事，因为它需要对 EVM 内部有深入的了解，需要通过 EVM 操作来准确测量资源消耗，并了解不同类型的计算操作的市场价格(如 CPU、内存操作等)。如果选择不合适的 gas 成本，会使攻击者有机会发起 DoS 攻击。如果某项操作的 gas 成本低于应有的价格，则该操作被视为定价过低。实际上，2016 年发现了两起利用此类操作的 DoS 攻击，它们反复执行两个价格过低的操作，即 EXTCODESIZE 和 SUICIDE，从而导致事务处理的进程变缓，浪费了硬盘空间和时间，更严重的是动摇了用户对以太坊的信心。由于每个以太坊节点都应维护完整的区块链副本，并重播历史记录中的所有事务以进行同步，历史记录中发生的此类 DoS 攻击也将影响新注册的节点。尽管以太坊调整了 gas 成本以抵御此类攻击，但仍不清楚该设置是否能够抵抗未知攻击。

6.3 关于 DoS 攻击的防范工作

本节提出一个用于自动测量 EVM 操作消耗的框架。该框架由每个 EVM 操作的解释处理程序、相关的数据结构和各种模拟环境组成。实验的初期结果表明，以太坊的最新设置虽然可以在一定程度上缓解已知的 DoS 攻击，但仍然难以发挥作用。从这项调查中了解到：如果运营成本固定，则存在面临攻击的隐患，因为影响 EVM 运营成本的因素时刻在变化。为了应对上述问题，提出一种新颖的自适应 gas 成本机制，该机制将根据执行次数动态调整 EVM 操作的成本，以防御已知和未知的 DoS 攻击。如果检测到用户频繁的执行操作，这种机制会收取高昂的 gas 成本作为惩罚措施。因此，成倍增加的 gas 成本将阻碍攻击者进行有效的 DoS 攻击，该攻击在经济上是不可行的。具体操作是基于以太坊的更新，提出一种新的方法来实现自适应变化的 gas 成本机制，从而使其在参数调整方面更加安全和灵活。我们开发了一个特定的智能合约并为 EVM 提供了补丁。基于该补丁修补后的 EVM，以太坊的开发人员可以通过向该智能合约发送交易来调整参数。更新后的 EVM 可以通过读取该智能合约的存储来定期获取参数。此外，本节所提的方法具有良好的可部署性，因为它只需要更新一次 EVM，主要贡献如下：

(1)提出了第一个基于仿真的测量框架，该框架可以自动估计 EVM 操作的资源消耗，以评估以太坊中的 gas 成本是否配置正确。

(2)提出了一种自适应 gas 成本机制，该机制可根据其执行时间动态调整运营成本，以防御已知和未知的 DoS 攻击，对正常用户的影响可忽略不计。

(3)设计了一种新方法，以利用以太坊的智能合约及其潜在的区块链技术来实现 gas 成本机制。这种方法使该机制具有安全、灵活、易于部署的特点。在私有区块链中进行实验以评估该机制。结果表明，它可以有效地阻止已知和未知的 DoS 攻击，并对正常用户造成微不足道的额外 gas 消耗。此外，授权用户可以动态调整参数。

6.4 DoS 攻击分析

本节将介绍和分析两种基于低价 gas 操作的 DoS 攻击案例。

6.4.1 EXTCODESIZE 攻击

方法：攻击者发送批量的交易来调用含有多个 EXTCODESIZE(EVM 上的指令，用于获得账户代码的大小)操作的智能合约。这种攻击迫使 EXTCODESIZE 每块大约执行 50000 次。

影响： 客户花费很长时间来处理包含从攻击者发送来的交易的那些区块，因此以太坊处理交易的效率严重降低了。

原理： EXTCODESIZE 的 gas 成本非常低(如在以太坊 V1.3.5 中为 20)，但是它涉及昂贵的操作(即从磁盘读取信息)。因此，执行大量 EXTCODESIZE 会导致繁忙的 I/O 和较慢的事务处理速度。

应对措施： 新的以太坊(如以太坊 V1.6)将 EXTCODESIZE 的 gas 成本提高到 700(在源文件 gas table.go 中)。因此，使用 Go-Ethereum V1.6 时，交易发送方必须多支付 35(= 700/20)倍的钱。700 单位 gas 约等于 0.000014ether(许多发送者在 2017 年 8 月将 gas 价格设置为 0.00000002ether)，其价值约为 0.0042 美元(1ether 可以在 2017 年 8 月 13 日兑换 300 美元)。尽管单个操作的成本不高，但累积的 gas 消耗量却是可观的，因为每笔交易都需要执行许多操作，从启动以太坊到 2017 年 8 月 13 日，交易量超过 4500 万笔。

6.4.2　SUICIDE 攻击

方法： 攻击者使用其构造函数中的循环创建多个智能合约。在循环中，执行 SUICIDE 操作。根据以太坊的协议，SUICIDE 用于从区块链中删除已执行的智能合约，并将剩余的以太币发送至指定的账户。对于每个生成的智能合约，用于创建它的交易会触发其构造函数，因此将执行许多目标账户不存在的 SUICIDE。注意，不存在的账户不需要存储在以太坊状态树中，它代表了区块链的状态。其表现为：攻击会创建大量的账户，这些账户占用了大量磁盘空间，导致节点同步和事务处理速度变慢。

原理： 如果目标账户不存在，则 SUICIDE 操作会将其转换为存在账户，并将其存储在以太坊状态树中。但是，SUICIDE 的 gas 成本为零。因此，攻击者以极低的成本重复执行 SUICIDE 来创建大量账户。

应对措施： 在新版本的以太坊中，SUICIDE 的开销增加到了 5000 单位 gas，并且如果新创建一个账户将额外支付 25000 单位 gas 的费用。此外，新客户端可以删除由攻击者创建的僵尸账户。

从上面的分析可以发现：想要通过执行低价操作来实现 DoS 攻击，攻击者必须先找到或准备一份包含了这些操作的智能合约，然后通过向合约发送交易使这些操作被多次执行。此外，由于发送交易的 gas 成本很高(如在以太坊 V1.6 中至少为 21000)，攻击者通常会让每笔交易触发多次执行低价操作。为了抵御此类 DoS 攻击，应该适当设置 EVM 操作的成本(即删除价格过低的操作)，或者强迫攻击者为执行多次价格过低的操作支付大量资金。

6.5 节将提出一种基于仿真的新测量框架，以评估最新的 gas 成本设置是否合适。结果发现新的设置仍然存在可利用的低价操作，如果操作成本固定，则很难(即使不是不可能)消除所有低价操作，因为影响每个 EVM 操作成本的因素在不断变化。为了缓解这类问题，6.6 节又提出一种新颖的自适应 gas 成本机制来探索替代方法。

6.5　基于仿真的测试架构

尽管以太坊已经改变了一些低价操作的 gas 成本以抵御已知的 DoS 攻击，但最新的 gas 成本设置是否能够抵抗利用低价操作的 DoS 攻击仍然是一个未知数。解决此问题需测量每个 EVM 操作的资源消耗。但是，测量单个 EVM 操作消耗的计算资源并非易事，因为智能合约的执行不仅涉及许多 EVM 操作，还涉及支持该执行的各种实用程序功能。

为了解决上述问题，本节提出一种基于仿真的测量框架。具体的，从 EVM 中提取每个操作的解释处理程序(如 opAdd()函数负责执行加法操作)、相关的数据结构(如堆栈、内存、存储)，并准备一个由 Go 编译器、运行时库(如用于处理大整数的 bigInt 库)和区块链的状态(如账户余额)组成的仿真环境。由于一次运行时间太短而不便测量，在仿真环境中运行了数百万次解释处理程序并记录执行时间。

由于处理程序可能具有不同资源消耗的各种执行路径，本书需要探索所有执行路径以测量处理程序的资源消耗。算法 6.1 为 opSuicide 的昂贵路径与便宜路径的代码示例，其表明：如果目标账户不存在，则执行 SUICIDE 的处理程序(第 15 行，CreateStateObject()分配磁盘空间来存储账户)。针对操纵堆栈/内存/存储，将以随机长度合成堆栈/内存/存储，并生成随机数作为其项。针对操作需要来自 EVM 的信息(如区块号、gas 价格、gas 限额)或智能合约的信息(如代码长度、合同输入、合约地址)，准备了一个具有随机生成字段的 EVM/智能合约对象。针对操作需要与另一个账户进行交互，需考虑以下三种情况。第一种情况：如果目标账户不存在，则无须进行特殊准备。第二种情况：如果目标账户是 EOA，则使用以太坊客户提供的命令生成。第三种情况：如果目标账户是智能合约，将在私有链中开发和部署一个，其代码为 RETURN，因为本书测量的是调用(而非执行被调用的智能合约)所消耗的资源。根据操作所依据的数据结构，将所有 EVM 操作分为五类：第一类中的操作不操纵任何数据结构(如 JUMPDEST)；第二类中的操作处理堆栈(如 ADD)；第三类中的操作可以访问与区块链相关的特定字段(如 ORIGIN)；第四类操作操纵存储器(如 MSTORE)；第五类中的操作操纵存储器(如 SLOAD)。

算法 6.1　opSuicide 算法代码示例

```
1  func opSuicide(contract *Contract, stack *stack, …) {
2      balance := env.Db().GetBalance(contract)
3      env.Db().AddBalance(stack.pop(), balance)
```

```
    env.Db().Delete(contract)
}
func (self *StateDB) AddBalance(addr common.Address, amount *big.Int) {
    stateObject := self.GetOrNewStateObject(addr)
    if stateObject != nil {
        stateObject.AddBalance(amount)
    }
}
func (self *StateDB) GetOrNewStateObject(addr common.Address) *StateObject {
    stateObject := self.GetStateObject(addr)
    if stateObject == nil || stateObject.deleted {
        stateObject = self.CreateStateObject(addr) //a heavy path
    }//else..., a cheap path
    return stateObject
}
```

图 6.1(纵轴是对数刻度)显示了从这五个类别中运行 5000 万次的某些 EVM 操作的 CPU 消耗。实验是在配备 Intel i3-4160 CPU 和 8GB 内存的台式机上进行的。根据以太坊的黄皮书，每个方框顶部的数字是收费的 gas。所有测量重复 100 次。JUMPDEST 是属于第一类的跳转(如 JUMP、JUMPI)操作的目的地。ADD、SUB、MUL、DIV、SDIV、MOD、SMOD、ADDMOD、MULMOD 是数学运算。NOT 和 XOR 是按位运算。ISZERO 和 LT 是比较操作。这些操作属于第二类。ORIGIN 是第三类的代表，它读取块头的字段。MSTORE 和 SHA3 属于第四类。

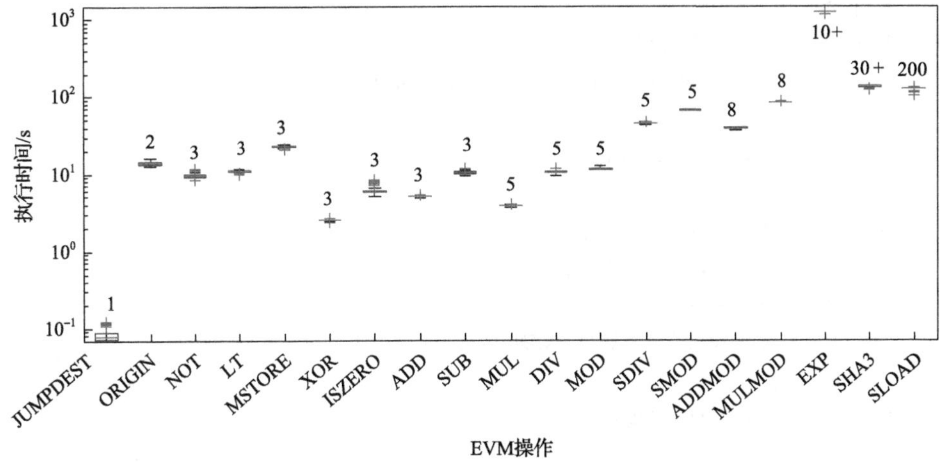

图 6.1　EVM 操作的时间消耗

图的纵坐标表示相应操作导致的时间开销。在以太坊中，内存是一个无限扩展的字节数组，在计算结束后会重置

MSTORE 将一个字写入内存，而 SHA3 可以操作内存中的多个项目。特别地，SHA3 对存储器中的数据进行散列，其 gas 成本是基础 gas(即 30) 与用于操作存储器的 gas 相加。它读取的内存越多，所需的 gas 就越多。EXP 是一种特殊的算术运算，其 gas 成本是基本 gas 与剩余部分的总和，该剩余部分由指数的位长确定。换句话说，EXP 的 gas 成本如果具有较大的指数，则会变高。图 6.1 显示 EXP 消耗了大量 CPU 资源。SLOAD 从存储中加载项目。

结果表明，最新的 gas 成本与 CPU 资源的消耗不成比例。例如，DIV(除法)具有与 SDIV(有符号除法)相同的 gas 成本，但 DIV 所需的执行时间约为 SDIV 所需的执行时间的 23%(10.4s/45s)。通过研究 DIV 和 SDIV 处理程序的源代码找到了原因，关键代码如算法 6.2 所示。算法 6.2 列出了除法(函数 opDiv()，第 10 行)并展示了除法的源代码(来自以太坊 V1.6)。为了便于演示，简化了源代码。可以观察到：函数 opDiv() 和 opSDiv() 由 bigInt 库提供的堆栈操作(如 stack.pop())和数学计算(例如 x.And())组成。进一步的实验表明，数学计算(算法中加粗表示)占用了大部分执行时间。还可以观察到：执行除法运算最多需要 4 个数学计算(即 1 Div、1 And、1 Sub 和 1 Exp)，而执行有符号除法需要 11 个数学计算(即 3 Sub、3 Exp、2 Abs、1 Mul、1 Div 和 1 And)。因此，SDIV 比 DIV 消耗更多的资源。某些操作(如 EXP、SHA3，如图 6.1 所示)的价格可能过低，原因可能是被 DoS 攻击所利用。

算法 6.2　除法算法的源代码

```
1  func BigPow(a, b int64) {
2     r := big.NewInt(a)
3     return r.Exp(r, big.NewInt(b), nil)
4  }
5  tt256 = BigPow(2, 256)
6    tt256m1 = new(big.Int).Sub(tt256, big.NewInt(1))
7  func U256(x *big.Int){
8     return x.And(x, tt256m1)
9  }
10    func opDiv(stack *Stack){
11    x, y := stack.pop(), stack.pop()
12    if y.Sign() != 0 {
13            stack.push(math.U256(x.Div(x, y)))
14    } else {
15       stack.push(new(big.Int))
16    }
17 }
18 tt255 = BigPow(2, 255)
```

```
func S256(x *big.Int) {
  if x.Cmp(tt255) < 0 {
    return x
  } else {
    return new(big.Int).Sub(x, tt256)
  }
}
func opSDiv(stack *Stack) {
  x, y := math.S256(stack.pop()), math.S256(stack.pop())
 if y.Sign() == 0 {
   stack.push(new(big.Int))
 } else {
   if evm.interpreter.intPool.get().Mul(x, y).Sign() < 0 {
     n.SetInt64(-1)
   } else {
     n.SetInt64(1)
   }
   res := x.Div(x.Abs(x), y.Abs(y))
   res.Mul(res, n)
   stack.push(math.U256(res))
 }
}
```

注：算法 6.2 中 opDiv 与 opSDiv 都是进行除法运算函数，区别在于前者是直接存放运算结果；后者会进行安全检测，如是否产生数值的溢出等。

6.6　应对 DoS 攻击的自适应 gas 成本

本节将介绍提出的一种自适应 gas 成本机制来防御 DoS 攻击。

威胁模型：假设攻击者可以发现定价过低的操作(如果有)，然后通过调用现有的智能合约或由攻击者制作的新智能合约来发起攻击。攻击者是理性的，没有无限的金钱来发起攻击。在这种情况下，如果攻击者的钱不能迫使低价操作多次执行，攻击者将放弃进攻。而且，攻击者不会发送只能执行几次低价操作的交易，因为发送交易并不便宜(即 gas 成本为 21000)。况且，普通用户不会接受向他们收取大量费用的 gas 费用机制。

成本的自适应调整：成功的 DoS 攻击必须触发许多低价操作的执行。为此，提出一种新的机制，如果该操作的执行比以前更加频繁，则可以动态地增加其 gas 成本。具体的，收集正常交易的执行轨迹(即一系列已执行的操作)，并对每个 EVM

操作的执行频率进行建模。然后，对于每笔新交易，默认情况下都会为每个操作设置基本 gas 成本，并计算每个操作的执行次数。如果操作次数大于阈值，则其 gas 成本将增加。本书提出的机制的优势在于：不需要知道哪些操作的价格过低。取而代之的是，通过增加的 gas 成本来惩罚 EVM 操作过于频繁，以抵御已知和未知的 DoS 攻击。

现为运算 i 定义一个阈值 μ_i ，如式(6.1)所示：

$$\mu_i = \max\{\text{base\_count}, \text{ave}_i + m \times \text{std}_i\} \tag{6.1}$$

在一次交易中执行超过 i 次的操作被认为是频繁的操作，并且其 gas 成本将会增加。ave_i 和 std_i 分别代表执行操作 i 的次数的平均值和标准偏差。base_count 是一个整数，用于防止不频繁执行的操作的 gas 成本过快增加。 m 是用于调整阈值的参数。

根据式(6.2)动态调整 EVM 操作的 gas 成本，其中 count_i 是操作 i 的执行次数，base_gas_i 是 i 的默认 gas 成本：

$$\text{gas}_i = \begin{cases} \text{base\_gas}_i, & \text{count}_i \leqslant \mu_i \\ \text{base\_gas}_i + \alpha^{\frac{\text{count}_i}{\mu_i}-1}, & \text{count}_i > \mu_i \end{cases} \tag{6.2}$$

使用指数函数来惩罚频繁发生的操作，同时加快 gas 成本的增长。它的基数(即 $\alpha > 1$)决定增加 gas 成本的速度。考虑到操作的正常频率，将包含 μ_i 的指数设为 $\frac{\text{count}_i}{\mu_i}-1$ 。如果本书提出的机制在某笔交易中执行的次数比以前多得多，它将为该操作分配非常高的 gas 成本，因此，该机制可以阻止攻击者通过一笔交易多次执行低价操作。此外，该机制可通过设置适当的参数来避免从良性发件人处收取更多的 gas。由于新交易将 gas_i 恢复为 base_gas_i ，攻击者无法影响良性交易的初始运营成本。图 6.2 显示了带有各种参数的式(6.2)的曲线，表明 μ_i 和 α 可以分别影响 gas 成本增加的位置和 gas 成本增加的速度。有几个观察结果：首先， μ_i 用于定位增加 gas_i 的点；其次， α 确定 gas_i 的增加速度。通常， gas_i 应该随着执行次数 count_i 的增加而增加，因此 α 应该大于 1。

动态参数配置：以太坊及其智能合约会随着时间而发展，应该相应地更改参数。因此，需要一种动态参数配置的方法。此方法应满足以下要求：第一，参数配置应可由以太坊的任何用户审核。第二，参数配置应该是安全的，以使攻击者无法修改参数。第三，由于硬分叉的风险，该方法不需要经常更新以太坊客户端。

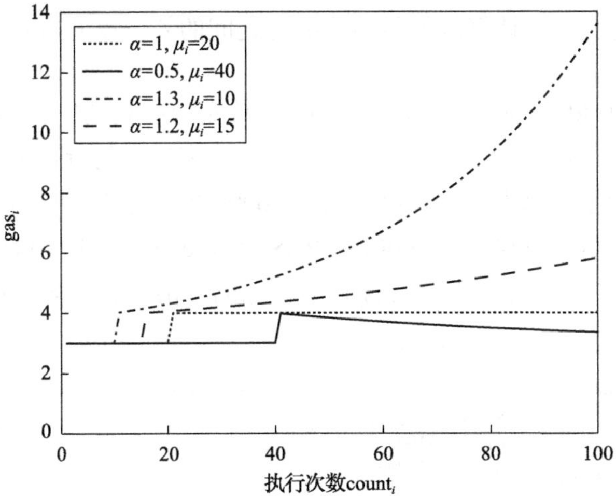

图 6.2　基于 $gas_i = 3$ 的式(6.2)曲线图

方案实现：新机制的实现包括四步(图 6.3)：第一步收集智能合约的执行跟踪，并计算 ave_i 和 std_i；第二步是智能合约，存储可以由以太坊开发人员更新的参数；第三步和第四步描述了 EVM 的补丁程序，分别包括如何获取新参数以及如何应用它们。

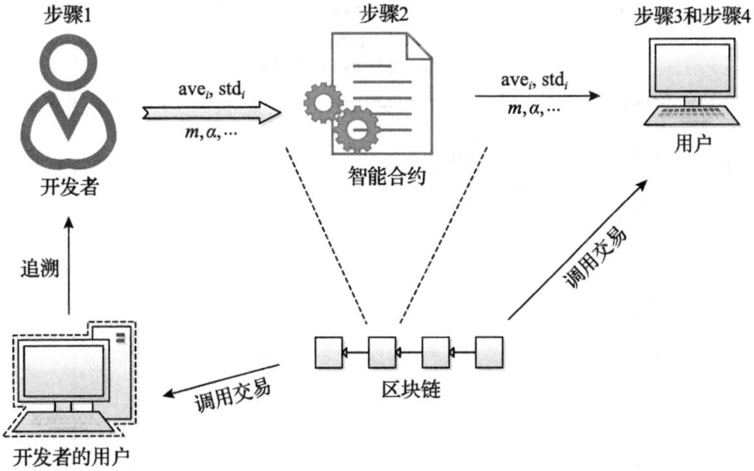

图 6.3　架构图

利用以太坊的独特功能，提出一种新颖的方法，可通过开发特定的智能合约并为 EVM 提供补丁来实现动态参数配置。以太坊的开发人员可以通过将带有新参数的交易发送到该智能合约来调整参数。他们可以在智能合约中调整变量块号，该变量用于确定新设置何时生效。然后，修补的 EVM 可以通过读取该智能合约的存储来定期获取参数。设置新参数时，查询新参数的时间段(以块为单位)应短于智能合约中的变量，计算块编号与块编号之间的差，以便所有客户端在块出现之前都能获得最新设置。

计算 $\mathbf{ave}_i$ 和 $\mathbf{std}_i$： 为了计算 ave_i 和 std_i，首先利用 EVM 的内置跟踪功能来记录所有执行跟踪。定义一个滑动窗口，并使用该窗口中的所有迹线来计算 ave_i 和 std_i。图 6.4 显示了自以太坊运行以来的前 16000 条执行迹线中具有不同窗口大小(即 wndSize 为 100、1000 和 10000)的 PUSH1 的 ave_i 和 std_i。假定这些跟踪是由良性事务触发的，因为未在其中发现任何已知的攻击。请注意，PUSH1 是最常见的操作，它会将一个字节压入堆栈。

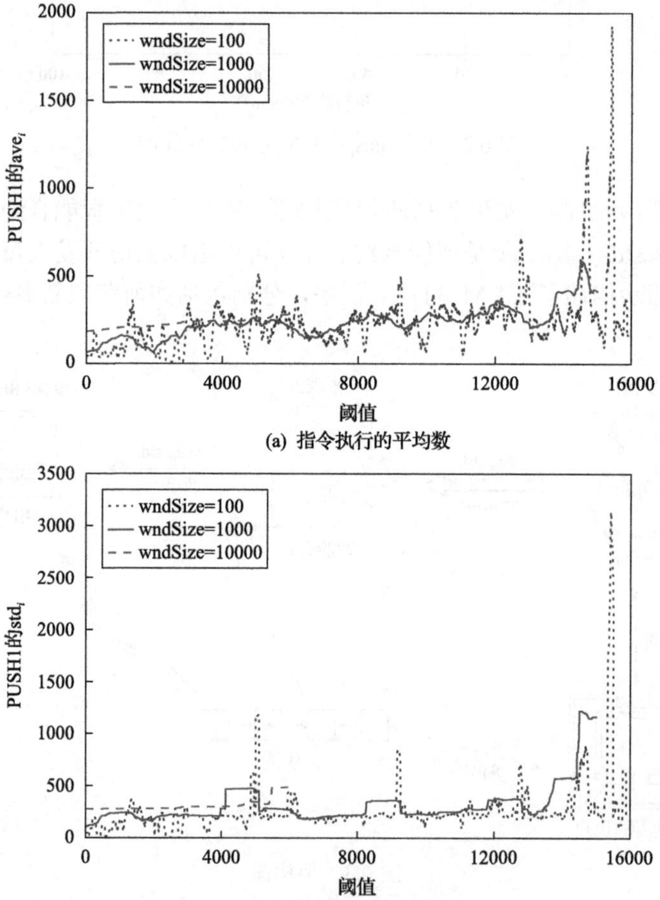

(a) 指令执行的平均数

(b) 指令执行的标准差

图 6.4　PUSH1 执行的平均数和标准差

具体信息请参见文献[5]

横轴给出窗口索引，例如，图 6.4(a)虚线上的点 (x, y) 表示图中曲线 PUSH1 的半径 $[x+1, x+10000]$ 是 y。可以看到，PUSH1 执行的平均数随着时间的增长而呈增加趋势，这表明智能合约变得比以前更加复杂。其次，正如预期那样，窗口越大，ave_i 和 std_i 越稳定。此外，攻击者很难通过在大窗口中填充精心制作的交易来篡改 ave_i 和 std_i。本节所提的方法允许开发人员调整窗口大小。

6.7　自适应 gas 机制下的智能合约实现

本节实现了一个智能合约(算法 6.3 所示)来存储参数，该参数允许合约的创建者通过执行交易来更新参数，然后将其部署到私有区块链上。为了便于说明，省略更新每个操作 *i* 的 ave_i 和 std_i 的细节，这与更新其他参数(如 m)相同。第 2 行声明了几个存储在存储器中的全局变量。地址(第 3 行)是以太坊的内置变量类型，只能用于存储账户地址。N 是两个连续查询的时间间隔，而 delta 是一个很小的数字，认为所有客户端都可以在 N + delta 的时间段(第 15 行)中获得新设置。函数 AdaptiveGas()是将在创建智能合约期间执行的构造函数。

算法 6.3　智能合约存储参数的代码示例

```
1 contract AdaptiveGas{
2       uint base_count, m, alpha, blk_num, N, delta;
3       address creator; //owner
4       function AdaptiveGas(uint init_base_count, uint init_m, uint init_alpha,
5             uint init_blk_num, uint default_N, uint default_delta){
6             base_count = init_base_count; m = init_m;
7             alpha = init_alpha; blk_num = init_blk_num;
8             N = default_N; delta = default_delta;
9             creator = msg.sender; //set contract owner
10      }
11      function UpdateSetting(uint new_base_count, uint new_m, uint new_alpha,
12            uint new_blk_num){
13            Require(msg.sender == creator); //authentication
14            if (new_blk_num < block.number + N + delta)
15                 new_blk_num = block.number + N + delta;
16            base_count = new_state_count; m = new_m;
17            alpha = new_alpha; blk_num = new_blk_num;
18      }
19 }
```

除了在 AdaptiveGas()中设置默认参数(第 3～5 行)之外，还要记录合同所有者(第 9 行)，确保只有所有者才能更改参数设置(第 13 行)。函数 UpdateSetting()

接收来自交易发送方的新参数设置。第 14、15 行确保时间段(*N*+delta)足以让所有客户端检查更新。请注意，msg.sender 和 block.number 是以太坊的两个内置属性，分别获取交易发送方的地址和包含交易的区块数。另外，对于以太坊来说，发送交易以调整参数的交易费用可以忽略不计，因为单笔交易的成本不高(总是低于 1 美元)，参数不需要频繁地调整。

6.7.1　查询新参数

算法 6.4 显示了用于获得新的参数设置 EVM 的代码片段(为便于演示对其进行了简化)。由于每个以太坊节点都保留了完整的区块链副本，它们的 EVM 可以通过访问区块链的本地副本来获得给定智能合约地址的所有存储变量的值。它比通过将交易发送至智能合约来获取新参数的直观方法更为有效，后者会定期向区块链添加交易，导致发送交易产生额外费用。本书的方法可以避免这些问题。第 1 行指定了合同的地址(即 ac43…)，然后，第 2～5 行通过直接访问(即调用 EVM 的内部函数 evm.StateDB.GetState())来获取合同的存储参数。整数 0、1 等给出存储在存储器中的参数位置。最后，这些参数用于计算 gas 成本。

算法 6.4　用于获得新的参数设置的算法示例

```
1  var contract = common.HexToAddress("ac43…")
2  base_count = evm.StateDB.GetState(contract, 0)
3  m = evm.StateDB.GetState(contract, 1)
4  alpha = evm.StateDB.GetState(contract, 2)
5  blk_num = evm.StateDB.GetState(contract, 3)
```

6.7.2　应用新参数

我们修改了以太坊 V1.3.5，以实现新机制。当以太坊开始时，在输入函数(即\cmd\geth\main.go 中的 main()函数)中加载参数设置(如 ave_i、std_i、m、α)。请注意，每个操作的默认 gas 费用(即 $base\_gas_i$)与以太坊 V1.3.5 中的相同。将\core\vm\vm.go 中负责计算单个操作的 gas 消耗的函数 CalculateGasAnd Size()中的代码替换为我们的代码，以计算 gas 成本并将 EVM 操作的执行次数增加一倍。换句话说，式(6.1)和式(6.2)在 CalculateGasAndSize()中实现。执行次数将在每个事务执行之前重置，这在\core\state_processor.go 中的 ApplyAppaction()函数中实现。为了减少运行时开销，将已经计算出的操作的 gas 成本缓存在主内存中。

6.8　分析与评估

本节通过实验回答以下问题。

问题 1：本书所提的机制可以有效地阻止已知和未知的 DoS 攻击吗？

问题 2：本书所提的机制将向良性用户收取多少额外的 gas？

问题 3：参数的作用是什么？

所有实验均在配备有 Intel Xeon E312 处理器和 8GB 内存的台式机上私有以太坊区块链中进行。私有区块链有一个矿工，与公共以太坊区块链和其他测试区块链隔离。创建一个账户来保存来自采矿的奖励。通过设置较低的挖矿难度来保证该账户有足够的资金来发送交易。每个区块还具有被称为区块 gas 限制(BGL)的 gas 限制，限制了区块的大小(即区块中包含的交易数量)。BGL 设置为 400 万单位 gas，与目前公共链中的 BGL 相当。让 TGL 等于 BGL，以查看分别使用原始 gas 成本机制和新机制一次交易可以执行多少次低价操作。默认情况下，式(6.1)和式(6.2)中的参数 m 和 α 分别设置为 5 和 3。在 6.5 节的不同设置下评估新机制。

6.8.1　DoS 攻击实验

本节将在私有区块链中模拟两种真实的攻击。为了发起 EXTCODESIZE 攻击，使用公共函数 extAttack()开发了一个智能合约，该合约可以由我们的账户调用。extAttack()有一个循环，在此循环中，使用内联汇编直接执行 EXTCODESIZE。SUICIDE 攻击以更复杂的方式发起，因为执行 SUICIDE 将删除智能合约(即无法访问)。SUICIDE 攻击利用了以太坊的功能：在触发 SUICIDE 操作的交易完成之前，不会删除智能合约。因此，创建了一个智能合约，其构造函数在循环中调用 SUICIDE。创建合同时，相应的交易会重复执行 SUICIDE。使用 EVM 的内置跟踪功能来记录智能合约的执行跟踪以及每次操作的 gas。

实验结果表明，使用原始(即以太坊 V1.3.5)gas 成本机制，两次攻击在一次交易中分别执行 EXTCODESIZE 92494 次和 SUICIDE 11335 次。相比之下，在采用新机制后，两次攻击分别仅执行 EXTCODESIZE 99 次和 SUICIDE 81 次，而代价相同(即 400 万单位 gas)。图 6.5(a)(纵轴是对数刻度)、(b)显示了在使用新机制进行攻击后，每次操作的 gas 成本以降序排列。可以看到，两次低价操作的 gas 成本在袭击后变得非常昂贵(分别为 457119 和 37640)。我们还发现了一些其他昂贵的操作(如 CALLDATALOAD、CALL)，因为它们也处于循环中，从而导致执行频率比以前高。图 6.6 表明，不同操作的执行频率是不同的。而且，良性用户很少执行被实际攻击利用的两个低价操作(即 EXTCODESIZE 和 SUCIDE)。

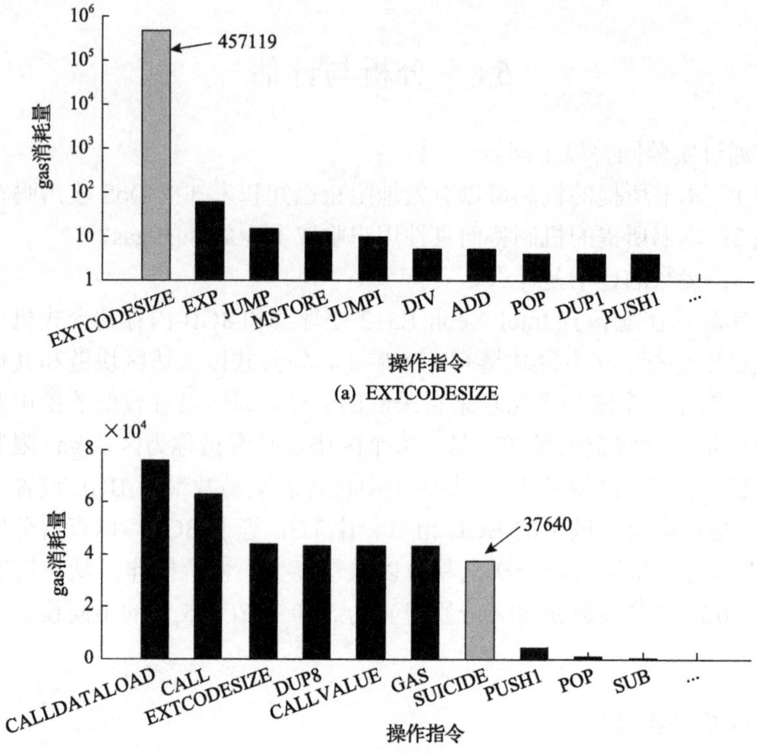

(b) SUICIDE

图 6.5　每次攻击后的 gas 消耗

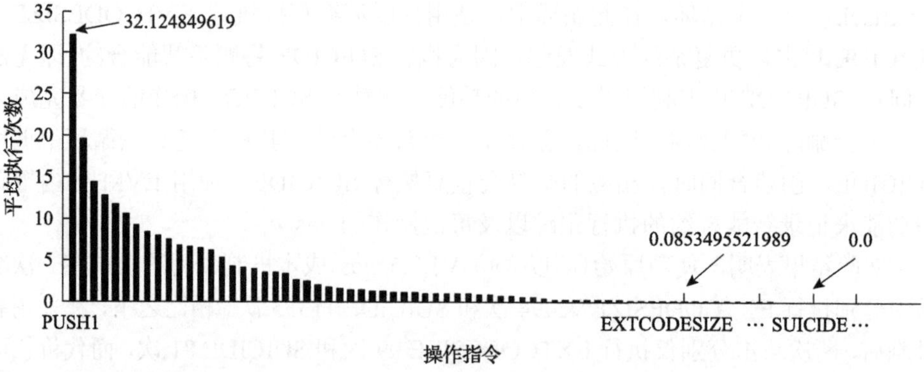

图 6.6　交易中各 EVM 操作的平均执行次数

为了评估针对未知 DoS 攻击的方法，通过分别在循环中执行三个低价操作（即 EXTCODECOPY、SLOAD 和 BALANCE）来综合三种攻击，这与 EXTCODESIZE 攻击相似。请注意，以太坊 V1.3.5 会受到利用这些操作的 DoS 攻击的影响，而最新版本的以太坊却增加了其 gas 成本。图 6.7 证明了本书的方法将低价操作的执行次数减少了几个数量级。因此，问题 1 的答案是：本书所提的 gas 成本机制可以有效地阻止已知和未知的 DoS 攻击。

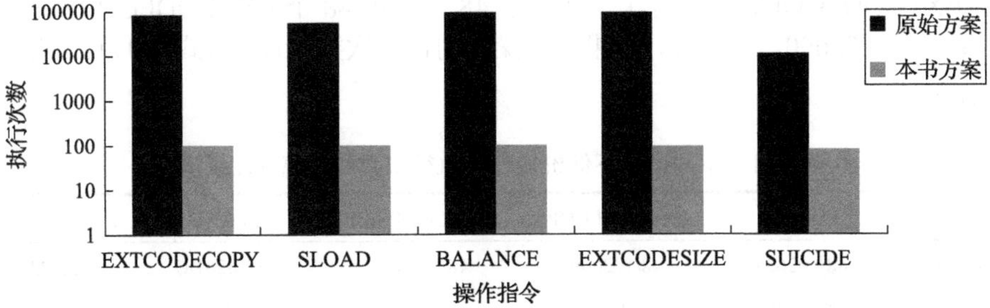

图 6.7　低价指令执行次数

6.8.2　正常交易实验

为了评估新机制将向良性用户收取多少额外费用，首先随机选择 10 个智能合约，然后使用原始以太坊 V1.3.5 和更新的以太坊 V1.3.5 重播其交易。gas 成本机制重播了 84 笔交易，其中 15 笔交易(2 笔交易至一份合约，另外 13 笔交易至另一份合约)通过新机制产生了额外的费用。在原始 gas 成本设置下，84 笔交易消耗的 gas 总量为 2441340，而新机制所产生的 gas 总量为 444。因此，从良性用户收取的 gas 总量的百分比约为 0.018%。

作为案例研究，通过一个智能合约详细介绍该实验。将智能合约部署在 0x61F9d1cE56aC1623FeD4e949D7D420251fef0896 上。编译源代码并将智能合约部署在私有区块链中。到 2017 年 4 月 29 日，该智能合约总共有 37 笔交易。不重播该交易以创建合约，它不会触发执行智能合约提供的任何公共功能，也不会触发 4 笔内部交易，这是因为本书的私人区块链与其他账户隔离。请注意，内部交易不是真正的交易，不会存储在区块链中。相反，它是通过调用(CALL、CALLCODE、DELEGATECALL 等)智能合约中的账户来完成的。我们还将跳过执行后的事务，因此重播 31(37–1–4–1)个事务。

结果表明，在本书采用的机制下，和原始机制相比较，31 笔交易中有 18 笔消耗的 gas 量相同。本书采用的机制所产生的其他 13 笔交易的 gas 消耗总增量为 130，而 1 笔交易的 gas 消耗的最大增量为 10。请注意，原始机制下的 31 笔交易的 gas 消耗总量为 1357654，即本书采用的机理而导致的 gas 消耗的增加可以忽略不计(即 0.01%)。因此，问题 2 的答案是：本书所提的 gas 成本机制从良性用户收取微不足道的额外 gas。

6.8.3　不同参数设置

在表 6.1 中列出的三个不同设置下评估本书所提的机制。例如，“3(5/1.2)”表示在设置 3 中，m 和 α 分别设置为 5 和 1.2。请注意，设置 2 是默认设置。表 6.1 还列出了低价操作的执行次数以及其中最高的gas成本。例如，第2行的“48/1026690” 表示 EXTCODECOPY 在设置 1 下执行了 48 次，第 48 个 EXTCODECOPY 的最高 gas 成本为 1026690。请注意，如果一个操作的执行次数超过 μ_i（式(6.1)），则该 gas 成本将继续增加。

表 6.1　不同设置下低价操作的执行次数和最高 gas 成本

设置	BALANCE	EXTCODECOPY	EXTCODESIZE	SLOAD	SUICIDE
1 (1/5)	48/1026387	48/1026690	48/1026687	48/1026187	22/237
2 (3/2)	99/456819	99/457122	99/457119	99/456619	81/37640
3 (5/1.2)	329/135590	328/131052	328/131049	329/135390	289/31440

实验结果表明，问题 3 的答案是：通过设置较小的 m 和较大的 α，新机制对 DoS 攻击敏感。设置 1 比其他两个设置能够更快地检测到攻击(即低价操作的执行次数最低)。例如，EXTCODESIZE 攻击在设置 1 下执行 48 次 EXTCODESIZE，其 gas 成本达到 1026687，而攻击在设置 3 下执行 328 次 EXTCODESIZE，并且 EXTCODESIZE 的 gas 成本达到 131049。结果符合预期 m 和 α 决定增加 gas 成本的速度。

SUICIDE 在不同的环境下呈现出与其他攻击不同的趋势。例如，设置 2 下的 SUICIDE 的 gas 成本大于其他两个设置下的 gas 成本，而设置 1 下的其他四个低价操作的 gas 成本达到最大值。原因是 SUICIDE 并不是攻击过程中最昂贵的操作(如图 6.5(b)所示)，因此 SUICIDE 的执行次数受其他昂贵操作的 gas 量影响。图 6.8 显示了在三种不同的设置下，将 31 个交易应用于智能合约的 gas 量增量，其地址为 0x61F9d1cE56aC1623FeD4e949D7D420251fef0896。横轴指定简短的交易，例如，3d1b 是交易哈希的前两字节，其长度为 32 字节。结果表明，对 DoS 攻击更敏感的设置可能会向良性用户收取更高的执行费。

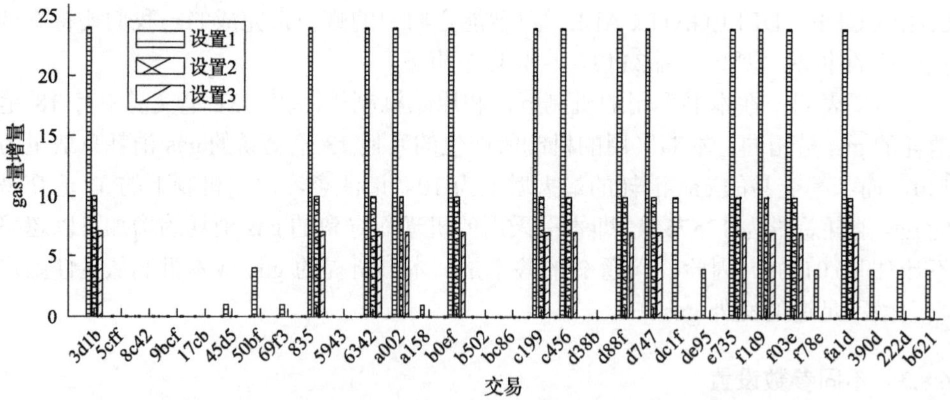

图 6.8　三种不同设置下 31 笔交易的额外 gas 消耗

6.9　本章小结

围绕 EVM 的安全问题，本章对相关知识和案例进行了介绍和分析。针对以太坊中 gas 成本设置机制可以被利用起来发起 DoS 攻击这一问题，本书提出一个基于仿真的框架来自动衡量 EVM 运营的资源消耗。在此基础上发现以太坊没有为操作分配适当的 gas 成本。为此，进一步提出了一种抗 DoS 攻击的 gas 成本机制，该机制可根据执行次数动态调整运营成本。本书设计了一种特殊的智能合约，避免了频繁更新以太坊客户端。实验结果表明，该方法有效地阻止了已知和未知的 DoS 攻击，且不会对良性用户带来过多的额外 gas 开销。

参考文献

[1] Chen T, Li X, Wang Y, et al. An adaptive gas cost mechanism for ethereum to defend against under-priced DoS attacks[C]. Proceedings of the International Conference on Information Security Practice and Experience, Nanjing, 2017: 3-24.

[2] Yang Z, Lei H. Optimization of executable formal interpreters developed in higher-order logic theorem proving systems[C]. Proceedings of the IEEE EuroS&P, London, 2019: 70331-70348.

[3] Westerkamp M. Verifiable smart contract portability[C]. Proceedings of the IEEE ICBC, Seoul, 2019: 1-9.

[4] Bhargavan K, Swamy N, Zanella-Béguelin S, et al. Formal verification of smart contracts: Short paper[C]. Proceedings of the ACM Workshop, Vienna, 2016: 91-96.

[5] Chen T, Li X, Luo X, et al. Under-optimized smart contracts devour your money[C]. Proceedings of the SANER, Campobasso, 2017: 442-446.

[6] Chen T, Li Z H, Zhou H, et al. Towards saving money in using smart contracts[C]. Proceedings of the 40th International Conference, IEEE Computer Society, Gothenburg, 2018: 81-84.

[7] Torres C F, Schütte J, State R. Osiris: Hunting for integer bugs in ethereum smart contracts[C]. Proceedings of the 34th Annual Computer Security Applications Conference, Puerto Rico, 2018: 664-676.

[8] Feist J, Grieco G, Groce A. Slither: A static analysis framework for smart contracts[C]. Proceedings of the IEEE/ACM 2nd International Workshop on Emerging Trends in Software Engineering for Blockchain, Montreal, 2019: 8-15.

[9] Angelo M D, Salzer G. Collateral use of deployment code for smart contracts in ethereum[C]. Proceedings of the IFIP International Conference on New Technologies, Canary Islands, 2019.

[10] Aldweesh A, Alharby M, Mehrnezhad M, et al. OpBench: A CPU performance benchmark for ethereum smart contract operation code[C]. Proceedings of the 2nd IEEE International Conference on Blockchain, Atlanta, 2019: 274-281.

[11] Gao J, Liu H, Liu C, et al. EASYFLOW: Keep ethereum away from overflow[C]. Proceedings of the 41st International Conference on Software Engineering: Companion Proceedings, Montreal, 2019: 23-26.

[12] Weiss K, Schütte J. Annotary: A concolic execution system for developing secure smart contracts[C]. Proceedings of the European Symposium on Research in Computer Security, Luxembourg, 2019.

[13] Jiang B, Liu Y, Chan W K. ContractFuzzer: Fuzzing smart contracts for vulnerability detection[C]. Proceedings of the 33rd ACM Internation Conference on Automated Software Engineering, Montpellier, 2018: 259-269.

[14] Massimo B, Letterio G, Maurizio M. A minimal core calculus for solidity contracts[EB/OL]. https://arxiv.org/abs/1908.02709. [2020-08-03].

[15] Lee S, Cho E S. A modified smart contract execution enviroment for safe function calls[C]. Proceedings of the IEEE Computer Software and Applications Conference, Milwaukee, 2019: 1-19.

第三部分

区块链隐私保护

第三部分　区块链隐私保护

隐私保护是区块链研究中的一个重要课题。随着区块链的大规模普及和应用，区块链涉及的数据信息越来越丰富，其中涉及用户的敏感个人信息。由于区块链采用分布式存储技术，全局账本中的数据难以得到彻底删除或者修改，传统的删除隐私数据的方法难以奏效。因此，区块链系统更应该重视隐私保护问题。第三部分的各章节安排如下。

第 7 章，围绕用户交易的隐私保护问题，对哈希函数及其在区块链中的隐私保护应用进行讨论。首先介绍哈希函数的概念、定义和安全，区块链中涉及的哈希计算，以及变色龙哈希与可编辑区块链。接着，分别介绍三种用于交易隐私保护的新型公钥哈希的算法构造：门限变色龙哈希、同态变色龙哈希、基于策略的变色龙哈希。根据对上述三种算法的安全分析和实验仿真数据显示，上述变色龙哈希算法能够实现安全和高效的哈希计算，同时确保区块链上的用户交易数据的隐私安全。

第 8 章，围绕用户身份的隐私保护问题，对数字签名及其在区块链中的隐私保护应用进行讨论。首先介绍数字签名概念、区块链中的环签名算法。接着，分别介绍两种用于身份隐私保护的数字签名算法：可编辑可链接环签名、可编辑签密算法的构造。根据对上述算法的安全分析和实验仿真数据显示，上述签名算法能够实现安全和高效的身份认证，确保区块链上用户的身份隐私。

第 9 章，围绕安全和隐私保护具体如何实现的问题，给出了相关定义、需求和实例。首先给出区块链的定义和安全、隐私保护需求。接着，分别给出几个基于区块链的隐私保护实例。根据对实例关键算法进行展示和分析，向读者清晰地展示隐私保护技术的具体部署和应用的过程。

第 7 章　公钥哈希函数在区块链中的应用

本章首先介绍哈希函数的概念、定义和安全，区块链中涉及的哈希计算，以及变色龙哈希与可编辑区块链。接着，分别介绍三种用于交易隐私保护的新型公钥哈希的算法构造：门限变色龙哈希、同态变色龙哈希、基于策略的变色龙哈希，并给出上述算法的安全性和性能分析。

7.1　哈希函数概述

哈希函数在计算机科学领域和密码学领域均有广泛应用。在计算机科学领域，它将关键字的集合映射到地址集合上，实现记录的管理和快速查找。在密码学领域，哈希函数又称为单向散列函数，哈希值又称为消息摘要、数字指纹和消息校验码。它是现代密码学的中心，是许多密码学协议的基本结构模块。

哈希函数最初被设计用于数字签名。原因为在实际的签名实现过程中，采用公开密钥密码算法对长文件签名效率太低。数字签名协议通常和哈希函数一起使用，即对消息的哈希值签名而不是原始消息。随着签名算法协议的设计分析研究的进一步发展，哈希函数的作用凸显得更加重要。在数字签名算法中使用哈希函数存在如下优点：提高数字签名的速度，提高签名算法的安全性，无须泄露签名所对应的消息。

哈希函数还可用于设计“承诺方案”。承诺方案允许用户事先承诺一个预测，但直到某个时间以后才揭示他的预测，同时让其他用户确信该用户在承诺了预测后，并没有改变想法。此方案用于双方互不信任的场景。除了承诺方案，哈希函数的单向性质使得哈希函数还可用于其他协议，如流媒体认证、公平交易、电子拍卖等。此外，哈希函数还可以用来做口令认证，构造消息认证码(message authentication code，MAC)等。

然而，近些年针对部分哈希函数 MD5、SHA-1、RIPEMD 的碰撞攻击和方法已经被提出，这使得那些以哈希函数为基础模块的密码协议和算法的安全性受到了很大影响，特别是数字签名协议。在这种影响下，哈希函数的研究成为密码学研究领域最热的焦点之一。而美国国家标准与技术研究所面向全世界公开征集安全高效的哈希算法更是说明了研究哈希函数的重要性和迫切性。

7.2 哈希函数定义与安全

首先给出哈希函数的形式化定义和性质描述。

定义 7.1(哈希函数) 哈希函数是一个映射如下：

$$h:\{0,1\}^* \to \{0,1\}^n \tag{7.1}$$

其中，$\{0,1\}^*$ 表示任意长度的比特串集合；$\{0,1\}^n$ 表示长度为 n 的比特串集合。消息 $x \in \{0,1\}^*$ 的像 $h(x)$ 称为 x 的哈希值。

从定义可以看出，哈希函数首先是一个压缩函数。能被用于密码协议的哈希函数必须是高效、安全的。高效即易于计算。安全要求则根据使用场景的不同，对哈希函数的要求不同。一般而言，如果一个哈希函数具有如下三种性质，则它被称为是安全的。

⑴抗原像攻击(单向性)：对于任意给定的输出 y，找到一个输入 x，使得 $h(x)=y$ 是计算不可行的。

⑵抗第二原像攻击：对于任意给定的输入 x，找到一个不同于 x 的输入 x'，使得 $h(x)=h(x')$ 是计算不可行的。

⑶抗碰撞攻击：找到两个不同的输入 x 和 x'，使得 $h(x)=h(x')$ 是计算不可行的。

在这里，“计算不可行”也称“困难”，这是从计算复杂性角度给出的概念，可以理解为超多项式(指数多项式的能力)，所需要的时间和空间等超过了现有可获得的资源。反之，计算是“可行”的，则是指所需时间和空间是多项式的。

如果一个哈希函数是抗原像攻击的，那么此函数称为单向哈希函数。哈希函数的抗碰撞性意味着哈希函数的抗第二原像性。但一个哈希函数是抗碰撞的，这个哈希函数并不一定是原像安全的。例如，假定函数 g 是一个抗碰撞哈希函数，输出长度为 n，那么可以构造输出长度为“$n+1$”的抗碰撞哈希函数 $h(x)$ (“$\|$”表示级联)：

$$h(x)=\begin{cases} 1 \| x, & |x|=n \\ 0 \| g(x), & \text{其他} \end{cases} \tag{7.2}$$

如果 g 是抗碰撞的，易证明 h 是抗碰撞的，但 h 不是原像稳固的。这个反例很特殊，但也说明了抗碰撞性不能保证求特定输出的原像是困难的。

如果哈希函数的输出长度为 n，那么安全哈希函数的原像攻击复杂度为 2^n，第二原像攻击复杂度为 2^n，碰撞攻击复杂度为 $2^{n/2}$。其中碰撞攻击的复杂度是在假定哈希函数是随机函数的前提下计算得到的，是基于生日攻击的复杂度。生日攻击源于“生日悖论”。生日悖论是说在一个随机选择的 23 个成员的组里面，至少有两人生日相同的概率大于 1/2。当然这不是一个悖论，但它和人们的直觉相反。而发现两个人是否为同一天生日与在哈希函数中发现一个碰撞在本质上是相同的。

生日攻击：假定 $F:X \to Y$ 是一个随机函数，并且 Y 是一个具有 t 个值的集合。则随机选取 $k>1$，$17\sqrt{t}$ 个 $x \in X$，至少找到一对碰撞的概率大于 $1/2$。

理论上，对于一个输出为 n 比特的哈希函数，如果存在原像或第二原像的攻击，其复杂度低于 2^n，或者存在复杂度低于 $2^{n/2}$ 的碰撞攻击，则认为该哈希函数是不安全的。由于碰撞攻击的复杂度最低，对攻击分析无任何前提给定，实际哈希函数的攻击更多地集中在碰撞攻击上。

7.3　区块链中涉及的哈希计算

区块链[1]是当前一种流行的分布式公开账本，它使用哈希函数来链接每一个区块。其具有不可逆和分布式的特点，实现了在全网建立一个通用和有效的信任机制。其代表性应用为以比特币为主的虚拟货币。这里，哈希函数通常是一种安全的哈希函数，如 SHA-256 等。我们已经在 7.2 节给出了一种通用的定义，现进一步来解释哈希函数是如何被运用到区块链中的。

区块链的构成：把一段时间内生成的信息(包括数据或代码)打包成一个区块，盖上时间戳，与上一个区块衔接在一起，下一个区块的页首都包含了上一个区块的索引数据，然后在本页中写入新的信息，从而形成新的区块，首尾相连，最终形成了区块链。

区块数据的构成：每个区块中包含一系列交易数据。交易中包含交易发起方的数字签名。每个区块中包含所有事务的哈希值，用于共识时检查交易信息是否与其他节点一致。每一个区块中包含记录着统一时间的哈希值用于检查交易信息是否与其他节点一致。

简单地将区块链中每一个区块的构造在图 7.1 中展示。更进一步地，将每一个区块体中基于 Merkle 哈希树的交易示意图在图 7.2 中展示。

然而，根据近些年的研究[2]，区块链的去中心化和匿名化的特点被用户恶意利用。它被用于实现非法物品的交易(滥用匿名性)，资助极端组织和非法武装分子(滥用去中心化和匿名性)、传播非法内容(滥用公开性)等。为了维护网络空间的良好环境，更好地促进基于区块链的产业发展，需要构建一种可控的区块链，保证其内容不受到恶意用户的控制和肆意滥用。

一般来说，基于复杂性理论的设计思路构造出来的哈希函数都能进行可证安全的证明，但相比于传统的哈希函数(如 SHA-256)，其效率往往非常低。这里，变色龙哈希函数是一种特殊的单向陷门函数，对于任何未持有陷门私钥的用户，

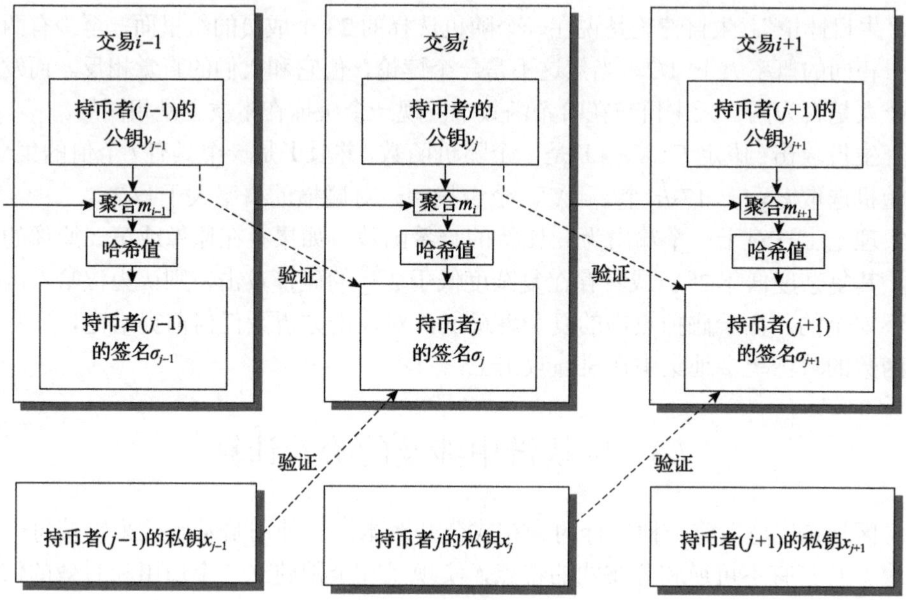

图 7.1　区块链示意图

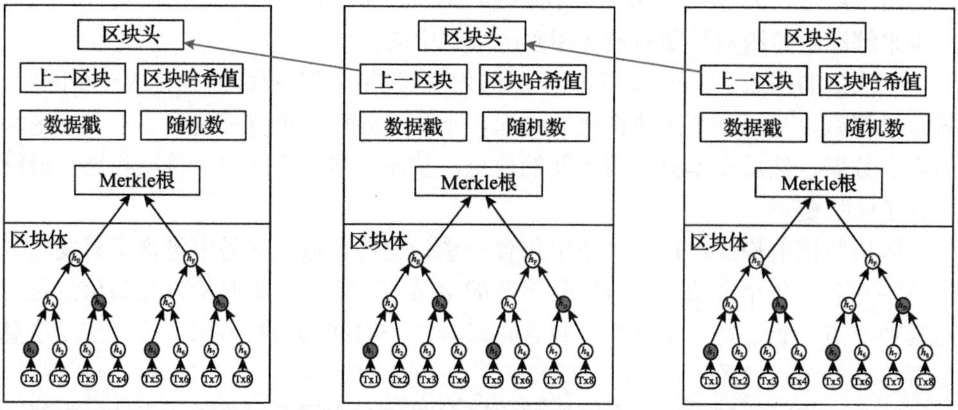

图 7.2　基于 Merkle 哈希树的交易示意图

无法找到满足碰撞的哈希值。相反的，对于掌握陷门的用户，可以有效计算哈希碰撞(即满足 $\text{Hash}(m,r)=\text{Hash}(m',r')=h$，这里，$r$ 和 r' 指的是随机数，m 和 m' 指的是被哈希的消息，h 指的是哈希值)。与普通的哈希函数一样，变色龙哈希函数将任意长度的字符串映射为一个固定的值，其满足如下性质：①单向性(不可逆性)，指从映射值反向推导原像是困难的，即已知 h，无法逆向推导得到 m，使其满足 $\text{Hash}(m,r)=h$；②高效计算性，指已知一个消息(原像)，可以高效计算其哈希值(哈希摘要)，即已知 m，计算 $\text{Hash}(m,r)=h$ 在计算上是高效的；③抗碰撞性，指用户无法有效地找到满足碰撞的值。

接下来将详细介绍变色龙哈希函数，并且讲解如何使用变色龙哈希函数来构造特殊的区块链。

7.4　变色龙哈希与可编辑区块链

最近，Ateniese 等[3]首次提出使用一种可编辑的区块链(redactable blockchain)，该机制利用了变色龙哈希函数。它允许陷门私钥的掌握者在保持哈希值不变的情况下，可以修改区块上的内容，而修改后的内容不会影响区块链的哈希一致性(不会导致重大分叉的出现)。虽然 Ateniese 等富有远见地在区块链上应用了变色龙哈希函数，然而他们的设想被 Huang 等[4]考虑到，并且认为存在以下问题：①缺乏考虑一种基于门限的变色龙哈希函数，即陷门密钥(哈希私钥)由多个用户掌握，以此实现区块链的去中心化重要特性；②缺乏考虑设计满足高性能和工业化需求的变色龙哈希函数。

接下来对以变色龙哈希函数为代表的公钥哈希函数进行分析：变色龙哈希函数最早由 Krawczyk 等[5]提出，其被用于构建一种“变色龙签名”。该签名可以实现与“不可抵赖的签名”一样不可否认的认证机制，即用户无法抵赖自己曾经产生过的签名。特殊的，变色龙哈希以无需交互式的构造实现了不可抵赖机制，这不仅简化了认证机制的构造，还增加了方案的实用性(因为用户在此过程中无须进行任何交互)。此后，Ateniese 等[6]进一步更改了该变色龙哈希方案[5]，并且提出了基于身份的变色龙哈希函数。具体的，该哈希函数基于特殊的身份机制，大大减少了密钥管理与分发的难题。更重要的是，他们正式定义了密钥泄露问题(key exposure problem)。该问题严重涉及任何变色龙哈希函数及其衍生方案的安全性，具体来说：对于任何掌握碰撞的用户，即找到满足关系 $\text{Hash}(m,r)=\text{Hash}(m',r')$ 的两对值 (m,r) 和 (m',r')。用户可以通过联立两个等式并且从中计算得到陷门私钥(主密钥)。这样一来，导致变色龙哈希函数的主密钥直接被泄露。为了避免这个问题，Ateniese 等[6]提出了使用一种自定义标识符(customized identity，CID)将密钥泄露问题限制在每一次独立的哈希值计算中。换言之，对于每一个哈希值，都绑定一个特定的随机数 CID。当碰撞成立(即满足 $\text{Hash}(m,r,\text{CID})=\text{Hash}(m',r',\text{CID})$)时，即使联立该碰撞等式并且发现密钥泄露，也仅仅泄露了与 CID 绑定的陷门私钥(而主密钥依然是安全的)。由此，恶意用户仅仅能掌握与该轮 CID 相关的陷门私钥(只能伪造与该 CID 绑定的碰撞)。由此，将密钥泄露问题控制在了每一个特定的随机数上。Ateniese 等[7]提出了具体的三种变色龙哈希函数的改造。在该方案中，Ateniese 等正式定义了密钥泄露问题，并且指出该问题会导致任何基于变色龙哈希函数的衍生方案的密钥泄露。为了解决这个问题，他们提出抗密钥泄露的变色龙哈希方案，如基于 ECC 算法或者基于 RSA 算法的方案。

Chen 等[8]提出了首个基于 Gap Diffie-Hellman 群(GDH 群)的抗密钥泄露的变色龙哈希函数，在该特殊群组下，计算性 Diffie-Hellman 问题(CDHP)是困难的，但是判断性 Diffie-Hellman 问题(DDHP)是容易的。进一步，他们提到了密钥泄露的问题，并且借助了自定义标识符来限制从碰撞中提取陷门密钥。此外，他们提出了基于该变色龙哈希函数的签名机制，在该机制下，用户可以通过公布特定的消息来对签名进行抵赖。由于抵赖的用户没有持有陷门私钥(无法有效计算碰撞)，用户是清白的，即抵赖成功(更进一步的，被抵赖的签名是持有陷门私钥的恶意用户故意伪造的)。这里需要知道的是，变色龙签名的好处是无需复杂的交互，用户仅仅需要公开特定的信息(即满足碰撞的哈希值)即可完成抵赖，这大大简化了“不可否认机制(又称为不可抵赖机制)”的构造，并且提升了方案的实用性。更进一步，这也催生了一类特殊的签名(或者签密体质)，即在线离线签名。类似的，该类签名仅仅需要用户对一个随机消息进行签名(即签在变色龙哈希摘要上)，之后即可离线，下一步，一个持有陷门私钥的代理可以使用该陷门对变色龙哈希(摘要)寻找特定的碰撞(即满足关系 $\mathrm{Hash}(m,r)=\mathrm{Hash}(m',r')=h$ 的新的消息值 (m',r'))，这样一来，变色龙哈希不变，但是被认证的消息已经从消息 m 变到了消息 m'。Chen 等[9]提出了首个基于离散对数的变色龙哈希函数。与之前的方案不同是，该方案不再依赖 GDH 群，因此具有更加灵活的构造。此外，他们也提出了基于该变色龙哈希的签名方案。特别的，该签名方案支持两种不同的抵赖模式，即基于消息隐藏和消息公开的抵赖。前者可以在实现抵赖的前提下，将被签名消息隐藏(实现隐私保护)；而后者可以公布消息来完成抵赖，从而实现一种公开可验证的抵赖机制。

Camenisch 等[10]首次对变色龙哈希函数的安全模型正式进行了形式化描述，提出了多个正式的安全定义的安全模型，包括抗碰撞性、不可区分性、特殊性(uniqueness)(特殊性指的是用户无法找到两组不同的并且满足碰撞的哈希值)。在该方案中，Camenisch 等首次指出，抗碰撞性是一种较强于密钥泄露问题的安全性。特别的，他们在方案中提出了一种基于临时陷门的变色龙哈希函数。在该函数下，持有陷门密钥的用户在没有持有临时陷门的情况下，仍然无法计算满足碰撞的哈希。Krenn 等[11]提出了一种基于长期双陷门的变色龙哈希函数，用户可以自行决定是否选择新的陷门或者继续使用老的陷门来计算哈希碰撞。需要指出的是，陷门不等同于陷门私钥，陷门是可以公开并且转发给其他用户用于计算碰撞的，而陷门私钥通常是某一用户自己持有且不公开的私钥。Lai 等[12]提出一个基于可溯源的变色龙哈希函数。在计算每一个哈希值时，都需要加入发送者和接收者的公钥。并且在计算哈希值和碰撞的过程中，需要将双方的公钥用于计算。换言之，每一个哈希值都绑定一个发送该哈希值的用户的公钥和一个接收该哈希值的用户的公钥。由此，哈希值在传输和计算碰撞的过程中，其绑定用户的身份信息，该哈希计算过程是公开和可溯源的。

本书将近些年的变色龙哈希函数的相关研究通过表 7.1 呈现出来，并与本书即将提出的三个变色龙哈希方案纳入比较。本书对其所满足的性质进行分类和比较，其中包括：是否基于身份机制，是否依赖双线性对计算，是否抗碰撞，以及是否具有正式的安全证明。综上所述，得出以下结论：大部分变色龙哈希方案没有依赖双线性对运算，此外，抗碰撞性是变色龙哈希方案的硬性指标(即不可或缺的安全性，否则，陷门密钥的持有用户不愿意参与任何哈希碰撞的计算，因为这会导致陷门密钥的泄露。这样一来，变色龙哈希函数作为一个陷门哈希函数，就失去了其核心功能)。此外，有一半的参与比较的方案没有给出较为正式的安全证明(即定义安全模型并且基于该模型进行安全分析)。

表 7.1　变色龙哈希方案的比较

哈希方案	是否基于身份机制	是否依赖双线性对计算	是否抗碰撞	是否具有正式的安全证明
文献[6]方案	是	否	是	否
文献[7]方案	否	否	是	否
文献[8]方案	否	否	是	否
文献[9]方案	否	否	是	否
文献[10]方案	否	否	是	是
文献[11]方案	否	否	是	是
文献[12]方案	否	否	是	否
文献[13]方案	否	否	是	是

7.5　门限变色龙哈希

基于门限的变色龙哈希函数用于实现实用的可编辑区块链，该应用场景的系统模型在图 7.3 中呈现。

根据图 7.3 的系统模型，简要介绍如下：在层级 1 中，用户使用设备接入区块链网络，在层级 2 中，用户的交易数据通过设备发出，并且最终由层级 3 中的用户(即矿工)搜集，记录到区块链中。特别的，使用基于门限的变色龙哈希函数，构建一种可编辑的区块链。该区块链允许环上的用户(各自掌握了陷门私钥碎片)，共同协作来计算一个哈希碰撞，并且基于该碰撞对某一区块上的内容进行编辑，而编辑后的区块链不会产生分叉。

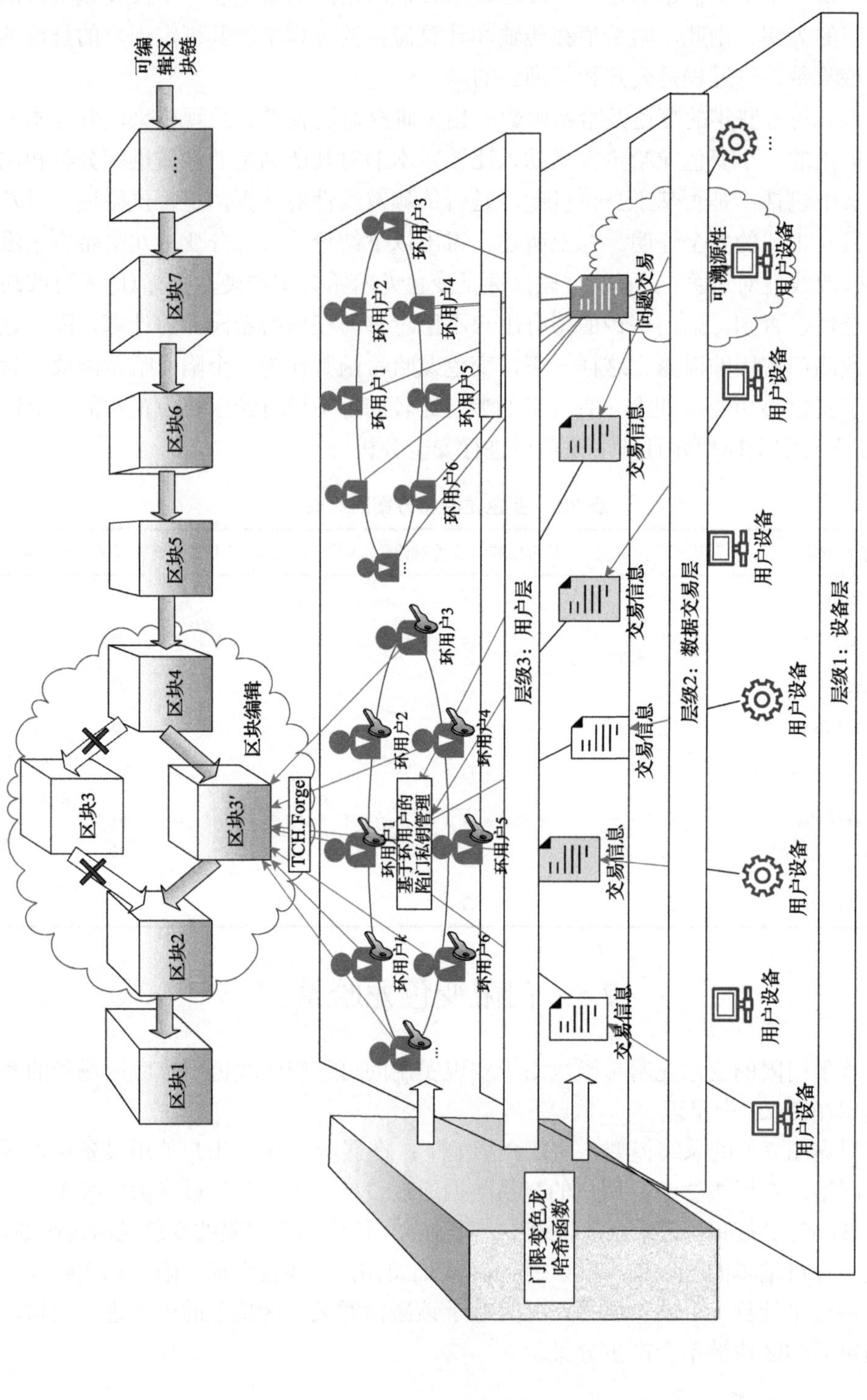

图 7.3 可编辑区块链的系统模型

7.5.1　方案构造

本节介绍一种名为门限变色龙哈希(threshold chameleon hash，TCH)函数的方案。TCH 函数包括如下算法。

(1) $\text{TCH.Setup}(\lambda) \to \text{param}_{\text{TCH}}$：算法输入一个安全参数 λ，选择一个由生成元 g 生成的 q 阶 GDH 群 G。设哈希函数 $H_1:\{0,1\}^* \to G$，哈希函数 $H_2:\{0,1\}^* \to Z_q$。输出系统参数 $\text{param}_{\text{TCH}}=\{G,q,g,H_1,H_2\}$。

(2) $\text{TCH.KeyGen}(\text{param}_{\text{TCH}})=\{(\text{tk}_1,\cdots,\text{tk}_k),\text{hk}\}$：算法输入一个系统参数 $\text{param}_{\text{TCH}}=\{G,q,g,H_1,H_2\}$，由 k 个用户共同协商一个哈希公钥，即第 i 个用户选择一个随机数 $\text{tk}_i=x_i$ 作为陷门私钥，计算并将 g^{x_i} 发送给第 $i+1$ 个用户。与此同时，第 i 个用户收到第 $i-1$ 个用户发来的 $g^{x_{i-1}}$，紧接着，他使用自己的陷门私钥 tk_i 来计算 $\{g^{x_{i-1}x_i}\}$ 并且将其发送给下一个用户(即第 $i+1$ 个用户)。在 k 轮过后，每一个用户均可计算并得到哈希公钥 $\text{hk}=g^{x_1\cdots x_k}$。算法输出 k 个陷门私钥 $(\text{tk}_1,\cdots,\text{tk}_k)$ 和哈希公钥 hk。

(3) $\text{TCH.Hash}(\text{hk},\text{CID},m,r)\to(h)$：算法输入一个哈希公钥 hk，一个自定义标识符 $\text{CID}\in\{0,1\}^*$ 和一个消息 $m\in\{0,1\}^*$，首先计算中间参数 $h_0=H_1(\text{CID})$。接着，选择一个随机值 α 并且计算 $r=(g^{\alpha},\text{hk}^{\alpha})$。最后，计算并且输出哈希值 $h=g^{\alpha}{h_0}^{H_2(m)}$。

(4) $\text{TCH.Forge}((\text{tk}_1,\cdots,\text{tk}_k),(m,h,r),m')\to(r',\perp)$：算法输入 k 个门限私钥 $(\text{tk}_1,\cdots,\text{tk}_k)$，一组由消息 m、哈希值 h 和随机数 r 组成的数组 (m,h,r) 及新的消息 m'，计算一个新的随机数 r' 如下：k 个用户共同组成一个环，第 i 个用户计算 ${h_0}^{x_i(H_2(m)-H_2(m'))}$ 并将其发送给第 $i+1$ 个用户。与此同时，第 i 个用户收到来自第 $i-1$ 个用户发送来的值 ${h_0}^{x_{i-1}(H_2(m)-H_2(m'))}$。用户 i 计算并且将 ${h_0}^{xx_i(H_2(m)-H_2(m'))}$ 发送给第 $i+1$ 个用户。在 k 轮计算之后，每一个用户均可计算并且得到 $r'=(g^{\alpha'},\text{hk}^{\alpha'})=(g^{\alpha}\cdot {h_0}^{(H_2(m)-H_2(m'))},hk^{\alpha}\cdot {h_0}^{(x_1\cdots x_k)(H_2(m)-H_2(m'))})$。接着，验证式(7.3)是否成立：

$$g^{\alpha'}{h_0}^{H_2(m')}=g^{\alpha}{h_0}^{H_2(m)} \tag{7.3}$$

若是，则返回 r'；否则，返回异常值 $\perp$。

7.5.2　安全性分析

正确性：方案的正确性可以通过如下推导得到：

$$g^{\alpha'} h_0^{H_2(m')} = g^{\alpha} \cdot h^{H_2(m)-H_2(m')} \cdot h^{H_2(m')} = g^{\alpha} h^{H_2(m)} \tag{7.4}$$

抗碰撞性：假设存在敌手$\mathcal{A}$能够以不可忽略的优势赢得游戏$\mathrm{ColRes}_{\mathrm{TCH}}^{\lambda}$，现简单地演示如何构造一个算法$\mathcal{B}$，通过与敌手$\mathcal{A}$进行交互，来解决CDHP。该规约简单描述如下。

给定一个CDHP实例(g,g^a,g^b)，算法$\mathcal{B}$与敌手$\mathcal{A}$进行如下交互来得到g^{ab}。

初始化：算法$\mathcal{B}$执行$\mathrm{TCH.Setup}(\lambda)$和$\mathrm{TCH.KeyGen}(\mathrm{param}_{\mathrm{TCH}}^{\mathrm{ch}})$，生成挑战的系统参数$\mathrm{param}_{\mathrm{TCH}}^{\mathrm{ch}}$和哈希公钥$\mathrm{hk}^{\mathrm{ch}}$。算法$\mathcal{B}$中设$\mathrm{hk}^{\mathrm{ch}} = g^a$，这里，$k$个陷门私钥$(\mathrm{tk}_1^{\mathrm{ch}},\cdots,\mathrm{tk}_k^{\mathrm{ch}})$是未知的。

哈希询问阶段：敌手$\mathcal{A}$选择任意标识符CID_i，向算法$\mathcal{B}$发起询问。算法$\mathcal{B}$收到CID_i后，首先在历史列表ℓ_{H_1}中搜寻CID_i，并执行如下步骤。

(1)若数组$(\mathrm{CID}_i,Q_i,\varepsilon_i,\mathrm{coin}_i)$存在，则算法$\mathcal{B}$将$Q_i$返回给$\mathcal{A}$作为应答；

(2)若数组$(\mathrm{CID}_i,Q_i,\varepsilon_i,\mathrm{coin}_i)$不存在，则算法$\mathcal{B}$设$\mathrm{coin}=0$或者1(这里称$E_0$为$\mathrm{coin}=0$的事件，$E_1$为$\mathrm{coin}=1$的事件，设$\Pr[E_0]=p<1$为事件$E_0$发生的概率，$\Pr[E_1]=1-p<1$为事件$E_1$发生的概率)。接着，$\mathcal{B}$选择一个随机数$\varepsilon_i \in_R Z_q^*$并且计算$Q=(g^b)^{\mathrm{coin}_i} \cdot g^{\varepsilon_i}$。最后，$\mathcal{B}$将数组$(\mathrm{CID}_i,Q_i,\varepsilon_i,\mathrm{coin}_i)$记录到历史列表$\ell_{H_1}$中，并且将$Q_i$返回给$\mathcal{A}$。

碰撞询问阶段：$\mathcal{A}$将$(m_i,h_i,r_i),m_i'$作为询问，发送给$\mathcal{B}$掌握的伪造随机预言机Forge，$\mathcal{B}$执行如下：若数组$(\mathrm{CID}_i,Q_i,\varepsilon_i,\mathrm{coin}_i)$不存在，则对$\mathrm{CID}_i$发起询问并且进行记录。若$\mathrm{coin}_i=0$，则$\mathcal{B}$终止进程并且退出；否则，$\mathcal{B}$计算并将$(g^{\alpha})^{\varepsilon}$返回给$\mathcal{A}$。

猜测阶段：$\mathcal{A}$返回一组满足碰撞的值$(\mathrm{CID}^*,m^*,r^*,m^{*\prime},r^{*\prime},h^*)$。假设历史列表$\ell_{H_1}$中所记录的数组为$(\mathrm{CID}^*,Q^*,\varepsilon^*,\mathrm{coin}^*)$，若$\mathrm{coin}^*=0$，返回并且退出；否则，$\mathcal{B}$计算$\left(\dfrac{g^{a^*}}{g^{a^{*\prime}}}\right)^{1/[H_2(m^*)-H_2(m^{*\prime})]} \Big/ (g^a)^{\varepsilon^*} = g^{ab}$并将其作为CDHP的答案。

更进一步解释，如果$(\mathrm{CID}^*,m^*,r^*,m^{*\prime},r^{*\prime},h^*)$是敌手$\mathcal{A}$成功伪造的一个碰撞，即$Q^*=H_1(\mathrm{CID}^*)$，则可以推导如下：

$$\left(\frac{g^{a^*}}{g^{a^{*\prime}}}\right)^{1/[H_2(m^*)-H_2(m^{*\prime})]} = H_1(\mathrm{CID}^*)^{x_1\cdots x_k} \tag{7.5}$$

更进一步，由于$\mathrm{coin}^*=1$，则$H_1(\mathrm{CID}^*)=g^b \cdot g^{\varepsilon^*}$。紧接着，即可推导得到：

$$\left(\frac{g^{a^*}}{g^{a^{*\prime}}}\right)^{1/[H_2(m^*)-H_2(m^{*\prime})]}=(g^b\cdot g^{\varepsilon^*})^a \tag{7.6}$$

如此一来，$\mathcal{B}$ 即可从中提取得到 CDHP 的答案 g^{ab} 如下：

$$\left(\frac{g^{a^*}}{g^{a^{*\prime}}}\right)^{1/[H_2(m^*)-H_2(m^{*\prime})]}\Bigg/(g^a)^{\varepsilon^*}=g^{ab} \tag{7.7}$$

为了界定算法 $\mathcal{B}$ 解决 CDHP 的优势，可以计算 $\mathcal{B}$ 在上述实验中中断的概率为 $(1-p)p^q$，这里 q 代表的是向随机预言机 H_1 发起的询问次数。$\mathcal{B}$ 解决 CDHP 的优势在取值为 $p=1-\dfrac{1}{q+1}$ 时，函数 $(1-p)p^q$ 值为最大（$\dfrac{1}{\mathrm{e}(q+1)}$，这里 e 为自然对数的底数）。因此，可以界定 $\mathcal{B}$ 的优势为 $\dfrac{1}{\mathrm{e}(q+1)}$，即 $|\Pr[\mathrm{ColRes}_{\mathrm{CDHP}}^{\lambda}]|\leqslant\dfrac{1}{\mathrm{e}(q+1)}$。

不可区分性：对于足够大的安全参数 λ，以及任意的系统参数 $\forall \mathrm{param}_{\mathrm{TCH}}\leftarrow \mathrm{TCH.Setup}(\lambda)$，任意公私钥 $\forall(\mathrm{tk}_1,\cdots,\mathrm{tk}_k),\mathrm{hk}\leftarrow \mathrm{TCH.KeyGen}(\mathrm{param}_{\mathrm{TCH}})$，任意自定义标识符 $\mathrm{CID}\in\{0,1\}^*$，任意两个随机 0 和 1bit 组成的消息 $m,m'\in\{0,1\}^*$，用 $D_{\mathrm{TCH.Hash}}$ 和 $D_{\mathrm{TCH.Forge}}$ 分别指代由算法 TCH.Hash 和 TCH.Forge 生成的数组 (r,h) 的分布域。这里，随机数为 $r=(g^a,\mathrm{hk}^a)$。更进一步，分别分析域 $D_{\mathrm{TCH.Hash}}$ 和 $D_{\mathrm{TCH.Forge}}$ 的分布如下：

$$\begin{aligned}&D_{\mathrm{TCH.Hash}}=\{(r,h)\,|\,r\in R,h\leftarrow \mathrm{TCH.Hash}(\mathrm{hk},\mathrm{CID},m,r)\}\\&D_{\mathrm{TCH.Forge}}=\{(r',h)\,|\,h\leftarrow \mathrm{TCH.Hash}(\mathrm{hk},\mathrm{CID},m,r)\\&r'\leftarrow \mathrm{TCH.Forge}((\mathrm{tk}_1,\cdots,\mathrm{tk}_k),(m,h,r),m',\mathrm{CID})\}\end{aligned} \tag{7.8}$$

对于任意一个哈希值 h，自定义标识符 $\mathrm{CID}\in\{0,1\}^*$，消息 $m,m'\in\{0,1\}^*$，这里存在一对一的关系，即 $r=(g^a,\mathrm{hk}^a)=\left(h\cdot h_0^{-H_2(m)},h\cdot h_0^{-H_2(m)(x_1\cdots x_k)}\right)$，$h_0=H_1(\mathrm{CID})$ 和 $h=g^a h_0^{H_2(m)}$。因此，两个域 $D_{\mathrm{TCH.Hash}}$ 和 $D_{\mathrm{TCH.Forge}}$ 的概率分布是均匀和一致的。因此，敌手无法有效区分来自两个域的值。更进一步，敌手无法以不可忽视的优势赢得实验，即 $\left|\Pr\left[\mathrm{ColRes}_{\mathrm{Ind}}^{\mathcal{A}}(\lambda)=1\right]-1/2\right|\leqslant\nu(\lambda)$。证毕。

7.5.3　性能分析

现对提出的 TCH 函数进行性能分析，主要通过分析计算复杂性和实验数据，并且与类似方案进行对比。

首先介绍实验环境：使用 PBC Library Manual 0.5.13（简称 PBC 0.5.13）作为所有密码算法的数据库平台，使用 C 语言进行编程并且使用 OpenSSL 作为安全传输数据的渠道。选择 Type-A 的椭圆曲线，该曲线基于超奇曲线 $y^2 = x^3 + x$。所有实验均在一台 CPU 为 i5-3210M 2.3GHz 的双核笔记本电脑上执行，带有 4GB 缓存，操作系统是 32 位的 WIN7 SP1。每一次实验的数据结果都是通过对连续 10 次实验数据取平均值最终得到的。

可以使用群上的乘法计算为单位（T_m），将以下符号进行换算，具体关系为：$T_e \approx 21T_m$，这里 T_e 代表群上的指数计算；$T_i \approx 11.6T_m$，这里 T_i 代表求逆计算；$T_p \approx 87T_m$，这里 T_p 代表双线性对运算；$T_{\text{pa}} \approx 0.12T_m$，这里 T_{pa} 代表点的加法运算；$T_{\text{pm}} \approx 22T_m$，这里 T_{pm} 代表点的乘法运算；$T_{\text{mpm}} \approx 29T_m$，这里 T_{mpm} 代表多点乘法运算；$T_{\text{mtp}} \approx 29T_m$，这里 T_{mtp} 代表多映射到点上的运算；$T_{\text{sig}} \approx 58T_m$，这里 T_{sig} 代表计算 BLS（Boneh-Lynn-Shacham）签名的生成运算；$T_{\text{ver}} \approx 203T_m$，这里 T_{ver} 代表计算 BLS 签名的验证运算；$T_{\log} \geqslant \Omega\left(q^{\frac{1}{2}}\right)$，这里 $T_{\log}$ 代表一次离散对数的运算。

在表 7.2 中，将提出的 TCH 方案与相关方案[6,8,9]进行复杂度比较，总体来看，本书提出的 TCH 方案在计算哈希的效率上和其他方案是在一个水平上的，甚至更加高效。为了体现实际性能，进行仿真，实验数据如表 7.3 所示。这里通过对 1KB 大小的文件块进行哈希，并且将读取文件块和计算开销相加，得到最终的结果。可以从表 7.3 中看到，TCH 方案和其他方案一样高效。

表 7.2　TCH 方案与相关变色龙哈希方案的复杂度比较

对比方案	计算哈希复杂度	计算碰撞复杂度
TCH 方案	$3T_e + 1T_m \approx 64T_m$	$(k+1)T_e + 3T_m + T_i \geqslant 56.6T_m$
文献[6]方案	$4T_e + 2T_m \approx 86T_m$	$2T_e + 2T_m + T_i \approx 57.6T_m$
文献[8]方案	$3T_e + 2T_m \approx 65T_m$	$2T_e + 2T_m + T_i \approx 57.6T_m$
文献[9]方案	$3T_e + 1T_m \approx 64T_m$	$2T_e + 2T_m \approx 44T_m$

表 7.3　变色龙哈希方案比较（1KB 大小文件）

对比方案	TCH	文献[6]方案	文献[8]方案	文献[9]方案
时间/ms	28.586	32.516	30.067	25.511

然而，TCH 方案在计算碰撞方面受到了门限值的影响。假设 $k = 1$，能够得到一个下界（即 $56.6T_m$）。虽然该下界和其他方案的开销几乎一样，但是为了弄清楚该门限值 k 对计算碰撞算法的实际影响，通过对算法进行仿真，将实验结果在

图 7.4 (a) 和 (b) 中呈现出来。

在图 7.4 中，对所提出方案的碰撞算法(TCH.Forge)进行实验仿真，分别对门限 $k=1$ 和 $k=10$ 进行比较，与此同时，以 4 为倍数逐渐增大被哈希的数据块的大小。从图 7.4 (a) 中可以看到，文件块大小和门限值均对计算开销有影响。为了进一步观测该影响，在图 7.4 (b) 中纳入了 KEF 方案[9]进行对比。这里，分别对 1MB 和 5MB 大小的文件块进行实验，并且记录在不同方案碰撞算法的作用下所产生的计算开销。从图 7.4 (b) 中可以看到，TCH 方案同时受到来自门限值和文件块大小的影响。而文件大小的影响远远高于门限值产生的影响。这种结果表明，碰撞计算算法的开销主要来自于哈希函数读取文件所需要的时间，而所需要执行的密码算法的开销远小于读取文件本身的开销。综上所述，可以得知本节提出的门限变色龙算法在哈希计算上是高效的，在碰撞计算上受门限值影响，然而这种影响要远远小于读取文件所带来的开销。因此，本节提出的门限变色龙哈希函数是实用的。

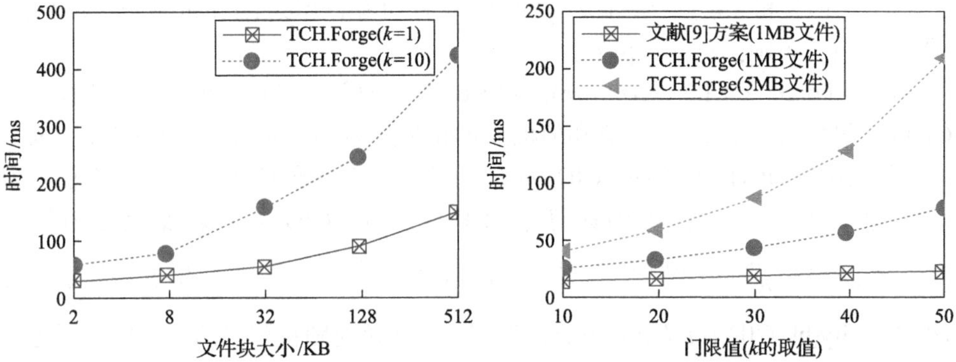

(a) 文件块大小对碰撞算法的影响　(b) 不同方案和不同参数对碰撞算法的结果比较

图 7.4　不同参数对碰撞算法的影响

7.6 同态变色龙哈希

7.6.1 方案构造

同态变色龙哈希(HCH)函数是一种特殊的单向陷门哈希函数。具体的，其哈希值及其随机数具有同态聚合性。对于每一个哈希值 h_i，其计算可以表示为 $\mathrm{Hash}(m_i,r_i)=h_i$。特别的，可以将多个哈希值聚合为一个值 h。换言之，HCH 函数的这一特性允许用户对多个哈希值进行运算，而其运算结果也体现在原像(即被哈希的消息)之上。此外，HCH 函数也和其他变色龙哈希函数一样，其允许陷门密钥的持有者可以高效地计算满足碰撞的哈希值(及其随机数)。

HCH 函数包括如下算法：

$\mathrm{HCH.Setup}(\lambda)\rightarrow \mathrm{param}_{\mathrm{HCH}}$：输入一个安全参数 λ，选择一个由生成元 g 生

成的 q 阶 GDH 群。设哈希函数 H_1 为 $H_1:\{0,1\}^* \to Z_q$ 。输出系统参数 $\text{param}_{\text{HCH}} = \{G,q,g,H_1\}$ 。输出系统参数 $\text{param}_{\text{HCH}}$。

$\text{HCH.KeyGen}(\text{param}_{\text{HCH}}) \to (\text{tk},\text{hk})$ ：输入一个系统参数 $\text{param}_{\text{HCH}} = \{G,q,g,H_1\}$，选择一个随机数 $\text{tk} = x \overset{R}{\leftarrow} Z_q^*$ 作为陷门私钥，计算 $\text{hk} = y = g^x$ 作为哈希公钥。算法输出陷门私钥 tk 和哈希公钥 hk 。

$\text{HCH.Hash}(\text{hk},\text{CID},m,a) \to (h,r)$：输入一个哈希公钥 hk ，一个任意长度的自定义标识符 $\text{CID} \in \{0,1\}^*$，一个消息 $m \in \{0,1\}^*$，首先计算中间参数 $e = H_1(\text{CID}, y)$ 和 $h_0 = g^e$ 。然后计算变色龙随机数 $r = (g^\alpha, y^\alpha)$ 和哈希值 $h = g^{H_1(m)}(h_0 \cdot y)^a$ 。算法输出一个变色龙哈希值和变色龙随机数 (h,r) 。

$\text{HCH.Verify}(\text{hk},\text{CID},(m,h,r)) \to (0 \text{ or } 1)$：输入哈希公钥 hk ，自定义标识符 CID ，一组由消息 m 、哈希值 h 和随机数 r 组成的数组 (m,h,r)，首先验证数组 $\langle g,g^a,y,y^a \rangle$ 和 $\langle g,g^a,h_0 \cdot y,h / g^{H_1(m)} \rangle$ 是否均为 Diffie-Hellman 数组。如果是，算法输出 1；否则，算法输出 0。

$\text{HCH.Forge}(\text{tk},\text{CID},m',(m,h,r)) \to (r' \text{ or } \perp)$：输入陷门私钥 tk ，自定义标识符 CID ，一组由消息 m 、哈希值 h 和随机数 r 组成的数组 (m,h,r) ，一个新的消息 m' ，算法首先执行 $\text{HCH.Verify}(\text{hk},\text{CID},(m,h,r))$ 来验证哈希值的正确性，如果输出为 0，则输出异常值 $\perp$ ；否则计算中间参数 $e = H_1(\text{CID}, y)$ 和新变色龙随机数 $r' = \left(g^{a'}, y^{a'}\right) = \left(g^a \cdot g^{(H_1(m)-H_1(m'))(x+e)^{-1}}, y^a \cdot y^{(H_1(m)-H_1(m'))(x+e)^{-1}}\right)$ 。接着，算法执行 $\text{HCH.Verify}(\text{hk},\text{CID},(m',h,r'))$ 来验证得到的新变色龙随机数 r' 的正确性。更进一步，验证式(7.9)是否成立：

$$g^{H_1(m')}(h_0 \cdot y)^{a'} = g^{H_1(m)}(h_0 \cdot y)^a \tag{7.9}$$

若验证通过，则算法输出新变色龙随机数 r' ；否则，输出异常值 $\perp$ 。

$\text{HCH.Int}\left(\text{tk},\left(H_1(m_1),h_1,r_1\right),\cdots,\left(H_1(m_n),h_n,r_n\right),\text{CID}\right) \to ((\tilde{m},\tilde{h},\tilde{r}) \text{ or } \perp)$ ：输入哈希公钥 hk ，一个自定义标识符 CID ， n 组由消息 m_i 、哈希值 h_i 和随机数 r_i 组成的数组 (m_i,h_i,r_i) ，算法先后聚合消息 $\tilde{m} = \sum_{i=1}^{n} H_1(m_i)$ ，变色龙哈希值 $\tilde{h} = \prod_{i=1}^{n} h_i$ 和变色龙随机数 $\tilde{r} = \left(g^{\tilde{a}}, y^{\tilde{a}}\right) = \left(g^{\sum_{i=1}^{n} a_i}, y^{\sum_{i=1}^{n} a_i}\right)$ 。这里， a_i 是指每一组数组 (m_i,h_i,r_i) 中变色龙随机数 $r_i = \left(g^{a_i}, y^{a_i}\right)$ 所对应的随机数 a_i 。接着，算法检查数组 $\left\langle g,g^{\tilde{a}},y,y^{\tilde{a}}\right\rangle$ 和 $\left\langle g,g^{\tilde{a}},h \cdot y,\tilde{h} / g^{\tilde{m}}\right\rangle$ 是否均为 Diffie-Hellman 数组。若是，则算法输出 $(\tilde{m},\tilde{h},\tilde{r})$ 作为聚合结果；否则，输出异常值 $\perp$ 。

7.6.2 安全性分析

正确性：方案的正确性可以通过式(7.10)的推导得到

$$\begin{aligned} & g^{H_1(m')}(h_0\cdot y)^{a'} \\ & = g^{H_1(m')}\left(g^{a'}\right)^{(e+x)} \\ & = g^{H_1(m')}g^{(H_1(m)-H_1(m'))}\left(g^{(e+x)}\right)^{a} \\ & = g^{H_1(m)}(h_0\cdot y)^{a} \end{aligned} \tag{7.10}$$

抗碰撞性：假设存在敌手$\mathcal{A}$能够以不可忽略的优势赢得游戏$\mathrm{ColRes}_{\mathrm{HCH}}^{\lambda}$，简单地演示如何构造一个算法$\mathcal{B}$，通过与敌手$\mathcal{A}$进行交互，来解决 q-SDHP。该规约简单描述如下：

给定一个q-SDHP实例$\left(g,g^{x},\cdots,g^{x^q}\right)$，将其表示为$\left(A_0,A_1,\cdots,A_q\right)$。这里$x\in Z_q^*$是未知的。对于每一个$i=1,2,\cdots,q$，$A_i=g^{x_i}\in G$，特殊的，$A_0=g$。为了获得该$q$-SDHP实例对应的答案$\left(c,g^{\frac{1}{x+c}}\right)$，这里$c\in Z_q^*$，算法$\mathcal{B}$与敌手$\mathcal{A}$进行如下交互。

询问阶段：敌手$\mathcal{A}$发出q_s个不同的询问信息$\{\mathrm{CID}_i,m_i',(m_i,h_i,r_i)\}_{i\in[1,q_s]}$，这些信息皆在同一哈希公钥下生成$\mathrm{hk}=y$。假设$q_s=q-1$。

应答阶段：对于每一个询问的消息m_i（$1<i<q_s$），算法$\mathcal{B}$执行如下步骤：首先，设多项式为$f(z)=\prod_{i=1}^{q_s}(z+e_i)=\sum_{i=0}^{q_s}(a_iz^i)$，这里$a_0,\cdots,a_{q_s}$代表多项式$f(z)$的系数，且$e_i=H_1(\mathrm{CID}_i,y)$。接下来，算法$\mathcal{B}$定义如下：

$$g'=\prod_{i=0}^{q_s}(A_i)^{a_i}=g^{f(z)},\quad \tilde{h}=\prod_{i=0}^{q_s}(A_i)^{a_{i-1}}=g^{zf(z)}=(g')^{z} \tag{7.11}$$

接下来，定义多项式$f_i(z)=f(z)/(z+e_i)=\prod_{j=1,j\neq i}^{q_s}(z+e_j)$和$f(z)=\sum_{j=0}^{q_s-1}\left(b_jz^j\right)$。

紧接着，算法$\mathcal{B}$进行如下计算：

$$r_i'=\left(g^{a_i}\cdot {s_i}^{H_1(m_i)-H_1(m_i')},y^{a_i}\cdot {s_i}^{x[H_1(m_i)-H_1(m_i')]}\right)$$

$$s_i=\prod_{j=0}^{q_s-1}(A_j)^{b_j}=(g')^{1/(x+e_i)},\quad e_i=H_1(\mathrm{CID}_i,y) \tag{7.12}$$

可以推导得到：$g^{H_1(m_i)}\left(h_{0,i}\cdot y\right)^{a_i}=g^{H_1(m_i')}\left(h_{0,i}\cdot y\right)^{a_i'}$（这里$h_{0,i}=g^{e_i}=g^{H_1(\mathrm{CID}_i,y)}$），因此可以知道以上计算得到的$r_i'$是满足自定义标识符$\mathrm{CID}_i$下的碰撞。以此类推，最终，算法$\mathcal{B}$回复敌手$\mathcal{A}$一系列的新随机数$\left(r_1',\cdots,r_{q_s}'\right)$作为询问的应答，同时，将系统参数$\mathrm{param}_{\mathrm{HCH}}^{\mathrm{ch}}$和哈希公钥$\mathrm{hk}^{\mathrm{ch}}$发送给$\mathcal{A}$。

伪造阶段：敌手$\mathcal{A}$输出$(\mathrm{CID}^*,m^*,r^*,m^{**},r^{**},h^*)$。如果满足$g^{H_1(m^*)}\left(h_0^*,y\right)^{a^*}=g^{H_1(m^{**})}\left(h_0^*,y\right)^{a^{**}}$（这里$h_0^*=g^{e^*}=g^{H_1(\mathrm{CID}^*,y)}$），则算法输出1；否则，算法输出0。

解释如下：假设敌手成功伪造出碰撞，即满足$g^{H_1(m^*)}\left(h_0^*,y\right)^{a^*}=g^{H_1(m^{**})}\left(h_0^*,y\right)^{a^{**}}$的值$(\mathrm{CID}^*,m^*,r^*,m^{**},r^{**},h^*)$，并且$m^*$没有在开始的询问阶段中被询问过，即$m^*\notin\{m_1,\cdots,m_{q_s}\}$，可以推导如下：

$$s^*=\left(\frac{g^{a^{**}}}{g^{a^*}}\right)^{\frac{1}{H_1(m^*)-H_1(m^{**})}}=(g')^{1/(x+e^*)}=g^{f(x)/(x+e^*)} \tag{7.13}$$

已知满足碰撞的随机数的正确形式为：$r^{**}=\left(g^{a^{**}},y^{a^{**}}\right)=\left(g^{a^*}\cdot s^{*H_1(m^*)-H_1(m^{**})},\right.$ $\left.y^{a^*}\cdot s^{*x\left[H_1(m^*)-H_1(m^{**})\right]}\right)$。可以进一步解析多项式$f$为$f(z)=\gamma(z)(z+e^*)+\gamma_{-1}$，这里$\gamma(z)=\sum_{i=0}^{q_s-1}(\gamma_i z^i)$并且$\gamma_{-1}\in Z_q$。那么，可以推导得到

$$\frac{f(z)}{z+e^*}=\frac{\gamma_{-1}}{z+e^*}+\sum_{i=0}^{q_s-1}(\gamma_i z^i) \tag{7.14}$$

更进一步，由于$\gamma_{-1}\neq 0$并且CID^*没有被询问过，即$\mathrm{CID}^*\notin\left\{\mathrm{CID}_1,\cdots,\mathrm{CID}_{q_s}\right\}$，$z+e^*$不能够分解$f(z)$。算法$\mathcal{B}$可以计算如下信息：

$$\pi=\left(s^*\cdot\sum_{i=1}^{q_s}(A_i)^{-\gamma_{-1}}\right)^{\frac{1}{\gamma_{-1}}}=g^{\frac{1}{x+e^*}} \tag{7.15}$$

最后，算法$\mathcal{B}$可以输出(e^*,π)作为q-SDHP实例$\left(g,g^x,\cdots,g^{x^q}\right)$的应答，这里，$e^*=H_1(\mathrm{CID}^*,y)$。

不可区分性：对于提出的同态变色龙函数的不可区分性问题，可以通过分析算法的输出分布域$D_{\mathrm{HCH.Hash}}$和$D_{\mathrm{HCH.Forge}}$的取值分布来讨论不可区分性。

7.6.3　性能分析

本节对提出的 HCH 函数进行性能分析，分析主要根据计算复杂性和实验数据，并且使用类似方案进行对比。首先介绍实验环境：使用 PBC 0.5.13 作为所有密码算法的数据库平台，使用 C 语言进行编程并且使用 OpenSSL 作为安全传输数据的渠道。选择 Type-A 的椭圆曲线，该曲线基于超奇曲线 $y^2 = x^3 + x$。所有实验均在一台 CPU 为 i5-3210M 2.3GHz 的双核笔记本电脑上执行，带有 4GB 缓存，操作系统是 32 位的 WIN7 SP1。每一次仿真的结果都是通过对连续 10 次实验数据取平均值得到的。

在表 7.4 中，将提出的 HCH 方案与相关方案进行复杂度比较。总体来看，HCH 方案在计算哈希和计算碰撞的复杂度方面略高于其他方案(分别高出平均水平的 34.8%和 22.4%)。为了方便比较，Huang 等方案[4]的门限值定义为 $k=1$。然而，由于所产生的开销对于目前的计算机设备来说仍然较小并且是一次性的，HCH 方案仍然是实用的。

表 7.4　HCH 方案与相关变色龙哈希方案的复杂度比较

对比方案	计算哈希复杂度	计算碰撞复杂度
HCH 方案	$5T_e + 2T_m \approx 107T_m$	$2T_e + 4T_m + 2T_i \approx 69.6T_m$
文献[6]方案	$4T_e + 2T_m \approx 86T_m$	$2T_e + 2T_m + T_i \approx 55.6T_m$
文献[8]方案	$3T_e + 2T_m \approx 65T_m$	$2T_e + 2T_m + T_i \approx 55.6T_m$
文献[9]方案	$3T_e + T_m \approx 64T_m$	$2T_e + 2T_m \approx 44T_m$
文献[4]方案	$3T_e + T_m \approx 64T_m$	$(k+1)T_e + 3T_m + 3T_i \geqslant 79.8T_m$

为了进一步探究 HCH 方案的具体性能，图 7.5(a)和(b)分别对方案的计算哈希和验证哈希进行性能对比(本节未对计算碰撞的算法进行对比，该结果可以从

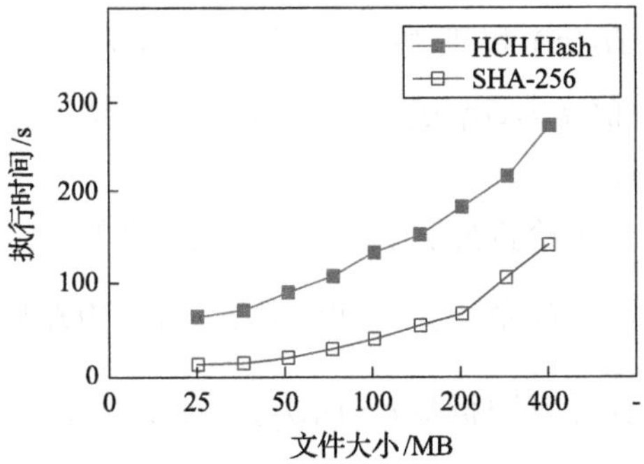

(a) 计算哈希的性能对比

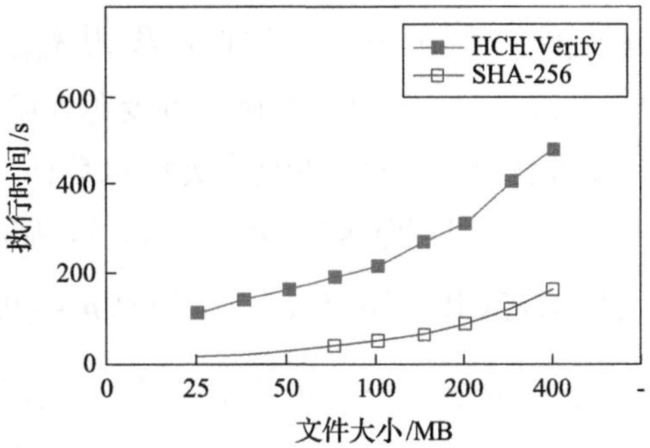

(b) 验证哈希的性能对比

图 7.5　HCH 方案的性能

本节以及复杂度进行推算)。作为基准方案，本节使用哈希函数 SHA-256 用于对比。从图 7.5(a)和(b)可以看出，本书提出的方案性能要低于 SHA-256。更具体的，当所哈希的文件增大时，所需要执行的时间呈现线性增加。然而，根据前面得出的结论，所产生的开销主要来自读取文件所产生的耗费(即受限于测试平台的数据吞吐量)。总体来说，由于 HCH 方案所涉及的密码计算较少，只要所需哈希的文件不太大，HCH 方案性能仍可以接受。

7.7 基于策略的变色龙哈希

7.7.1 方案构造

基于策略的变色龙哈希(PCH)函数是一种特殊的变色龙哈希函数，其哈希值(及其随机数)的产生会根据用户的不同策略而得到不同的结果。具体来说，其包含确定性和非确定性(随机性的)两种哈希生成算法。对于前者，哈希值由确定性方法计算得到，其缺点是不具备一般的语义安全性。对于后者，哈希值是通过随机性的方法得到的，是安全的。接下来介绍 PCH 函数。

PCH 函数包括如下算法。

$\text{PCH.Setup}(\lambda) \to \text{param}_{\text{PCH}}$：输入一个安全参数 λ，选择两个由生成元 g 生成的 q 阶群 G 和 G_T。设双线性对 $\hat{e}: G \times G \to G_T$。设哈希函数 H_1 为 $H_1:\{0,1\}^* \to Z_q$。输出系统参数 $\text{param}_{\text{PCH}} = \{G, G_T, q, g, H_1, \hat{e}\}$。输出系统参数 $\text{param}_{\text{PCH}}$。

$\text{PCH.KeyGen}(\text{param}_{\text{PCH}}) \to (x, y)$：输入一个系统参数 $\text{param}_{\text{PCH}} = \{G, G_T, q, g, H_1, \hat{e}\}$，选择一个随机数 $x \xleftarrow{R} Z_q^*$ 作为陷门私钥，计算 $y = g^x$ 作为哈希公钥。算法输出陷门私钥 x 和哈希公钥 y。

$\text{PCH.CHash}(y, \text{CID}, m) \to (h_c, r)$：输入一个哈希公钥 y、一个任意长度的自定义标识符 $\text{CID} \in \{0,1\}^*$、一个消息 $m \in \{0,1\}^*$，首先计算中间参数 $e = H_1(\text{CID})$ 和 $h_0 = g^e$。然后计算文件主密钥 $k_{\text{mas}} = H_1(m)$ 和变色龙随机数 $r = (r_1, r_2) = \left(g^{k_{\text{mas}}}, y^{k_{\text{mas}}}\right)$。计算一个确定性变色龙哈希值 $h_c = \hat{e}(r_1, g) \cdot \hat{e}((h_0 \cdot y), r_1)$。算法输出确定性变色龙哈希值和变色龙随机数 (h_c, r)。

$\text{PCH.FHash}(y, \text{CID}, m) \to (h_f, r)$：输入一个哈希公钥 y、一个任意长度的自定义标识符 $\text{CID} \in \{0,1\}^*$、一个消息 $m \in \{0,1\}^*$，首先计算中间参数 $e = H_1(\text{CID})$ 和 $h = g^e$。选择一个随机数 $a \xleftarrow{R} Z_q^*$ 并且计算变色龙随机数 $r = (r_1, r_2) = \left(g^a, y^a\right)$。计算一个随机性变色龙哈希值 $h_f = \hat{e}(g, g)^{H_1(m)} \cdot \hat{e}((h \cdot y), r_1)$。输出随机性变色龙哈希

值和变色龙随机数(h_f, r)。

$\text{PCH.Int}\left(\text{CID}, m_1, \cdots, m_n, r_1, \cdots, r_n, y\right) \to (\tilde{h}, \tilde{r})$：输入自定义标识符$\text{CID} \in \{0,1\}^*$，$n$个不同的消息$m_1, \cdots, m_n$以及对应的变色龙随机数$r_1, \cdots, r_n$，以及哈希公钥$y$，进行如下聚合计算：

$$\tilde{r} = (\tilde{r}_1, \tilde{r}_2) = \left(\prod_{i=1}^{n} r_{1,i}, \prod_{i=1}^{n} r_{2,i}\right) = \left(g^{\sum_{i=1}^{n} a_{1,i}}, y^{\sum_{i=1}^{n} a_{i,1}}\right) \tag{7.16}$$

$$\hat{h} = \hat{e}(g,g)^{\sum_{i=1}^{n} H_1(m_i)} \cdot \hat{e}\left(h \cdot y, \tilde{r}_1\right)$$

算法输出聚合后的变色龙哈希值和随机数$(\tilde{h}, \tilde{r})$。

$\text{PCH.Verify}(\text{CID}, h, r, m) \to (0, 1, \text{deter})$：输入一个自定义标识符$\text{CID} \in \{0,1\}^*$、变色龙哈希值$h$、变色龙随机数$r$和消息$m$。首先计算中间参数$e = H_1(\text{CID})$和$h_0 = g^e$。其次，验证式(7.17)是否成立：

$$h = \hat{e}(g,g)^{H_1(m)} \cdot \hat{e}(h_0 \cdot y, r_1) \tag{7.17}$$

接着，验证$\hat{e}\left(g^a, y\right) = \hat{e}\left(y^a, g\right)$是否成立。若均成立，则继续；否则，返回 0。然后，计算$k_{\text{mas}} = H_1(m)$并且验证$r = \left(g^{k_{\text{mas}}}, g^{k_{\text{mas}}}\right)$是否成立。若成立，则返回 deter 代表该变色龙哈希值为确定性变色龙哈希值；否则，返回 1 代表该值为随机性变色龙哈希值。

$\text{PCH.Forge}(\text{CID}, h, r, m, m', x) \to (\perp \text{ or } r')$：输入一个自定义标识符$\text{CID} \in \{0,1\}^*$、变色龙哈希值$h$、变色龙随机数$r$、旧消息$m$和新信息$m'$、陷门私钥$x$，首先计算中间参数$e = H_1(\text{CID})$和$h = g^e$。其次计算新的变色龙随机数$r' = \left(r_1', r_2'\right) = \left(r_1 \cdot g^{(x+e)^{-1}\left(H_1(m) - H_1(m')\right)}, r_2 \cdot y^{(x+e)^{-1}\left(H_1(m) - H_1(m')\right)}\right)$。再次验证式(7.18)是否成立：

$$\hat{e}(g,g)^{H_1(m)} \cdot \hat{e}(h_0 \cdot y, r_1) = \hat{e}(g,g)^{H_1(m')} \cdot \hat{e}\left(h_0 \cdot y, r_1'\right) \tag{7.18}$$

最后验证$\hat{e}\left(r_1', y\right) = \hat{e}\left(r_2', g\right)$是否成立。若均成立，则返回新变色龙随机数$r'$；否则，返回异常值$\perp$。

7.7.2　安全性分析

正确性：方案的正确性可以通过对以下等式推导得到

$$\begin{aligned}&\hat{e}(g,g)^{H_1(m)}\cdot\hat{e}(h_0\cdot y,r_1)\\&=\hat{e}(g,g)^{H_1(m)}\cdot\hat{e}\left((h_0\cdot y)^a,g\right)\\&=h\end{aligned}\tag{7.19}$$

$$\begin{aligned}&\hat{e}(g,g)^{H_1(m')}\cdot\hat{e}\left(h_0\cdot y,r_1'\right)\\&=\hat{e}(g,g)^{H_1(m')}\cdot\hat{e}\left(h_0\cdot y,r_1^{(e+x)}\cdot g^{(H_1(m)-H_1(m'))}\right)\\&=\hat{e}(g,g)^{H_1(m')}\cdot\hat{e}(h_0\cdot y,r_1)\cdot\hat{e}(g,g)^{(H_1(m)-H_1(m'))}\\&=\hat{e}(g,g)^{H_1(m')+H_1(m)-H_1(m)}\cdot\hat{e}(h_0\cdot y,r_1)\\&=\hat{e}(g,g)^{H_1(m')}\cdot\hat{e}(h_0\cdot y,r_1)\\&=h\end{aligned}\tag{7.20}$$

抗碰撞性：假设存在多项式时间敌手$\mathcal{A}$，现简单地叙述如何构造一个算法$\mathcal{B}$，通过与敌手$\mathcal{A}$进行交互，来解决q-SDHP。给定一个q-SDHP实例$\left(g,g^x,\cdots,g^{x^q}\right)$，将其表示为$\left(A_0,A_1,\cdots,A_q\right)$。这里$x\in Z_q^*$是未知的。对于每一个$i=1,2,\cdots,q$，$A_i=g^{x_i}\in G$，特殊的，$A_0=g$。算法$\mathcal{B}$与敌手$\mathcal{A}$交互如下。

初始阶段：敌手$\mathcal{A}$生成一个不可预测的文件源$\mathcal{M}$，并且将其发送给算法$\mathcal{B}$。$\mathcal{B}$使用安全参数λ执行$(M,Z)\leftarrow\mathcal{M}(\lambda)$，得到消息$M$和额外信息$Z$。接着，执行算法$\text{PCH.Setup}(\lambda)\rightarrow\text{param}_{\text{PCH}}^{\text{ch}}$生成系统参数$\text{param}_{\text{PCH}}^{\text{ch}}=\{G,G_T,q,g,H_1,\hat{e}\}$。紧接着，执行PCH.KeyGen生成哈希公钥$y^{\text{ch}}$。挑战者$\mathcal{C}$将$\left\{\text{param}_{\text{PCH}}^{\text{ch}},y^{\text{ch}},(M,Z)\right\}$发送给敌手$\mathcal{A}$。

哈希和伪造询问阶段：敌手$\mathcal{A}$发起q_s个随机预言机H_1的询问$\left\{\text{CID}_i,m_i',(m_i,h_i,r_i)\right\}_{i\in[1,q_s]}$，这里，设$q_s=q-1$。与此同时，由于不可预测文件源$\mathcal{M}$的原因，敌手$\mathcal{A}$不会对文件源$\mathcal{M}$发起任何询问。作为每一个$i\in q_s$的应答，算法$\mathcal{B}$计算如下：首先，设多项式为$f(z)=\prod_{i=1}^{q_s}(z+e_i)=\sum_{i=0}^{q_s}(a_iz^i)$，$a_0,\cdots,a_{q_s}$代表多项式$f(z)$的系数，这里，$e_i=H_1(\text{CID}_i,y)$。接下来，算法$\mathcal{B}$定义如下：

$$g'=\prod_{i=0}^{q_s}(A_i)^{a_i}=g^{f(z)},\quad \tilde{h}=\prod_{i=0}^{q_s}(A_i)^{a_{i-1}}=g^{zf(z)}=(g')^z\tag{7.21}$$

接下来，定义多项式 $f_i(z)=f(z)/(z+e_i)=\prod_{j=1,j\neq i}^{q_s}(z+e_j)$ 和 $f(z)=\sum_{j=0}^{q_s-1}\left(b_j z^j\right)$。紧接着，算法 $\mathcal{B}$ 计算 $s_i=\prod_{j=0}^{q_s-1}\left(A_j\right)^{b_j}=(g')^{1/(x+e_i)}$。然后，计算 $r_i'=\left(g^{a_i}\cdot s_i^{H_1(m_i)-H_1(m_i')},\ y^{a_i}\cdot s_i^{x[H_1(m_i)-H_1(m_i')]}\right)$。可以推导得到：$\hat{e}(g,g)^{H_1(m_i')}\cdot\hat{e}\left(h_{0,i}\cdot y,r_{i,1}'\right)=\hat{e}(g,g)^{H_1(m_i)}\cdot\hat{e}\left(h_{0,i}\cdot y,r_{i,1}\right)$（这里 $h_{0.i}=g^{e_{0,i}}=g^{H_1(\mathrm{CID}_i,y)}$），因此可以知道以上计算得到的 r_i' 是满足自定义标识符 CID_i 下的碰撞。对应的，算法 $\mathcal{B}$ 将 s_i 作为哈希询问应答，将 r_i' 作为碰撞询问应答。

伪造阶段：敌手 $\mathcal{A}$ 返回一组满足碰撞的数组 $\left(\mathrm{CID}^*,M,r,M',r',h\right)$，这里，$M'\in\{0,1\}^*$ 为随机选取的消息。CID^* 是在哈希询问阶段未被询问过的自定义标识符，并且满足：$\hat{e}(g,g)^{H_1(M')}\cdot\hat{e}\left(h\cdot y,r_1'\right)=\hat{e}(g,g)^{H_1(M)}\cdot\hat{e}\left(h\cdot y,r_1\right)$。更进一步，解析 $r=(r_1,r_2)$ 和 $r'=(r_1',r_2')$，并且 $r'=(r_1',r_2')=\left(r_1\cdot s^{H_1(M)-H_1(M')},r_2\cdot s^{x[H_1(M)-H_1(M')]}\right)$，$s=\left(r_1'/r_1\right)^{1/[H_1(M)-H_1(M')]}=\left(g'\right)^{1/(x+e)}=g^{f(x)/(x+e)}$。

可以进一步解析多项式 f 为 $f(z)=\gamma(z)(z+e^*)+\gamma_{-1}$，这里 $\gamma(z)=\sum_{i=0}^{q_s-1}\left(\gamma_i z^i\right)$ 并且 $\gamma_{-1}\in Z_q$。那么，可以推导得到：

$$\frac{f(z)}{z+e^*}=\frac{\gamma_{-1}}{z+e^*}+\sum_{i=0}^{q_s-1}\left(\gamma_i z^i\right) \tag{7.22}$$

更进一步，$\gamma_{-1}\neq 0$ 并且 CID^* 没有被询问过，即 $\mathrm{CID}^*\notin\left\{\mathrm{CID}_1,\cdots,\mathrm{CID}_{q_s}\right\}$，因此 $z+e^*$ 不能够分解 $f(z)$。因此，算法 $\mathcal{B}$ 可以计算如下信息：

$$\pi=\left(s^*\cdot\sum_{i=1}^{q_s}\left(A_i\right)^{-\gamma_{-1}}\right)^{\frac{1}{\gamma_{-1}}}=g^{\frac{1}{x+e^*}} \tag{7.23}$$

最后，算法 $\mathcal{B}$ 可以输出 $\left(e^*,\pi\right)$（这里 $e^*=H_1\left(\mathrm{CID}^*,y\right)$）作为 q-SDHP 实例 $\left(g,g^x,\cdots,g^{x^q}\right)$ 的应答。

不可区分性：假设敌手 $\mathcal{A}$ 是一个多项式时间敌手，可以通过如下基于跳(hops)的游戏(game hopping)的方式来证明：可以构造一个算法 $\mathcal{B}$，通过区分不同的跳来解决 DDHP，给出证明如下。

初始阶段：敌手 $\mathcal{A}$ 生成一个不可预测的文件源 $\mathcal{M}$，并且将其发送给算法 $\mathcal{B}$。

$\mathcal{B}$使用安全参数λ执行$(M,Z)\leftarrow\mathcal{M}(\lambda)$，得到消息$M$和额外信息$Z$。接着，执行算法PCH.Setup($\lambda$)$\rightarrow\text{param}_{\text{PCH}}^{\text{ch}}$生成系统参数$\text{param}_{\text{PCH}}^{\text{ch}}=(G,G_T,q,g,H_1,\hat{e})$。紧接着，执行PCH.KeyGen生成哈希公钥$y^{\text{ch}}$。挑战者$\mathcal{C}$将$\left\{\text{param}_{\text{PCH}}^{\text{ch}},y^{\text{ch}},(M,Z)\right\}$发送给敌手$\mathcal{A}$。

询问阶段：敌手$\mathcal{A}$对挑战者$\mathcal{C}$控制的随机预言机H_1发起询问CID_i，对于每一个不同的询问，发送给挑战者$\mathcal{C}$返回相应的答复，并且在历史表格ℓ_{H_1}中记录。

挑战阶段：挑战者$\mathcal{C}$随机抛掷一枚硬币作为b，即$b\xleftarrow{R}\{0,1\}$。$\mathcal{C}$随机选择一个自定义标识符CID，分别执行算法PCH.CHash$\left(\text{CID},y^{\text{ch}},M\right)\rightarrow(h_c,r)$和PCH.FHash$\left(\text{CID},y^{\text{ch}},M\right)\rightarrow(h_f,r)$。如果$b=0$，$\mathcal{C}$将$\left(h_c,r_0,Z\right)$返回给$\mathcal{A}$；如果$b=1$，$\mathcal{C}$将$\left(h_f,r_1,Z\right)$返回给$\mathcal{A}$。以下具体解析每一个不同的哈希值。

当$b=0$时，$\left(h_b,r_b\right)=\left(h_c,r\right)$，解析如下：

$$\begin{aligned} r_0&=\left(g^{H_1(M)},y^{H_1(M)}\right)\\ h_c&=\hat{e}(g,g)^{H_1(M)}\cdot\hat{e}\left(\left(h_0\cdot y\right)^{H_1(M)},g\right)\end{aligned}\tag{7.24}$$

当$b=1$时，$\left(h_b,r_b\right)=\left(h_f,r\right)$，解析如下：

$$\begin{aligned} a\in_R Z_q,\quad r_0&=\left(g^a,y^a\right)\\ h_f&=\hat{e}(g,g)^{H_1(M)}\cdot\hat{e}\left(\left(h_0\cdot y\right)^a,g\right)\end{aligned}\tag{7.25}$$

挑战者$\mathcal{C}$将$\left(h_b,r_b,Z\right)$发送给敌手$\mathcal{A}$。由于不可预测的文件源$\mathcal{M}$，敌手$\mathcal{A}$不能对消息M发起挑战。

输出阶段：敌手$\mathcal{A}$输出一个猜测值b'，如果$b'=b$，则返回1；否则返回0。

Game 0：与后来的安全模型定义一样。

Game 1：与Game 0一样，唯一不同是在Game 1中，$\mathcal{C}$随机挑选$R_1\xleftarrow{R}G$，并且进行计算哈希值，具体如下所示。

当$b=0$时，$\left(h_b,r_b\right)=\left(h_c,r\right)$解析如下：

$$\begin{aligned} r_0&=\left(g^{H_1(M)},y^{H_1(M)}\right),\quad R_1\in_R G\\ h_c&=\hat{e}(g,g)^{H_1(M)}\cdot\hat{e}\left({h_0}^{H_1(M)}\cdot R_1,g\right)\end{aligned}\tag{7.26}$$

当$b=1$时，$\left(h_b,r_b\right)=\left(h_f,r\right)$解析如下：

$$a \in_R Z_q, \quad r = \left(g^a, y^a\right)$$
$$h_f = \hat{e}(g,g)^{H_1(M)} \cdot \hat{e}\left((h_0 \cdot y)^a, g\right) \tag{7.27}$$

Game 2：与 Game 1 一样，唯一不同的是在 Game 2 中，$\mathcal{C}$ 随机挑选 $R_2 \xleftarrow{R} G$，并且计算哈希值，具体如下所示。

当 $b=0$ 时，$\left(h_b, r_b\right)=\left(h_c, r\right)$ 解析如下：

$$r_0 = \left(g^{H_1(M)}, y^{H_1(M)}\right), \quad R_1 \in_R G$$
$$h_c = \hat{e}(g,g)^{H_1(M)} \cdot \hat{e}\left(h_0^{H_1(M)} \cdot R_1, g\right) \tag{7.28}$$

当 $b=1$ 时，$\left(h_b, r_b\right)=\left(h_f, r\right)$ 解析如下：

$$a \in_R Z_q, \quad r = \left(g^a, y^a\right), \quad R_2 \in_R G$$
$$h_f = \hat{e}(g,g)^{H_1(M)} \cdot \hat{e}\left(h_0^a \cdot R_2, g\right) \tag{7.29}$$

以上每一跳的游戏均只对前一跳进行可忽略的变动，换言之，每一跳所变动的参数对于敌手 $\mathcal{A}$ 来说是无法区分的；否则，可以利用敌手 $\mathcal{A}$ 对上述每一跳的区分来构建一个算法 $\mathcal{B}$。该算法 $\mathcal{B}$ 可以通过区分 Game 0 与 Game 1、Game 1 与 Game 2 来解决 DDHP。用 Game 0 与 Game 1 来举例说明。

给定一个 DDHP 的实例 $\left\{g, g^A, g^B, g^C\right\}$，算法 $\mathcal{B}$ 设 $y=g^A$（这里 A 是未知的），并且计算 $\left(h_0, r_0\right)=\left(h_c, r\right)$ 如下：

$$r_0 = \left(g^{H_1(M)}, y^{H_1(M)}\right), \quad R_1 \in_R G$$
$$h_c = \hat{e}(g,g)^{H_1(M)} \cdot \hat{e}\left(h_0^{H_1(M)} \cdot Q, g\right) \tag{7.30}$$

这里使用一个随机数 Q 来替代 R_1。如果 $Q=g^{AB}$，则这和 Game 0 一致；如果 $Q \in_R G$ 是一个随机数，则这和 Game 1 一致。设 E_i 为 $\mathcal{A}$ 赢得 Game i 的事件。可以类推，如果 $\mathcal{A}$ 能够区分 Game 1 和 Game 2，可以界定算法 $\mathcal{B}$ 解决 DDHP 的概率为 $\mathrm{Adv}_{\mathcal{B}}^{\mathrm{DDHP}}=\Pr\left[E_1\right]-\Pr\left[E_2\right]$。更进一步，在 Game 2 中，哈希值的产生对敌手来说是完全随机的，因此敌手无法以大于 $1/2$ 的概率有时猜测成功，以此赢得 Game 2，即 $\Pr\left[E_2\right]=\frac{1}{2}$。可以类推得到以下关系：$\mathrm{Adv}_{\mathrm{A}}^{\mathrm{IND\text{-}CPA}} \leqslant 2 \cdot \mathrm{Adv}_{\mathrm{B}}^{\mathrm{DDHP}}$。更进一步，由于 $\mathrm{Adv}_{\mathrm{B}}^{\mathrm{DDHP}}$ 是可忽略的（即算法 $\mathcal{B}$ 无法以不可忽略的优势解决 DDHP），

$Adv_{A}^{IND\text{-}CPA}$ 是可忽略的。证毕。

7.7.3 性能分析

本节对提出的 PCH 函数进行性能分析，分析主要通过计算复杂性和实验数据来展开。

首先介绍实验环境：使用 PBC 0.5.13 作为密码数据库，使用 C 语言进行编程并且使用 OpenSSL 作为安全传输数据的渠道。选择 Type-A 的椭圆曲线，该曲线基于超奇曲线 $y^2 = x^3 + x$。所有实验均在一台 CPU 为 i5-3210M 2.3GHz 的双核笔记本电脑上执行，带有 4GB 缓存，操作系统是 32 位的 WIN7 SP1。每一次仿真结果都是通过对连续 10 次实验数据进行取平均值得到的。

表 7.5 中，本书将提出的 PCH 方案与同类方案[6,8,12]的复杂度进行了对比。由表 7.5 所示，PCH 方案除了碰撞计算算法以外，其他算法均与同类方案一样高效。然而，PCH 方案在计算每一次碰撞时，需要执行 5 个对数计算和 2 个双线对计算，因此该方案的性能低于其他方案。

表 7.5　PCH 方案与相关变色龙哈希方案的复杂度比较

对比方案	确定性哈希复杂度	随机性哈希复杂度	聚合哈希复杂度	验证哈希复杂度	计算碰撞复杂度
PCH 方案	$3T_e + 2T_m + 2T_p$	$4T_e + 2T_m + 2T_p$	$(3n-3)T_m$	$2T_e + 2T_m + 2T_p$	$6T_m + 5T_e + 2T_p + T_i$
文献[6]方案	—	$4T_e + 2T_m$	—	$4T_e + 2T_m$	$2T_e + 2T_m + T_i$
文献[8]方案	—	$3T_e + 2T_m$	—	$3T_e + T_m$	$2T_e + 2T_m$
文献[12]方案	—	$T_e + 2T_m + T_p$	—	$T_e + 2T_m + T_p$	$2T_e + 2T_p$

为了进一步测试 PCH 方案的实用性，使用 1KB 文件块作为测试文件（为了防止读取文件块的时间不会大幅领先密码算法的开销，以至于影响分析）。这里，为了测试聚合哈希算法（PCH.Int）的下界，设 n=1。如图 7.6（a）所示，PCH 方案的碰撞算法（PCH.Forge）所产生的开销较大，其他子算法的开销相对稳定和较小。为了进一步测试哈希算法受文件大小的影响，将测试文件的大小逐步增加，并且基于不同大小的文件，分别测试确定性哈希算法（PCH.CHash）和随机性哈希算法（PCH.FHash）的执行效率。如图 7.6（b）所示，两种哈希算法所产生的计算开销均随文件块数量线性增加（这里设每一个文件块大小为 1KB，每一个文件块代表一文件）。特别的，随机性哈希算法（PCH.FHash）增长的速度相对慢于确定性哈希算法（PCH.CHash）。

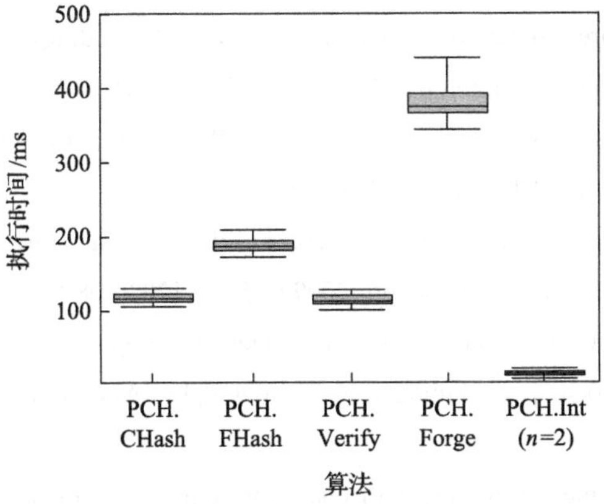

(a) 不同算法的性能

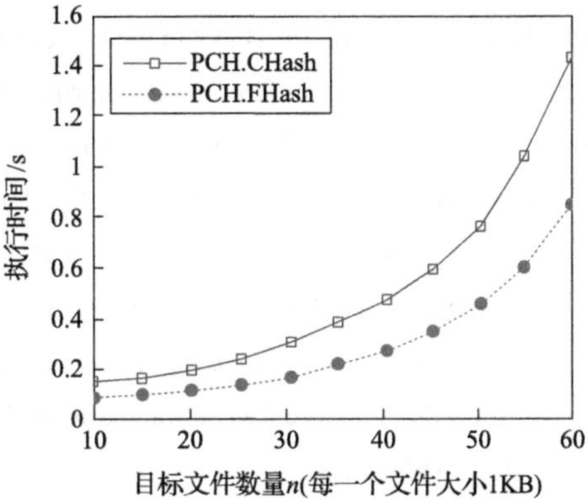

(b) 哈希算法受文件数量的影响

图 7.6 PCH 方案的性能

7.8 本章小结

本章围绕用户交易的隐私保护问题，对哈希函数及其在区块链中的隐私保护应用进行讨论。本章首先对哈希函数的概念和应用进行了介绍，分别给出了三种公钥变色龙哈希函数的具体算法构造。安全和性能分析显示，本章提出的三种哈希算法能够用于高效和安全的哈希计算，确保用户交易数据的隐私安全。

参考文献

[1] Nakamoto S. Bitcoin: A peer-to-peer electronic cash system[EB/OL]. https://courses.cs.washington.edu/courses/csep552/18wi/papers/nakamoto-bitcoin.pdf. [2020-08-03].

[2] Ali M, Nelson J, Shea R, et al. Blockstack: A global naming and storage system secured by blockchains[C]. Proceedings of the USENIX Annual Technical Conference, Santa Clara, 2016: 181-194.

[3] Ateniese G, Magri B, Venturi D, et al. Redactable blockchain-or-rewriting history in bitcoin and friends[C]. Proceedings of the IEEE European Symposium on Security and Privacy, Paris, 2017: 111-126.

[4] Huang K, Zhang X, Mu Y, et al. Building redactable consortium blockchain for industrial internet-of-things[J]. IEEE Transactions on Industrial Informatics, 2019, 15(6): 3670-3679.

[5] Krawczyk H M, Rabin T D. Chameleon hashing and signatures[EB/OL]. http://pdfs.semanticscholar.org/1c29/4428c76ba7d1d0bb5e1d1bc931138c092453.pdf. [2020-08-03].

[6] Ateniese G, Medeiros B D. Identity-based chameleon hash and applications[C]. Proceedings of the International Conference on Financial Cryptography, Key West, 2004: 164-180.

[7] Ateniese G, Medeiros B D. On the key exposure problem in chameleon hashes[C]. Proceedings of the International Conference on Security in Communication Networks, Amalfi, 2004: 165-179.

[8] Chen X, Zhang F, Kim K. Chameleon hashing without key exposure[C]. Proceedings of the International Conference on Information Security, Palo Alto, 2004: 87-98.

[9] Chen X F, Zhang F G, Tian H B, et al. Key-exposure free chameleon hashing and signatures based on discrete logarithm systems[EB/OL]. https://eprint.iacr.org/2009/035.pdf. [2020-08-03].

[10] Camenisch J, Derler D, Krenn S, et al. Chameleon-hashes with ephemeral trapdoors[C]. Proceedings of the IACR International Workshop on Public Key Cryptography, Amsterdam, 2017: 152-182.

[11] Krenn S, Pöhls H C, Samelin K, et al. Chameleon-hashes with dual long-term trapdoors and their applications[EB/OL]. https://eprint.iacr.org/2018/971.pdf. [2020-08-03].

[12] Lai J Z, Ding X H, Wu Y D. Accountable trapdoor sanitizable signatures[C]. Proceedings of the International Conference on Information Security Practice and Experience, Lanzhou, 2013: 117-131.

[13] Bellare M, Ristov T. A characterization of chameleon hash functions and new, efficient designs[J]. Journal of Cryptology, 2014, 27(4): 799-823.

第 8 章　数字签名在区块链中的应用

本章首先介绍数字签名概念、区块链中的环签名算法。接着分别介绍两种用于身份隐私保护的数字签名算法，即可编辑可链接环签名、可编辑签密算法的构造，然后给出上述算法的安全性和性能分析。

8.1　数字签名概述

数字签名是公钥密码学发展过程中衍生出的一种安全认证技术，主要用于提供实体认证、认证密钥传输和认证密钥协商等服务[1]。简单来说，发送消息的一方可以通过添加一个起签名作用的编码来代表消息文件的特征，如果文件发生了改变，那么对应的数字签名也要发生改变，即不同的文件经过编码所得到的数字签名是不同的。使用基于 RSA 公钥算法的数字签名技术，如果密码攻击者试图对原始消息进行篡改和冒充等非法操作，由于无法获取消息发送方的私钥，所以也就无法得到正确的数字签名；若消息的接收方试图否认和伪造数字签名，则公证方可以用正确的数字签名对消息进行验证，判断消息是否来源于发送方，这样的方式很好地保证了消息文件的完整性、鉴定发送者身份的真实性与不可否认性[2]。当下许多领域对数字签名技术提出了各种新的应用需求，在未来的网络信息安全和身份认证中，基于 RSA 公钥算法的数字签名技术在理论和实际应用方面仍具有重要的研究价值与研究意义。

数字签名方案一般包括三个过程，即系统的初始化、签名的产生和签名的验证。系统的初始化过程产生数字签名用到的参数；签名过程中，用户用自己的私钥对消息进行签名；签名验证过程中，利用公开的验证方法对给定消息的签名进行验证，得出签名是否有效的结论。

8.2　区块链中的环签名算法

环签名是一种特殊的数字签名，环签名可以实现区块链上交易的无条件匿名性，然而在完全匿名的情况下，无法实现对恶意交易人员的追踪。为了实现叛逆者追踪，目前环签名的匿名撤销方案是引入一个环管理员，在进行叛逆者追踪时由环管理员进行匿名撤销。但是，这种方法在区块链去中心化环境下无法实现。因此，设计一套符合区块链去中心化环境的匿名性条件可撤销的环签名方案，才能够有效保障区块链的安全应用。与其他数字签名机制一样，环签名用户需要产生一对公私钥。进一步的，他使用自己的私钥进行签名，而其他用户可以使用该用户的公钥来验证签名。不同的是，环签名机制可以将签名用户的公钥隐藏在环上某个节点中，以此实现签名用户的身份匿名。换言之，其他用户(外界)知道环签名是由环上的某一个用户签发的，但是不知道具体是哪个用户。由此，用户身份得到了匿名。这种匿名的特性适合某些特殊的应用场合，如匿名电子投票、匿名交易等。以下简要介绍环签名的研究进展。

环签名最初由群签名[3]发展而来。在群签名中，任意一个群用户均可以代表整个群进行签名，并且签名可以得到公开的验证。外界仅仅知道该签名是群上的某一个用户产生的，却不知道是哪个用户。在文献[4]中，Camenisch 等提出不随群成员数量线性增长的公钥和签名大小的群签名方案。特别的，他们提出使用知识证明来实现该签名方案。在文献[5]所提方案中，Boneh 等提出一种著名的 BLS 签名方案。在 BLS 签名方案中，Boneh 等提出了一种基于 CDHP 和特殊的椭圆曲线上的签名方案。值得注意的是，该方案的签名长度仅为数字签名算法(digital signature algorithm，DSA)签名的一半，但是却可以达到同等级别的安全性。其后，学者对环签名的安全性、效率性和功能性进行了不断探索。

然而，与群签名不一样的是，环签名通常是基于自组织性环的，即签名者可以根据自己的需要，选择任意数量的公钥组成环，该环构成的过程是无需交互的。进一步说，环上的用户对于自己被选择作为环成员并不知情。对环签名的研究分为门限环签名[6,7](即多个用户进行签名)、可撤销的环签名[8](即签名可以被撤销)、可链接的环签名[8,9](即任何来自相同签名者的两个环签名可以被检测出来)。由于密码货币在近年的火热发展[10]，可链接的环签名逐渐成为研究热点，用户匿名性受到用户的青睐。然而，防止用户肆意滥用这种匿名性也同样重要。特别的，可链接性这种机制能够允许将同一用户多次签发的信息(或者签名)检测出来，这种性质可用于检测密码货币是否被多次使用(又称为 double spending，即双花)。

为了让读者对环签名的研究方案及其性质有一个大概的了解，将具有代表性的部分环签名[11-19]在表 8.1 中进行了对比。

表 8.1 环签名方案的比较

环签名方案	密码框架	依赖双线性对计算	签名大小	可链接性
文献[11]方案	PKI	否	$O(1)$	是
文献[12]方案	PKI	否	$O(n)$	是
文献[13]方案	PKI	否	$O(n)$	是

续表

环签名方案	密码框架	依赖双线性对计算	签名大小	可链接性
文献[14]方案	PKI	是	$O(1)$	是
文献[15]方案	PKI	否	$O(n)$	是
文献[16]方案	PKI	是	$O(\sqrt{n})$	是
文献[17]方案	IDB	是	$O(1)$	是
文献[18]方案	PKI	是	$O(\sqrt{n})$	是
文献[19]方案	PKI	否	$O(n)$	否

8.3　可编辑可链接环签名的构造

基于可编辑可链接的环签名(linkable and redactable ring signature，LRRS)是一种特殊的公钥签密机制，即具有签名用户身份匿名的特性、签名可编辑、签名可链接等特性，是一种灵活和多功能的认证机制。通常来说，环签名机制可以将签名的公钥隐藏在环上某个节点中，以此实现签名用户的身份匿名。一般来说，数字签名机制是无法被编辑的；否则，就破坏了签名的验证性。然而，基于变色龙哈希函数的机制，能够构造一种不可抵赖的签名机制。具体的，先使用变色龙哈希函数对需要签名的消息进行哈希，然后使用一般的数字签名机制在该变色龙哈希值上签名。这样一来，即使消息本身发生了变化，由于本书之前介绍的变色龙哈希值的碰撞性机制(即满足等式 $\text{Hash}(m,r)=\text{Hash}(m',r')=h$)，被编辑后的签名实际上仍然能够通过验证(因为被签名的变色龙哈希值没有发生变化)。此外，可链接的性质指的是两个由同一个用户产生的签名能够被检测出来。这是一种在部分场景下很有用的机制，特别是在电子商务应用中，检测用户是否发起重放攻击或者试图欺骗电子支付协议，如双花(重复使用密码货币)等。

基于可编辑可链接的环签名区块链系统模型如图 8.1 所示，区块链网络中的用户(层级 1)可以发起数据交易(层级 2)，由矿工记录并且写入区块链(层级 3)。当发现问题区块内容时，矿工可以使用本书提出的环签名编辑算法，对问题区块所涉及的签名进行重新编辑。这样一来，被编辑后的区块内容所涉及的数字签名仍然能够验证，从而确保了区块链在被编辑后，其签名仍然具备认证性，以此确保区块链的公开可验证性。

8.3.1　方案构造

$\text{LRRS.Setup}(\lambda)\to\text{param}_{\text{LRRS}}$：根据安全参数 λ 选择一个生成元为 g、群阶数为 q 的群 G，设置哈希函数分别为：$H_1:\{0,1\}^*\to G$ 和 $H_2:\{0,1\}^*\to Z_q$，设置

$\mathrm{d}t \in Z_q$ 为一个更新周期。算法输出系统参数 $\mathrm{param}_{\mathrm{LRRS}} = \langle G, q, g, H_1, H_2, \mathrm{d}t \rangle$。

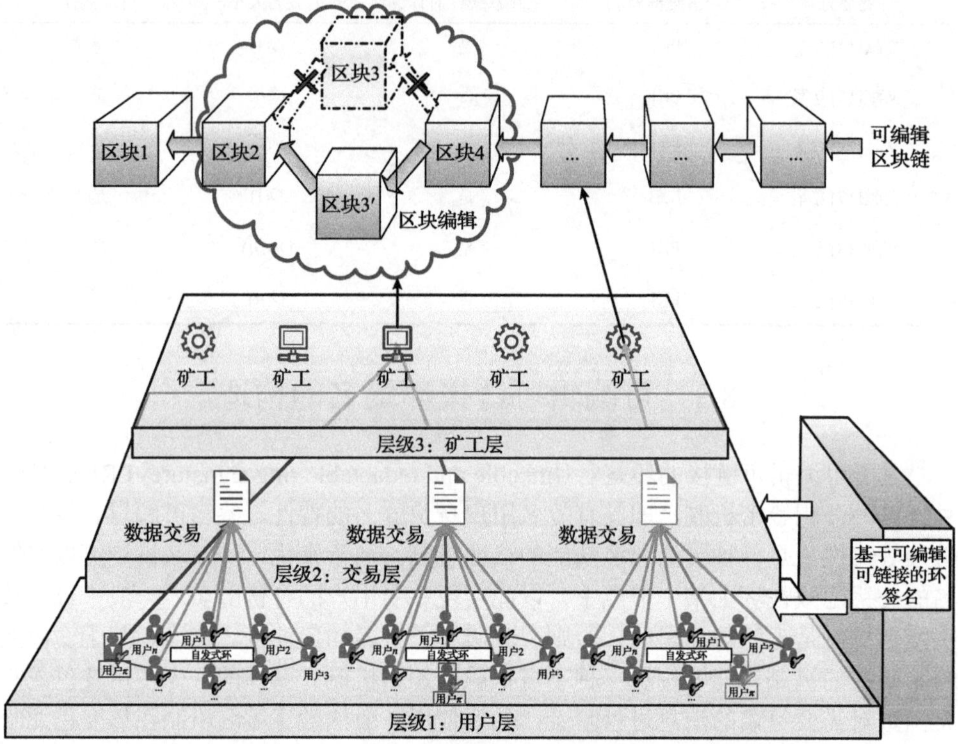

图 8.1　基于可编辑可链接的环签名区块链的系统模型

$\mathrm{LRRS.UKeyGen}(\mathrm{param}_{\mathrm{LRRS}}) \to (\mathrm{sk}_i, \mathrm{pk}_i)$：输入系统参数 $\mathrm{param}_{\mathrm{LRRS}}$，选择一个随机数 $x_i \xleftarrow{R} Z_q$ 作为用户 i 的私钥 sk_i，计算 $\mathrm{pk}_i = g^{x_i}$ 作为用户 i 公钥，算法输出用户 i 的公私钥对 $(\mathrm{sk}_i, \mathrm{pk}_i)$。

$\mathrm{LRRS.HKeyGen}(\mathrm{param}_{\mathrm{LRRS}}) \to (\mathrm{tk}, \mathrm{hk})$：输入系统参数 $\mathrm{param}_{\mathrm{LRRS}}$，选择一个随机数 $x \xleftarrow{R} Z_q$ 作为陷门私钥 $\mathrm{tk} = x$，计算 $y = g^x$ 作为哈希公钥 $\mathrm{hk} = y$，算法输出公私钥对 $(\mathrm{tk}, \mathrm{hk})$。

$\mathrm{LRRS.Sign}(\mathrm{hk}, L, m, x_\pi, t) \to (\sigma_L^t(m))$：输入哈希密钥 hk、一个由 n 个用户公钥组成的哈希列表 $L = \{y_1, \cdots, y_n\}_{1 \leqslant i \leqslant n}$（其中，每一个公钥 y_i 对应一个私钥 x_i）、待签名的消息 $m \xleftarrow{R} \{0,1\}^*$、签名者的私钥 x_π（其中，$1 \leqslant \pi \leqslant n$，并且对应公钥 y_π）、一个当前时间 $t \in Z_q$。首先，设自定义标识符为 $\mathrm{CID} = L$。接着，计算中间参数 $h_0 = H_1(\mathrm{CID})$ 和 $\tilde{y} = h^{x_\pi}$。基于 h_0 和 $\tilde{y}$，挑选两个随机数 $u, v \xleftarrow{R} Z_q$ 并且计算

$c_{\pi+1}=H_2\left(L,\tilde{y},g^u,h^v\right)$。其次，基于$c_{\pi+1}$，对于每一个$i=\pi+1,\cdots,n,1,\cdots,\pi-1$，选择两个随机数$\alpha_i,\beta_i\overset{R}{\leftarrow}Z_q$，计算变色龙随机数$r_i=\left(g^{\alpha_i t},y^{\alpha_i t}\right)$和变色龙哈希值$h_i=g^{\alpha_i t}h^{H_2(m)t}$，然后计算$c_{i+1}=H_2\left(L,\tilde{y},\hbar_i\cdot y_i^{c_i},h^{\beta_i}\cdot\tilde{y}^{c_i}\right)$。再次，计算$\alpha_\pi=u-x_\pi c_\pi t^{-1}\bmod q$和$\beta_\pi=v-x_\pi c_\pi\bmod q$。最后，算法输出$\sigma_L^t(m)=(c_1,r_1,\cdots,r_n,\beta_1,\cdots,\beta_n,\tilde{y})$。

LRRS.Verify$\left(L,m,\sigma_L^t(m),\tilde{t}\right)\to(0,1)$：输入由$n$个公钥组成的列表$L=\{y_1,\cdots,y_n\}_{1\leqslant i\leqslant n}$、消息$m$、签名$\sigma_L^t(m)=(c_1,r_1,\cdots,r_n,\beta_1,\cdots,\beta_n,\tilde{y})$和当前时间$\tilde{t}$，设自定义标识符为$\mathrm{CID}=L$，并且计算$h=H_1(L)$。对于每一个$i=1,\cdots,n$，计算变色龙哈希值$h_i=g^{\alpha_i\tilde{t}}h^{H_2(m)\tilde{t}}$（这里对应一个变色龙随机数$r_i=\left(g^{\alpha_i\tilde{t}},y^{\alpha_i\tilde{t}}\right)$），计算中间参数$z_i'=\hbar_i\cdot y_i^{c_i}$和$z_i''=h^{\beta_i}\cdot\tilde{y}^{c_i}$。接着，对于$i\neq n$，计算$c_{i+1}=H_2\left(L,\tilde{y},z_i',z_i''\right)$。检查等式是否成立：$c_1\overset{?}{=}H_2\left(L,\tilde{y},z_i',z_i''\right)$，若成立，则算法返回 1 代表验证通过；否则，算法返回 0 代表验证失败。

LRRS.Redact$\left(\mathrm{tk},L,m',\sigma_L^t(m),t\right)\to\left(\perp,\sigma_L^t(m')\right)$：输入陷门私钥$\mathrm{tk}=x$、由$n$个公钥组成的哈希列表$L=\left\{y_1,\cdots,y_n\right\}_{1\leqslant i\leqslant n}$、新消息$m'\in\{0,1\}^*$、目标签名$\sigma_L^t(m)=\left(c_1,r_1,\cdots,r_n,\beta_1,\cdots,\beta_n,\hat{y}\right)$和时间点$t$。首先执行算法LRRS.Verify$\left(L,m,\sigma_L^t(m),t\right)$来验证签名的正确性。若验证不通过，则返回异常值$\perp$并且退出；否则，设自定义标识符为$\mathrm{CID}=L$，并且计算$h=H_1(L)$。对于每一个$1\leqslant i\leqslant n$，计算变色龙随机数$r_i'=\left(g^{\alpha_i' t},y^{\alpha_i' t}\right)=\left(g^{\alpha_i'}h^{(H_2(m)-H_2(m'))t},y^{\alpha_i'}h^{x(H_2(m)-H_2(m'))t}\right)$。最后，算法输出一个编辑后的签名$\sigma_L^t(m')=\left(c_1,r_1',\cdots,r_n',\beta_1,\cdots,\beta_1,\tilde{y}\right)$。

LRRS.Update$\left(\mathrm{tk},L,m,\sigma_L^t(m),t,\mathrm{d}t\right)\to\left(\perp,\sigma_L^{t+\mathrm{d}t}(m)\right)$：输入陷门私钥$\mathrm{tk}=x$、由$n$个由公钥组成的哈希列表$L=\left\{y_1,\cdots,y_n\right\}_{1\leqslant i\leqslant n}$、被签名的消息$m\in\{0,1\}^*$、签名$\sigma_L^t(m)=\left(c_1,r_1,\cdots,r_n,\beta_1,\cdots,\beta_n,\hat{y}\right)$、一个过去的时间点$t$时间周期$\mathrm{d}t$。首先执行算法LRRS.Verify$\left(L,m,\sigma_L^t(m),t\right)$来验证签名的正确性。若验证不通过，则返回异常值$\perp$并且退出；否则，设自定义标识符为$\mathrm{CID}=L$，并且计算$h=H_1(L)$。对于每一个$1\leqslant i\leqslant n$，计算变色龙随机数：

$$r_i''=\left(g^{\alpha_i''(t+\mathrm{d}t)},y^{\alpha_i''(t+\mathrm{d}t)}\right)=\left(g^{a_i t}h^{H_2(m)(-\mathrm{d}t)},y^{a_i t}h^{xH_2(m)(-\mathrm{d}t)}\right)\tag{8.1}$$

最后，算法输出一个更新后的签名$\sigma_L^{t+\mathrm{d}t}(m)=\left(c_1,r_1'',\cdots,r_n'',\beta_1,\cdots,\beta_n,\tilde{y}\right)$。

LRRS.Link$\left(Ln\left\{\mathrm{pk}_{d_0},m_{d_0},\sigma_L^t\left(m_{d_0}\right)\right\},\left\{\mathrm{pk}_{d_1},m_{d_1},\sigma_L^t\left(m_{d_1}\right)\right\},\tilde{t}\right)\to(\perp,0,1)$：输入$n$

个由公钥组成的哈希列表 $L=\{y_1,\cdots,y_n\}_{1\leqslant i\leqslant n}$ ，一对由公钥、消息和签名组成的数组 $\left(\mathrm{pk}_{d_j},m_{d_j},\sigma_L^t\left(m_{d_j}\right)\right)$（这里 $d_i\in L$ 并且 $j=0,1$），以及当前时间 $\tilde{t}$ 。首先对于 $j=0,1$ 执行验证算法 $\mathrm{LRRS.Verify}\left(L,m_{d_j},\sigma_L^t\left(m_{d_j}\right),\tilde{t}\right)$，如果验证均通过，则执行下一步；否则，返回⊥，中断并且退出。接着，验证 $\tilde{y}_{d_0}=\tilde{y}_{d_1}$ 是否成立。若成立，则算法返回 1；否则，算法返回 0。

$\mathrm{LRRS.Deny}\left(\mathrm{CID},m^*,\sigma_L^t(m^*),m,\sigma_L^t(m),\tilde{t}\right)\to(\perp,0,1)$：输入 n 个由公钥组成的哈希列表 $L=\{y_1,\cdots,y_n\}_{1\leqslant i\leqslant n}$、具有争议的消息 m^* 和签名 $\sigma_L^t(m^*)$、原始签名 m 和签名 $\sigma_L^t(m)$，以及当前时间 $\tilde{t}$ 。首先执行验证算法 LRRS.Verify 分别验证签名 $\sigma_L^t(m^*)$ 和 $\sigma_L^t(m)$ 的正确性。若未通过，则返回异常值⊥并且退出；否则，设自定义标识符为 $\mathrm{CID}=L$ ，并且计算 $h=H_1(L)$ 。进一步，对于每一个 $i=1,\cdots,n$ ，验证 $g^{\alpha_i\tilde{t}}h^{H_2(m)\tilde{t}}=g^{\alpha_i^*\tilde{t}}h^{H_2(m^*)\tilde{t}}$（这里每一个哈希值 $g^{\alpha_i\tilde{t}}h^{H_2(m)\tilde{t}}$ 对应一个变色龙随机数 $r_i=\left(g^{\alpha_i\tilde{t}},y^{\alpha_i\tilde{t}}\right)$）。如果有任何等式满足成立，则抵赖成功，算法返回 1；否则，算法返回 0。

8.3.2 安全性分析

正确性：对于算法 LRRS.Redact 的正确性，可以推导如下

$$\begin{aligned}&g^{a_i't}h^{H_2(m')t}\\&=g^{a_it}\cdot h^{(H_2(m)-H_2(m'))t}h^{H_2(m')t}\\&=g^{a_it}h^{H_2(m)}\\&=\hbar_i\end{aligned}\tag{8.2}$$

对于算法 LRRS.Update 的正确性，可以推导如下：

$$\begin{aligned}&g^{a_i''(t+\mathrm{d}t)}h^{H_2(m')(t+\mathrm{d}t)}\\&=g^{a_it}h^{H_2(m)(-\mathrm{d}t)}h^{H_2(m)(t+\mathrm{d}t)}\\&=g^{a_it}h^{H_2(m)t}\\&=\hbar_i\end{aligned}\tag{8.3}$$

不可伪造性：假设存在多项式时间敌手 $\mathcal{A}$ 可以成功伪造签名，现简单地描述

如何构造一个算法$\mathcal{B}$，通过与敌手$\mathcal{A}$进行交互，来解决离散对数困难问题(DLP)。

给定一个 DLP 实例$\left(g,g^{A}\right)$，为了获取A的取值，算法$\mathcal{B}$执行如下所示。

假设敌手成功伪造出一个签名$\sigma_L^t\left(m^*\right)=\left(c_1^*,r_1^*,\cdots,r_n^*,\beta_1^*,\cdots,\beta_n^*,\tilde{y}^*\right)$，并且该签名能够通过验证算法，即 $\text{LRRS.Verify}\left(L,m^*,\sigma_L^t\left(m^*\right),t\right)=1$。进一步解析参数如下：

$$
\begin{aligned}
c_{i+1}^* &= H_2\left(L,\tilde{y}^*,\hbar\cdot y_i^*c_i^*,h^{\beta_i^*}\tilde{y}^{c_i^*}\right)\\
c_1^* &= H_2\left(L,\tilde{y}^*,\hbar\cdot y_n^*c_n^*,h^{\beta_n^*}\tilde{y}^{c_n^*}\right)
\end{aligned}
\tag{8.4}
$$

算法$\mathcal{B}$可以通过构建一个基于回溯的游戏，从$\mathcal{B}$与$\mathcal{A}$的交互中，提取得到 DLP 的答案，在此省略相关细节。

签名者身份匿名性：假设存在多项式时间敌手$\mathcal{A}$，可以有效地猜测用户身份的信息，简单描述如何构造一个算法$\mathcal{B}$，通过与敌手$\mathcal{A}$进行交互，来解决 DDHP。给定一个待签名的消息m、一组由n个由公钥组成的哈希列表$L=\{y_1,\cdots,y_n\}_{1\leqslant i\leqslant n}$，以及用户产生的签名$\sigma_L^t(m)$，$\mathcal{B}$可以基于多项式$Q(k)$构造一个解决 DDHP 的算法。相关证明细节在此省略。

8.3.3　性能分析

首先介绍实验环境：使用 PBC 0.5.13 作为密码库，使用 C 语言进行编程并且使用 OpenSSL 作为安全传输数据的渠道。选择 Type-A 的椭圆曲线，该曲线基于超奇曲线$y^2=x^3+x$。所有实验均在一台 CPU 为 i5-3210M 2.3GHz 的双核笔记本电脑上执行，带有 4GB 缓存，操作系统是 32 位的 WIN7 SP1。每一次仿真结果都是通过对连续 10 次实验数据取平均值得到的。

如表 8.2 所示，本书环签名方案由于涉及环上n个用户的公钥信息，其计算复杂度与n相关。而其他对比方案的复杂度均为常量。这里，n代表 LRRS 方案中一个环所包含的用户公钥的数量(环上节点数量)能。如果将n设置为 1(即环上节点的数量)，环签名方案就失去了匿名性的特点，并且降级为一个普通签名方案。当然，也有其他的方法可以改善环签名方案的性能。例如，由于 LRRS 方案是基于自组织性的环，该环上的计算完全不需要任何其他用户参与，用户可以提前进行预计算(离线计算)。由此一来，可以有效降低在线阶段的计算负担。

接下来，对方案的各个算法进行仿真测试。首先，由于 LRRS 方案涉及计算变色龙哈希值，将 ASCS 方案[23]作为基准。使用不同大小的密钥(128bit、256bit、512bit)，然后设置不同的环节点数(从 20 到 120)来测试所需的时间。如图 8.2(a)

表 8.2 相应签名方案的复杂度比较

对比方案	不同算法的复杂度			
	计算签名	验证签名	编辑签名	更新签名
LRRS 方案	$(5n-1)T_e+(4n-1)T_m$	$(2n+2)T_e+(3n+1)T_m$	$(4n+2)T_e+(7n+1)T_m$	$2nT_e+4nT_m$
文献[20]方案	$4T_e+2T_m+T_s$	$2T_e+T_m+T_v$	$2T_e+3T_m+T_i$	—
文献[21]方案	$3T_e+2T_m+T_s$	$2T_e+2T_m+T_v$	$2T_e+3T_m+T_i$	—
文献[22]方案	$3T_e+T_m+T_s$	$2T_e+T_m+T_v$	$2T_e+T_m+T_i$	—

所示，LRRS 方案的密钥生成算法要明显优于 ASCS 方案[23]，这是由于 LRRS 方案基于自组织性环，环上的公钥计算不再随环上节点数量的增加而呈现快速线性增长，而 ASCS 方案受该影响较大。接着，分别测试 LRRS 方案在计算签名、编辑签名、验证签名及更新签名方面的性能，在测试过程中，用不同的门限值 n 作为比较，并且逐步增加操作的次数。如图 8.2(b)～(e)所示，门限值对方案的性能造成较大的影响。因此，建议根据实际应用的需求(即匿名性的强弱需求)，选择合理大小的环(环节点数目)，以达到最优的性能。

最后，在图 8.2(f)中列出了 LRRS 方案的各个算法执行次数与所需要的时间。这里，设门限值 $n=10$。从图 8.2(f)可以看到，1000ms 的计算资源足以支持 80 次的更新签名、60 次的验证签名、60 次的编辑签名及 50 次的计算签名。因此，计算签名的算法是最耗时的算法。综上所述，本节提出的 LRRS 方案优于 ASCS 方案[23]，虽然 LRRS 方案的算法在密钥生成方面性能较优，然而在其他方面受到门限值的影响较大。因此，需要根据实际应用需求，选择合适大小的环进行运算，以此将性能最优化。

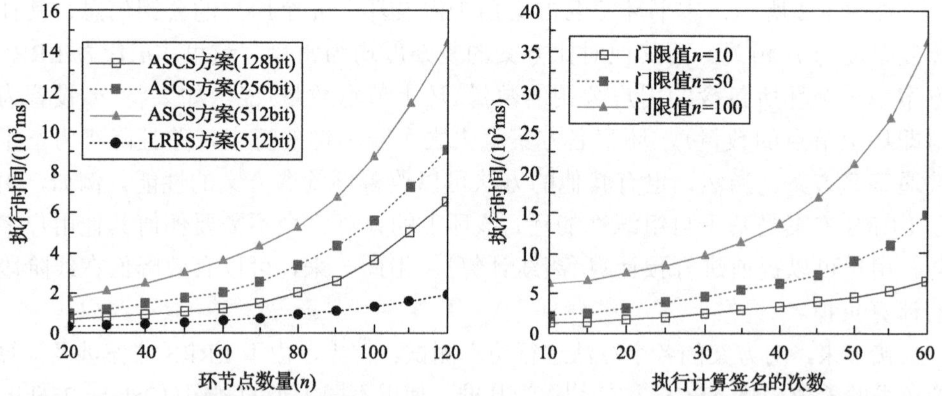

(a) 密钥生成算法的性能　　(b) 计算签名算法的性能

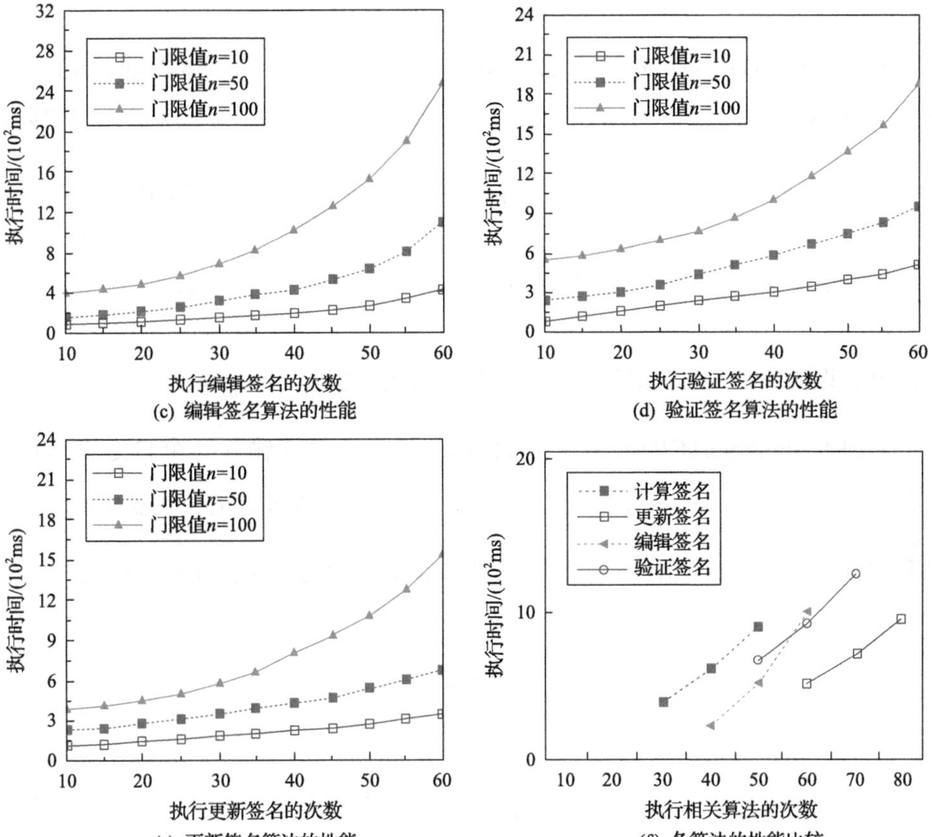

(c) 编辑签名算法的性能　(d) 验证签名算法的性能

(e) 更新签名算法的性能　(f) 各算法的性能比较

图 8.2 LRRS 算法的性能比较

8.4 可编辑签密算法的构造

8.4.1 方案构造

本节将介绍一种同态和指定接收者的签密(homomorphic and designated receiver signcryption，HDRS)方案。

$\text{HDRS.Setup}(\lambda) \to \text{param}_{\text{HDRS}}$：根据安全参数$\lambda$选择一个生成元为$g$、群阶数为$q$的群$G$，设置哈希函数分别为$H_2:\{0,1\}^* \to Z_q$。算法输出系统参数$\text{param}_{\text{HDRS}} = \langle G,q,g,H_2 \rangle$。

$\text{HDRS.KeyGen}(\text{param}_{\text{HDRS}}) \to (\text{pk}_{\text{user}},\text{sk}_{\text{user}})$：输入系统参数$\text{param}_{\text{HDRS}}$，随机选择群$Z_q$中的元素，生成三元组$\text{sk}_{\text{user}} = \{x_{0,\text{user}},x_{1,\text{user}},x_{2,\text{user}}\}$作为用户私钥，并且计算输出用户公钥$\text{pk}_{\text{user}} = \{g^{x_{0,\text{user}}},g^{x_{1,\text{user}}},g^{x_{2,\text{user}}}\}$。算法输出用户公私钥对

$(\mathrm{pk}_{\mathrm{user}}, \mathrm{sk}_{\mathrm{user}})$。

HDRS.PKeyGen$\left(\mathrm{param}_{\mathrm{HDRS}}, \mathrm{sk}_{S_A}, \mathrm{sk}_{S_B}\right) \to (k_{AB})$：输入系统参数 $\mathrm{param}_{\mathrm{HDRS}}$、用户 S_A 和 S_B 的私钥 sk_{S_A} 和 sk_{S_B}，计算一个代理签名密钥如下：①一个代理 P 随机挑选一个数 $s \in_R Z_q$ 并且发送给用户 S_A；②用户 S_A 计算并且发送 $\mathrm{SIGN}_{x_{1,A}}\left(\frac{s}{x_{1,A}}\right)$ 给 S_B（本书采用 BLS 签名作为算法 SIGN()）；③ S_B 计算并且发送 $\mathrm{SIGN}_{x_{1,A}}\left(\frac{s \cdot x_{1,B}}{x_{1,A}}\right)$ 给代理 P。设代理重签名密钥为 $k_{AB} = \frac{s \cdot x_{1,B}}{x_{1,A}}$，算法输出一个 k_{AB}。

HDRS.Signcrypt$\left(\mathrm{CID}, m, \mathrm{sk}_S, \mathrm{pk}_R\right) \to (c \text{ or } \perp)$：算法输入一个自定义标识符 $\mathrm{CID} \in \{0,1\}^*$、消息 $m \in Z_q$、发送者 S 的私钥 sk_S、接收者 R 的公钥 pk_R。首先，计算中间参数 $e = H_2(\mathrm{CID}, \mathrm{pk}_R)$ 和 $h_0 = g^e$。接着，挑选一个随机数 $a \overset{R}{\leftarrow} Z_q^*$，计算 $c = (c_0, c_1, c_2, c_3)$ 如下：

$$
\begin{aligned}
c_0 &= g^a \\
c_1 &= y_{1,S}^a \\
c_2 &= g^m \left(h_0 \cdot y_{0,R}\right)^a \\
c_3 &= \left(y_{1,R}^m \cdot y_{2,R}^a\right)^{x_{1,S}}
\end{aligned} \tag{8.5}
$$

算法输出 $c = (c_0, c_1, c_2, c_3)$ 作为发送者 S 发送给接收者 R 的签密文。

HDRS.ReSign$\left(c_{S_A}, k_{AB}\right) \to \left(c_{S_B}\right)$：输入签密文 $c = \left(c_{0,s_A}, c_{1,s_A}, c_{2,s_A}, c_{3,s_A}\right)$（由发送者 S_A 签发给接收者 R），重签名密钥 k_{AB}，算法执行计算如下：①设 $c_{0,s_B} = c_{1,s_A}^{k_{AB}}$ 和 $c_{2,s_B} = c_{1,s_A}^{k_{AB}}$；②计算 $c_{1,S_B} = c_{0,S_A}$ 和 $c_{3,S_B} = c_{3,s_A}^{k_{AB}}$。算法输出 $c_{S_B} = \left(c_{0,s_B}, c_{1,s_B}, c_{2,s_B}, c_{3,s_B}\right)$ 作为发送者 S_B 发送给接收者 R 的重签名后的签密文。

HDRS.DeSigncrypt$\left(\mathrm{CID}, c, \mathrm{sk}_R\right) \to (m)$：算法输入自定义标识符 CID、签密文 $c = (c_0, c_1, c_2, c_3)$ 和接收者 R 的私钥 $\mathrm{sk}_R = \left\{x_{0,R}, x_{1,R}, x_{2,R}\right\}$。首先计算中间参数 $e = H_2\left(\mathrm{CID}, \mathrm{pk}_R\right)$，并且解签密如下：

$$
m = \log_g \frac{c_2}{c_0^{e + x_{0,R}}} \tag{8.6}
$$

算法输出解签密后的明文 m。

$\text{HDRS.Verify}(m, \text{CID}, c, \text{sk}_R) \to (0 \text{ or } 1)$：输入消息明文 $m \in Z_q$，自定义标识符 CID，签密文 $c = (c_0, c_1, c_2, c_3)$ 和接收者 R 的私钥 $\text{sk}_R = \{x_{0,R}, x_{1,R}, x_{2,R}\}$，算法验证式(8.7)是否成立：

$$c_3 = y_{1,S}^{m \cdot x_{1,R}} \cdot c_1^{x_{2,R}} \tag{8.7}$$

若验证通过，则算法返回 1；否则，算法返回 0。

$\text{HDRS.IntChal}() \to (\text{chal})$：没有输入，发送者 S 生成一个同态聚合策略 $P = \{i_j\}_{1 \leqslant j \leqslant n}$ 用于指示对 n 个消息在同一自定义标识符 CID 下的签密文进行聚合(即对应消息明文进行聚合，$\tilde{m} = \sum_{j=1}^{n} m_{i_j}$)。发送者随机选择一个消息作为响应聚合的挑战 $\tilde{m}' \in Z_q$。算法输出同态聚合挑战 $\text{chal} = \{P, \tilde{m}', \text{CID}\}$。

$\text{HDRS.IntProve}(\text{chal}, c, \text{sk}_R) \to ((\tilde{c}, \text{prf}), \perp)$：输入挑战值 $\text{chal} = \{P, \tilde{m}', \text{CID}\}$，一系列来自相同发送者 S 的(并且发往同一个接收者 R) n 个签密文 $c = \{c_{0,i_j}, c_{1,i_j}, c_{2,i_j}, c_{3,i_j}\}_{1 \leqslant j \leqslant n}$，接收者 R 的密钥 sk_R，算法基于同态聚合挑战 chal，执行如下聚合操作得到 $\tilde{c}$：

$$\tilde{c}_0 = \prod_{j=1}^{n} c_{0,i_j} = g^{\sum_{j=1}^{n} a_{i_j}}$$

$$\tilde{c}_1 = \prod_{j=1}^{n} c_{1,i_j} = y_{1,S}^{\sum_{j=1}^{n} a_{i_j}}$$

$$\tilde{c}_2 = \prod_{j=1}^{n} c_{2,i_j} = g^{\sum_{j=1}^{n} m_{i_j}} \left(h_0 \cdot y_{0,R}\right)^{\sum_{j=1}^{n} a_{i_j}} \tag{8.8}$$

$$\tilde{c}_3 = \prod_{j=1}^{n} c_{3,i_j} = \left(y_{1,R}^{\sum_{i_j=1}^{n} m_{i_j}} \; y_{2,R}^{\sum_{j=1}^{n} a_{i_j}} \right)^{x_{1,S}}$$

设 $\tilde{c} = (\tilde{c}_0, \tilde{c}_1, \tilde{c}_2, \tilde{c}_3)$。接着，算法执行 $\text{HDRS.DeSigncrypt}(\text{CID}, \tilde{c}, \text{sk}_R)$ 来恢复得到明文 $\tilde{m}$，这里 $\tilde{m} = \sum_{j=1}^{n} m_{i_j}$。接着，执行 $\text{HDRS.Verify}(\tilde{m}, \text{CID}, c, \text{sk}_R)$ 进行验证，若验证成功，则继续；否则，返回异常值 $\perp$ 并且退出。接着，计算一个伪造值：

$c_0 = g^{a'} = g^a \cdot g^{(\tilde{m}-\tilde{m}')(x_R+e)^{-1}}$，$Z_1 = g^{\tilde{m}}$，$Z_2 = g^a$，$Z_3 = g^{a'}$，$Z_4 = (\tilde{c}_0)^{x_R} = \left(g^a\right)^{x_R}$ 和 $Z_5 = (\tilde{c}_0)^{x_R} = \left(g^{a'}\right)^{x_R}$。最后，证明 $\text{prf} = \text{SIGN}_{\text{sk}_R}\left(Z_1 \| Z_2 \| Z_3 \| Z_4 \| Z_5\right)$。算法输出聚合后的密文和聚合证明 $\{\tilde{c}, \text{prf}\}$。

$\text{HDRS.IntVerify}\left(\text{chal}, \text{prf}, \text{pk}_R\right) \to (0,1)$：输入挑战值 $\text{chal} = \{P, \tilde{m}', \text{CID}\}$，证明 $\text{prf} = \text{SIGN}_{\text{sk}_R}\left(Z_1 \| Z_2 \| Z_3 \| Z_4 \| Z_5\right)$ 和聚合密文 $\tilde{c}$，首先使用接收者 R 的公钥 pk_R 来验证签名 $\text{prf}=\text{SIGN}_{\text{sk}_R}\left(Z_1 \| Z_2 \| Z_3 \| Z_4 \| Z_5\right)$，若验证失败，则返回 0，中断并且退出；否则，计算 $Z_6 = g^{\tilde{m}'}$ 和 $e = H_2\left(\text{CID}, \text{pk}_R\right)$。接着，验证如下等式是否成立：

$$Z_1 \cdot Z_2^e \cdot Z_4 = Z_6 \cdot Z_3^e \cdot Z_5 \tag{8.9}$$

如果验证成功，则算法返回 1；否则，算法返回 0。

$\text{HDRS.IntDeny}\left(c^*, \text{CID}, (a,m), \text{pk}_S, \text{pk}_R\right) \to (0,1)$：输入一个具有争议的聚合签密文 $c^* = \left\{c_1^*, c_2^*, c_3^*, c_4^*\right\}$，对应的自定义标识符 CID，一组由发送者 S 给出的证据 (a,m) 用于抵赖 c^* 的合法性(即怀疑 c^* 是非法伪造的，这里 $a \in Z_q$ 指的是用于签密的随机数，$m \in Z_q$ 指的是消息)，发送者的公钥 pk_S 和接收者的公钥 pk_R。委托一个可信的法官来判断 c^* 是否是通过伪造产生的。具体为：计算中间参数 $h = g^e = g^{H_2(\text{CID}, \text{pk}_R)}$，并且检查以下式子是否成立：$c_2^* = g^m \left(h \cdot y_{0,R}\right)^a$ 和 $c_0^* \neq g^a$。如果均成立，则返回 1 代表抵赖成功(即 c^* 是通过接收者 R 非法伪造产生的，而不是发送者 S 自己产生的)；否则，返回 0 代表抵赖失败，即代表 c^* 是合法产生的。

8.4.2 安全性分析

正确性：式(8.10)、式(8.11)和式(8.12)的正确性可以推导如下：

$$\begin{aligned}
&\log_g \frac{C_1}{C_0^{e+x_{0,R}}} \\
&= \log_g \frac{g^m \left(h_0 \cdot y_{0,R}\right)^a}{(g^{e+x_{0,R}})^a} \\
&= \log_g g^m \\
&= m
\end{aligned} \tag{8.10}$$

$$
\begin{aligned}
& y_{1,S}^{m \cdot x_{1,R}} \cdot C_1^{x_{2,R}} \\
&= (g^{m \cdot x_{1,R} \cdot x_{1,S}}) \cdot \left(g^{a \cdot x_{1,S} \cdot x_{2,R}}\right) \\
&= (y_{1,R}^m \cdot y_{2,R}^a)^{x_{1,S}} \\
&= C_3
\end{aligned} \tag{8.11}
$$

$$
\begin{aligned}
& Z_1 \cdot Z_2^e \cdot Z_4 \\
&= g^{\widetilde{m}'} \left(h_0 \cdot y_{0,R}\right)^{a'} \\
&= g^{\widetilde{m}'} \left(g^{a'}\right)^{(e+x_{0,R})} \\
&= g^{\widetilde{m}'} g^{(\tilde{m}-\widetilde{m}')} \left(g^{(e+x_{0,R})}\right)^{a} \\
&= g^{\tilde{m}} \left(h_0 \cdot y_{0,R}\right)^{a} \\
&= Z_6 \cdot Z_3^e \cdot Z_5
\end{aligned} \tag{8.12}
$$

机密性：假设敌手$\mathcal{A}$是一个多项式时间敌手，可以通过如下基于跳的游戏的证明方式来证明，可以构造一个算法$\mathcal{B}$，通过区分不同的跳来解决 DDHP。相应的，可以通过界定$\mathcal{B}$解决 DDHP 的概率。首先，给出如下游戏的跳。

Game 0：这是原始的 IND-CPA(选择明文下的不可区分性)游戏，具体如下所示。

(1) 挑战者$\mathcal{C}$执行算法HDRS.Setup$(\lambda) \to \text{param}_{\text{HDRS}}^{\text{ch}}$生成系统参数$\text{param}_{\text{HDRS}}^{\text{ch}} = \{G_2, q, g, H_2\}$。接着，$\mathcal{C}$执行算法 HDRS.KeyGen 生成接收者的公私钥对$\{\text{pk}_R, \text{sk}_R\}$。$\mathcal{C}$将$\left\{\text{param}_{\text{HDRS}}^{\text{ch}}, \text{pk}_R\right\}$发送给敌手$\mathcal{A}$。

(2) 敌手$\mathcal{A}$执行算法 HDRS.KeyGen 生成自己的公私钥对$\{\text{pk}_S, \text{sk}_S\}$。$\mathcal{A}$随机选择两个长度一样的明文$m_0$和$m_1$，自定义标识符CID，$\mathcal{A}$将$\{\text{CID}, m_0, m_1\}$发送给$\mathcal{C}$。$\mathcal{C}$随机抛掷一枚硬币$b \xleftarrow{R} \{0,1\}$并计算$c_b$如下：

$$
\begin{gathered}
h = H_2(\text{CID}, \text{pk}_R), \quad \beta \xleftarrow{R} Z_q^* \\
c_{b,0} = g^{\beta}, \quad c_{b,1} = y_{1,S}^{\beta}, \quad c_{b,2} = g^{m_b}\left(h_0 \cdot y_{0,R}\right)^{\beta}, \quad c_{b,3} = y_{1,R}^{m_b} \cdot \left(y_{2,R}^{\beta}\right)^{x_{1,S}}
\end{gathered} \tag{8.13}
$$

$\mathcal{C}$将c_b发送给$\mathcal{A}$。

(3)在输出阶段，$\mathcal{A}$输出一个猜测值$b' \in \{0,1\}$。如果$b = b'$，$\mathcal{A}$赢得游戏，返回1；否则，返回0。

Game 1：与Game 0一样，唯一不同的是在Game 1中步骤(2)的c_b计算中，$\mathcal{C}$将$y_{0,R}^{\beta}$替换为随机数$R_0 \xleftarrow{R} G_2$，具体如下：

$$h = H_2(\text{CID}, \text{pk}_R), \ \beta \xleftarrow{R} Z_q^*, \quad R_0 \xleftarrow{R} G_2$$
$$c_{b,0} = g^{\beta}, \ c_{b,1} = y_{1,S}^{\beta}, \ c_{b,2} = g^{m_b} h^{\beta} R_0, \ c_{b,3} = y_{1,R}^{m_b} \cdot \left(y_{2,R}^{\beta}\right)^{x_{1,S}} \tag{8.14}$$

Game 2：与Game 1一样，唯一不同的是在Game 2中步骤(2)的c_b计算中，$\mathcal{C}$将$y_{2,R}^{\beta}$替换为随机数$R_1 \xleftarrow{R} G_2$，具体如下：

$$h = H_2(\text{CID}, \text{pk}_R), \ \beta \xleftarrow{R} Z_q^*, \ R_0 \xleftarrow{R} G_2, \ R_1 \xleftarrow{R} G_2$$
$$c_{b,0} = g^{\beta}, \quad c_{b,1} = y_{1,S}^{\beta}, \quad c_{b,2} = g^{m_b} h^{\beta} R_0, \quad c_{b,3} = y_{1,R}^{m_b} \cdot R_1^{x_{1,S}} \tag{8.15}$$

以上每一跳的游戏均只对前一跳做可忽略的变动，换言之，每一跳所变动的参数对于敌手$\mathcal{A}$来说是无法区分的；否则，可以利用敌手$\mathcal{A}$对上述每一跳的区分来构建一个算法$\mathcal{B}$。该算法$\mathcal{B}$可以通过区分Game 0与Game 1、Game 1与Game 2来解决DDHP。下面采用Game 0与Game 1来举例说明。

给定一个DDHP的实例$\left\{g, g^A, g^B, g^C\right\}$，算法$\mathcal{B}$通过执行以下步骤来进行区分。

(1)算法$\mathcal{B}$选择两个随机数$x_1, x_2 \xleftarrow{R} Z_q$，设$y_0 = g^A$并且计算$y_1 = g^{x_1}$和$y_2 = g^2$。接着，$\mathcal{B}$将$\text{pk}_R = \{y_0, y_1, y_2\}$作为接收者的公钥以及系统参数$\text{param}_{\text{HDRS}}$一起发送给敌手$\mathcal{A}$。

(2) $\mathcal{A}$生成发送者私钥$\text{sk}_S = \{x_0, x_1, x_2\}$。接着，随机生成两个长度相等的消息$m_0, m_1 \xleftarrow{R} \{0,1\}^*$，并且将$\{m_0, m_1\}$发送给$\mathcal{B}$。$\mathcal{B}$随机抛掷一枚硬币$b \xleftarrow{R} \{0,1\}$并计算$c_b$如下：

$$h = H_2(\text{CID}, \text{pk}_R), \ \beta \xleftarrow{R} Z_q^* \tag{8.16}$$
$$c_{b,0} = g^{\beta}, \ c_{b,1} = y_{1,S}^{\beta}, \ c_{b,2} = g^{m_b} h^{\beta} g^{c}, \ c_{b,3} = y_{1,R}^{m_b} \cdot \left(y_{2,R}^{\beta}\right)^{x_{1,S}}$$

(3) 最后，$\mathcal{A}$ 输出一个猜测值 b'。如果 $b'=b$，则返回 1；否则，返回 0。

设 E_i 为 $\mathcal{A}$ 赢得 Game i 的事件。如果 $C=AB \bmod q$，则对应 Game 0；否则，对应 Game 1。进一步，可以界定算法 $\mathcal{B}$ 解决 DDHP 的概率为 $\mathrm{Adv}_{B}^{\mathrm{DDHP}}=\Pr[E_0]-\Pr[E_1]$。以此类推，如果 $\mathcal{A}$ 能够区分 Game 1 和 Game 2，可以界定算法 $\mathcal{B}$ 解决 DDHP 的概率为 $\mathrm{Adv}_{\mathrm{B}}^{\mathrm{DDHP}}=\Pr[E_1]-\Pr[E_2]$。更进一步，在 Game 2 中，挑战的签密文 $c_b=\{c_{b,0},c_{b,1},c_{b,2},c_{b,3}\}$ 是基于一次一密产生的。因此，敌手 $\mathcal{A}$ 只能通过随机猜测(即 1/2 的概率)来赢得 Game 2，即 $\Pr[E_2]=\dfrac{1}{2}$。以此类推，可以得到以下关系：$\mathrm{Adv}_{\mathrm{A}}^{\text{IND-CPA}}\leqslant 2\cdot\mathrm{Adv}_{\mathrm{B}}^{\mathrm{DDHP}}$。更进一步，由于 $\mathrm{Adv}_{\mathrm{B}}^{\mathrm{DDHP}}$ 是可忽略的(即算法 $\mathcal{B}$ 无法以不可忽略的优势解决 DDHP)，$\mathrm{Adv}_{\mathrm{A}}^{\text{IND-CPA}}$ 是可忽略的。证毕。

弱不可伪造性：假设敌手 $\mathcal{A}$ 是一个多项式时间敌手，简述如何构建一个算法 $\mathcal{B}$，通过与敌手 $\mathcal{A}$ 交互，来解决 CDHP。给定一个 CDHP 实例 $\left\{g,g^A,g^B\right\}$，$\mathcal{B}$ 与 $\mathcal{A}$ 交互如下：

$\mathcal{B}$ 执行算法 HDRS.Setup(λ) $\to \mathrm{param}_{\mathrm{HDRS}}^{\mathrm{ch}}$ 生成系统参数 $\mathrm{param}_{\mathrm{HDRS}}^{\mathrm{ch}}=\{G_2,q,g,H_2\}$。接着，$\mathcal{B}$ 选择两个随机数 $x_{0,R},x_{2,R}\overset{R}{\leftarrow}Z_q$，计算 $y_{0,R}=g^{x_{0,R}}$ 和 $y_{2,R}=g^{x_{2,R}}$。$\mathcal{B}$ 设 $y_{1,R}=g^B$ 和 $y_{1,S}=g^A$。$\mathcal{B}$ 将 $\{y_{0,R},y_{1,R},y_{2,R}\}$ 发送给 $\mathcal{A}$。$\mathcal{A}$ 输出 $\left\{m^*,\mathrm{CID}^*,c^*\right\}$，这里称 $c^*=\left\{c_0^*,c_1^*,c_2^*,c_3^*\right\}$ 是在自定义标识符 CID^* 对消息 m^* 生成的签密文。$\mathcal{B}$ 计算 $g^{AB}=\left(\dfrac{c_3^*}{c_1^{*x_{2,R}}}\right)^{\left[\log_g\left[\frac{c_2^*}{c_0^{*(e+x_{0,R})}}\right]\right]^{-1}}$ 作为 CDHP 实例的答案。以此类推，可以界定 $\mathcal{B}$ 解决 CDHP 的优势，相关细节在此省略。

同态聚合的健壮性：假设敌手 $\mathcal{A}$ 是一个多项式时间敌手，简述如何构建一个算法 $\mathcal{B}$，通过与敌手 $\mathcal{A}$ 交互，来解决 q-SDHP。给定一个 q-SDHP 的实例 $\left\{A_0,A_1,\cdots,A_q\right\}=\left\{g,g^x,\cdots,g^{x^q}\right\}$ (这里每一个 $A_i=g^{x_i}$)，$\mathcal{B}$ 与 $\mathcal{A}$ 交互如下：首先 $\mathcal{B}$ 选择一个安全参数 λ 并且执行算法 HDRS.Setup(λ) $\to \mathrm{param}_{\mathrm{HDRS}}^{\mathrm{ch}}$ 生成系统参数 $\mathrm{param}_{\mathrm{HDRS}}^{\mathrm{ch}}=\{G_2,q,g,H_2\}$。其次，$\mathcal{B}$ 执行算法 HDRS.KeyGen 分别生成接收者公私钥对 $(\mathrm{pk}_R,\mathrm{sk}_R)$ 和发送者公私钥对 $(\mathrm{pk}_S,\mathrm{sk}_S)$。$\mathcal{B}$ 随机挑选一个自定义标识符 CID 和消息 $m\in\{0,1\}^*$，执行算法 HDRS.Signcrypt$(\mathrm{CID},m,\mathrm{sk}_S,\mathrm{pk}_R)\to c$ 生成签密文 c。再次，执行算法 HDRS.IntChal() $\to$ chal 生成同态聚合挑战 chal。这里，为了便于分析，设需要聚合的消息数量为 1。最后，算法 $\mathcal{B}$ 将挑战 chal 发送给敌手 $\mathcal{A}$，

$\mathcal{A}$ 将伪造并且输出一个证明 prf^*。假设正确的证明为 prf，而 $\text{prf}^* \neq \text{prf}$，并且假设它们都可以通过验证。这样一来，有如下等式：

$$\begin{aligned} g^{m'}\left(g^{a'}\right)^{e+x_{0,R}} &= g^{m}\left(h_0 \cdot y_{0,R}\right)^{a} \\ g^{m^*}\left(g^{a^*}\right)^{e+x_{0,R}} &= g^{m}\left(h_0 \cdot y_{0,R}\right)^{a} \end{aligned} \tag{8.17}$$

这里，$e = H_2\left(\text{CID}, \text{pk}_R\right)$。很容易看到，式(8.7)是形为变色龙哈希值的碰撞成立的等式。通过联立上述两个等式，可以得到两对碰撞，这显然攻破了在之前章节中已经证明的安全性(同态变色龙哈希函数的抗碰撞性)。即算法 $\mathcal{B}$ 可以计算：$\pi = \left(s^* \cdot \sum_{i=1}^{q_s}(A_i)^{-\gamma_{-1}}\right)^{\frac{1}{\gamma_{-1}}} = g^{\frac{1}{(x+e^*)}}$，并且输出 $\left(e^*, \pi\right)$（这里 $e^* = g^{H_2\left(\text{CID}^*, \text{pk}_R\right)}$）作为 q-SDHP 实例 $\left(g, g^x, \cdots, g^{x^q}\right)$ 的应答。由此一来，可以将同态聚合的健壮性规约到同态变色龙哈希函数的抗碰撞性。证毕。

不可否认性：假设敌手 $\mathcal{A}$ 是一个多项式时间敌手，简述如何构建一个算法 $\mathcal{B}$，通过与敌手 $\mathcal{A}$ 交互，来解决 q-SDHP。给定一个 q-SDHP 的实例 $\left\{A_0, A_1, \cdots, A_q\right\} = \left\{g, g^x, \cdots, g^{x^q}\right\}$（这里每一个 $A_i = g^{x_i}$），$\mathcal{B}$ 与 $\mathcal{A}$ 交互如下：首先，$\mathcal{B}$ 选择一个安全参数 λ 并且执行算法 $\text{HDRS.Setup}(\lambda) \rightarrow \text{param}_{\text{HDRS}}^{\text{ch}}$ 生成系统参数 $\text{param}_{\text{HDRS}}^{\text{ch}} = \left\{G_2, q, g, H_2\right\}$。其次，$\mathcal{B}$ 执行算法 HDRS.KeyGen 分别生成接收者公私钥对 $\left(\text{pk}_R, \text{sk}_R\right)$ 和发送者公私钥对 $\left(\text{pk}_S, \text{sk}_S\right)$。$\mathcal{B}$ 随机挑选一个自定义标识符 CID 和消息 $m \in \{0,1\}^*$，执行算法 $\text{HDRS.Signcrypt}\left(\text{CID}, m, \text{sk}_S, \text{pk}_R\right) \rightarrow c$ 生成签密文 c。再次，执行算法 $\text{HDRS.IntChal}() \rightarrow \text{chal}$ 生成同态聚合挑战 chal。这里，为了便于分析，设需要聚合的消息数量为 1。最后，算法 $\mathcal{B}$ 将挑战 chal 发送给敌手 $\mathcal{A}$，$\mathcal{A}$ 将伪造并且输出一个证明 prf^*。$\mathcal{B}$ 执行算法 HDRS.IntVerify 验证 prf^* 的正确性。如果验证通过，则输出 1；否则，输出 0。如果验证成功，则 $\mathcal{A}$ 可以通过如下步骤提取得到一个 q-SDHP 实例 $\left(g, g^x, \cdots, g^{x^q}\right)$ 的应答：将 Z_2 视为 g^{a^*}，Z_3 视为 $g^{a^{**}}$，$y_{0,R}$ 视为哈希公钥 hk，$x_{0,R}$ 视为陷门私钥。根据之前的证明方法，可以计算 $\pi = \left(s^* \cdot \sum_{i=1}^{q_s}(A_i)^{-\gamma_{-1}}\right)^{\frac{1}{\gamma_{-1}}} = g^{\frac{1}{x+e^*}}$ 作为 q-SDHP 实例 $\left(g, g^x, \cdots, g^{x^q}\right)$ 的应答。更具体一点，可以解析如下：

$$e^* = g^{H_2(\text{CID}^*, \text{pk}_\text{R})}, \quad s^* = \left(\frac{g^{a^{**}}}{g^{a^*}}\right)^{\frac{1}{H_2(m^*)-H_2(m^{**})}} \tag{8.18}$$

综上所述，可以将不可否认性规约到之前证明的同态变色龙哈希函数的抗碰撞性。

8.4.3　性能分析

首先介绍实验环境：使用 PBC 0.5.13 作为密码库，使用 C 语言进行编程并且使用 OpenSSL 作为安全传输数据的渠道。选择 Type-A 的椭圆曲线，该曲线基于超奇曲线 $y^2 = x^3 + x$。所有实验均在一台 CPU 为 i5-3210M 2.3GHz 的双核笔记本电脑上执行，带有 4GB 缓存，操作系统是 32 位的 WIN7 SP1。每一次仿真的结果都是通过对连续 10 次实验数据取平均值得到的。

接着，对提出的 HDRS 方案与现有的九个签密方案进行复杂度比对。为了方便读者有一个直观的感受，将每个方案的计算复杂度转换为统一的计算单位(即以群上的乘法运算 T_m 为单位)。针对不同方案根据签密所需计算复杂度按照从低到高进行排列。从表 8.3 中可以看出，HDRS 方案在计算耗费上处于第六位，由于该方案在解签密计算中涉及计算离散对数的运算，将在稍后单独进行讨论。

表 8.3　HDRS 方案与相关签密方案的复杂度比较

对比方案	不同方案相应算法的复杂度	
	计算签密	解签密
文献[24]方案	$4T_e \approx 84T_m$	$2T_e + 2T_p + 2T_i \approx 239.2T_m$
文献[25]方案	$4T_e \approx 84T_m$	$6T_p + T_i \approx 533.6T_m$
文献[26]方案	$2T_{\text{pm}} + 2T_{\text{mpm}} + T_e + 2T_m \approx 125T_m$	$3T_{\text{pm}} + T_e + 2T_p \approx 261T_m$
文献[27]方案	$T_{\text{mpm}} + 3T_{\text{pm}} + 2T_m \approx 97T_m$	$T_p + T_{\text{pm}} + 2T_m + 2T_i \approx 134.2T_m$
文献[28]方案	$4T_{\text{pm}} + T_{\text{mpm}} + 3T_m \approx 120T_m$	$T_{\text{mpm}} + T_p \approx 116T_m$
HDRS 方案	$8T_e + 3T_m \approx 171T_m$	$T_e + T_m + T_i + T_{\log} > 33.6T_m$
文献[29]方案	$4T_e + T_p \approx 171T_m$	$6T_p + T_i \approx 533.6T_m$
文献[30]方案	$6T_e + T_p \approx 213T_m$	$2T_e + 6T_p + T_i \approx 575.6T_m$
文献[31]方案	$6T_e + T_p \approx 213T_m$	$2T_e + 6T_p + T_i \approx 575.6T_m$
文献[32]方案	$6T_{\text{mpm}} + 2T_e + 2T_m \approx 218T_m$	$2T_p + 5T_{\text{mpm}} \approx 319T_m$

为了便于比较，将所有方案的签密和解签密的复杂度整理并且呈现在图 8.3 中。从图 8.3 中可以看出，部分方案的解签密耗费要比签密的计算耗费高 1～2 倍。基于此关系，可以设想 HDRS 方案所需要的解签密耗费大概在 500 T_m ～600 T_m 。

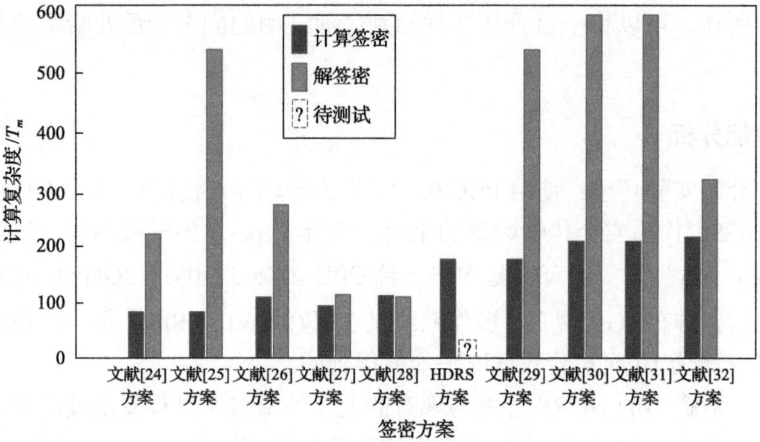

图 8.3　签密方案的复杂度比较

如图 8.3 所示，将 HDRS 方案计算签密所需要的时间与 RSA 方案进行对比。这里统一使用 1024bit 大小的密钥进行加密。将加密次数按照每次 10 倍进行递增，以便观测性能。从这里可以看到，HDRS 方案随着执行次数的倍增而快速递增。为了进一步测试 HDRS 方案的解签密性能，直接使用了文献[33]中数据作为计算解签密的结果。这是由于 HDRS 方案在解签密算法中引入了对离散对数的计算。虽然计算离散对数在大群上困难的，但是对于一些特殊的群，如平滑阶群，有较为有效的算法可以实现。如图 8.4(b)所示，解签密算法虽然也随着执行次数的倍增而快速增长，然而该解密性能与 RSA 方案基本持平。这表明，依托于特殊构造的群，能够使 HDRS 方案在解签密方面达到实用的性能。综上所述，本节提出的

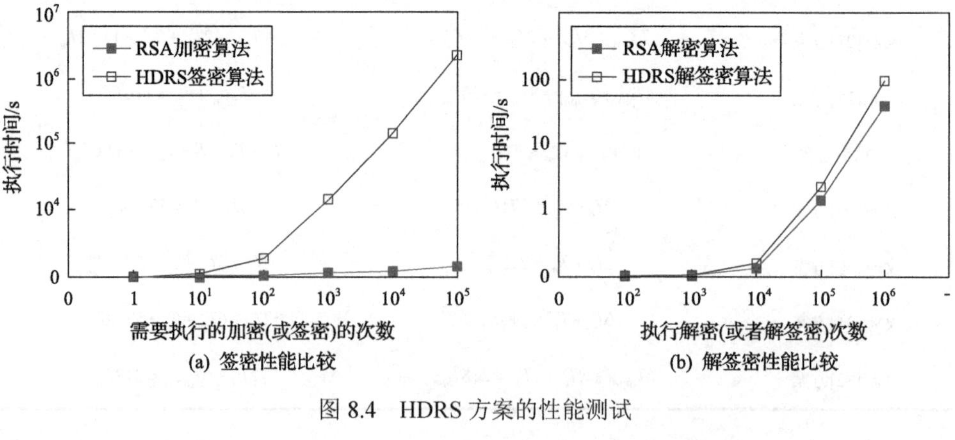

(a) 签密性能比较　　(b) 解签密性能比较

图 8.4　HDRS 方案的性能测试

HDRS 方案在签密方面性能不太令人满意，然而在依托特殊群的离散对数解法时，方案的解签密性能能够达到实用的水平。

8.5 本章小结

本章围绕用户身份的隐私保护问题，对数字签名及其在区块链中的隐私保护应用进行讨论。本章首先介绍了数字签名概念和应用问题，接着给出了两种用于身份隐私保护的具体签名算法构造。对上述算法的安全分析和实验仿真数据显示，上述签名算法能够实现安全和高效的身份认证，确保区块链上用户的身份隐私。

参考文献

[1] Mather T, Kumaraswamy S, Latif S. Cloud Security and Privacy: An Enterprise Perspective on Risks And Compliance[M]. Sebastopol: O'Reilly Media, Inc, 2009.

[2] Li H W, Dai Y S, Tian L, et al. Identity-based authentication for cloud computing[C]. Proceedings of the IEEE International Conference on Cloud Computing, Bangalore, 2009: 157-166.

[3] Chaum D, van Heyst E. Group signatures[C]. Proceedings of the Workshop on the Theory and Application of Cryptographic Techniques, Brighton, 1991: 257-265.

[4] Camenisch J, Stadler M. Efficient group signature schemes for large groups[C]. Proceedings of the Annual International Cryptology Conference, Barbara, 1997: 410-424.

[5] Boneh D, Lynn B, Shacham H. Short signatures from the Weil pairing[C]. Proceedings of the International Conference on the Theory and Application of Cryptology and Information Security, Gold Coast, 2001: 514-532.

[6] Boldyreva A. Threshold signatures, multisignatures and blind signatures based on the gap-diffie-hellman-group signature scheme[C]. Proceedings of the International Workshop on Public Key Cryptography, Miami, 2003: 31-46.

[7] Bresson E, Stern J, Szydlo M. Threshold ring signatures and applications to ad-hoc groups[C]. Proceedings of the Annual International Cryptology Conference, Barbara, 2002: 465-480.

[8] Liu D Y W, Liu J K, Mu Y, et al. Revocable ring signature[J]. Journal of Computer Science and Technology, 2007, 22(6): 785-794.

[9] Au M H, Liu J K, Susilo W, et al. Constant-size ID-based linkable and revocable-iff-linked ring signature[C]. Proceedings of the International Conference on Cryptology in India, Kolkata, 2006: 364-378.

[10] Nakamoto S. Bitcoin: A peer-to-peer electronic cash system[EB/OL]. https://courses.cs.washington.edu/courses/csep552/18wi/papers/nakamoto-bitcoin.pdf. [2020-08-03].

[11] Tsang P P, Wei V K. Short linkable ring signatures for e-voting, e-cash and attestation[C]. Proceedings of the International Conference on Information Security Practice and Experience, Singapore, 2005: 48-60.

[12] Au M H, Chow S S M, Susilo W, et al. Short linkable ring signatures revisited[C]. Proceedings of the European Public Key Infrastructure Workshop, Trondheim, 2006: 101-115.

[13] Liu J K, Wong D S. Linkable ring signatures: Security models and new schemes[C]. Proceedings of the International Conference on Computational Science and Its Applications, Singapore, 2005: 614-623.

[14] Sun S F, Au M H, Liu J K, et al. RingCT 2.0: A compact accumulator-based（linkable ring signature）protocol for blockchain cryptocurrency monero[C]. Proceedings of the European Symposium on Research in Computer Security, Oslo, 2017: 456-474.

[15] Liu J K, Au M H, Susilo W, et al. Linkable ring signature with unconditional anonymity[J]. IEEE Transactions on Knowledge and Data Engineering, 2013, 26(1): 157-165.

[16] Yuen T H, Liu J K, Au M H, et al. Efficient linkable and/or threshold ring signature without random oracles[J]. The Computer Journal, 2013, 56(4): 407-421.

[17] Au M H, Liu J K, Susilo W, et al. Secure ID-based linkable and revocable-iff-linked ring signature with constant-size construction[J]. Theoretical Computer Science, 2013, 469: 1-14.

[18] Fujisaki E. Sub-linear size traceable ring signatures without random oracles[C]. Proceedings of the Cryptographers Track at the RSA Conference, Francisco, 2011: 393-415.

[19] Fujisaki E, Suzuki K. Traceable ring signature[C]. International Workshop on Public Key Cryptography, Cheju Island, 2007: 181-200.

[20] Ateniese G, Medeiros B D. On the key exposure problem in chameleon hashes[C]. Proceedings of the International Conference on Security in Communication Networks, Amalf, 2004: 165-179.

[21] Chen X F, Zhang F G, Kim K. Chameleon hashing without key exposure[C]. Proceedings of the International Conference on Information Security, Shanghai, 2004: 87-98.

[22] Chen X F, Zhang F G, Tian H B, et al. Key-exposure free chameleon hashing and signatures based on discrete logarithm systems[EB/OL]. https://www.researchgate.net/profile/Xiaofeng_Chen5/publication/220337033_Key-Exposure_Free_Chameleon_Hashing_and_Signatures_Based_on_Discrete_Logarithm_Systems/links/00b7d530b092b6faa4000000/Key-Exposure-Free-Chameleon-Hashing-and-Signatures-Based-on-Discrete-Logarithm-Systems.pdf. [2020-03-08].

[23] Huang K, Zhang X S, Mu Y, et al. Building redactable consortium blockchain for industrial internet-of-things[J]. IEEE Transactions on Industrial Informatics, 2019, 15(6): 3670-3679.

[24] Karati A, Islam S H, Biswas G P, et al. Provably secure identity-based signcryption scheme for crowdsourced industrial internet of things environments[J]. IEEE Internet of Things Journal, 2017, 5(4): 2904-2914.

[25] Jin Z P, Wen Q K, Du H Z. An improved semantically-secure identity-based signcryption scheme in the standard model[J]. Computers and Electrical Engineering, 2010, 36(3): 545-552.

[26] Li F, Khan M K, Alghathbar K, et al. Identity-based online/offline signcryption for low power devices[J]. Journal of Network and Computer Applications, 2012, 35(1): 340-347.

[27] Lai J C, Mu Y, Guo F. Efficient identity-based online/offline encryption and signcryption with short ciphertext[J]. International Journal of Information Security, 2017, 16(3): 299-311.

[28] Liu J K, Baek J, Zhou J Y. Online/offline Identity-based signcryption revisited[C]. Proceedings of the International Conference on Information Security and Cryptology, Pueblao, 2010: 36-51.

[29] Li X X, Qian H F, Weng J, et al. Fully secure identity-based signcryption scheme with shorter signcryptext in the standard model[J]. Mathematical and Computer Modelling, 2013, 57(3-4): 503-511.

[30] Selvi S S D, Vivek S S, Vinayagamurthy D, et al. ID-based signcryption scheme in standard model[C]. Proceedings of the International Conference on Provable Security, Chengdu, 2012: 35-52.

[31] Li F G, Takagi T. Secure identity-based signcryption in the standard model[J]. Mathematical and Computer Modelling, 2013, 57(11-12): 2685-2694.

[32] Selvi S S D, Vivek S S, Rangan C P. Identity-based online/offline encryption and signcryption schemes revisited[C]. Proceedings of the International Conference on Security Aspects in Information Technology, Haldia, 2011: 111-127.

[33] Henry R, Goldberg I. Solving discrete logarithms in smooth-order groups with CUDA[C]. Proceedings of the Workshop Record of SHARCS, Washington D.C., 2012: 101-118.

第 9 章　安全与隐私保护的实例

本章给出区块链的定义和安全、隐私保护需求，并分别介绍几个基于区块链的隐私保护实例。

9.1　区块链骨干协议定义与安全

Garay 等[1]首次给出比特币骨架协议的形式化定义。这对基于其他共识机制的区块链的安全性分析也起到参考借鉴作用。基于 Garay 等[1]的定义对区块链进行定义。

区块：区块是具有如下形式的三元组：$B=\langle s,x,\text{ctr}\rangle$，其中 $s\in\{0,1\}^k$，$\text{ctr}\in\mathbf{N}$，满足 $\text{validblock}_q^D(B)$。$\text{validblock}_q^D(B)$ 表示判断区块 B 的合法性：$(H(\text{ctr},G(s,x))<D)\wedge(0\leqslant\text{ctr}<q)$，其中 $G(\cdot)$ 和 $H(\cdot)$ 是哈希函数。参数 $D\in\mathbf{N}$ 是区块的目标哈希值，$q\in\mathbf{N}$ 决定了寄存器 ctr 的大小。在比特币系统中，s 表示上一个区块头的哈希值，x 表示在时间戳 T 下当前数据块的一些基本信息，目标哈希值 D 每 2016 个区块调整一次。

区块链：区块链 C 是区块序列 $C=(B_1,B_2,\cdots,B_n)$，其中 B_1 是事先给定的创世区块，$B_i=\langle s_i,x_i,\text{ctr}_i\rangle$，$s_i=H\left(\text{ctr}_{i-1},G(s_{i-1},x_{i-1})\right)$，$2i\leqslant n$。定义 i 为区块 B_i 在区块链 C 中的高度，最高的区块 B_n 称为区块链的头，记为 $\text{head}(C)=B(n)$。区块链的高度为 n，记为 $\text{height}(C)=n$。用空字符 ε 表示空链，定义 $\text{head}(\varepsilon)=\varepsilon$，$\text{height}(\varepsilon)=0$。

通过添加合法区块 $B'=\langle s',x',\text{ctr}'\rangle$，可以将一个高度为 n 的区块链 C 扩展成高度为 $n+1$ 的区块链 C' 满足 $s'=H\left(\text{ctr}_n,G(s_n,x_n)\right)$，记为 $C'=(C,B')$。此时，$\text{head}(C')=B'$。任何满足 $\text{validblock}_q^D(\cdot)$ 的区块 B 都可以扩展空链 ε。如果区块链 C_2 由区块链 C_1 扩展而来，那么 C_2 包含了 C_1 的所有区块，即 C_1 是 C_2 的前缀，记为 $C_1\preceq C_2$。$C^{\lceil k}$ 表示“裁剪掉”区块链 C 最高的 k 个区块，如果 $k\geqslant\text{height}(C)$，那么 $C^{\lceil k}=\varepsilon$。

$\text{VIEW}_{\Pi,\mathcal{A},Z}^{H(\cdot)}$ 表示在环境 Z 和敌手 $\mathcal{A}$ 下运行协议 Π 的所有节点的视图，可以看成一个系统中每个节点保存的本地区块链的集合。为了能够集中描述比特币骨架协议，不去指定插入链中数据的类型，不去强调检查区块结构的哪些合法性(除了验证和哈希函数 $G(\cdot)$ 和 $H(\cdot)$ 相关的之外)，也不去解释链的方式，而是将这些检查和操作定义成三个外部函数：内容验证函数 $V(\cdot)$、输入贡献函数 $I(\cdot)$ 和链读取函数 $R(\cdot)$。

在介绍比特币骨架协议之前，先简单介绍三个子算法，即链验证、链比较和工作量证明，算法的详细描述可以参考文献[1]。

链验证： validate(C) 算法用来验证区块链 $C=(B_1,B_2,\cdots,B_n)$ 的结构属性：①使用函数 $V(\cdot)$ 验证区块链 C 的数据类型和格式；②验证每个区块的合法性 $\text{validblock}_q^D(B_i)$（$1\leqslant i\leqslant n$）和链接关系 $S_i=H(\text{ctr}_{i-1},G(s_{i-1},x_{i-1}))$（$2\leqslant i\leqslant n$）。

链比较： $\text{maxvalid}(C_1,C_2,\cdots,C_\tau)$ 算法用来寻找“尽可能好的”链。首先使用链验证算法 $\text{maxvalid}(\cdot)$ 保证每个区块链都是合法的，然后使用函数 $\max(C_1,C_2)$ 找到两个区块链中的最好链，进而找到多条区块链的最好链。具体地，如果 $\text{height}(C_1)\geqslant\text{height}(C_2)$，那么 $\max(C_1,C_2)=C_1$，否则 $\max(C_1,C_2)=C_2$。一般认为，区块链越高，意味着付出的工作量越多。

工作量证明： pow(x,C) 算法用来扩展区块链。假设 $\text{head}(C)=(B_n)=\langle s_n,x_n,\text{ctr}_n\rangle$，$B_n$ 的哈希值为 $s_{n+1}=H(\text{ctr}_n,G(s_n,x_n))$，寻找ctr 使得 $H(\text{ctr},G(s_{n+1},x))<D$。一旦找到合法的 ctr_{n+1}，就可以获得区块 $B_{n+1}=\langle s_{n+1},x_{n+1},\text{ctr}_{n+1}\rangle$，其中 $x_{n+1}=x$。有了上面三个子算法，接下来给出比特币骨架协议。

比特币骨架协议： 如算法 9.1 所示，每个矿工保存本地区块链 C，尝试通过 pow 算法来扩展 C。在更新区块链之前，矿工通过通信带 Receive() 检查是否收到更好的链。矿工打算插入区块链的数据 x 是由函数 $I(\cdot)$ 来决定的。$I(\cdot)$ 的输入包括状态 st、当前区块链 C、输入带 Input() 上的数据内容，通信带 Receive() 和当前区块链的高度 height。输入带 Input() 只包含 Read() 和 Insert(value) 两个操作。当 x 确定之后，矿工就通过 pow 算法将 x 插入区块链中。如果矿工扩展了区块链 C，那么矿工就将新的区块链 $C_{\text{NEW}}=(C,B)$ 广播给其他参与者。最后使用函数 $R(\cdot)$，将结果写到输出带 Output() 上。算法 9.1 呈现的是骨架协议的伪代码描述。

算法 9.1　比特币骨架协议

$C\leftarrow\varepsilon$，$\text{st}\leftarrow\varepsilon$，$\text{height}\leftarrow 0$;
while True **do**
　$\langle\tilde{C}\leftarrow\text{maxvalid}(C,\text{Receive}())$中的任何链$C'\rangle$;
　$\langle\text{st},x\rangle\leftarrow I(\text{st},\tilde{C},\text{height},\text{Input}(),\text{Receive}())$;
　$C_{\text{NEW}}\leftarrow\text{pow}(x,\tilde{C})$
　if $C\neq C_{\text{NEW}}$ **then**
　　$C\leftarrow C_{\text{NEW}}$
　　Broadcast(C)
　end
　　height ← height + 1
　　if Input() 包含 READ 标识 **then**
　　　将 $R(C)$ 写到 Output() 里;

```
        end
end
```

区块链安全性质：从比特币诞生开始，对比特币系统和区块链的安全性分析就没有停止过[2]。比特币白皮书就指出只要诚实节点控制的算力超过全网算力的51%，比特币系统就是安全的。早期针对区块链的安全性分析主要是提出具体的攻击方法，如双花攻击[3]、日蚀攻击、自私挖矿攻击[4]、路由攻击[5]等。此外还有针对矿池的攻击，如区块截留攻击(block withholding attack)[6]。但是对于区块链基本的安全性质是什么、有哪些，这些具体的攻击并没有给出。对区块链进行安全性分析是一个非常困难的任务。直到 2015 年，Garay 等才在参与者不变、同步网络的情形下，第一次提取出比特币区块链的基本性质：共同前缀和链质量，并给出了可证明安全模型。在该模型下，全网算力、挖矿难度都是不变的。具体地，γ 和 β 分别表示诚实节点和恶意节点在一个出块周期内找到困难问题解的期望，反映的是各自的哈希算力；f 是 γ 与 β 之和，反映的是全网的哈希算力。

Garay 等给骨架协议定义了两个基本性质，即共同前缀(common prefix)和链质量(chain quality)[1]。

共同前缀：对于参数 $k \in \mathbf{N}$，视图 $\mathrm{VIEW}^{H(\cdot)}_{\Pi,\mathcal{A},Z}(k,q,z)$ 中两个诚实节点各自拥有的本地区块链 C_1、C_2 满足 $C_1^{\lceil k} \preceq C_2$ 和 $C_2^{\lceil k} \preceq C_1$。这个性质说的是诚实节点之间除了最近的 k 个区块可能不一致外，之前的区块都是一致的，即不可篡改。在比特币系统中，k 一般认为大于等于 6。

链质量：对于参数 $l \in \mathbf{N}$ 和 $\mu \in (0,1) \subset \mathbf{R}$，视图 $\mathrm{VIEW}^{H(\cdot)}_{\Pi,\mathcal{A},Z}(k,q,z)$ 中每个诚实节点满足其本地区块链 C 的任意连续 l 个区块中敌手产生区块的比例不会超过 μ。这个性质说的是，诚实节点贡献了足够长、足够多的区块，从而保证了区块链的“质量”。

链成长：对于参数 $\tau \in \mathbf{R}$ 和 $r \in \mathbf{N}$，节点 i 在高度为 t 的区块链记为 C_i^t，视图 $\mathrm{VIEW}^{H(\cdot)}_{\Pi,\mathcal{A},Z}(k,q,z)$ 中诚实节点在高度为 t 和 $t+r$ 时满足 $\min\limits_{i,j}\left(\left|C_i^{r+t}\right|-\left|C_j^t\right|\right) \geqslant \tau \cdot r$，其中 τ 称为速率系数。这个性质保证了链成长的最小速率，防止敌手通过降低全网处理交易的速度来对区块链进行攻击。

9.2 隐私保护需求

比特币是通过假名的方式实现匿名性，尽管在一定程度上避免了透露用户的实际身份。然而，比特币所有交易都是通过明文的方式公开记录在分布式账本上，任何人都可以知道每个地址交易的详细情况。基于社会工程学，很容易将其与用户的现实身份联系起来。尽管用户可以引入多个钱包输出地址来混淆以此提高匿名性，但是研究表明通过区块链的一些信息，如交易图、交易金额、交易时间等，仍然可以恢复用户的隐私[7-9]。因此，针对隐私保护的研究路线开展开来，如隐藏交易身份、隐藏交易金额等。为了实现强匿名性，有的方案将隐藏交易身份和隐藏交易金额分开实现[10]，有的方案将上述两部分合在一起实现[11]。

隐藏交易金额：假设 Alice 和 Bob 的账户余额分别为 x_A 和 x_B，公开的是对应密文 $E(x_A)$ 和 $E(x_B)$，其中 $E(\cdot)$ 是某个加密算法。Alice 向 Bob 转移金额 y，公开的也是对应密文 $E(y)$。那么转账之后，Alice 账户余额的密文 E_A 要和 $x_A - y$ 对应，而 Bob 账户余额的密文 E_B 要和 $x_B + y$ 对应，且在密文状态下证明 $x_A \geqslant y$。

要 E_A 和 $x_A - y$ 对应，可以通过加法同态来实现，即 $E_A = E(x_A) - E(y) = E(x_A - y)$；对 Bob 的账户余额采用同样的方法。在密文状态下证明 $x_A \geqslant y$ 则要复杂得多，可以转换成问题：已知 $E(x_A - y)$ 证明余额 $x_A - y$ 非负，即余额非负判断。余额非负判断的主要依据是，如果余额为负数，那么余额取模之后是一个非常大的数，这是因为余额的绝对值相对于模数而言很小。所以只需要证明余额 x 在某个范围，如 $x \in [0, 2^\tau)$，通常的做法是将余额 x 写成 u 进制数，即 $x = \sum\limits_{0\leqslant j\leqslant t}\left(x_j u^j\right) + \sum\limits_{j>t}\left(x_j u^j\right)$，其中 $x_j \in \{0,1,\cdots,u-1\}$，$t$ 满足 $\sum\limits_{0\leqslant j\leqslant t}(u-1)u^j < 2^\tau \leqslant u^{t+1}$。如果 $E(x) = E\left(\sum\limits_{0\leqslant j\leqslant t} x_j u^j\right) = \sum\limits_{0\leqslant j\leqslant t} E(x_j u^j)$ 说明 $x \in [0, 2^\tau)$，余额非负；如果 $E(x) \neq \sum\limits_{0\leqslant j\leqslant t} E(x_j u^j)$ 说明 $2 > 2^\tau$（x 非常接近模数），余额为负。需要进一步证明的是，$x_j \in \{0,1,\cdots,u-1\}$，这一步可以使用环签名、广义 Schnorr 证明、双线性对等方法证明。

Maxwell 提出的隐蔽交易(confidential transaction，CT)方案就是采用上述方法，其中余额按二进制展开，加密算法使用的是具有加法同态属性的 Pedersen 承诺，通过广义 Schnorr 证明 $x_j \in \{0,1\}$。有些研究者在隐藏交易金额时采用文献[13]所示方法，余额按 u 进制展开(如 $u = 28$)，采用的也是 Pedersen 承诺，将成员集合 $\{0,1,\cdots,u-1\}$ 进行 Boneh-Boyen 签名(预计算)，并利用双线性对证明 $x_j \in \{0,1,\cdots,u-1\}$。整个方案是交互式的，可以通过 Fiat-Shamir 假设变为非交互式的。最近的工作还有 Ma 等[14]和 Bünz 等[15]的方案。

隐藏交易身份：除了上述方法之外，早期的方案还有采用 Fujisaki-Okamoto 承诺[16]进行范围证明[17,18]。为了隐藏交易双方的身份，CryptoNote 采用的是可链接环签名技术，将交易发送者的身份(签名公钥)隐藏在一个公钥集合中；通过产生临时公钥的方法隐藏交易接收者的身份。另一个方案 Solidus 则是通过可公开验证的健忘 RAM 机(publicly-verifiable oblivious RAM machine，PVORM)实现交易双方的身份隐藏[10]。Zerocash[11]是在 Zerocoin[19]基础上改进得到的协议。该协议基于 zk-SNARKs，能够同时很好地隐藏交易者双方的身份和交易金额。Kosba 等[20]在 Zerocash 的基础上类似地构造了他们的隐私保护方案 Hawk，用来实现智能合约的隐私保护。除此之外，还有很多工作致力于实现无中心数字货币的匿名，如 TumbleBit[21]、Coinparty[22]和 CoinShuffle[23]，都基于 CoinJoin[24]工作的基础上。这些方案通过各种形式的混合来掩盖交易者的身份，但是这些方案可以通过统计分析破坏匿名性。

概括来看，目前很多方案都已经实现了很强的匿名性。在今后的研究中，一方面，是否可以进一步强化匿名性，因为交易还有可能通过交易时间来泄露信息。Solidus 建议在有规律的时间间隔下，通过添加一些值为 0 的假交易和真交易一起分批发送，来消除交易时间带来的泄露风险。另一方面，强匿名性可能用于非法目的，必然会遭到监管机构的强烈反对，如何做到监管和隐私保护之间的平衡是值得思考的。群签名既能实现群成员的匿名签名，又能使得监管机构按需跟踪签名者，具有可控匿名的特性，可能在区块链应用中实现隐私和监管之间的平衡。

9.3 隐私保护实例

围绕隐私保护的方案设计与实现问题，本节将重点介绍几个隐私保护实例。

9.3.1 公钥哈希的构造实例

哈希函数是一种数据压缩算法，它可以将不定长的数据映射到一个固定长的字符串。哈希函数是许多隐私保护协议和算法的基本工具。接下来介绍如何设计一种安全的公钥哈希函数。哈希函数是广泛应用的基本算法工具，简单来说，哈希函数满足以下特性：①高效性，即根据消息可以快速计算哈希摘要；②不可逆性，即难以通过哈希摘要逆向推导得到消息本身；③抗碰撞性，即难以找到两个不同的消息对应同一个消息摘要；④固定长度，即可以将任意长度的消息计算得到一个固定长度的消息摘要。通常来说，哈希函数不涉及公私钥对的使用，而是直接采用对称密钥(即每一次哈希使用不同的密钥，又或者称为随机数)。然而，在不可信的网络环境下，用户的信息在公开的信道里传输，容易受到恶意攻击者的窃取或者篡改，这给消息可靠传输和使用带来威胁。

公钥密码体制可以有效应对不可信网络环境下的消息认证和加密等需求。不同于对称密码体制(加密或者解密使用同一个密钥)，该体质通常会为用户产生一个公私钥对。其中，公钥用于加密或者验证，而私钥用于解密和签名。私钥由用户在本地私密保管，而公钥是公开的。这样一来，任何用户均可在不可信网络上传输加密或者签名的信息，而只有私钥的持有者才能够将其解密(或者使用对应的公钥才能够验证通过)。这样一来，有效确保了不可信网络环境下信息传输和认证的安全。公钥密码体制被广泛应用于签名、加密和签密等方案设计中，然而迄今为止，目前没有文献公开提出公钥哈希函数的概念。这主要是因为哈希函数通常不需要输入特定的密钥或者随机值(如确定性哈希函数，其对相同文件，永远生成同一个消息摘要)，而即使需要输入特定的随机值，也是单纯由计算者随机产生的。

然而，上述情况逐渐难以满足实际应用的需求。目前，分布式网络和虚拟货币等应用的兴起对哈希函数提出新的要求。具体的，在分布式环境下，用户处于不可信的网络环境，任何节点都是匿名或者潜在恶意的，这又被认为是去中心化的结果。在这样的环境下，用户的文件和消息摘要在传输过程中都受到威胁(可能被中途截取、窃听或者替换等)。这样一来，需要依赖一种基于公钥的哈希函数，来对消息计算消息摘要，并且确保消息摘要能够在不可信的网络环境中传输，并且仍然能够通过验证。更具体的，只有持有私钥和消息的计算者(这里又称为发送者)才能够计算正确的消息摘要，而接收者(可以被指定为具体一个用户，也可以不公开指定，即任何人皆可接收)能够在本地验证该哈希值是否正确。更重要的是，上述方法立足于公钥密码体制，能够在不可信网络环境下安全执行。考虑到公钥密码体制是目前最广泛应用的密码体制，并且哈希函数作为基本的算法工具，涉及各种方案的设计和应用。因此，基于公钥的哈希函数具有广泛的应用前景。

这里提出一种公钥哈希函数，依赖于现有的公钥密码体制，能够让发送者安全地计算哈希摘要，并且将该摘要在不可信的网络中传播或者公开，而接收者可以有效验证摘要，攻击者由于不持有相应的私钥，无法有效伪造或者篡改消息摘要。接收者可以有效验证消息摘要是否正确计算生成。本节提出的公钥哈希函数的有益效果是：①高效性，指该公钥哈希方案对于每一次哈希计算，仅仅涉及一个双线性对计算，能够有效满足哈希函数的计算需求；②安全性，指该公钥哈希方案依托现有的公钥密码体制，每一次哈希中使用到了发送者的私钥和接收者的私钥进行计算，确保哈希值在传输过程中难以为攻击者篡改，而接收者可以有效验证收到的摘要，由此，确保了不可信网络环境中，哈希摘要的安全计算与传输；③充分结合了哈希函数和公钥密码体制的优点，能够同时满足哈希计算的高效性、安全性、不可逆性和固定长度的摘要。与此同时，公钥哈希函数能够在不可信网络中安全传输和验证，能够被广泛应用到任何涉及哈希函数和公钥密码体制的算法设计和应用中，应用前景广阔。

接下来简要地介绍公钥哈希函数的构造及其工作原理。基于在哈希函数讨论到的，可以将提出的公钥哈希函数实例作为一种区块链的隐私保护手段。

初始化：根据安全参数λ选择两个生成元为g、群阶数为q的群G和群G_T。设置双线性对为：$e:G\times G\to G_T$。设置哈希函数：$H_1:\{0,1\}^*\to G$，$H_2:\{0,1\}^*\to Z_q$。

输出系统公开参数 $P=\langle G,q,g,H_1,e\rangle$。

密钥生成：根据系统公开参数 P，发送者随机选择 $x_s \overset{R}{\leftarrow} Z_q^*$ 作为用户密钥 sk_s，计算发送者公钥 $\mathrm{pk}_s=y_s=g^{x_s}$。类似的，接收者随机选择 $x_r \overset{R}{\leftarrow} Z_q^*$ 作为用户密钥 sk_r，计算发送者公钥 $\mathrm{pk}_r=y_r=g^{x_r}$。算法输出公私钥对 $(\mathrm{sk}_s,\mathrm{pk}_s)$ 和 $(\mathrm{sk}_r,\mathrm{pk}_r)$。

计算哈希：发送者输入一个文件 $m\in\{0,1\}^*$（这里 $\{0,1\}^*$ 代表任意比特长度的 0,1 字符串），根据接收者的公钥 $\mathrm{pk}_r=y_r$，计算公钥哈希值 $h=e\left(H_1(m)^{x_s},y_r\right)$。特别的，如果发送者希望将该哈希值公开(即不指定特定的接收者，任何人皆可接收)，则计算公钥哈希值 $h=e\left(H_1(m)^{x_s},g^{H_2(m)}\right)$。

验证哈希：接收者根据 m 和公钥哈希值 h，使用自己的私钥 x_r 和发送者的公钥 y_r 来验证等式是否满足：$h=e\left(H_1(m)^{x_r},y_s\right)$。如果成立，则代表该公钥哈希值正确，否则，代表该公钥哈希值错误。特别的，如果该哈希值是公开的(即发送者不指定特定的接收者)，任何人均可使用发送者的公钥 y_s 和消息 m 来验证等式是否成立：$h=e\left(H_1(m)^{H_2(m)},y_s\right)$。如果成立，则代表该公钥哈希值正确，返回 1，否则，代表该公钥哈希值错误，返回 0。

公钥哈希函数的算法流程简单地呈现在图 9.1 中。

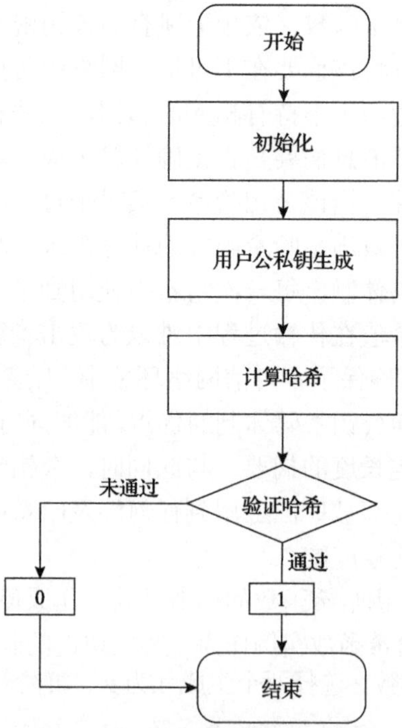

图 9.1　公钥哈希函数的算法流程图

9.3.2 可更新哈希的构造实例

本节介绍一种可更新的变色龙哈希函数，它作为一种实现区块链和隐私保护协议的基本工具，具体包括系统初始化、密钥生成、计算哈希、验证哈希、计算碰撞、更新碰撞，根据陷门密钥，对满足碰撞的变色龙随机数进行周期性的更新，被正确更新后的变色龙随机数可以在当前时间点内通过认证，反之，无法通过认证。该哈希函数用于安全和高效地计算变色龙哈希值，并且能够抗密钥泄露，可以对满足碰撞的变色龙随机数进行周期性的更新，防止碰撞值被滥用。

简单来说，变色龙哈希函数是一种单向陷门函数，在没有陷门密钥的情况下，计算满足碰撞的一对变色龙哈希值输出(即变色龙哈希值一致，但是变色龙随机数不一致)是困难的。变色龙哈希函数作为一种早期提出的密码方案，已经广泛应用到包括变色龙签名、不可抵赖签名、不可抵赖认证、离线在线签名和加密等方案的设计中去，作为方案设计底层的基石。当前变色龙哈希值存在效率性和安全性的问题，就效率性而言，部分方案使用到基于双线性对的计算，由于该计算耗费大，而变色龙哈希作为一个哈希函数，必须满足计算高效性的特性，宜优先考虑不用双线性对的设计；就安全性而言，当前的变色龙哈希方案需要考虑抗密钥泄露和防止碰撞值被滥用的问题。

针对陷门密钥的安全问题，Ateniese 在早期发表的文章 *On the key exposure problem in chameleon hashes* 首次考虑了设计抗密钥泄露的变色龙哈希函数，这里的抗密钥泄露问题指的是给定一组满足碰撞的哈希值，无法从中恢复得到陷门密钥(为变色龙哈希方案的主密钥)。在本节中，提出的方案满足该特性，以下进行简单的证明：给定任意一组满足碰撞的 (m,h,r) 和 (m',h,r')，对于同一交易信息 CID，有 $h_0 = H_1(\text{CID})$ 和 $h = g^{\alpha t} h_0^{H_2(m)t} = g^{\alpha' t} h_0^{H_2(m)t}$。由此，可以推导得到 $h_0^{x} = \left(y^{\alpha'} / y^{\alpha}\right)^{((H_2(m)-H_2(m'))^{-1}}$。基于可证明安全定理，可以简单地把抗密钥泄露问题规约到 CDHP 上去，即给定 g、g^x、h，计算 h^x 是困难的。由于上面给出了如何通过本章所提的方案推导得到 h^x，可以规约到 CDHP 上去，由于 CDHP 是困难的，所以本节所提的方案是抗密钥泄露的，具体证明方法不在此赘述，但是通过上述描述，可以不难推断。

此外，针对防止碰撞被滥用的问题，本节提出的解决方法是周期性地对变色龙哈希值及其对应的变色龙随机数进行更新，更新后的值能够在当前时间点下通过认证，反之，无法通过。具体可见更新碰撞环节的描述。本节提出的可更新的变色龙哈希函数高效、抗密钥泄露并且防止碰撞被滥用，对比其他方案而言，该方案是一种更高效和安全的设计，它的有益效果如下：

(1) 高效性。该技术方案没有像以往变色龙方案一样采用双线性对，各个算法的计算开销主要来自有限的指数运算，因此满足高效性，满足变色龙哈希算法的使用需求。

(2)抗密钥泄露性。该技术方案的哈希设计满足抗密钥泄露性，基于背景知识提到的，该安全可以被规约到 CDHP 上去，因此该技术方案是安全的。

(3)防止碰撞被滥用。该技术方案允许对变色龙哈希值所对应的变色龙随机数进行周期性的更新，被正确更新后的变色龙随机数可以在当前时间点通过认证，因此可有效地防止满足碰撞的变色龙随机数被肆意滥用，该技术方案是安全的。

基于可更新的变色龙哈希函数包括如下步骤。

系统初始化：根据安全参数 λ 选择一个生成元为 g、群阶数为 q 的 GDH 群 G。

设置以下两个哈希函数：$H_1:\{0,1\}^* \to G$ 和 $H_2:\{0,1\}^* \to Z_q$。

设置 Δt 为一个全局时间周期，参照该参数 Δt，进行周期性的更新和验证变色龙哈希值。

输出系统公开参数 $P=\langle G,q,g,H_1,H_2,\Delta t\rangle$。

密钥生成：根据系统公开参数 P，选择一个随机数 $x \overset{R}{\leftarrow} Z_q^*$ 作为陷门密钥 tk，计算哈希密钥 $\text{hk}=y=g^x$，输出陷门密钥和哈希密钥 (tk,hk)。

计算哈希值：随机选择一个交易信息 $\text{CID}\in\{0,1\}^*$，选择一个随机数 $\alpha \overset{R}{\leftarrow} Z_q^*$，计算 $h_0=H_1(\text{CID})$。

根据时间 $t\in Z_q$，计算变色龙随机数 $r=\left(g^{\alpha t},g^{\alpha t}\right)$，并且计算变色龙哈希值 $h=g^{\alpha t}h_0^{\ H_2(m)t}$。

输出变色龙哈希值和变色龙随机数 (h,r)。

验证哈希值：根据由消息 m、变色龙哈希 h 和变色龙随机数 r 组成的数组 (m,h,r)，首先判断 $\left\langle g,g^{\alpha t},y,y^{\alpha t}\right\rangle$ 是否为 Diffie-Hellman 数组，如果不成立，则输出失败标记⊥；否则，计算 $h=H_1(\text{CID})$，计算并验证 $h=g^{\alpha t}h_0^{\ H_2(m)t}$，若等式不成立，则返回 0；否则，返回 1。

计算碰撞：根据哈希密钥 hk，交易信息 CID，一个由原消息 m、变色龙哈希 h 和变色龙随机数 r 组成的数组 (m,h,r)，以及时间 t，首先对其执行验证哈希算法，如果验证不通过，则返回⊥并且结束；否则，根据时间 t、新消息 m' 和陷门密钥 tk，计算 $h=H_1(\text{CID})$，然后计算新的变色龙随机数 $r=\left(g^{\alpha' t},y^{\alpha' t}\right)=\left(g^{\alpha t}h^{(H_2(m)-H_2(m'))t},g^{\alpha t}h^{x(H_2(m)-H_2(m'))t}\right)$。

接着，判断 $\left\langle g,g^{\alpha' t},y,y^{\alpha' t}\right\rangle$ 是否为 Diffie-Hellman 数组，若不成立，则输出⊥，否则，输出满足碰撞的一个新的变色龙随机数 r''。

更新碰撞：根据哈希密钥 hk，交易信息 CID，一个由原消息 m 、变色龙哈希 h 、变色龙随机数 r 和时间 t 组成的数组 (m,h,r,t)，首先对其执行验证哈希算法，如果验证不通过，则返回 $\perp$ 并且结束；否则，根据时间增量 Δt 和陷门密钥 tk，计算 $h=H_1(\mathrm{CID})$，然后计算更新后的变色龙随机数 $r''=\left(g^{\alpha''(t+\Delta t)},y^{\alpha''(t+\Delta t)}\right)=\left(g^{\alpha t}h^{H_2(m)(-\Delta t)},y^{\alpha t}h^{xH_2(m)(-\Delta t)}\right)$。

接着，检查 $\left\langle g,g^{\alpha''(t+\Delta t)},y,y^{\alpha''(t+\Delta t)}\right\rangle$ 是否为 Diffie-Hellman 数组，若不成立，则输出 $\perp$，否则，检查下述等式是否成立：$g^{\alpha t}h^{H_2(m)t}\overset{?}{=}g^{\alpha''(t+\Delta t)}h^{H_2(m)(t+\Delta t)}$，若等式不成立，则输出 $\perp$，否则，输出更新后的变色龙随机值 r''。可更新的变色龙哈希函数算法流程展现如图 9.2 所示。

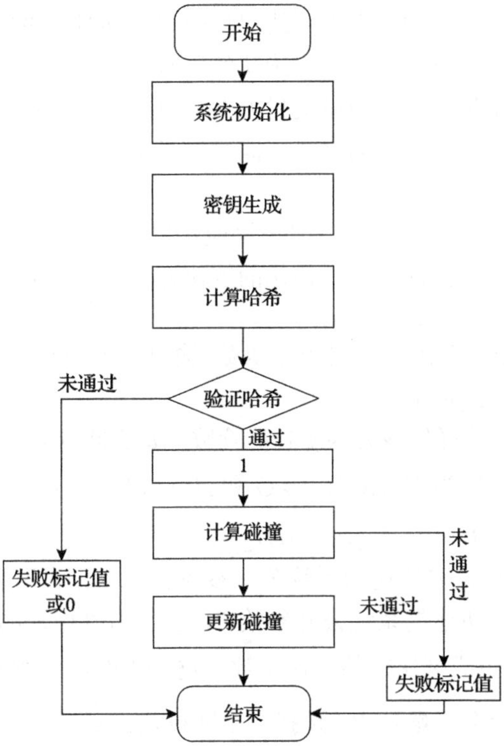

图 9.2　可更新的变色龙哈希函数的算法流程图

9.3.3　多形态区块链的构造实例

本节介绍一种基于多形态可派生的环状区块链构建方法，它可以作为实现区块链和隐私保护协议的基础算法。目前区块链面临着存储耗费和可扩展性的问题，即区块链的数据内容庞大，不便于存储，并且区块结构单一，无法较好地从链式结构上进行更进一步的扩展，从而支持更加多样化的服务和功能。与此同时，子链派生结构单一，无法很好地支持更多的区块链的应用场景。而且，由链式主链派生出的子链仍然为链式结构，即子链的区块仍然是从链的后方顺序插入。该方法虽然一定程度上能够提高区块链的确认效率和转移主链的冗余数据，却仍然无法有效地解决区块链的可扩展性问题。本节提出的基于多形态可派生的环状区块链构建方法的有益效果包括：

(1)提出了一种多形态的区块链结构，允许区块链以环状和链状两种形态共存，进一步加强了区块链的功能性，该结构允许区块链能够容纳更多的密码方案和如环签名、群签名等功能。

(2)通过从主链上派生出子链，极大地提高了区块链的可扩展性。更进一步的，由于派生子链可以独立延伸而主链区块保持恒定，并且子链的性质和参数能够根据应用需求变更，使主链在完成交易确认的同时，不会受到线性增加的交易数量的影响。例如，将派生子链作为微支付方案，直接用于加速主链的交易，还能够使得主链上的交易得以更高效的确认，同时，当小笔交易在子链上进行时，主链也不会受到影响。

(3)更高效的记录交易信息，同时主链能够保持恒定和高可扩展性，从而为区块链的可扩展性和功能性提供了一体化的解决方案。基于多形态可派生的环状区块链构建方法，具体步骤如下所示。

初始化：根据安全参数λ，通过哈希函数，输出系统公开参数P和创世区块B_1。进一步的，初始化阶段如下：

根据安全参数λ选择生成元为g且群阶数为q的群G。

设置哈希函数分别为$H_1:\{0,1\}^* \to G$和$H_2:\{0,1\}^* \to Z_q$。

输出系统公开参数$P=\langle G,q,g,H_1,H_2\rangle$。

生成创世区块B_1，将所述的系统公开参数P写入创世区块B_1。

生成密钥：根据所述的系统公开参数P，计算得到用户的私钥x_i和公钥y_i，其中$1\leqslant i\leqslant n$，n为生成区块链的区块总数。进一步的，生成密钥如下：

根据所述的系统公开参数P，选择一个随机数$x_i \overset{R}{\leftarrow} Z_q$作为用户的私钥$x_i$，根据所述私钥$x_i$计算公钥$y_i = g^{x_i}$。

构建环状主链：将交易信息记录到区块中，各区块按生成时间排列，并将排列的最后一个区块与所述的创世区块B_1相连，通过选择一个随机数$u \overset{R}{\leftarrow} Z_q$，计算得到以创世区块$B_1$为环起点的计算参数$c_1$，再由计算参数$c_1$计算得到长度为$n$的环状主链$C_n$。其中，根据所述环状主链$C_n$得到公钥集合$L=\{y_i\}_{1\leqslant i\leqslant n}$，其中每个

区块 B_i 对应一个所述的公钥 y_i，每个公钥 y_i 对应一个所述的私钥 x_i。进一步的，过程如下：

将当前时间段的交易信息打包，并记录到区块中，将构成环状主链的区块集合 $\{B_i\}_{1\leqslant i\leqslant n}$ 中的各区块按生成时间的顺序排列，并将排列的最后一个区块 B_n 与创世区块 B_1 相连，形成 $B_1\|\cdots\|B_n\|B_1$ 的首尾相连的环结构。

计算 $h_0=H_1(L)$ 和 $\tilde{y}=h^{x_n}$。其中，$L=\{y_i\}_{1\leqslant i\leqslant n}$ 为区块集合 $\{B_i\}_{1\leqslant i\leqslant n}$ 对应的公钥集合，$\tilde{y}=h^{x_n}$ 为最后一个区块 B_n 对应私钥 x_n 的参数，然后选择一个随机数 x_n，计算以创世区块 B_1 为环起点的计算参数 $c_1=H_2\left(L,\tilde{y},g^u,h^u\right)$，其中 u 为用于插入新区块的计算参数。

选择一个随机数 $\beta_i\xleftarrow{R}Z_q$，$i=1,\cdots,n-1$，计算区块 B_{i+1} 对应的计算参数 $c_{i+1}=H_2\left(L,\tilde{y},g^{\beta_i}\cdot y_i^{c_i},h^{\beta_i}\cdot\tilde{y}^{c_i}\right)$，并根据环结构首尾相连的特性，得到 $c_{n+1}=c_1$，然后计算随机数 $\beta_n=(v-x_nc_n \bmod q)$。

输出由 n 个区块构成的环状主链 $C_n=\left(c_1,\{B_i,\beta_i\}_{1\leqslant i\leqslant n},\tilde{y},L,u\right)$，其中 B_i 和 β_i 表示第 i 个区块的内容和对应的随机数。

环状主链派生环状的子链：从环状主链 C_n 中的区块 B_π 派生出的区块集合为 $\{\mathrm{SB}_i\}_{1\leqslant i\leqslant m}$，其中 π 为环状主链 C_n 中需要派生子链的区块 B_π 在环状主链 C_n 中的位置，m 为子链的长度；选择随机数 $\{\alpha_i\}_{1\leqslant i\leqslant m}$，计算子链的参数 $\{\mathrm{sc}_i\}_{1\leqslant i\leqslant m}$，得到长度为 m 的环状的子链 $\mathrm{SC}_m=\left(B_\pi,\mathrm{sc}_1,\{\mathrm{SB}_i,\alpha_i\}_{1\leqslant i\leqslant m},\tilde{y}_s,L_s,u_s\right)$，其中，$B_\pi$ 为子链 SC_m 在环状主链 C_n 中的派生位置，sc_1 为子链的起始区块 SB_1 参数，每一个 SB_i 为子链中的一个区块，α_i 为子链的随机数，$\tilde{y}_s$ 为子链中最后一个区块 SB_m 对应的私钥 sx_m 的参数，L_s 为子链的公钥集合，u_s 为实现子链首尾相连环状结构的参数。进一步的，过程如下：

根据所述环状主链 C_n 中的区块 B_π 的哈希值 hash_{B_π}，从区块 B_π 派生出子链的起始区块 SB_1，从子链的起始区块 SB_1 依次往后执行基于工作量证明的共识机制，对子链的区块 SB_i 分别进行顺序记录和确认，并且依次使子链的区块 SB_{i+1} 的指针指向子链的区块 SB_i。

环状主链派生链状的子链：从环状主链 C_n 中的区块 B_π 派生出的区块集合为 $\{\mathrm{SB}_i\}_{1\leqslant i\leqslant m}$，其中 π 为环状主链 C_n 中需要派生子链的区块 B_π 在环状主链 C_n 中的位置，m 为子链的长度；将子链的起始区块 SB_1 的指针指向所述环状主链 C_n 中的区块 B_π，将子链的第二个区块 SB_2 的指针指向所述子链的起始区块 SB_1，并且以此类推使子链的区块 SB_i 的指针指向子链的 SB_{i+1}，$1\leqslant i\leqslant m$。该过程与前一个过程类似，不再赘述。

验证环状主链： 计算得到长度为 n 的环状主链的表达式 $C_n = \left(c_1, \{B_i, \beta_i\}_{1\leqslant i\leqslant n}, \tilde{y}, L, u\right)$，其中 c_1 为创世区块 B_1 的计算参数，B_i 和 β_i 表示第 i 个区块的内容和对应的随机数，$\tilde{y} = h^{x_n}$ 为最后一个区块 B_n 对应私钥 x_n 的参数，L 为各区块的公钥集合，u 为用于插入新区块的计算参数。

计算 $h = H_1(L)$，根据随机数集合 $\{\beta_i\}_{1\leqslant i\leqslant n}$，计算得到参数 $\tilde{d}_i = g^{\beta_i} y_i^{c_i}$，$d_i'' = h^{\beta_i}\tilde{y}^{c_i}$ 和区块 B_{i+1} 的计算参数 $c_{i+1} = H_2\left(L, \tilde{y}, d_i', d_i''\right)$，其中 g 为生成元，y_i 为区块 B_i 的公钥。

验证等式 $H_2\left(L, \tilde{y}, g^{\beta_n} \cdot {y_n}^{c_n}, g^{\beta_n} \cdot \tilde{y}^{c_n}\right) = c_1$ 是否成立，若成立，则输出 1，否则，输出 0。

向环状主链加入新区块： 在长度为 n 的环状主链 $C_n = \left(c_1, \{B_i, \beta_i\}_{1\leqslant i\leqslant n}, \tilde{y}, L, u\right)$ 中加入 k 个新区块，新区块集合为 $\{B_i'\}_{n+1\leqslant i\leqslant n+k}$，添加各新区块对应的公钥 y_i 至公钥集合 L，生成新的公钥集合 $L' = L \| \{y_i\}_{n+1\leqslant i\leqslant n+k}$，计算 $h_0' = H_1(L')$，计算新的最后一个区块 B_{n+k} 对应私钥 x_{n+k} 的参数 $\tilde{y}' = h'^{x_{n+k}}$，然后计算创世区块 B_1 新的计算参数 $c_1' = H_2\left(L', \tilde{y}', g^u, h'^v\right)$。

根据得到的创世区块 B_1 新的计算参数 c_1'，在 $i = 1, \cdots, n-1$ 的范围内计算得到区块 B_{i+1} 的计算参数 $c_{i+1}' = H_2\left(L', \tilde{y}, g^{\beta_i} {y_i}^{c_i'}, h^{\beta_i} \tilde{y}'^{c_i'}\right)$。

在 $i = n, \cdots, n+k-1$ 的范围内选择随机数 $\beta_i \overset{R}{\leftarrow} Z_q$，计算区块 B_{i+1} 的计算参数 $c_{i+1}' = H_2\left(L', \tilde{y}, g^{\beta_i} {y_i}^{c_i'}, h^{\beta_i} \tilde{y}'^{c_i'}\right)$。

计算 $i = n+k$ 时，第 $n+k$ 个区块对应的随机数 $\beta_{n+k} = (v - x_{n+k} c_{n+k}' \bmod q)$，然后验证等式 $H_2\left(L, \tilde{y}', g^{\beta_{n+k}} \cdot {y_i}^{c_{n+k}'}, h'^{\beta_{n+k}} \cdot \tilde{y}'^{c_{n+k}'}\right) = c_1'$ 是否成立，若成立，则表示新区块成功加入了环状主链，输出新的长度为 $n+k$ 的环式主链 $C_{n+k} = \left(c_1', \{B_i, \beta_i\}_{1\leqslant i\leqslant n+k}, \tilde{y}', L', u\right)$，否则输出加入新区块失败的标识。

基于多形态可派生的环状区块链的算法流程和示意图，如图 9.3 和图 9.4 所示。

9.3.4 可撤销环签名的构造实例

本节介绍一种特殊的环签名。环签名是一种常用于隐私保护的签名认证技术。具体的，该实例提出了一种基于公有链的环签名，该签名具有可匿名撤销的特性。该实例综合使用了公钥密码算法、可证明安全理论、计算复杂度理论等工具，实现了对公有链上用户的身份隐私保护和认证。可以将其分为如下的技术模块：基于自证明的环签名生成模块和环签名匿名撤销模块。其中，基于自证明的环签名生成模

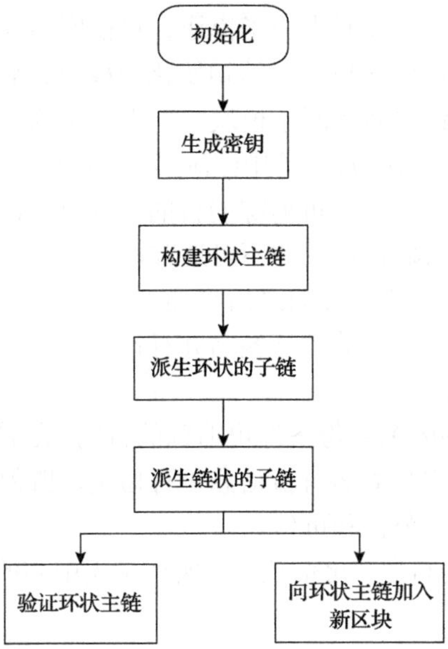

图 9.3　基于多形态可派生的环状区块链的算法流程图

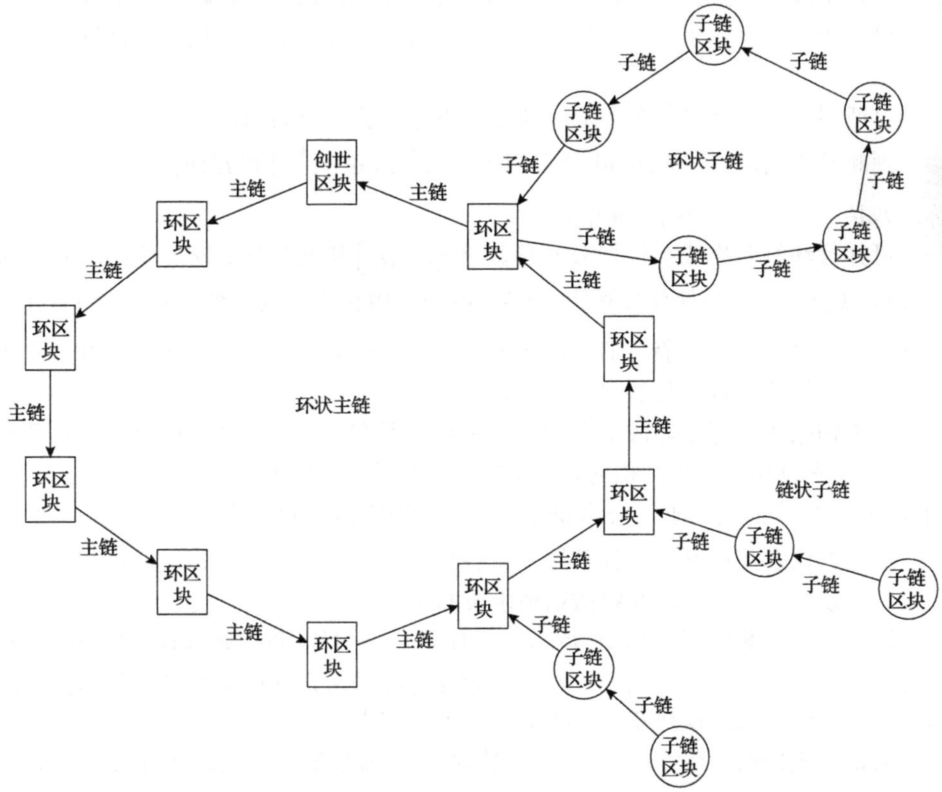

图 9.4　基于多形态可派生的环状区块链的示意图

块包括密钥生成子模块、自证明生成子模块、自证明验证子模块、可并行的签名子模块；环签名匿名撤销模块包括撤销初始化子模块、启动撤销决议子模块、撤销决议判断子模块、撤销生效判断子模块。提出的实例的有益效果如下：

(1)采用了匿名投票表决方法、门限密码策略和环签名并行计算方法，实现完全去中心化环境下匿名身份条件可追踪的目的，同时保证在撤销决议操作中其他环用户身份的不可泄露与撤销决议的不可追踪性。

(2)环中成员在完成身份自证明之后将加入环签名系统，其本身将作为环上的一个节点。通过使用基于云计算的环签名并行计算方法，将计算量安全外包，实现了环签名的高效生成。

(3)实现了环用户的匿名身份条件可追踪的目的。在需要对生成的环签名进行逆向追踪时，对可疑环成员匿名身份信息进行撤销，既保证了用户隐私安全，又实现了撤销过程的安全、公正和可信。

(4)实现了多节点的自主、可信认证，实现了无中心的条件，新用户的认证和接入。

方案具有包括以下步骤。

密钥生成：根据公开参数计算公私钥对、身份标识集合、属性基集合。

自证明生成：基于公开参数和属性基集合，计算自证明证据，并向网络中广播证据。

自证明验证：环中各个环成员通过如下方法验证新的用户。

判断是否满足 r_i 和 $E_2 \oplus \mathrm{id}$ 是否相等以及 $\left((E_1 \oplus r_i)^{\mathrm{sk}_p}\right)$ 和 $H\left(r \,\|\, \mathrm{id} \,\|\, k_p\right)$ 是否相等，若是，输出 1；否则，输出 0；

可并行环签名生成：根据公开参数 $R\left[r_1,\cdots,r_k\right]$ 和安全参数 α 产生的一对默认参数 (k_s,k_p) 。环成员计算公私钥对 $(\mathrm{sk}_r,\mathrm{pk}_r)$ ，用私钥生成一个匿名任务 T，并将任务 T 发给多个云计算服务器；服务器计算环成员公钥信息的中间参量 W，并将 W 公开；环用户再计算环签名中间参量 W' 。

撤销初始化：每个环成员根据公开参数、所有环成员的公钥计算出一对公私钥对 $(\mathrm{sk}_d,\mathrm{pk}_d)$ 作为撤销密钥对，用于撤销可疑环成员的匿名身份信息。其中，私钥 sk_d 用于生成撤销请求，公钥 pk_d 用于验证撤销请求的有效性。

撤销决议发起：网络中任意用户对各个环成员进行监督，若发现存在可疑环成员，则发起撤销请求，并将撤销请求发布于环中。

撤销决议判断：环中其他环成员首先通过自身的公钥验证撤销决议块 W_0 的有效性，再以匿名投票表决的方式决定是否支持撤销可疑环成员匿名身份信息；最后，计算出的撤销决议块 W_i 发布到网络中进行传播。

撤销生效判断：环签名系统统计出网络中广播的撤销决议块 W_i 的数量 D，若数量 D 大于用于预先设定的协商撤销用户匿名身份信息的阈值 n ，则联合所有环成员对可疑环成员的环签名 σ 进行门限解密，将恢复的该环签名 σ 的签发者身份信息在网络中广播。

图 9.5 和图 9.6 分别展示的是签名算法流程以及签名生成与撤销方法流程。

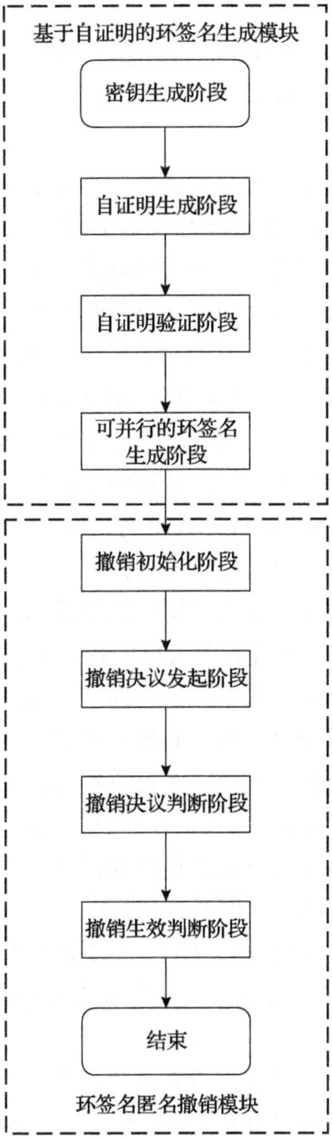

图 9.5　签名算法流程图

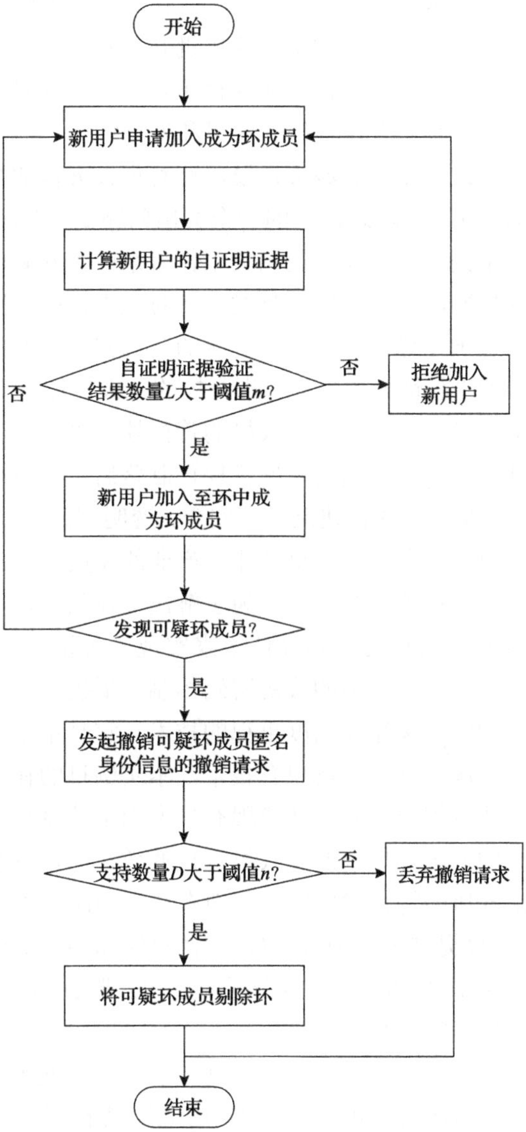

图 9.6　签名生成及撤销方法的流程图

9.3.5　抗量子攻击区块链的构造实例

本节提出一种抗量子计算攻击的无人机区块链管控策略，可用于实现无人机信息的隐私保护和安全交互。本实例主要包括：初始化，用户节点发送飞行指令给无人机节点，无人机节点发送飞行信息给飞控节点，通过基于格的加密和签名算法保证在当前量子计算机的威胁下，信息传输的安全和可靠，与此同时，通过区块链技术来实现透明和安全管控。本发明特点在于：综合使用格密码体制和区块链技术建立一套完整的管控机制，实现无人机飞行的透明、安全和高效的管控。该发明能够实时地记录无人机飞行信息，并且通过飞控节点监督无人机飞行，达到提高现有无人机管控的效率和安全性。

无人机在智能城市建设、针对重大灾害的行动中具有明显优势，具有不可替代的作用。但随之而来的一个突出问题是：无人机的无节制飞行扰乱了空域秩序，为正常民用航班和其他相关工作带来巨大威胁。与此同时，随着国际恐怖主义形势的加剧，空难事件的频发，针对无人机的航空管控迫在眉睫。特别是考虑到当前“量子计算机”问世，传统的公钥密码体制的崩塌，有可能让掌握高科技犯罪能力的“恐怖分子”将远程遥控的无人机作为“目标”或“工具”，用以实施破坏活动。当前，我国对无人机的管控处于“一管就死”、“一放就乱”的尴尬境地，究其原因是：①当前空域管控体制落后；②飞行指挥不统一；③管控手段僵硬；等等。总体来说，缺乏一套安全、透明和高效的体制来管控无人机的飞行。同时，又需要灵活考虑无人机及相关产业的发展，在不影响空域安全的前提下，安全和高效地管控其飞行活动。为了解决上述问题，本节综合考虑采用区块链技术、基于格的公钥密码体制等技术来实现一种抗量子计算攻击的无人机区块链管控策略。其中，基于格的公钥密码体制是抵抗量子计算机的典型方法，而区块链是当前受到广泛关注和高度重视的技术，它是用于实现全民共识、共治和共享的新型基础设施。针对上述现有技术，本实例目的在于提供一种抗量子计算攻击的无人机区块链管控策略，解决现有技术由于信息加密方式、信息加密范围和数据存储结构的局限性导致的无人机管控低效、僵化且不适合集群无人机作业以及导致数据泄露风险等技术问题。与现有技术相比，本节提出的实例的有益效果如下：

(1)提供了一种安全(格加密算法和不可篡改的区块链)、透明(并不是所有信息全部加密)和高效(结合区块链和云服务器构建了低冗余度全新数据存储结构)的管控策略及系统。

(2)分别采用基于格的加密和签名方法能够有效抵抗量子计算攻击，确保无人机在当前网络空间安全形势严峻的情况下，有效应对量子计算攻击，实现安全管控。

(3)采用基于区块链的技术记录飞行信息，区块链由于具有不可篡改、安全、可追溯等优点，可以帮助实现透明的无人机管控，同时提供事故追责等功能。

(4)设计了一套完整的无人机飞行管控机制，同时实现了灵活和安全的无人机飞行管控，无人机要按照事先记录在区块链上的信息进行飞行，但允许根据用户发送的操纵指令进行小范围的改动，需要满足公开参数所设定的容忍范围，这样做的目的是在满足空域安全的前提下合理满足飞行需求。

本实例所涉及的一种抗量子计算攻击的无人机区块链管控策略，包括以下步骤。

步骤 1　由用户节点向无人机节点发送格加密的飞行指令，接着由无人机节点解密飞行指令、根据解密后飞行指令产生飞行信息并将其发送给飞控节点。

步骤 2　由飞控节点对飞行信息进行检验，检验完成后再由飞控节点通过区块链记录关于无人机节点处无人机的飞行信息。

步骤 2 包括同时由无人机节点周期性地返回状态信息至飞控节点，由飞控节点结合飞行信息和状态信息在区块链上对无人机的飞行进行记录和监督。

所述的步骤 1 在由用户节点向无人机节点发送格加密的飞行指令之前还包括进行初始化操作，对用户节点、无人机节点和飞控节点颁发各自的公钥和私钥，获得该三类节点各自的公开参数。

步骤 1 包括以下步骤。

步骤 1.1　由用户节点将关联的无人机节点公钥地址、预计飞行时间、预计飞行高度和预计飞行范围作为飞行指令，并将关联的无人机型号、无人机节点的公钥地址、调整后的飞行高度和调整后的飞行方向作为操作指令。

步骤 1.2　由用户节点结合无人机节点的公钥对飞行指令和操作指令进行基于格的公钥加密算法加密，对应两类指令分别获得各自的密文。

步骤 1.3　由无人机节点使用其私钥分别对密文解密，获得飞行指令和操作指令。

步骤 1.4　根据解密后飞行指令产生飞行信息并将飞行信息发送给飞控节点。

步骤 1.4.1　由无人机节点解密后飞行指令，生成飞行路线、预计飞行时间和预计飞行高度并作为飞行信息，同时将实时的飞行状态、位置信息、时间、飞行高度、飞行方向和飞行信息的哈希值作为状态信息，计算出飞行信息和状态信息各自的哈希值。

步骤 1.4.2　使用无人机节点的私钥分别对哈希值进行基于格的签名算法签名，再将哈希值签名后的飞行信息和状态信息发送至飞控节点。

上述方法中，所述的进行基于格的签名算法签名为进行基于格的安全短签名一般性构造方法的签名。

步骤 2 包括以下步骤。

步骤 2.1　由飞控节点在区块链上结合飞行信息的哈希值检索是否已经存在相同的飞行信息。

步骤 2.1.1　若存在，则由飞控节点按照区块链上区块中记录的飞行信息监督无人机节点处无人机执行飞行计划状态。

步骤 2.1.2 若不存在，则由飞控节点在区块链上按照时间顺序建立新的区块并将飞行信息的哈希值写入该新区块内，再开始监督无人机节点处无人机执行飞行计划状态。

所述的步骤 2.1.2，还将飞行信息的哈希值作为其内容的索引并将其内容存储于云服务器上。

步骤 2.2 根据公开参数的要求，由无人机节点周期性地返回状态信息至飞控节点，由飞控节点周期性地验证状态信息。

图 9.7 展示的是本实例的流程图。图 9.8 展示的是本实例的各节点信息交互示意图。图 9.9 展示的是本实例的区块内容示意图。

9.3.6 基于医疗区块链的构造实例

本节介绍一个基于区块链的医疗大数据管理系统及框架的实例，属于智能合约技术领域。本实例主要包括系统的整体框架结构、注册合约模块、概要合约模块、用户与病历数据提供方的关系合约模块。整个医疗大数据管理系统以区块链作为技术基础，实现了用户可以直接、有效、快速、有选择性地管理自己病历隐私的功能。由于区块链具有“去中心化”及“不可篡改”两种特性，这为用户包括患者、医院、数据仓库提供了最真实、最便利的服务，减轻了目前数据仓库因为大数据中心化的数据处理压力。医疗数据是重要的隐私数据。由于医疗数据分类多、样本多，数据库中心难以承受。为了解决这个本体，本节提出一个基于区块链的医疗数据管理系统，可以解决现有中心化的账本技术由于数据节点权限设置、数据查询结构和记录存储结构的局限性导致的信息仍然孤立、查询速度慢且性能与效率低下等技术问题。与现有技术相比，本节提出的实例的有益效果如下：

(1)病历数据的不可篡改性；

(2)去中心化；

(3)定义相关的国际智能合约；

(4)提出了一种关系合约模块，关系合约提供数据节点访问权限设置，保证数据不会被随意篡改，还实现了合约方间高速访问和记录修改；

(5)提出了一种概要合约模块，能更快、更准确地查找出医疗记录。

上述方案中，注册合约模块中注册合约包括注册用户的用户名、以太网地址和概要合约地址；概要合约模块中概要合约包括注册用户的以太网地址、关系合约地址和用于反映关系合约模块中关系合约当前特征的状态变量。概要合约模块由变化的状态变量发出通知至注册用户，该注册用户对关系合约模块发出关联该状态变量的新关系处理命令，处理命令包括接受、拒绝或删除。关系合约模块，

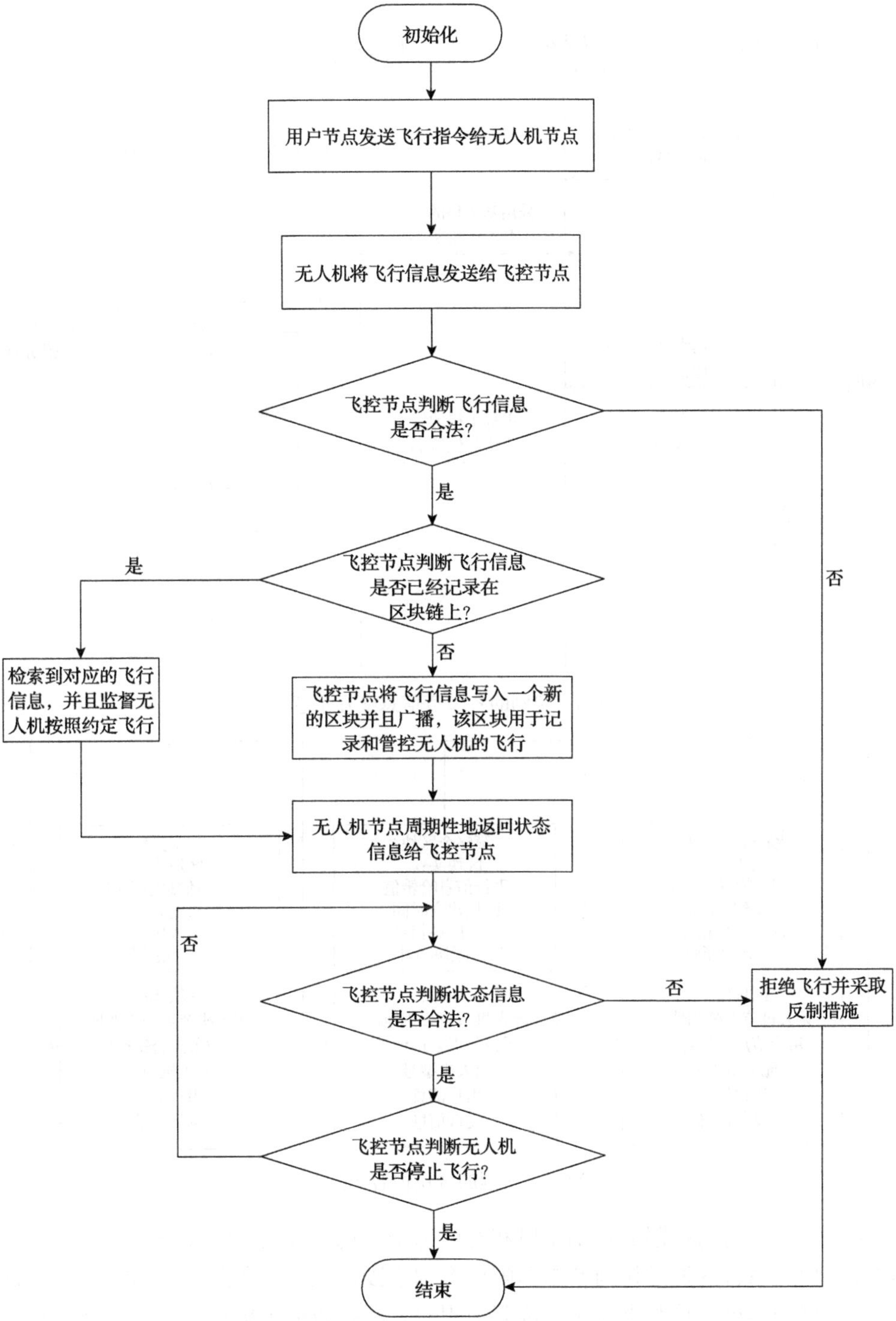
初始化
用户节点发送飞行指令给无人机节点
无人机将飞行信息发送给飞控节点
飞控节点判断飞行信息是否合法?
是
否
飞控节点判断飞行信息是否已经记录在区块链上?
是
否
检索到对应的飞行信息，并且监督无人机按照约定飞行
飞控节点将飞行信息写入一个新的区块并且广播，该区块用于记录和管控无人机的飞行
无人机节点周期性地返回状态信息给飞控节点
否
飞控节点判断状态信息是否合法?
否
拒绝飞行并采取反制措施
是
飞控节点判断无人机是否停止飞行?
是
结束

图 9.7　实例流程图

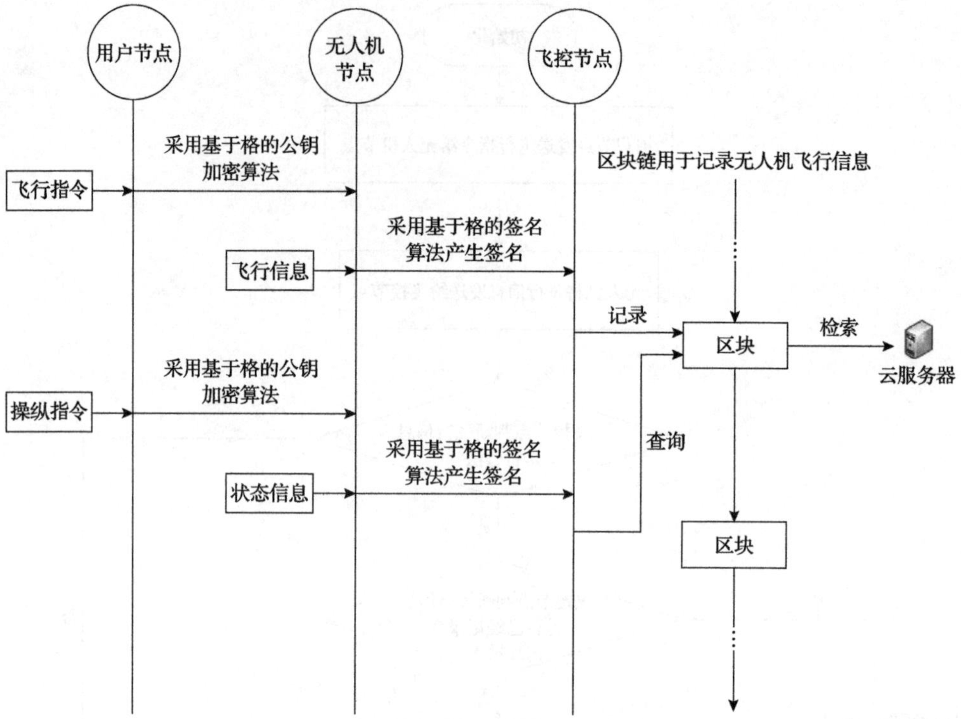

图 9.8　实例的各节点信息交互示意图

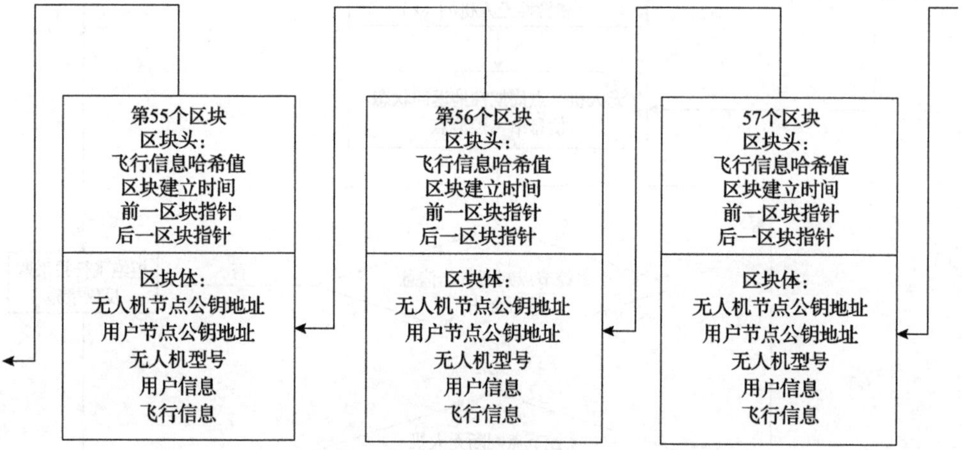

图 9.9　实例的区块内容示意图

包括对应不同访问权限的查询字段和对应每个查询字段的医疗数据子集；关系合约模块由关系合约通过访问请求匹配出查询字段，且返回所匹配查询字段对应的医疗数据子集至其他数据提供方或其他用户。医疗数据子集在医疗数据交互的历史记录更新时，医疗数据子集的哈希值添加至对应查询字段。

一个基于区块链的医疗大数据管理方法，包括以下步骤。

步骤 1　用户在区块链中签订注册合约，再由注册合约映射概要合约地址并确定用户名。

步骤 2　在区块链中根据用户名找到该用户的概要合约地址处概要合约，然后得到概要合约中的关系合约地址。

步骤 3　数据提供方向区块链发出用户医疗数据请求，根据关系合约地址找到用户与数据提供方之间的权限设置，根据权限设置匹配出查询字段和查询字段对应的医疗数据子集，再通过计算医疗数据子集的哈希值验证数据提供方使用医疗数据子集的权限范围。

步骤 4　在权限范围内，数据提供方将数据上传或者下载至区块链中医疗数据存储节点，同时概要合约中关联关系合约的状态变量发生变化，再根据变化的状态变量向用户发出通知。

步骤 5　根据所接收的通知，用户向区块链返回新关系处理命令。

一种概要合约，包括以下信息：

(1) 以太网地址，作为用户区块链身份信息；

(2) 区块链节点关系地址，包括所有与所述以太网地址关联的区块链节点地址；

(3) 状态变量，包括所述以太网地址与所述区块链节点地址的关联状态。

为达到上述目的，本实例提出一个基于区块链的医疗大数据管理系统和方法，包括如下模块。

系统子模块 1(注册合约模块)：用于定义用户规则、提供身份验证和映射概要合约地址，对应数据提供方接受注册用户的医疗数据、存储医疗数据于区块链中数据提供方的医疗数据存储节点且由数据提供方请求调整用户规则和重新映射概要合约地址。

方法子模块 1：用户在区块链中签订注册合约，再由注册合约映射概要合约地址并确定用户名。

系统子模块 2(概要合约模块)：用于构建索引和产生关系合约地址，包括注册合约模块所存储医疗数据的索引和指向关系合约的列表，列表中存储有数据提供方、其他用户和/或其他数据提供方与各自所有注册用户交互的历史记录，且还存储每个注册用户与数据提供方、其他用户和/或其他数据提供方交互的历史记录。

方法子模块 2：在区块链中根据用户名找到该用户的概要合约地址处概要合约，然后得到概要合约中的关系合约地址。

方法子模块 3：数据提供方向区块链发出用户医疗数据请求，根据关系合约地址找到用户与数据提供方之间的权限设置，根据权限设置匹配出查询字段和查询字段对应的医疗数据子集，再通过计算医疗数据子集的哈希值验证数据提供方使用医疗数据子集的权限范围。在权限范围内，数据提供方将数据上传或者下载至区块链中医疗数据存储节点，同时概要合约中关联关系合约的状态变量发生变化，再根据变化的状态变量向用户发出通知。

系统子模块 3(关系合约模块)： 用于定义医疗数据存储节点访问权限，由数据提供方和其他数据提供方的关系合约，或者由数据提供方和其他用户的关系合约选择地接受其他数据提供方或其他用户的访问请求，且由关系合约和访问请求返回对应的医疗数据至其他数据提供方或其他用户。

方法子模块 4： 根据所接收的通知，用户向区块链返回新关系处理命令。

图 9.10 展示的是实例的总体框架示意图。图 9.11 展示的是实例的合约结构示意图。

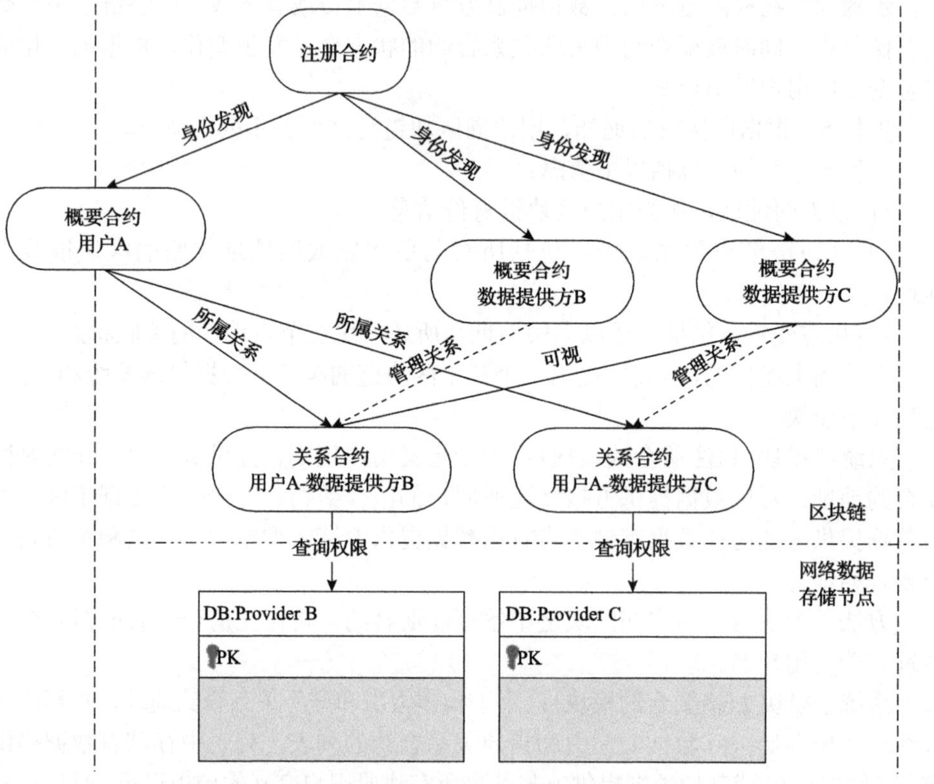

图 9.10　实例的总体框架示意图

9.3.7　基于电子合约框架的构造实例

本节介绍一种基于区块链的电子合约系统。该实例包括系统框架的结构、系统框架层级之间的规则、系统框架层级的内部规则和系统框架整体原则部分。整个电子合约系统以区块链分布式账本为技术基础，以规则与共识为理念核心，从而实现不同参与者之间的相互认可，形成公有价值的交付、流通、分享及增值，

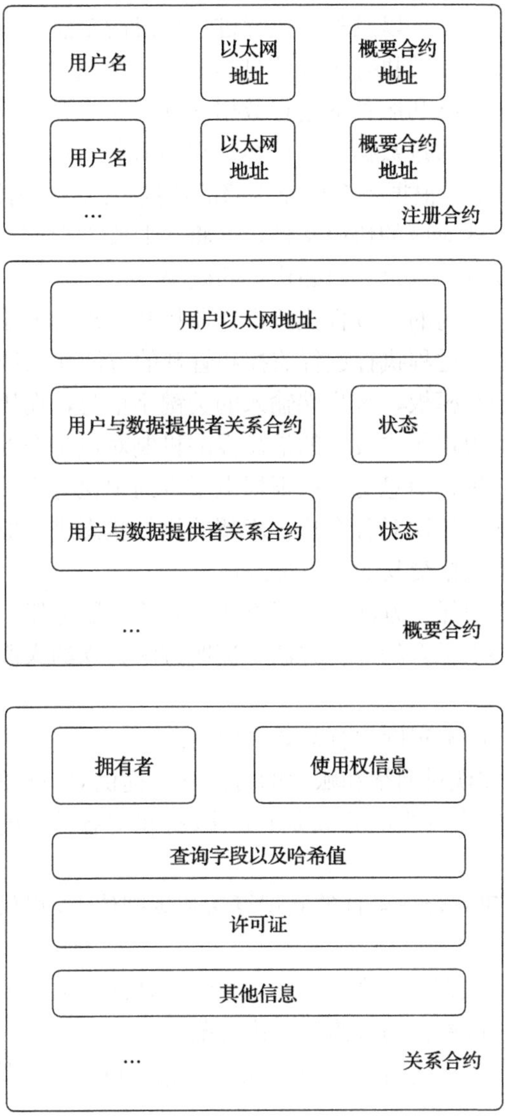

图 9.11　实例的合约结构示意图

建立“主权区块链”。本节提出的“主权区块链”具有点对点、不可篡改、可信任和价值转移的特点，并且能从监管、网络、合约、数据、应用等方面进行拓展。

合约指两方面或几方面在办理某事时，为了确定各自的权利和义务而订立的共同遵守的条文。传统的合约都是先经过“桌面会议”讨论得到一致后，记录在纸张上。经过这么多年的发展，“合约”已经形成了自身的概念与原则。

随着互联网的迅速发展，各类数据的爆炸式涌现，电子合约技术正迫切被需要，用以解决处理数据时的大量资源冗余及浪费，减少人为因素在其中的影响力。

在专利“电子合约主体以及相关执行过程信息的全息呈现系统”中，提供了一种电子合约主体以及相关执行过程信息的全息呈现系统。该系统主要包括：客户端，用于利用通信网络和服务器进行数据交互，完成合约执行过程中的各种操作步骤；服务器，用于通过数据库存储客户端和服务器在合约执行过程中的各种操作步骤中的数据信息，根据每个操作步骤的数据信息，调用快照文件生成插件，用于生成每个操作步骤对应的快照文件，并将快照文件存储在文件服务器中。但是在这个专利中，没有达到“去中心化”的效果。

在专利“对电子合约的全过程执行进行监控和管理的方法和系统”中，提供了一种对电子合约的全过程执行进行监控和管理的方法和系统。该方法主要包括：根据客户端选择的合约模板、客户端输入的关键字信息，调用合约模板数据库生成电子合约的文本，根据预先设立的消息提醒机制对电子合约中执行步骤的执行方用户和确认方用户进行消息提醒；根据电子合约中执行步骤的执行方用户和确认方用户的操作处理，依次对各个执行步骤的执行状态进行监控。然而在这个发明当中，没有体现出数据交易的不可篡改性。

在专利“电子合约保管方法、证明方法、立约人服务器、合约保管系统及介质”中，提供了一种电子合约保管方法、证明方法、立约人服务器、合约保管系统及介质。

与现有技术相比，本实例的有益效果如下：

(1)在监管层面实现对网络和账户的可监管，提供对节点的控制与干预能力。

(2)在网络层面实现网络的分散多中心化，提供对各节点的身份认证和账户管理能力。

(3)在共识层面建立合理可行的共识算法和规则体系，提供对多种共识算法的整合能力。

(4)在合约层面，强调智能合约是在主权经济体法律框架下的自动化规则生成机制，提供可监管、可审计的合约形式化规范。

(5)在数据层面，实现基于数据块的链上数据与链下数据的融合，并不是单一链上数据的流动。

(6)在应用层面，实现经济社会各个领域的广泛应用，基于共识机制的多领域应用的集成和融合，不限制于金融应用领域的电子合约系统框架。

(7)在此电子合约系统框架的基础上，不同经济体和各节点之间可以实现跨主权、跨中心、跨领域的共识价值的流通、分享和增值。

一种基于区块链的电子合约系统具体包括如下内容：

(1)主权区块链，包括至少两个不同开放权限的子链，每个子链中节点接收不同级别的审计。

(2)共识算法和规则。

(3) 电子合约，由联盟成员触发生效后扩散至主权区块链内，接收主权区块链按共识算法和规则的数据操作。

上述的主权区块链，包括最高开放权限的公共链子链、中等开放权限的联盟链子链和最低开放权限的私有链子链。主权区块链还存储操作记录，操作记录包括申请记录、接收记录、查看记录、销毁记录和/或转发记录。主权区块链还接收联盟成员的权限操作申请，权限操作申请包括打开权限申请、编辑权限申请、复制权限申请和/或转发权限申请。电子合约的条款符合主权区块链审计者所在国的法律。

上述对区块链权限操作申请至少需要随机抽取三个联盟成员投票、以少数投票类服从多数投票类方式达成共识，其具体包括以下步骤。

步骤 1.1　当使用权限相对低的联盟成员申请查看使用权限相对高的区块链部分数据区块时，当前联盟成员发出申请至区块链。

步骤 1.2　区块链从所有使用权限相对高的联盟成员中随机抽取三个成员，将此三个成员匿名，并让匿名的三个成员进行投票，决定是否同意当前联盟成员查看区块链部分数据区块。

步骤 1.3　当匿名的三个成员中有两个及以上的成员同意当前联盟成员查看区块链部分数据区块时，则区块链将区块链部分数据区块中所申请的数据内容发送给当前联盟成员。

步骤 1.4　当匿名的三个成员中有两个及以上的成员不同意当前联盟成员查看区块链部分数据区块时，则区块链通知当前联盟成员申请查看区块链部分数据区块失败。

一种基于区块链的数据传输方法，包括以下步骤。

步骤 2.1　当第一联盟成员向第二联盟成员申请查阅第二联盟成员数据后，触发申请机制，再按申请机制将此申请操作、第一联盟成员的身份及其权限等级、第二联盟成员的身份及其权限等级和第一联盟成员发送申请的具体时间记录在区块链区块中，在区块链中进行共识验证。

步骤 2.2　共识验证通过后，由第二联盟成员根据第一联盟成员的权限等级，设置第一联盟成员对所申请数据的读权限、写权限、转发权限、复制权限和阅读周期，触发数据发送机制，接着按数据发送机制由第二联盟成员发送所申请数据至第一联盟成员。

步骤 2.3　在第一联盟成员接收到所申请数据时，记录接收操作于区块链中。

上述步骤 2.1～2.3 中，将第二联盟成员的所有操作在每个操作完成后均记录在区块链内。

基于区块链，可以实现以下两个重要的特性：①数据交易记录的不可篡改性，实现参与者之间的绝对信任；②去中心化，即去除“人”中心化，减小人对数据交易的影响，实现点对点的公有价值转移。

在此电子合约系统框架中，提出了“主权区块链”的新概念。基于区块链的电子合约系统中，把由区块链组织构成的整体称为“主权区块链”。

此电子合约系统的参与者之间互相达成以下共识。

(1)电子合约相当于电子合同，电子合同当中包含了相应的合同条款，并且这些条款应该具有相应的法律效应。

(2)参与者必须遵守其规则，不可违约，违约即等价于触犯相应法律。

(3)由于区块链的不可篡改性，电子合约中链上的所有操作具有不可否认性。

(4)数据使用者必须是联盟成员，即认可此电子合约并签订此电子合约的人。

(5)不允许私自(即使联盟内)传播交易数据。

(6)完整的框架中会涉及不同的区块链子系统。根据不同的区块链子系统会设定相应不同的查看权限：

①公共链，对所有人开放；

②联盟链，对特定的组织团体开放；

③私有链，对单独的个人或实体开放。

在电子合约系统当中，每一个操作都会触发系统对此事务的记录及反应，此电子合约系统框架中的规则如下：

(1)在申请者发出数据申请时，申请这个操作被触发，系统会将数据申请者以及数据发送者的身份、数据申请的时间、数据发送的时间都记录在区块链里，并把此申请发送给接收方。

(2)所有成员对数据的操作也都会被记录在区块链中，包括申请、接收、查看、销毁、转发，因为区块链具有不可篡改性，所以成员对其数据操作具有不可否认性。

(3)在发送申请的数据时，发送数据这个操作被触发，系统会提醒数据的发送者可以根据申请者的身份，设置不同的数据操作权限，包括打开权限、编辑权限、复制权限、是否可转发、文件可阅读的时长，即申请者可以阅读此数据的生命周期。

(4)在申请查看不同层级或者不同区块链的数据块时，会触发电子合约系统中的“随机三人投票决定”机制，具体的实现步骤如下：

步骤 1　当权限低一级的联盟成员申请查看上一级的部分数据块时，需要发出申请，触发电子合约系统响应。

步骤 2　系统会从所有的上一级联盟成员中随机抽取三人，将此三人匿名，并让其投票“是否同意此人查看”相关数据块。

步骤 3　当三个人中有两个及以上的人同意此人查看相关数据块，则系统会通知拥有此数据的人将申请查看的内容发送给申请人，并将此记录在区块链当中。

步骤 4　当三个人中有两人及以上的人不同意此人查看相关数据块，则系统会通知申请人申请查看数据块失败。

完整的一次公有价值数据传输具体实现步骤如下：

步骤 1　当 A 向 B 申请查阅某数据后，触发系统中的申请机制，此申请操作会被记录在区块链当中，包括 A 的身份及权限等级，B 的身份及权限等级，A 发送申请的具体时间。

步骤 2　当 B 在发送相应部分数据给 A 时，触发系统中的数据发送机制，B 根据 A 的权限等级，包括 A 对这份数据是否具有可读权限、可写权限、转发权限、复制权限等设置 A 对此份数据的可阅读周期。

步骤 3　在步骤 2 当中，B 所做的所有操作都会在设置完成后记录在区块链里。

步骤 4　步骤 2 中，B 对 A 的数据权限设置都会保存在一个电子合约中，并且电子合约系统会将这个电子合约一并发给 A。

步骤 5　在 A 接收到此份数据后，接收操作会被记录在区块链中。

步骤 6　如果 A 对此份数据进行了一些超过自己权限等级的操作，即会立刻触发相应的电子合约设置，制止 A 的这个超过权限的操作。

以上所述仅为本发明的具体实施方式，但本发明的保护范围并不局限于此，任何属于本技术领域的技术人员在本发明揭露的技术范围内，可轻易想到的变化或替换，都应涵盖在本发明的保护范围之内。

图 9.12 展示的是总体构架示意图。图 9.13 展示的是随机三人投票决定流程示意图。

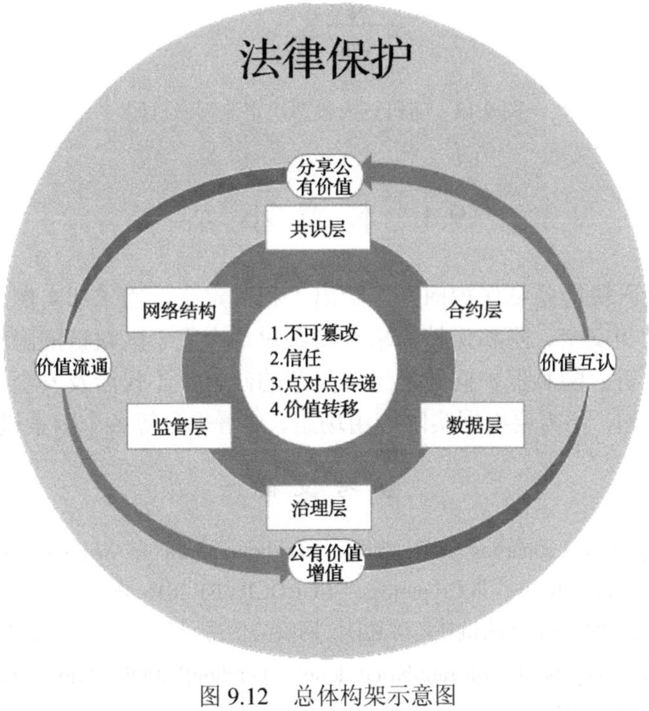

图 9.12　总体构架示意图

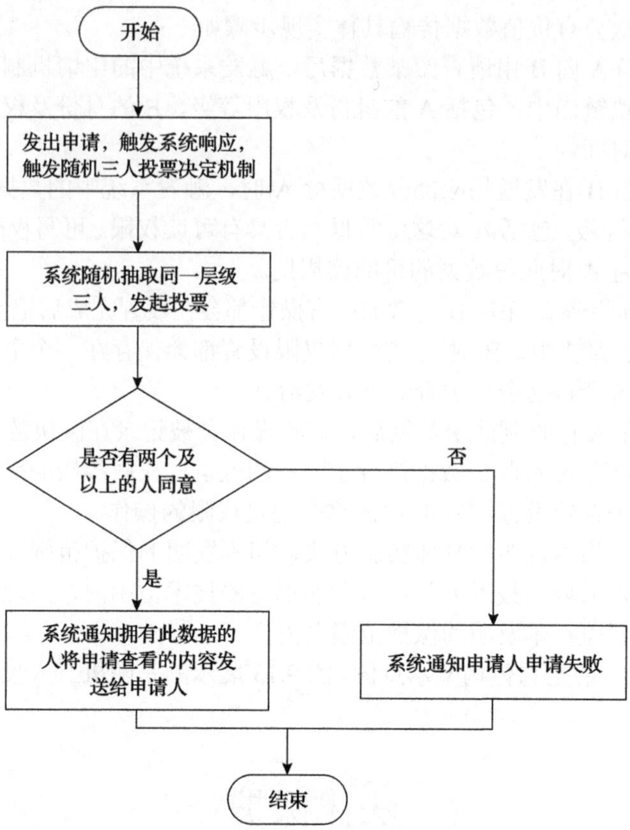

图 9.13　随机三人投票决定流程示意图

9.4　本 章 小 结

本章围绕区块链隐私保护问题，给出了相关定义、需求和实例。首先给出了区块链的定义和安全、隐私保护需求。接着对几个基于区块链的隐私保护实例进行了介绍和分析。隐私保护问题是一项复杂的研究，不仅涉及安全、效率和应用需求方面的问题，还需要根据实际应用场景、部署平台等各个因素进行综合考虑。

参 考 文 献

[1] Garay J, Kiayias A, Leonardos N. The bitcoin backbone protocol: Analysis and applications[C]. Proceedings of the Advances in Cryptology—EUROCRYPT 2015, Part II, Sofia, 2015: 281-310.

[2] 沈鑫, 裴庆祺, 刘雪峰. 区块链技术综述[J]. 网络与信息安全学报, 2016, 2(11): 11-20.

[3] Rosenfeld M. Analysis of hash rate-based double spending[EB/OL]. https://arxiv.org/pdf/1402.2009.pdf. [2020-08-03].

[4] Eyal I, Sirer E. Majority is not enough: Bitcoin mining is vulnerable[J]. Communications of the ACM, 2018, 61 (7) : 95-102.

[5] Apostolaki M, Zohar A, Vanbever L. Hijacking bitcoin: Routing attacks on cryptocurrencies[C]. Proceedings of the IEEE Symposium on Security and Privacy, San Jose, 2017: 375-392.

[6] Eyal I. The miner's dilemma[C]. Proceedings of the IEEE Symposium on Security and Privacy, San Jose, 2015: 89-103.

[7] Reid F, Harrigan M. An analysis of anonymity in the bitcoin system[C]. Proceedings of the Security and Privacy in Social Networks, Lyon, 2012: 197-223.

[8] Barber S, Boyen X, Shi E, et al. Bitter to better—How to make bitcoin a better currency[C]. Proceedings of the Financial Cryptography and Data Security, Kralendijk, 2012: 399-414.

[9] Ron D, Shamir A. Quantitative analysis of the full bitcoin transaction graph[C]. Proceedings of the Financial Cryptography and Data Security, Okinawa, 2013: 6-24.

[10] Cecchetti E, Zhang F, Ji Y, et al. Solidus: Confidential distributed ledger transactions via PVORM[C]. Proceedings of the ACM SIGSAC Conference on Computer and Communications Security, Dallas, 2017: 701-717.

[11] Ben-sasson E, Chiesa A, Garman C, et al. Zerocash: Decentralized anonymous payments from bitcoin[C]. Proceedings of the IEEE Symposium on Security and Privacy, San Jose, 2014: 459-474.

[12] Monero: A private digital currency [EB/OL]. https://www.getmonero.org. [2020-08-03].

[13] Maxwell G. Confidential transactions[EB/OL]. https://en.bitcoin.it/wiki/Confidential_transactions. [2020-08-03].

[14] Ma S L, Deng Y, He D B, et al. An efficient NIZK scheme for privacy-preserving transactions over account-model blockchain[EB/OL]. https://eprint.iacr.org/2017/1239. [2020-08-03].

[15] Bünz B, Bootle J, Boneh D, et al. Bulletproofs: Efficient range proofs for confidential transactions[EB/OL]. https://eprint.iacr.org/2017/1066. [2020-08-03].

[16] Fujisaki E, Okamoto T. Statistical zero knowledge protocols to prove modular polynomial relations[C]. Proceedings of the Advances in Cryptology, California, 1997: 16-30.

[17] Boudot F. Efficient proofs that a committed number lies in an interval[C]. Proceedings of the Advances in Cryptology, Bruges, 2000: 431-444.

[18] Chan A, Frankel Y, Tsiounis Y. Easy come-easy go divisible cash updated version with corrections [EB/OL]. https://citeseerx.ist.psu.edu/viewdoc/download?doi=10.1.1.26.8370&rep=rep1&type=pdf. [2020-08-03].

[19] Miers I, Garman C, Gree M, et al. Zerocoin: Anonymous distributed e-cash from bitcoin[C]. Proceedings of the IEEE Symposium on Security and Privacy, Francisco, 2013: 397-411.

[20] Kosba A, Miller A, Shi E, et al. Hawk: The blockchain model of cryptography and privacy-preserving smart contracts[C]. Proceedings of the IEEE Symposium on Security and Privacy, San Jose, 2016: 839-858.

[21] Heilman E, Alsheniber L, Baldimtsi F, et al. TumbleBit: An untrusted bitcoin-compatible anonymous payment hub[C]. Proceedings of the 24rd Annual Network and Distributed System Security Symposium, San Diego, 2017: 1-36.

[22] Ziegedorf J, Grossmann F, Henze M, et al. Coinparty: Secure multi-party mixing of bitcoins[C]. Proceedings of the 5th ACM Conference on Data and Application Security and Privacy, San Antonio, 2015: 75-86.

[23] Ruffing T, Moreno-sanchez P, Kate A. CoinShuffle: Practial decentralized coin mixing for bitcoin[C]. Proceedings of the Computer Security, Wroclaw, 2014: 345-364.

[24] Maxwell G. CoinJoin: Bitcoin privacy for the real world[EB/OL]. https://bitcointalk.org/index.php?topic=279249.0. [2020-08-03].

第四部分

区块链技术应用

第四部分　区块链技术应用

本部分主要介绍如何使用区块链解决实际应用问题，具体章节安排如下：

第 10 章主要介绍区块链技术在身份管理方面的应用。首先，介绍身份管理的相关需求，通过对比分析传统身份管理技术和基于区块链的身份管理技术，总结使用区块链技术解决身份验证的优势。然后分析几种常见的基于区块链的身份管理项目和方案。

第 11 章主要介绍基于区块链的云数据管理相关内容。首先，对当前云数据管理的需求进行说明，并介绍两种传统的云计算管理技术，总结当前云数据管理存在的问题。然后给出三种基于区块链的云数据管理方案。

第 12 章主要介绍区块链用于解决数据漫游业务的问题。首先，分析当前国际数据漫游的发展现状，介绍使用区块链技术解决数据漫游问题的优势，然后介绍两种基于区块链的漫游问题解决方案。

第 13 章主要介绍区块链面临的问题和挑战，主要从不同类型的区块链，如公有链、私有链和联盟链，及其安全、隐私、性能等方面进行介绍，并且给出具体应用和实例。

第 14 章主要介绍可编辑区块链的必要性以及相关研究，分别从区块交易结构、共识机制、哈希算法这三个角度出发，介绍相关的区块链编辑方案。

第 10 章　基于区块链的身份管理

本章主要介绍区块链技术在身份管理方面的应用。本章对身份管理的应用需求进行介绍，给出身份管理的应用背景，并且针对常见的身份管理系统如 Uport、Civic 等进行说明，分析当前区块链的身份管理系统的优势。

10.1　研究背景

Civic 是一个基于区块链和生物识别的多因素身份认证系统，可以在移动端无需用户名和密码的情况下进行准确安全的用户身份识别；Evernym 及其主权身份解决方案旨在相互交易的个人、组织和连接的设备之间建立信任体系；AirPlatform 是一个高度安全的数字身份平台，建立在“超级账本”区块链项目之上，它采用一种创新的方式，用户可以通过微支付的便捷方式参与其中，从而允许其他各方增加定向内容，并增强用户参与互动；Hyperledger Indy 提供了工具、程序库和可重复使用的组件，用于提供基于区块链或者其他分布式账本的数字身份，从而让它们跨管理域、跨应用和其他 Silo 进行互操作；SelfKey 是一个点对点的数字身份生态系统，由系统中原始的 key 代币提供系统运行的燃料，授权并激励生态系统里数字身份的参与方，在这个生态系统里，用户可以通过叫 key 的代币进行价值的转移[1]。

2014 年，Bitnation 公司发布了“世界公民身份证”项目[2]，该项目的身份系统为用户创建全新的并且没有从属关系的身份，用户在其官网上通过区块链获得 Bitnation“世界公民身份证”，然后凭此身份，可以获得 Bitnation 自我认可的各种公民服务(如直接登记婚姻证明)，相对于现有模式，提高了记录效率和透明性。该项目的缺点也很明显，由于使用了比特币区块链，每次验证需要众多节点同步数据库，需要花费大量时间，对用户认证很不友好。并且由于比特币平台对所有人开放，没有商业理由吸引公司在该平台创建推广身份管理系统，支付高额的软件许可费，第三方对用户行为的关联分析也在一定程度上存在泄露用户隐私风险。

ShoCard 公司是一家专注于区块链身份管理方面的公司，曾推出了“ShoCard”项目[3]。ShoCard 是一个基于区块链的身份管理平台，通过该平台，用户可以拥有和保护他们的数字身份，可以自由决定与谁以及何时分享他们的个人资料。第三方可以使用区块链验证数据的真实性，而无须信任其他第三方为其提供担保。ShoCard 使用移动应用程序来扫描用户凭证，并将它们的加密摘要存储在区块链中。然后，用户可以选择让他人仅查看哈希值选择共享哪些凭据，从而规避敏感信息。这使组织能够在不危及他们的数据的情况下快速验证人员。ShoCard 项目融合了生物识别技术和区块链技术，它把证件信息加密后保存在用户本地，把数据指纹保存到区块链，再通过私钥进行数字身份认证。生物识别技术可以提高个人身份认证的准确度。但其中心化的信息存储方式可能会造成信息被篡改，如果把采集到的信息通过区块链进行信息存储，认证个人的准确性将进一步提升。

Consensys 公司曾推出一款应用“Uport”[4]。Uport 建立在以太坊之上，是一个安全、易用的自主身份识别系统，致力于创建一个由用户控制的、基于区块链的数字身份，类似于一个社交媒体账户，这个基于区块链的账户可以应用于全网，此外，用户可以基于不同情况授予或废除对其信息的访问权。Uport 将身份权归还给个人，其开放式身份系统允许用户在以太坊上注册自己的身份、发送和查询证书、签署交易以及安全地管理密钥和数据，Uport 将数据存储在星际文件系统(IPFS)网络上。

在研究方面，Zyskind 等[5]提出了一种去中心化的个人数据管理平台；周亮等[6]提出了一种新的基于区块链的认证和信任管理模型(BATM)，BATM 区块链作为分布式数据库，用于存储身份验证公钥、数字签名和有关对等点的信息，所提出的框架有助于确保密码认证数据的有效性和完整性，并在分散的自组织网络区域中关联对等信任级别；朱曦等[7]提出了基于区块链技术的云身份管理信任模型，该信任模型允许云服务提供商以动态和分布式的方式自主管理其信任关系，而无需如身份提供商(identity provider, IDP)等集中管理机构。该模型通过有效的身份验证机制，允许跨多个域分布的数据使用身份信息来简化操作，优化用户体验，为实现云身份管理的安全性和隐私性提供了身份管理安全问题参考解决方案。邓小鸿等[8]提出一种基于区块链的身份托管模型。该模型将用户拥有的各个系统的身份信息采用椭圆曲线算法加密签名，从而确保身份信息的所有权，并且设计了身份认证区块链模型和身份信息上链的智能合约，将身份签名结果存储到区块链中，确保其安全和不可篡改。

10.2　身份管理需求

身份管理技术自产生以来，受到了多个国家的政府、大学、研究机构和业界的高度重视，已成为开展网络业务的关键基础。身份管理虽然是 2001 年以后才提出相关概念，但是业界已经经历了几个阶段并逐渐形成了一些标准。例如，结构化信息标准促进组织(OASIS)开发了安全断言标记语言(SAML)作为一个基础协议；自由联盟也先后推出了自由联盟标准 Liberty Federation 和自由网络服务标准 Liberty WebServices；Microsoft 已经集成在新的商用操作系统 Vista 中的 CardSpace 技术，是一款实现商品化的身份管理产品。目前，国内在身份认证、访问控制方面已做了大量的研究工作，结合身份管理技术将会有巨大的发展空间和潜力[9]。

早在 2005 年，身份管理问题就已经位列信息安全(information security, INFOSEC)报告中的八大研究难题之首。该报告将身份管理(identity management, IDM)定义为：在访问关键和敏感的信息系统时，对访问用户(包括人、硬件设备和软件应用)进行识别与认证。Sangrae Cho 等定义 IDM 为支持认证、授权、审计和身份生命周期(包括身份的创建、更新和终止)的基础设施。随着网络规模的日益增长，身份管理的主要目标是支持上百万甚至数十亿用户的身份认证与授权，保证身份权限撤销的时效性。微博、社交网站等新型网络应用，为提供个性化的服务而涉及用户敏感信息，对用户隐私保护提出了新的需求。因此，设计大规模网络中的身份管理系统，不仅需要满足规模可扩展性、验证的准确性、撤销的及时性，还必须保护用户的隐私信息。

在国内，深圳市腾讯计算机系统有限公司和公安部门提出了电子身份证(EID)项目。这是一个建立在身份证号码上的安全系统，与美国的社会安全号码类似，并且该系统直接与公安部门的相关数据库相连。阿里巴巴网络技术有限公司则推出阿里身份宝系统。这些系统主要用于身份验证，可以有效地解决用户的身份证明问题。除了以上两个方案，其他企业也推出了许多解决方案。其中有些方案是基于分布式的系统，由于传统的非分布式系统中存在一个中心节点，容易被黑客攻击，针对此情况，通过使用分布式的系统能够提供更加安全的保护措施[10]。现有的认证模式是通过相关中心机构或组织和进行身份信息认证，这些身份信息都被保存在相关中心数据库当中，因此很容易被攻击。例如，国家电网有限公司承担相关运维的系统约 200 个，不同系统的运维标准、管理模式及重要程度也不一样，并且部分系统可能包含比较敏感的用户数据信息，如果这些系统遭受黑客攻击，有可能造成严重的数据泄露问题。因此，通过使用区块链相关技术来搭建身份认证系统，通过区块链不可篡改的特点来保障身份验证和数据存储的有效性和安全性，能够解决当前身份认证系统存在的数据信息泄露、网络诈骗等问题。目前可以通过：①硬件方案，在区块链上存储如个人指纹、视网膜等唯一识别的生物特征，并通过脱敏机制保障信息安全，最后通过生成的哈希值嵌入实体中来记录数字身份。②软件方案，在区块链上注册身份信息，通过注册的信息直接登录相关业务系统，无须进行多次授权或注册。传统中心式身份管理系统和区块链分布式身份管理系统对比如表 10.1 所示[11]。

目前区块链技术正在不断发展，相关技术也逐渐成熟，区块链的应用场景也更加广泛。例如，可以通过使用区块链技术进行身份验证。目前互联网正在进入大数据时代，如何能够提高用户的身份认证速度，从而提高使用效率，对于用户和企业来说越来越重要，而这些通过使用区块链技术就可以做到。使用区块链技术解决身份验证的难题具有以下优点：

表 10.1　传统中心式身份管理系统和区块链分布式身份管理系统对比

	传统中心式身份管理系统	区块链分布式身份管理系统
身份拥有者(用户)	不拥有不控制身份 认证流程烦琐 多认证设备 难以共享信息 隐私保护困难	拥有身份的管控权利 拥有身份的许可权利 分布式多中心一键式认证 认证记录透明、不可篡改 身份细粒度安全分享
身份提供方	孤立，融合困难 不能获利，主动性差 跨域认证声明撤销不便 跨域验证声明时间长	跨域分布式统一管理 不可篡改记录确保利益 全局账簿统一撤销 智能合约快捷跨域认证
依赖方	认证成本高，昂贵 参差不齐的用户体验 满足国际标准成本高 低效，复杂的手动流程	分布式统一管理降低成本 统一服务接口提高体验 智能合约安全验证 符合国际标准

(1)提高认证准确度。主要在于通过生物识别技术来提高准确度，并且将相关数据信息通过区块链技术进行存储，使得相关数据信息难以被篡改。同时使用两种技术，从而能够将身份认证的准确性进一步提升。例如，ShoCard 项目便是通过使用生物识别技术和区块链技术来进行身份验证。它主要将相关身份信息加密并且保存在本地，然后将数据指纹保存到区块链系统上，最后通过密钥来进行身份认证。

(2)提高认证范围。通过使用大数据技术对用户的身份信息进行分类和记录，如用户的姓名、性别、婚姻状况等个人身份信息。个人身份认证的方式多种多样，并且随着社交平台的不断发展，可以通过社交网络的身份来对用户身份进行验证。由于个人的身份信息具有多重性的特征，需要使用大数据技术。最后通过区块链技术的可溯源特征，使用区块链技术来记录数据认证的每一个步骤，从而保证数据的有效性和安全性，最终保证数据分析的正确性。

(3)提高认证效率。通过使用区块链技术和新的架构可以提高身份认证的效率。例如，用户可以在 BitNation 官网获取一个身份 ID，通过这个身份 ID，可以获得相关的服务。与现有的模式相比，这种新的结构可以提高记录的效率，并且能够使数据透明化。

(4)提高数据个人所有权。通过建立身份认证接口的方式可以有效保护用户的数据隐私，因为用户无须在各个系统或网站上填写个人身份信息，并且通过加密技术将这些信息存储在区块链系统上，能够很好地提高用户对个人数据的掌控，保护自身的身份信息。

10.3 应用实例

最初尝试使用区块链解决身份管理的项目包括荷兰的 PKIover-heid、Idensys 项目，爱沙尼亚的 e-Residents 等。除此之外，BitNation 也发布了相关项目，该项目通过世界公民身份 ID 的方式来创建全新的并且没有从属关系的身份，这些项目都有各自的优缺点。早期的这些项目也逐渐让人们开始意识到使用区块链技术来搭建身份管理系统比传统的中心化身份管理系统更加有效和安全，因此如何将区块链技术引用到身份管理系统中也逐渐被大家所探讨和研究。

10.3.1 无中心身份管理系统

一个具体的身份应用场景即现场身份识别，例如：购买烟酒时要证明购买者的年龄大于 18 岁。目前需要实际的提交政府签发的身份证给店员验证，店员可以检查身份证，但不能验证该证件是否是政府开具的。而且在验证时，顾客的其他信息，如具体年龄、身份证号等不必要的信息也会泄露，且显示具体年龄远比只显示大于 18 岁敏感得多，这些问题都涉及了个人隐私问题[11]。

在无中心身份管理系统(DIMS)中，用户在底层区块链平台产生公私钥对，通过多个 IDP 收集他的声明。一个实体用口令密码在 IDP 处认证。IDP 可以分享用户要签署的信息来验证一个私钥的所有权。证明了私钥的所有权后，用户可以让可信的 IDP 存储关于他身份信息的声明。在有隐私保护需求时，用户可以从主密钥以层次确定方式派生出密钥(图 10.1[11])。用户只需提供从主密钥到子密钥的路径给 IDP，就可让主-子密钥关联来对同一个声明背书而不需要用户进行再次认证(图 10.2[11])。

当用户需要向商家披露某个属性时，如买烟酒时要透露是否成年，此时客户可以共享一个仅包含与年龄事务相关的声明的公钥。网上购物时，客户要先通过查看信托中心的公钥来验证商家所声明的身份。用该公钥加密就能实现只分享给该商家相关声明，验证了商家身份后(见图 10.3 中的步骤(1)～步骤(3))，在用户端(层次算法)生成衍生密钥(图 10.3[11])，把主密钥到衍生密钥的路径分享给 IDP，IDP 可以向子密钥分配相同的真值，用户之后使用衍生密钥就像使用主密钥一样。但对于不相关的第三者来说，不能确定两次事物由同一用户发出。接着用户把密钥和带有声明真值的智能合约的位置分享给商家，商家就能验证该声明是由信任机构出具的(见图 10.3 中的步骤(4)～(11))。

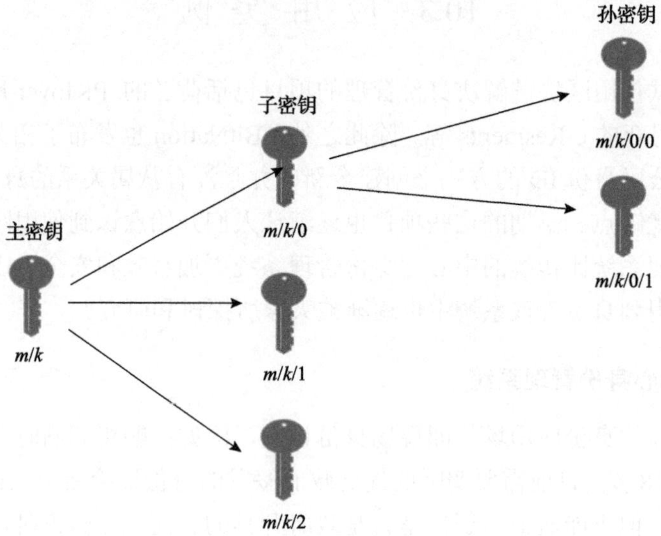

图 10.1　分层确定衍生密钥

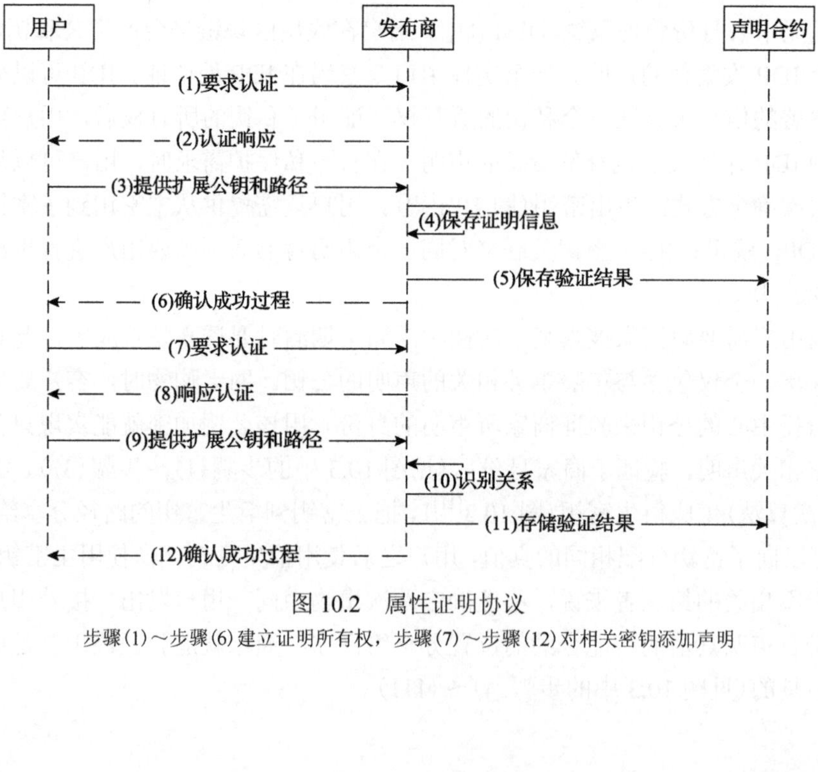

图 10.2　属性证明协议

步骤(1)～步骤(6)建立证明所有权，步骤(7)～步骤(12)对相关密钥添加声明

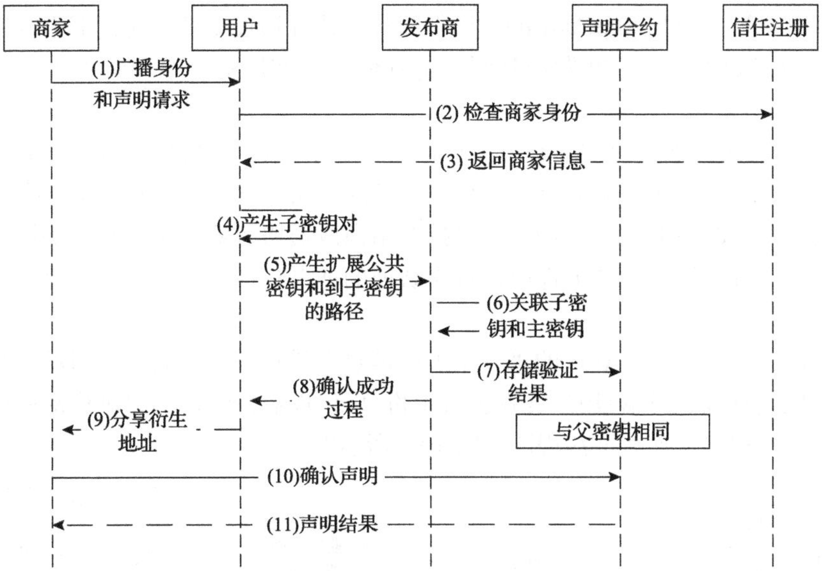

图 10.3　商家声明验证

步骤(1)～步骤(3)是商家身份鉴定，步骤(4)～步骤(11)是声明验证

10.3.2　ShoCard 身份管理项目

ShoCard 身份管理项目是一款电子身份证应用，用户把个人信息存储在区块链中，ShoCard 在用户需要进行身份验证时进行授权，从而访问已经存在于区块链里的信息，达到身份验证的目的[12]。

ShoCard 首次认证。服务流程如下：

(1)首先用户在终端下载 APP 后自动生成 ShoCard ID 和关联公私钥对，用户使用该 APP 对身份证件(如护照、驾驶证等)拍照，APP 会读入证件上的元数据(如姓名、号码等)，加密并存储在本地终端 APP。读取的数据经过密码技术处理(如哈希、加密等)创建验证字段后发到区块链，同时对姓名、护照号等元数据进行哈希处理，再用存储在 APP 的私钥签名后发送到成员接口服务器用于记录区块链的验证字段。

(2)完成注册后，客户向商家出示物理身份证明(见护照等)，商家检查是否是客户本人。该步骤与正常安检基本相同。通过后，用户可通过 APP 出示二维码，商家扫码连接到成员管理服务器。

(3)商家在成员管理服务器中查询并获取指向客户在区块链的记录，验证所有权，包括用户出示的 ShoCard ID 与记录是否一致、电子信息与物理证件是否一致、商家机器对用户面部进行识别的结果与证件记录是否一致。

(4)所有权验证完成，商家请求成员服务器对客户验证通过，成员服务器生成认证证书，证书包括 ShoCard ID、证件照片、认证通过令牌。对证书进行哈希处理签名后得到“证明”并发送到区块链存储，并在服务器存储索引“证明”的位置。

(5)成员管理服务器向客户颁发认证通过证书，客户 APP 收到证书后对其加密并存储到本地，可用于对以后有相同要求的商家进行认证。此时用户终端 APP 包含的信息(安全加密消息或安全信封)有指向成员服务器的指针和区块链相应记录、用于面部识别对比的证件照、首次认证的证书(令牌)、指向证书验证记录的指针。

(6)最后先对终端 APP 的“安全加密消息”进行整体签名，再用对称密码加密发送成员管理服务器(用户终端也有备份)以供以后检索，其中对称密钥存储于本地终端。用户首次认证流程图如图 10.4 所示[11]。

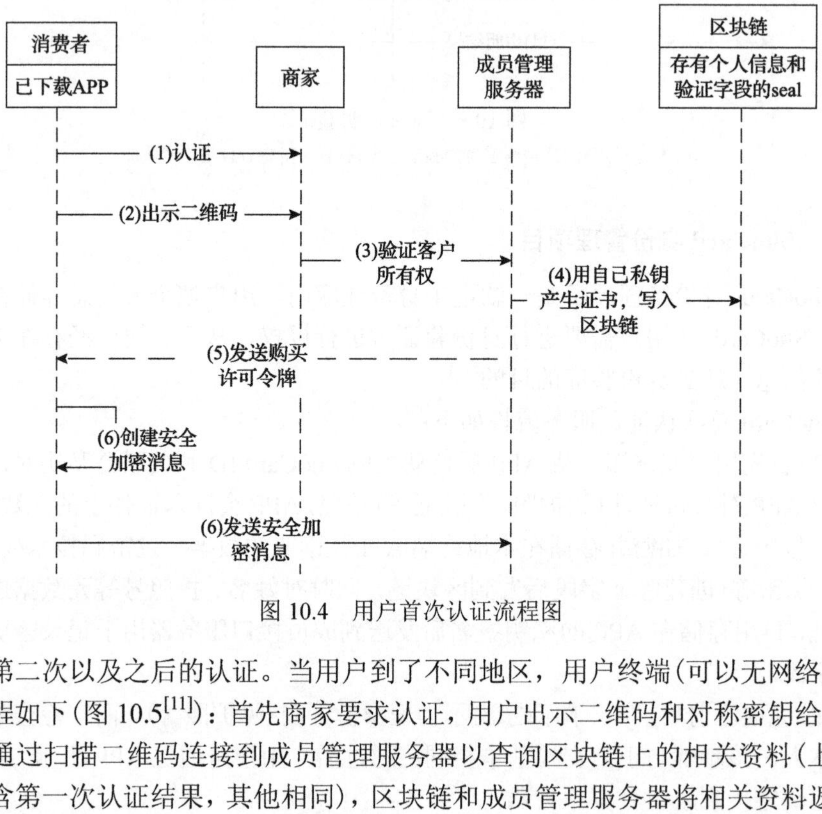

图 10.4　用户首次认证流程图

第二次以及之后的认证。当用户到了不同地区，用户终端(可以无网络)的认证过程如下(图 10.5[11])：首先商家要求认证，用户出示二维码和对称密钥给商家。商家通过扫描二维码连接到成员管理服务器以查询区块链上的相关资料(上传资料包含第一次认证结果，其他相同)，区块链和成员管理服务器将相关资料返回给商家。商家收到资料后，APP 自动执行以下操作：用户公钥验证安全加密信息和区块链元数据；验证物理证件照片等信息并与安全加密消息进行对比；用前一用户公钥来验证证书、证书对应区块链的记录和证件照，以及上一商家的许可令牌。最后与用户肖像进行比对通过验证。

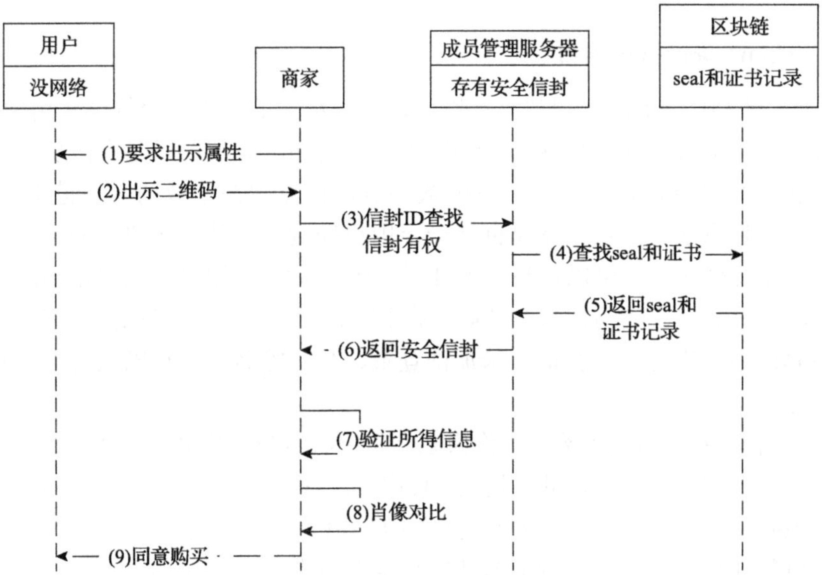

图 10.5　客户第二次(及之后)认证

通过分析 DIMS 和 ShoCard 两种项目方案可以看到，在区块链应用中，用户敏感信息都存于手机终端，但场景不同，在进入商店买酒时客户通常要提供身份证、驾驶证等，但他们不希望把名字、地址等展示出来，此时仅选择特定属性分享即可，且不同场合要查验的信息有所不同。而对于跨地区旅行，安检每次查验的信息较多且差异变化小，验证信息较为全面。

由表 10.2 可知，DIMS 方案和 ShoCard 方案都满足了分布式身份管理系统的主要性能指标，不依赖可信第三方，商家可确定用户属性有效及监管要求。但是在用户体验上有所差别，DIMS 在隐私保护方面具有优越性，且由于应用场景相对简单而不需每次查验物理证件。理论对比 DIMS 更具优势，ShoCard 对用户使用体验较为烦琐，隐私保护也有所欠缺。

表 10.2　DIMS 方案和 ShoCard 方案的对比

DIMS 方案	ShoCard 方案
不依赖可信第三方	不依赖可信第三方
商家能确定用户属性有效	商家能确定用户属性有效
可监管	可监管
不可检查物理证件	可检查物理证件
隐私保护	无隐私保护

10.3.3　Uport 身份管理项目

Uport 是 ConsenSys 公司建立在以太坊区块链上的一个身份管理应用项目。一般来说，区块链技术在身份认证中的应用主要有两种方法：一是在区块链的基础上创建新的数字身份，二是将现有的数字身份信息放在分散的区块链上。Uport 采用了第一种方法，解决方案是创建一个用户控制的、基于区块链的数字身份，类似于社交媒体账户，可以在整个 Web 上应用。此外，用户可以根据不同的情况授予或取消对其信息的访问权。Uport 项目基于以太坊的自治身份 ID 应用程序，该程序允许用户进行身份验证、未加密登录、数字签名，并与以太坊上的其他应用程序进行交互[13]。

Uport 构建在以太坊平台上，作为独立于中心身份提供者的自主身份。它的身份以以太位址的形式存在，可以是人、程序、设备等。Uport 解决方案的创新之处在于其核心是整个网络中唯一的和持久的 Uport 标识符，它由代理合约定义，可以交付事务并与以太坊区块链上的其他智能合约进行交互(图 10.6[11])。

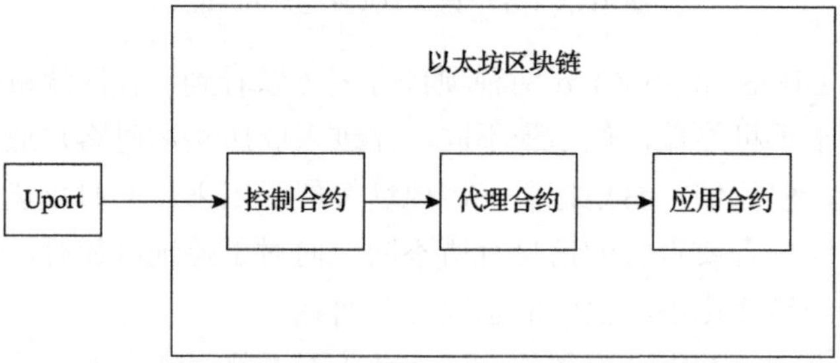

图 10.6　Uport 身份结构

当用户希望与特定的应用智能合约进行交互时，事务通过控制合约发送，代理合约将事务传递给应用合约。控制合约包含访问控制策略。由于其不可变标识符，特定的应用程序将代理合约视为交互式实体。通过代理协议的方式在用户的私钥和应用协议中引入中间件，用户丢失终端后可以替换原有的私钥。控制合约对还原网络进行维持(图 10.7[11])，网络的组成成分可以通过用户来确定，如可以是好友或者某个机构等。如果移动终端丢失，在获取了新终端后，向还原网络广播新公钥，还原网络中的成员通过还原合约将用户新公钥确认并发送到控制合约中保存，当达到要求的成员数量(如 2/3)确认后，控制合约更新用户公钥，用户身份恢复。

如果用户想使用一个共享汽车的应用，需要做以下几件事：首先在共享汽车应用中注册一个账号，在应用上上传用户的驾驶证和身份证等信息并缴纳一定的抵押金。如果申请的是豪华车辆，还需要用户提供更多的抵押金，并且还需要审核

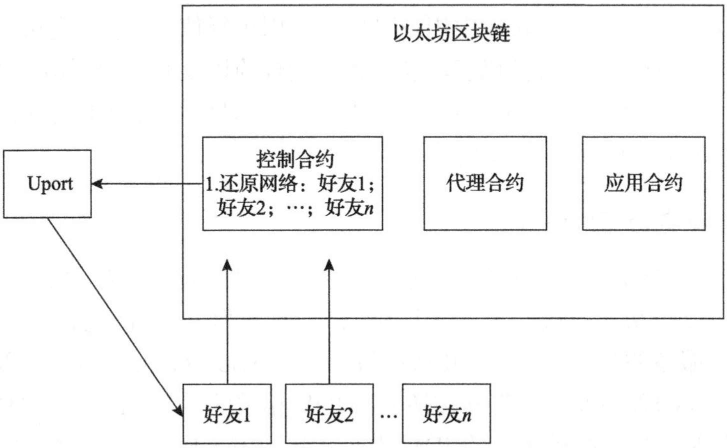

图 10.7　还原账户

用户的信用情况和资金情况。这只是通过共享汽车的例子来说明，如果有更多的应用程序需要上传更多不同的文件并获得批准才能使用，那么就需要随身携带各种文件，或者需要在手机上拍下这些文件的照片并从相册中上传。如果文件袋或手机丢失，就会面临隐私泄露和填写数据的麻烦。开发人员需要开发相应的验证系统，并与证书颁发机构进行验证。

Uport 将如何解决这个问题？同样首先在 Uport 的应用上注册一个 ID，接着上传各种证明资料，Uport ID 会管理所有的证明资料。假设想要使用一个需要驾驶证或资产证明的应用程序，并连接到 Uport。现在要做的就是打开 Uport 应用并登录。之后无须重复上传身份资料。同一个应用要求多个证明时，也可以迅速完成验证。

证书机构发布的证书需要建立电子档案，并且这些证明文件上提供了类似二维码的可供捕获的信息。Uport 与证书机构合作，可以调用这些证书机构的电子档案。用户申请 Uport ID，使用 Uport APP 扫描证明文件，Uport 将用户扫描的证明文件信息与证书机构电子档案进行匹配。如果匹配成功，Uport 会将该用户的 Uport ID 与证明文件进行关联。应用接入 Uport，并且说明如果使用此应用用户需要何种证明文件。用户通过 Uport APP，扫描应用二维码进行注册，应用获取到用户 Uport ID，并传给 Uport，请求 Uport 检查此 ID 是否已验证过应用所需的证明文件。如果 Uport 检查通过，通知应用，应用允许用户注册使用，并将用户的 Uport ID 写入账户合约中。如果 Uport 检查不通过，说明用户还未关联过证明文件，通知应用，应用要求用户在 Uport 中验证所需的证明文件。通过后，用户下次使用 Uport 登录应用时，传入 Uport ID，应用会去账户合约中匹配 Uport ID，如果存在，则允许登录。

Uport ID 本质是一个以太坊地址。只需要有这个以太坊地址，就可以和终端用户进行交互。并且，在 Uport 中用户可以与应用进行信息交换。换句话说，Uport ID 其实也是一个用户的身份代表，能够和智能合约以及其他使用用户进行交互。正是由于 Uport 可以在不依赖中心结构的情况下对用户或应用进行标识，使得 Uport 能够成为一个自主权身份的平台。

10.3.4 Civic 身份管理项目

Civic 是一个新的基于区块链的认证平台，为用户提供按需、安全、低成本的数字身份隐私服务。Civic 是一个生态系统，通过区块链促进身份验证(identity verify, IDV)服务的需求、安全性和低访问开销。Civic 最大的创新是引入了思域通行(Civic，CVC)激励机制，将其转换为与 IDV 相关的服务，改善用户体验，增强安全性和隐私保护，打破现有的 IDV 供应链，让用户使用公民安全 ID 通过公民的应用安全访问网站和服务。Civic 的安全身份平台(SIP)在 Web 和移动应用程序中使用经过验证的身份进行多因素身份验证，而不需要用户名或密码。

Civic 身份体系不需要物理 ID，通过使用用户名密码和双因素令牌进行身份验证，并通过区块链技术和生物识别技术，建立了一个安全的身份平台，并且提供了多因素认证，不需要用户名和密码等。Civic 能够进行安全的私人注册和登录。通过使用 Civic 应用程序提供经过验证的身份数据，可以简化新账户的创建。虽然这个服务听起来与 Facebook 登录类似，但 Civic 的安全私人注册(SPS)和安全私人登录(SPL)既提供交易数据的隐私保护，又提供对用户身份的更大信任。SPL 提供更好的用户体验和多因素身份验证，无须使用弱密码，有效规避密码重置漏洞或传统双因素身份验证的麻烦。

Civic 是基于公共区块链的平台，不需要建立自己的基础设备，不需要投入大量的资金，并且平台上的数据是可以撤销的，如果用户更改了部分数据，身份验证机构可以对这部分数据进行撤销操作。在 Civic 中不会保存用户的数据，这些数据是在加密后存储在用户的终端设备的 Civic 应用当中。Civic 通过使用第三方认证的数据，可以保证身份数据的有效性，不被其他组织强迫数据失效。用户可以在全球各地存储自己的身份数据，这些数据可以在全世界任何地方都能够被访问。Civic 认证的引入使管理激励机制成为可能，并使该系统对参与者有利。

Civic 项目具体流程如图 10.8 所示[11]，首先用户申请服务提供商 A 的服务，通过 Civic APP 向服务提供商 A 发送所需个人验证信息(personally identifiable information, PII)(步骤 1)，服务提供商 A 用已有方法验证用户提供的 PII 是否符合服务条件(步骤 2)，服务提供商 A 对用户出示的 PII 计算哈希值，并将哈希值在区块链上的记录作为“证明”，“证明”除 PII 外还包括元数据(如验证等级、验证细节、应用工业标准等)，同时将该区块链事务的“证明”细节提供给用户(步骤 3)。之后用户申请服务提供商 B 的服务(步骤 4)，服务提供商 B 发送要求的用户 PII、相关规则等，用户端 APP 则检查自己数据是否满足服务提供商 B 的需求。假设用户有并愿意出示要求的 PII，且用户和服务提供商 B 之间就谁来验证达成共识(本例中假设为服务提供商 A)，服务提供商 A 以 CVC 的形式出示价格，服务提供商 B 选择是否接受(步骤 5、6)。服务提供商 B 接受后，用户向服务提供商 B 发送服务提供商 A 的证明的数据类型、区块链位置信息等。服务提供商 B 将用户提供的元数据 PII 重新哈希后与区块链事务对比以确认所得到信息的有效性，如果有效，服务提供商 B 支付该证明所需的(价格)CVC 到托管账户中(通过智能合约)(步骤 7)。一旦服务提供商 B 支付了 CVC，用户可以发送服务提供商 B 所要求的 PII 明文数据(步骤 8)。然后用户触发托管账户中 CVC 释放，释放的 CVC 将以智能合约中约定的比例分配给用户和服务提供商 A，交易到此完成。

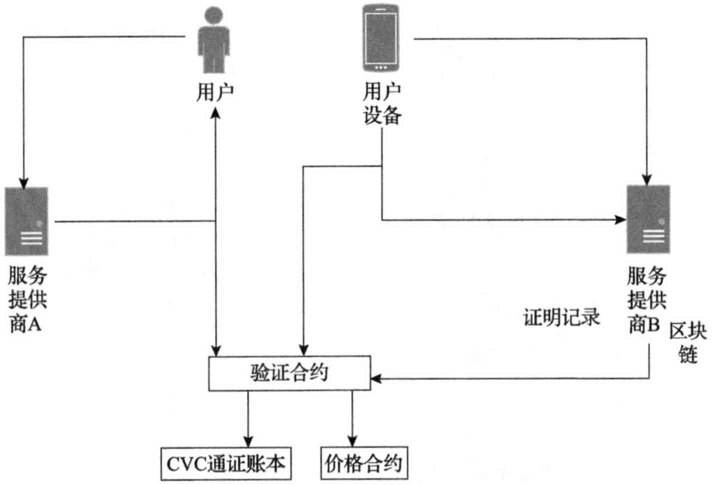

图 10.8　Civic 项目具体流程

10.3.5　用户多形态身份的融合识别方案

目前，单一安全机制的身份认证技术带来的局限性也越来越明显，多种安全机制整合应用正在成为新的趋势。这是由于基于单一因子的认证技术(如账号密码登录)很容易存在被假冒、被窃取的风险，利用多重安全因子不仅提高系统的安全性，还可以提高认证的可靠性。即使用户缺失某一身份认证的要素，仍然可以通过其他身份信息进行登录。此外，目前缺乏一套完善的机制可以让用户自由地选择不同形态的身份信息以供验证，并且通过统一的模型存储和智能化的算法对上述信息整合、分析和匹配。最重要的是，目前身份特征信息集中式地存储在某一中心存在极大的安全隐患。一旦数据中心被攻破，用户的身份信息会遭到泄露和破坏，这是一种灾难性的后果。

针对上述现有单一因子认证技术的认证要素单一，很容易出现假冒、用户信息被窃取，从而导致用户认证中的安全性、可靠性低等问题，现提出一种基于区块链的用户多形态身份的融合识别方案，如图 10.9 所示。

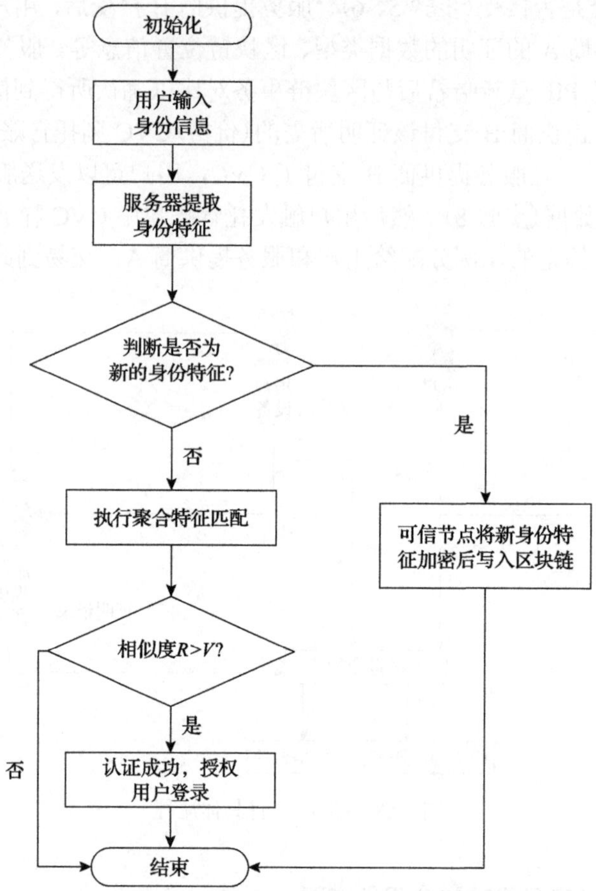

图 10.9　基于区块链的用户多形态身份的融合识别方案流程图
该流程为基于区块链上的数据对用户的身份进行认证

该方案包括以下步骤：

(1)初始化，生成服务器和可信节点的公钥和私钥，生成服务器的公开参数和服务器的公开算法，其中，公开参数包括所支持的不同形态身份的数量(m)、每一个身份形态的特征分量的数量(n)、身份特征权值占比、相似度阈值等。公开算法包括哈希函数、矩阵变换算法、身份特征提取算法、身份特征匹配算法等，具体含义在叙述过程中有描述。

(2)用户向服务器输入用户账号和不同形态的身份信息，不同形态的身份信息中包括用户身份名称；接着服务器对用户输入的不同形态的身份信息分别进行特征提取，得到身份特征，将提取到的每个身份特征通过公开的哈希函数计算得到统一长度的身份特征向量，再通过公开的矩阵变换算法对身份特征向量进行矩阵变换，得到身份特征矩阵，计算身份特征矩阵的根。

(3) 基于典型的公钥加密算法，对身份特征矩阵进行加密，得到身份特征矩阵密文；基于典型的公钥可搜索加密算法，将用户身份名称作为对象，使用服务器的公钥对用户身份名称进行加密并得到可搜索密文。

(4) 服务器分别对用户账号、身份特征矩阵的根、特征矩阵密文和可搜索密文进行私钥签名，并发送给可信节点。

(5) 可信节点根据用户账号在区块链上检索，如果用户首次登录，可信节点为用户颁发公钥，创建创世区块记录用户不同形态的身份信息并将用户账号、用户公钥、时间戳、特征矩阵的根、特征矩阵密文和可搜索密文写入创世区块，并且在网络中广播；首次登录用户不同形态的身份信息即原始身份信息，原始身份信息变换后得到原始身份特征矩阵，原始身份特征矩阵的密文即原始身份特征矩阵密文；否则进行下一步。

(6) 对用户不同形态的身份信息进行融合特征匹配和相似度判断。

该方案的优势如下：

(1) 基于区块链公开、透明的全民共识、共治和共享的新型基础设施，具有分布式数据存储、去中心化、不可篡改、可追溯、可信任等特征，通过将用户身份信息加密后记录在区块链中，结合公钥可搜索加密算法，实现用户身份信息安全、高效和可靠的存储和使用。

(2) 由于采用多种形态的身份信息对客户进行认证，不用担心某一身份信息缺失而造成无法认证的问题。

(3) 由于本方案区块链中，可以记录同一个用户的多个不同形态身份信息，用户可以自由地选择不同形态的身份信息以供验证，并且通过统一的模型存储和安全、智能化的算法对上述信息进行整合、分析和匹配。

10.3.6　基于区块链的信任服务系统

系统采用跨域、跨联盟的联盟链框架。该框架可以通过交易过程中的密码学处理实现监管。区块链分布式存储、不可篡改的特点使用户获得数据操作主动权，让研究人员能够在了解身份提供商、监管方、用户商家利益关系的基础上设计契合多方需求的解决方案。

如图 10.10 所示[11]，整个系统分为服务层、接口层和用户层。服务层提供基础区块链服务，包含三类逻辑结构，即区块链服务模块、链码(智能合约)服务模块、成员管理模块。其通过系统中的时间或事件触发不同的模块，如新节点加入触发成员管理模块的注册功能。接口层为用户层提供基本区块链操作接口，并设定了用户、商家、身份提供商、监管机构等几个实体，使得接口层能够对外提供基本身份认证服务，包括对商家、用户提供认证接口，对监管机构提供监管接口，同时与身份提供商接口对接，实现初始身份鉴别及登记。接口层和服务层作为信任服务模型为外部应用提供基础的区块链服务，基于该模型将彻底改观现有中心化身份管理体系的现状，同时兼顾到用户隐私保护需求与监管需求。

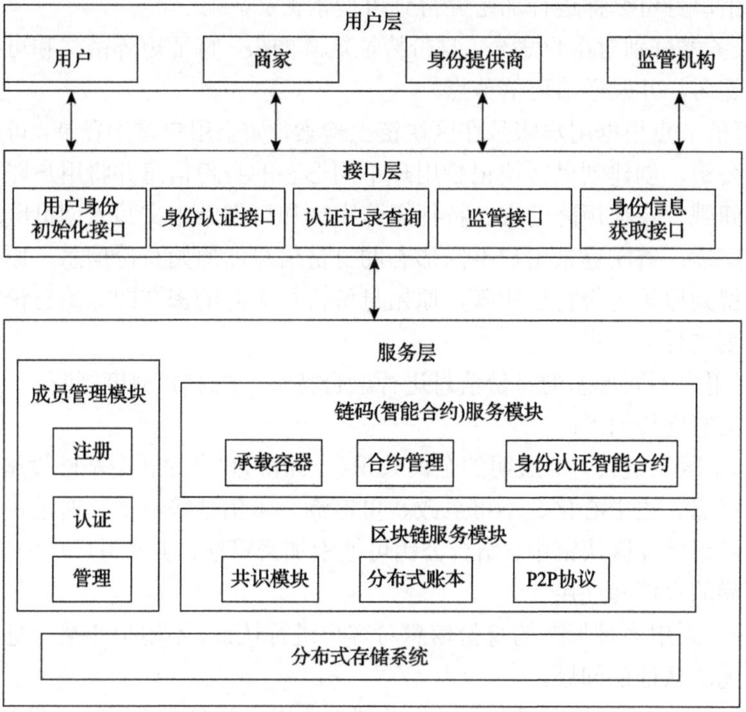

图 10.10 基于区块链信任服务的系统模型

用户注册流程如图 10.11 所示[11]。具体步骤为：身份提供商接到用户通过终端应用发起的注册申请，身份提供商选择注册要求，并将本次注册的相关政策发回用户。之后用户终端产生一对新公私钥，该公私钥对用户、身份提供商、区块链而言是唯一的。用户按政策要求选择属性、本人公钥及其他自由选择的属性等，将其发回身份提供商，并出示相关证明材料。接着身份提供商对用户证明材料进行验证，通过后保存用户公钥及关联用户，但不在本地保存用户数据，而是对属性数据进行哈希处理和签名处理，从而得到“证明”。最后将“证明”发送到区块链上进行加密存储，响应用户注册成功。

用户认证流程如图 10.12 所示[11]。具体过程为：首先商家向用户发送随机数挑战，要求用户按政策认证所需的数据。用户按照认证要求的政策在终端选择之前注册时身份提供商认证过的数据属性。接着用户对挑战值签名，用公钥加密商

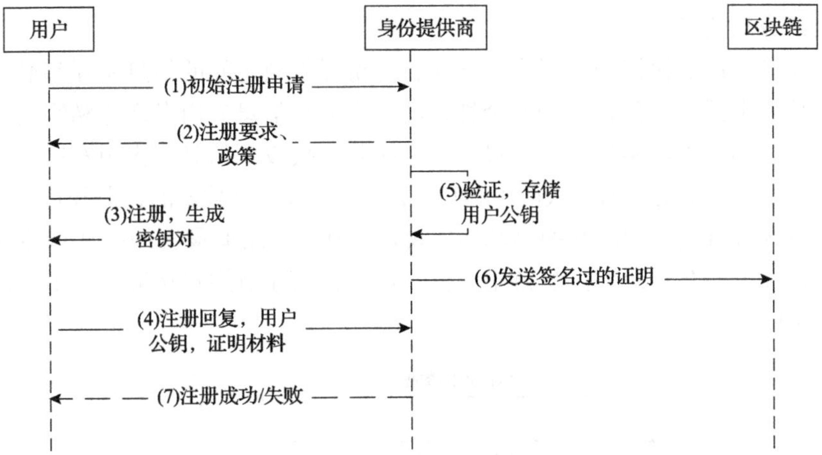

图 10.11　用户注册流程图

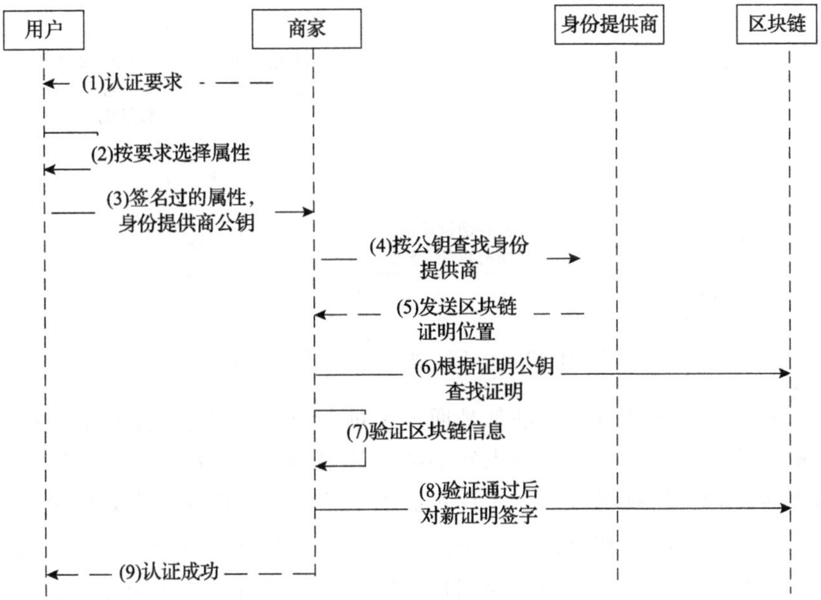

图 10.12　用户认证流程图

家所需的属性材料，并提供身份提供商的公钥及关联信息发送给商家，商家根据提供的身份提供商信息，到身份提供商查找用户公钥、关联信息、区块链“证明”位置信息，身份提供商返回商家要求的信息。商家的终端应用自动到区块链查找“证明”信息，对用户提供的认证材料进行哈希处理，并与用身份提供商公钥签名过的区块链“证明”材料做比对，以验证认证数据的有效性。当商家验证成功后，不在本地存储用户数据，而是对用户提供的有效数据进行哈希处理并签名，生成新的“认证”材料(带有时间戳等元数据)并发送到区块链做记录，最后返回用户认证成功信息。

在注册和认证协议中，用户、商家、身份提供商之间的信息交互都通过非对称加密技术来保证价值传输的安全性，即发送方对信息先用发送方私钥签名，再用接收方公钥加密，然后发送给接收方。接收方接收到信息后先用发送方公钥验证，再用接收方私钥解密。认证步骤(2)体现用户对自己数据的控制和许可。信任传递通过区块链的去中心交换来承诺实现，体现在认证步骤(8)中。生成本次认证的材料被商家签名记录在区块链中可供下次其他商家对用户认证时使用，几方关系如图 10.13 所示[11]。

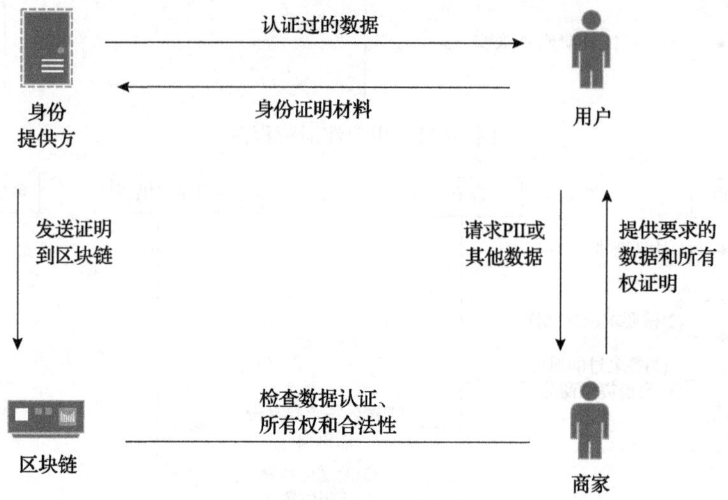

图 10.13 基于区块链的信任服务关系

综上所述，系统所有的认证都是通过点对点的方式进行，用户的数据主要存储于手机等移动终端，区块链技术知识参与其中的认证过程，由于不用维护中心化的数据库，相关管理机构节省了许多成本。并且由于认证的有效性是由区块链上所有的成员共同维护和验证的，不再需要第三方的新人中介。另外，通过使用联盟链，所有的系统都是使用相同的技术协议，因此这些系统间进行信息交互更加方便和快捷，并且各个参与者的认证规则通过共识写入区块链当中，无法被篡改。最后，区块链智能合约可编程使得不同场景的管理机构根据需要使认证流程全自动化；通过在区块链嵌入预设好的认证规则，达到预定条件则自动完成，增加了用户体验并提高了工作效率。

10.4 本章小结

本章介绍了区块链技术在身份管理方面的应用。首先，介绍了身份管理的相关需求，以及传统身份管理遇到的问题，接着通过对比传统中心化身份系统和基于区块链的身份系统，分析了使用区块链技术解决身份验证的优势：能够提高认证准确度、认证范围和认证效率等。目前使用了区块链技术的身份管理系统有很多，如 DIMS、ShoCard、Uport 和 Civic 等项目，这些项目都有各自的优缺点，例如 DIMS 在隐私保护方面相比于 ShoCard 做得更好，ShoCard 有数字证书，Civic 有奖励机制等。除此之外还有用户多形态身份的融合识别方案和基于区块链的信任服务系统。

参考文献

[1] 算法网. 区块链与数字身份: Uport、Civic、Evernym、AirPlatform、Indy、SelfKey[EB/OL]. http://ddrv.cn/a/301379. [2020-08-03].

[2] 链世界. 区块链应用场景探索之一: 身份认证[EB/OL]. https://www.lianshijie.com/news/18844. [2020-08-22].

[3] Bitool. ShoCard——移动分布式身份管理认证[EB/OL]. https://www.bitool.cn/articles-0ab38d9.html. [2020-08-29].

[4] 跨链技术践行者. uPort 去中心化身份管理应用[EB/OL]. https://blog.csdn.net/shangsongwww/article/details/90111467. [2020-08-20].

[5] Zyskind G, Nathan O. Decentralizing privacy: Using blockchain to protect personal data[C]. Proceeding of the IEEE Security and Privacy Workshops, San Jose, 2015: 180-184.

[6] 周亮, 应欢, 戴波, 等. 一种基于区块链的可信电子商务身份认证系统[J]. 计算机应用与软件, 2019, 36(11): 322-328.

[7] 朱曦, 吴浩. 基于区块链技术的云身份管理信任模型设计[EB/OL]. 山东科学. http://kns.cnki.net/kcms/detail/37.1188.n.20200302.1510.002.html. [2020-08-23].

[8] 邓小鸿, 朱年红, 黄磊, 等. 基于区块链的身份托管模型研究[J]. 计算机工程与应用, 2020, 56(4): 24-30.

[9] 董贵山, 陈宇翔, 张兆雷, 等. 基于区块链的身份管理认证研究[J]. 计算机科学, 2018, 45(11): 52-59.

[10] 杨惠杰, 周天祺, 桂梓原. 区块链技术在物联网中的身份认证研究[J]. 中兴通讯技术, 2018, 24(6): 35-40.

[11] 陈宇翔, 张兆雷, 卓见, 等. 基于区块链的身份管理研究[J]. 信息技术与网络安全, 2018, 37(7): 22-26.

[12] 姚英英, 常晓林, 甄平. 基于区块链的去中心化身份认证及密钥管理方案[J]. 网络空间安全, 2019, 10(6): 33-39.

[13] 郭志达, 王鑫, 李金宇. 基于区块链应用模式的铁路旅客身份认证系统[J]. 计算机系统应用, 2019, 28(11): 63-71.

第11章　基于区块链的云数据管理

本章主要介绍基于区块链的云数据管理。首先，本章对当前云数据管理的应用需求进行说明，对云计算与云数据的概念、特点、面临的问题和相关云数据管理技术进行回顾。然后分别介绍三种基于区块链技术实现的云数据管理方案的构造。

11.1　研究背景

云存储凭借高扩展性、高可靠性、低成本的数据管理优点得到用户青睐。然而，如何确保云数据完整性成为亟待解决的安全问题。当前最成熟、高效的云数据完整性审计方案是基于半可信第三方来提供公共审计服务，但基于半可信第三方审计方案存在单点失效、算力瓶颈和错误数据定位效率低等问题。接下来，列举几个基于区块链的云数据管理研究或项目。

周坚等[1]提出了一种基于变色龙哈希算法云数据完整性验证方案。该方案借助区块链技术中的分布式网络，将云用户的数据标签存储在区块链上，通过共识算法选出的授权用户代替全体用户，借助区块链上的数据标签向云存储服务提供商发出数据完整性挑战并验证。此外，为了满足云数据动态操作的需求，特别引入了变色龙哈希算法和独创的变量 n Merkle 哈希树(n Merkle hash tree, N-MHT)结构，保证了修改区块链上部分区块文件不会导致整个链上数据均发生改变，满足了用户数据动态操作的可能和审计错误时针对错误数据的定位。刘忆宁等[2]提出了一种基于区块链的云数据删除验证协议。首先，用户通过调用智能合约向云服务器证明自己的身份，并且创建数据删除的请求交易，然后云服务器删除数据并生成一条嵌有删除证据的区块链(证据链)。无论云服务器是否恶意，用户都可以验证数据删除结果。安全性分析表明：提出的协议可以在没有第三方可信机构的情况下完成数据的公开验证，同时可以抵抗窃听攻击、假冒攻击等。黄可等[3]提出了一种基于区块链的云数据管理方法，涉及区块链云数据管理技术领域，该方法的特点在于使用区块链技术和持有权证明技术，来实现云数据的安全和高效管理，任意一方可以查询区块链上的记录来高效追溯数据问题的原因；由于基于区块链的记录具有不可篡改和可追溯的特点，该方案能够实现对云数据全生命周期的实时记录和安全管理，达到提高现有云服务器的效率和安全性。区块链公司 Zebi 已推出 Zebi Secure Cloud[4]，该技术有望提供一种经过法医监控的方法来保护云数据和基础架构。该产品使用基于区块链的数据记录和完整性管理系统，授权组织以法医的方式记录事件。它还支持高级监视和分析，并提供集成的数据加密服务、备份和恢复。

11.1.1　云计算管理技术

云计算是一种新的运作模式，通过优化资源分配，将计算资源以服务的方式提供给用户，实现网络可访问、弹性扩展的共享资源池。而云存储亦是一种云计算系统，云存储的主要功能是实现数据的存储和管理，使用方可以通过网络的方式来访问存储在云端的数据。云存储给用户带了诸多便利：减少存储管理的压力、减少存储软硬件以及数据维护的费用和提供任意地点、时间访问数据的能力。但是，由于云存储系统是将用户的数据存储在云数据中心，用户不能够百分百控制自己的数据，从传统存储模式发展为云存储模式的过程中，云存储模式带来许多便利的同时也对传统存储模式带来了诸多的挑战，如带来了数据破坏、泄露的潜在危险，主要有虚拟化技术导致数据保护和迁移的困难、多租户技术导致混合数据的非法授权访问、用户删除数据后存在数据残留问题和数据中心的硬件故障问题[5]。

目前，云存储服务器是规模化存放数据的极佳平台，这得益于其集群化的运营和维护。然而，阻碍云存储发展的最大障碍是安全问题。日益频发的数据泄露或破坏事件不仅让用户和服务商遭到巨大经济损失，也在政治上带来了恶劣的负面效应。此外，当用户的数据被恶意窃取、删除、篡改时，云服务器无法高效检测是哪一个环节出现了问题，让用户对数据丢失问题感到既“束手无策”又“莫名其妙”。这从侧面反映了当前云服务器在数据管理方面的低效[6]。云数据具有以下几个特点：①资源的海量性。近年来，随着云计算技术的不断发展，数据量也在呈指数型增长。因此，至关重要的一点在于如何对现有的技术进行改进，或者提出新的技术，从而实现对这些数据的管理，并且能够从大量数据中准确找出需要的数据。②数据异构性。由于数据的产生和获取方式千差万别，通过不同的手段获取到的数据在数据形态和结构上具有多样性，从而产生了结构化数据、半结构化数据和非结构化数据等多种结构数据，导致了数据的异构性，因此对这些异构数据的访问和处理方式也多种多样。③数据模糊性。云计算使用的数据具有模糊性的特征，其中包含了数据的模糊性、数据查询的模糊性和数据语义匹配的模糊性等三个部分。为了让用户获得准确的信息，相关技术还有待革新[7]。

11.1.2　云数据管理技术

云数据管理技术正随着计算机技术的发展而不断地改正完善，为数据的存储和管理提供了有效的方案。其中最常见的是基于分布式的存储管理技术，它能够有效提高数据存储和管理的可靠性和安全性[8]。当前在云数据管理方面最常用也是最有效的技术是谷歌文件系统(Google file system, GFS)技术。GFS 技术广泛被使用的原因在于该技术能够并行处理大量的数据信息，能够极大地提高数据处理的效率，并且 GFS 技术还可以将多种技术融合在一起，从而提高云计算的数据处理能力。除了 GFS 技术被广泛使用之外，BigTable 技术也是一种被大多数人认可的技术。BigTable 技术是基于谷歌 APP 的系统架构。由于谷歌的数据信息很多，通过使用 BigTable 技术能够对这些繁杂的数据进行有效的存储，并且能够极大地提高数据的存取速度。无论是 BigTable 技术还是 GFS 技术，都对云数据管理技术的发展产生了极大的促进作用[9]。随着不同行业的发展和各种技术的诞生，在数据的管理方面具有很大的需求。在提高数据处理和存储能力的同时，也需要对数据的安全进行有效的保护，在数据安全可靠的前提下，不断对技术进行应用和发展，提高云数据管理系统的处理能力，从而促进云计算技术和数据管理技术的不断发展。

11.1.3 GFS 介绍

GFS 是一个分布式的文件系统。该系统是基于 Google 应用的框架设计的，为 Google 的云计算提供服务。GFS 技术和其他相关技术如 BigTable 等技术之间相互协作，共同组成和 Google 的云计算体系。在 GFS 中，主要涉及三个角色，即 GFS 客户端、GFS 数据块服务器和 GFS 主服务器。其中 GFS 客户端是访问接口，提供给应用程序使用，客户端是一组专用的接口，并不遵守主流的 POSIX 协议规范，主要以库文件的形式供应用程序使用。应用程序可以通过直接调用这些接口来使用其提供的功能。主服务器的主要功能是用来管理 GFS。而且在一个 GFS 内只存在一个主服务器，它主要负责对 GFS 进行相关管理，是整个 GFS 的中枢结构。GFS 数据块服务器则负责存储数据，在数据库服务器上的数据通过文件的形式保存。数据库服务器可以不止一个，数量越多，则 GFS 的规模越大[10]。GFS 架构如图 11.1 所示[11]。

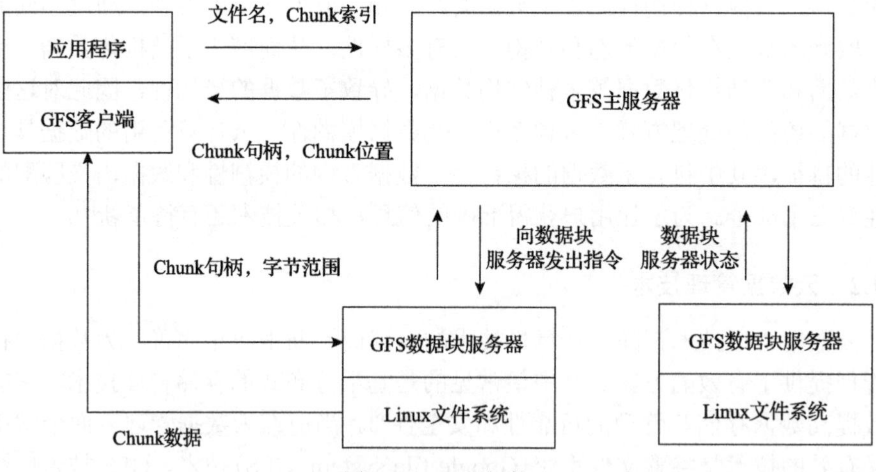

图 11.1 GFS 架构

GFS 中的数据通过文件的形式存储，并且这些数据被分成了一个个相同大小的数据块，这些数据块的大小固定为 64MB，并且每个数据块都具有唯一的索引序号。客户端在访问 GFS 时，首先访问的是主服务器节点，从该主服务器节点中获取数据块服务器的信息，获取相应的数据块服务器的信息之后再通过访问该数据库服务器进行一系列的数据操作。通过使用 GFS 技术能够有效实现数据和控制的分离。在客户端和主服务器之间主要进行控制操作，不涉及数据操作，从而能够有效降低主服务器的负载，提高系统的性能。在客户端和数据块服务器之间主要进行数据流操作，并且由于数据被分为多个数据块存储在服务器中，客户端可以同时访问多个数据块服务器，即通过采用并行化的方式来实现系统整体性能的提高。

11.1.4　BigTable 介绍

BigTable 系统与 GFS 技术和 MapReduce 技术相关，它的本质是一个分布式数据库。在 BigTable 中通过将数据作为对象来进行相关操作，从而形成了一个巨大的表格。BigTable 技术的定义为：BigTable 是一个分布式的数据存储系统，主要用于管理结构化的数据。这些数据的规模可以扩展得非常庞大。现有的 Google 应用程序有很多都是建立在 BigTable 上的，如 GoogleEarth 应用等，除此之外还有 Hadoop、Hbase 等建立在 BigTable 技术基础上实现的应用也在不断被用户接受。

从存储结构方面来讲，BigTable 是一个图，具有稀疏性、多维性和排列性。其中的每一个单元格都是由行关键字、列关键字和时间戳三个部分组成。单元格的内容是一个字符串，可以用来存储各种数据。Tablet 的位置结构如图 11.2 所示。

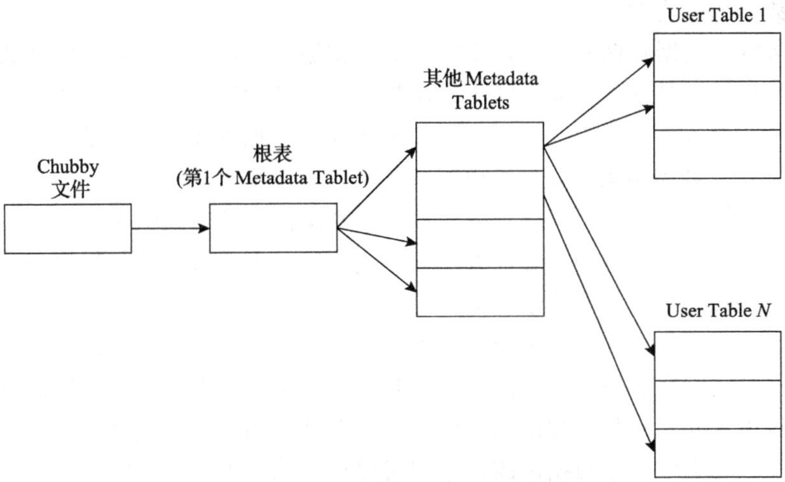

图 11.2　Tablet 的位置结构

Chubby 文件存储根表的位置信息，根表存储 Metadata 表的位置信息从图 11.2 中可以看到，在结构的第一层是一个文件，存储在 Chubby 文件中，该文件中存储了根表(root tablet)的位置信息，并且在根表中又包含了 Metadata 表所有的 Tablet 的位置信息。在 Metadata 表的 Tablet 存储了不同用户的 Tablet 数据。根表其实就是 Metadata 表当中存储的第一个 Tablet。由于根表具有无法被分割的特性，Tablet 的存储结构在三层以下。在 Chubby 文件中包含了许多根表的位置信息。Metadata Tablet 的主要功能是用来存储 User Table 的位置信息。当用户进行数据读取操作时，首先从 Chubby 文件中读取根表的位置信息，然后依次递归往更下一层读取相关信息，直到找到所需要的数据为止。

BigTable 采用传统的方法来实现负载均衡。当 BigTable 开始执行时，每一个 Tablet 都会被分配到一个 Tablet 服务器，并且只会被分配到一个 Tablet 服务器，之后通过 Master 服务器来实现对子表服务器负载的监控。调节 Tablet 服务器负载均衡的方式是将访问频繁的数据列表分配到负载压力较轻的子表服务器上，即通过数据迁移来实现服务器的负载均衡。

11.1.5　云数据管理面临的问题

在传统的数据存储系统中，需要注意的数据安全问题主要包括数据存储和传输的加密、数据的安全审计以及数据的容灾备份等情况。而在云数据系统中数据安全涉及更多方面。在云计算中，需要对不同用户的数据进行安全隔离，才能够将这些用户数据集中存储。由于云服务器可能会发生故障导致死机，需要实现云数据高效安全转移功能。同时，用户是采用租用的方式使用云计算资源，可能会导致不同的用户使用了云计算资源中的同一块存储模块，系统需要将上一个用户存储的数据完全清除[12]。

在传统的数据存储系统中，系统中的数据通常会被加密，从而保证数据的安全和隐私性，但是在云存储系统中采用加密方式处理数据具有一定的困难性。在基础设施即服务云模式中，可以很简单地实现数据加密操作，这是因为在该模式中用户能够完全控制系统分配给该用户的资源。但是在其他模式，如平台即服务云模式或者软件即服务云模式中采用数据加密操作会带来一些麻烦。在云系统中，有些数据是不能被加密的，如需要被云应用程序处理的数据，如果这些数据被加密，那么系统就无法实现检索、运算等基本操作。

由于一些云系统采用了多租户技术，可能会产生数据残留问题。数据残留的意思是这些数据在逻辑上被删除了，但是在物理机上仍然存在。数据残留问题可能会导致用户的隐私数据被泄露，因此一些存储了用户隐私数据的存储介质必须妥善处理。如果发生了数据泄露，用户可以通过第三方来对云服务提供商的应用进行审核验证。数据残留问题具有广泛性，目前所有的云服务提供商都不能很好地解决数据残留问题。

当用户使用云服务时，用户数据存储在云系统中，云服务提供商需要保证这些用户数据完整地存储在系统中，并且数据所有权归该用户所有，除了数据所有者之外其他任何人都不能够访问这些数据或对这些数据进行更改。要实现以上功能就需要依靠安全审计技术。当用户数据存储在本地时很容易实现数据的安全审计，但是当用户数据存储在云系统中时实现安全审计比较困难。要在云系统中实现安全审计，一般可以从云系统中下载少量的用户数据，通过一些概率分析方法来验证云端数据的完整性。如果将用户数据完全下载到本地进行安全审计需要消耗大量的资源，造成资源浪费。

11.2　应用实例

11.2.1　基于区块链的云数据管理实例

针对现有的云服务器的问题，本节提出一种基于区块链的云数据管理方法，实现安全和高效的管理云数据。该云数据管理方法实现步骤如下所示。

初始化：首先生成可信服务器的公钥和私钥，接着，可信服务器生成公开参数(包括公开的哈希函数、划分文件所采用的编码等)，并为用户和云服务器颁发公钥和私钥，然后产生第一区块，并将可信服务器的登记信息作为初始信息写入该区块。

上传数据：用户将文件划分成多个块，并根据公开参数进行编码，同时计算出元数据(包括文件的哈希值、Merkle 哈希树根节点、文件的标签信息，若文件涉及加密，还会产生密钥信息)，然后将数据文件和元数据一起上传到云服务器，云服务器收到数据之后，将数据的上传信息(包括文件大小、上传者的身份信息等)用自己的私钥签名后，发送给可信服务器，可信服务器用云服务器的公钥进行验证，若通过，则在区块链上记录数据上传的信息，否则返回失败标识符。

持有权验证：云服务器收到用户的文件和元数据后，首先使用元数据对用户文件数据进行持有权证明。持有权证明的过程具体为：将收到的每一个文件块计算哈希值并作为叶节点，采用 Merkle 哈希树算法，将所有叶节点参与计算并最终生成根节点，将得到的根节点与用户上传的根节点值进行比对，若验证通过，则认为用户是文件的合法拥有者，否则返回失败标识符；云服务器用自己的私钥对持有权信息进行签名后发送给可信服务器，可信服务器用云服务器的公钥验证签名的正确性，若通过，则在区块链上记录数据的持有权信息，否则，返回失败标识符。

操作数据：用户将操作请求(包括数据块的添加、删除、修改，文件持有权转移或者文件共享，删除文件等)用私钥签名后送给云服务器，云服务器对用户签名的正确性进行验证，若通过，则执行操作并且将操作凭证用云服务器的私钥签名后发送给可信服务器(文件变更的证据，体现了文件目前的最新状态)，否则，返回失败标识符；可信服务器用云服务器的公钥验证操作凭证的正确性，若通过，则在区块链上记录数据操作信息，否则，返回失败标识符；为了便于理解，操作数据过程可以简单地认为是一个具有公开可验证性的数据动态修改方案，其动态修改内容范围包括：数据块的添加、删除、修改，文件的共享和删除等。可信服务器在这里的角色可以视作一个可信第三方。在此基础之上，额外引入了区块链技术来实时记录这一过程，从而实现数据管控的安全性和高效性。

参照图 11.3，具体实施方案如下：首先，生成可信服务器的公钥和私钥。接着，可信服务器生成公开参数(如公开的哈希函数、划分文件所采用的编码等)，并为用户和云服务器颁发公钥和私钥。接着可信服务器产生第一区块，并将可信服务器的登记信息作为初始信息写入该区块。此外，可信服务器将用户和云服务器的登记信息记录到区块链中，以便于查询和验证合法性。用户选择需要上传的数据文件，并且根据公开参数对文件进行划分和编码，同时生成文件的元数据(包括文件的哈希值、Merkle 哈希树根节点、文件的标签信息，若文件涉及加密，还会产生密钥信息)，然后将数据文件和元数据一起上传到云服务器。云服务器在收到数据之后，将数据的上传信息(包括文件大小、上传者的身份信息等)用自己的私钥

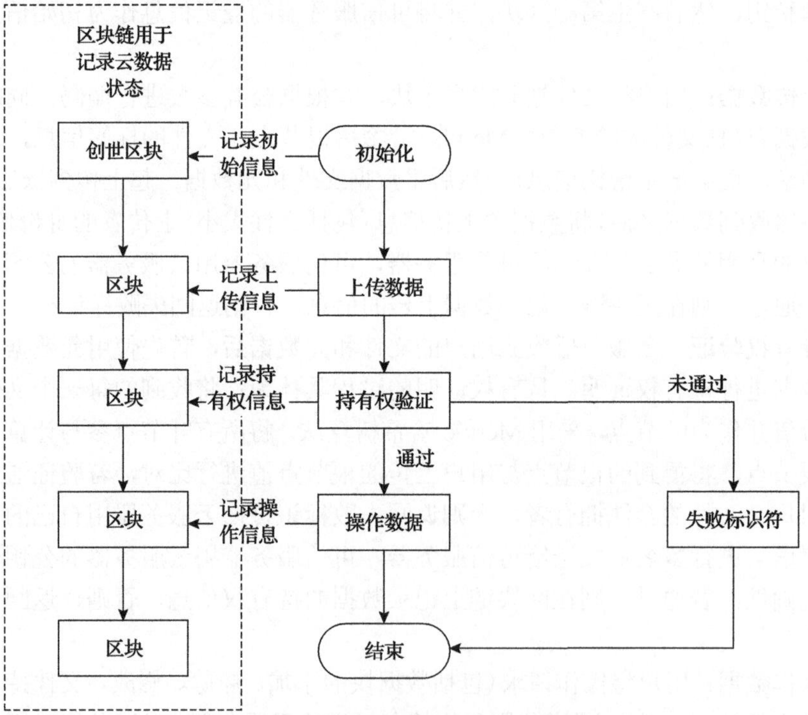

图 11.3　基于区块链的云数据管理结构图

签名后，发送给可信服务器。可信服务器用云服务器的公钥进行验证，若通过，则在区块链上记录数据上传的信息，否则返回失败标识符；接着云服务器用元数据对用户文件进行持有权验证。具体为：将收到的每一个文件块计算哈希值并作为叶节点，采用 Merkle 哈希树算法，将所有叶节点参与计算并最终生成根节点，将得到的根节点与用户上传的根节点值进行比对，若验证通过，则认为用户是文件的合法拥有者，否则返回失败标识符。

云服务器用自己的私钥对持有权信息进行签名后发送给可信服务器，可信服务器用云服务器的公钥验证签名的正确性，若通过，则在区块链上记录数据文件的持有权信息(包括文件名称、文件持有人的身份等)，否则，返回失败标识符。用户将操作请求用私钥签名后通过可信服务器发送给云服务器，云服务器对用户签名的正确性进行验证，若通过，则执行相应操作，同时将操作凭证(文件变更的证据，体现了文件目前的最新状态)用云服务器的私钥签名后发送给可信服务器，否则，返回失败标识符。可信服务器用云服务器的公钥验证操作凭证的正确性，若通过，则在区块链上记录数据操作信息(包括操作的详情、操作时间等)，否则，返回失败标识符。当云数据发生错误时(数据泄露、破坏等)，任何一方可以通过检测区块链上的记录，从而快速追溯到问题的源头，由于区块链记录的不可篡改性，该检测方法安全和可靠。

11.2.2　基于区块链的云数据删除验证协议实例

未经身份验证的用户不可以访问云服务器，如果云服务器不按用户的要求删除数据需要及时处理。为了解决这一问题，有研究者提出了一种基于区块链的云数据删除验证协议。首先，用户通过调用智能合约向云服务器证明自己的身份，并且创建数据删除的请求交易，然后云服务器删除数据并生成一条嵌有删除证据的区块链(证据链)。无论云服务器是否恶意，用户都可以验证数据删除结果。安全性分析表明：提出的协议可以在没有第三方可信机构的情况下完成数据的公开验证，同时可以抵抗窃听攻击、假冒攻击等。

基于区块链的云数据删除协议：基于区块链的云数据删除验证系统结构如图 11.4 所示[13]，其中包括云服务器、用户、区块链网络。系统初始化前，系统会收集用户的属性并在区块链网络中布置智能合约。如果用户发布交易就会触发智能合约对其身份验证。如果用户是合法的，用户使用智能合约产生的属性密钥对交易签名和发布。交易发布后，区块链网络中的“验证节点”会对其进行验证。云服务器接收交易后调用设备，同时为调用的设备产生一个调用证据，并将其放入区块中形成一条区块链(证据链)。最后，云服务器将证据发送给用户，用户根据证据链验证数据删除结果是否合法。下面对系统中的实体进行描述：

(1)用户。用户可以在区块链网络中发布交易，并且可以验证云服务器实现删除操作的结果。

(2)区块链网络。本书采用一种许可处理结构，这些许可节点分为“验证节点”(主要负责验证交易，简称 VDN)和“记账节点”(主要负责将验证的事务连接到区块链，简称 BKN)。

(3)云服务器。云服务器是存储用户数据的实体。云服务器在区块链网络中收到用户的数据删除请求交易后，生成删除证据并嵌入到区块链中。最后，将证据发送给用户。这个证据包含用户想要删除的数据请求、用户对数据请求交易的签名、服务器对删除交易的签名及时间戳。

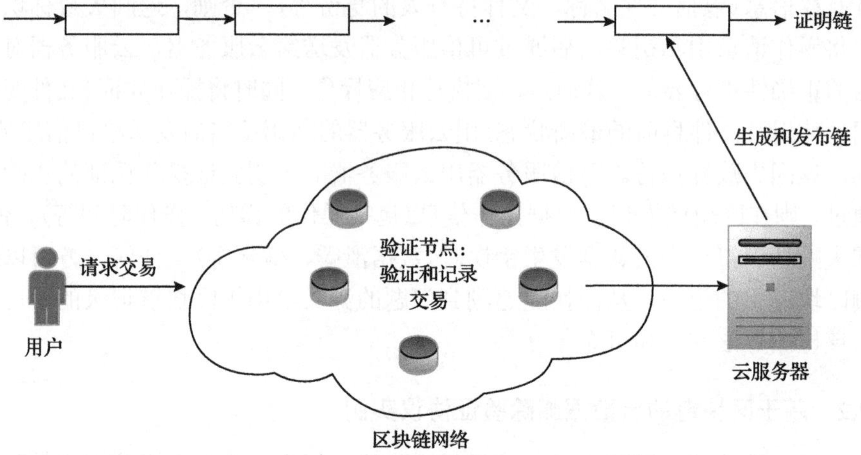

图 11.4 基于区块链的云数据删除验证系统结构图

假设云服务器是半可信的，它不会泄露我们的数据隐私，但可能不会按照协议执行删除数据的操作，并有可能返回错误结果去误导用户。另外，本书假设区块链网络是公开的，攻击者容易获得公开信道上的传输数据。因此，协议存在以下三种攻击：①攻击者窃听和篡改传输在公开信道上的信息，并执行窃听攻击和重复攻击等；②服务器收到用户的删除请求后，没有诚实地按协议删除数据并返回错误的结果误导用户；③在没有收到用户的数据删除情况下，云服务器为了经济利益随意删除数据。

删除协议实现的安全目标包括：①匿名性，指任何实体都不能通过云服务器产生的证据得到用户信息；②防窃听攻击，指通过对公开信道的窃听，攻击者无法获得任何有用信息；③防重复攻击，指过时的信息重新发送时，它将被丢弃；④完整性，指用户可以检测半可信云服务器篡改数据的恶意行为；⑤可追溯性，指如果服务器没有诚实地删除数据，用户可以通过调用证据追溯服务器的责任，并且服务器不能否定。

基于区块链的云数据验证协议：云服务器被假设为半可信的，服务器可能不会诚实地删除数据。协议的主要过程如图 11.5 所示[13]。用户进入系统调用智能合约进行身份验证，验证合法后，用户构建一个含有数据删除请求的交易并广播。云服务器确认交易后删除数据，并为用户产生可以对删除结果验证的证据。证据嵌入区块中形成一条可验证云服务器是否诚实删除数据的区块链(证据链)。在证据链的帮助下，如果云服务器没有诚实删除数据，用户可以验证删除结果并且云服务器不能否认。

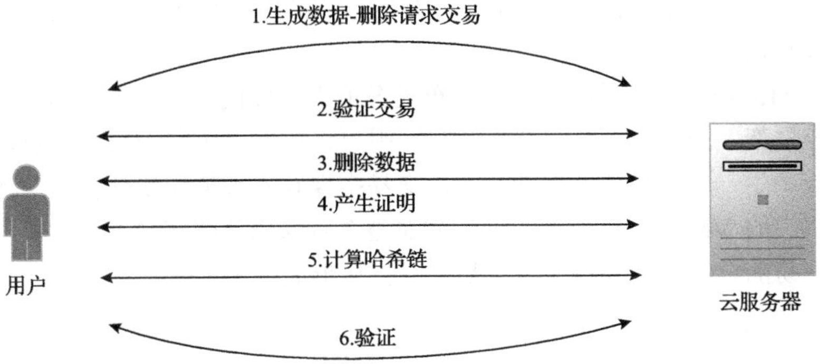

图 11.5　基于区块链的云数据验证协议框架

云数据验证协议在安全性方面具有以下特性：

(1) 防窃听攻击。攻击者在公开信道上窃听通信信息，并且获得交易内容 delete-request。由于密文 delete-request 的密钥是不可盗取的，攻击者无法获得任何有用的信息，设计的协议能够抵御窃听攻击。

(2) 防篡改攻击。假设攻击者修改了交易内容，由于攻击者不知道用户的属性，无法获取用户的属性密钥。当验证节点调用算法 ABS.Ver()时，交易无法通过验证，系统将丢弃攻击者的交易。

(3) 防重放攻击。假设攻击者利用过期交易发动重放攻击，由于每个交易都含有一个独特的时间戳，通过对时间戳的检验，可以有效防止这类攻击。

(4) 正确性。如果云服务器是诚实的并且能诚实地删除数据，那么用户得到的证据为 $\tau=(\mathrm{proof}_j,\mathrm{root}_i,h_i,\mathrm{ts}_i)$，其中：证据 proof_j、根节点 root_i、区块前哈希值 h_{i-1} 都是合法的。其次，由于 $h_i'=H(h_i-1\|\mathrm{ts}_i-1\|\mathrm{root}_i)$，等式 $h_i'=h_i$ 总是成立。换句话说，h_i 总是验证阶段输出的结果。

11.2.3　基于区块链的云数据完整性监控实例

目前大多数完整性验证方案依靠第三方审计，从而减少用户端的计算和存储开销，这种方式存在着隐私泄露的威胁。而两方模型中用户和云服务器二者互不信任，双方都不适合作为完整性验证方。该方案引用区块链技术解决“互信”问题，通过多租户间的信息交流来达成行动协议共识以完成可信的完整性验证。

体系架构：系统所涉及的节点从功能上分为两类，即虚拟机代理(virtual machine agent, VMA)节点和存储节点。当用户提交存储任务后，由 VMA 节点负责将对文件进行预处理，选择合适的存储节点保存数据，并在所有的存储完成后，由管理节点将结果返回给用户。VMA 节点是云租户的代理节点，逻辑上唯一，负责代理用户执行各项任务，拥有较高的计算能力。存储节点是云租户的数据存储节点，不唯一，拥有较低的计算能力，所有的存储节点组成 IPFS 集群，负责存储用户海量数据。

如图 11.6 所示[14]，系统中引入分布式虚拟机代理模型来构建基本的云数据完整性监控框架。当用户提交存储任务时，用户将数据上传至 VMA 节点，通过预处理后，产生一笔交易放入缓冲池中，交易中保存着数据完整性验证的证据。云端其他用户的 VMA 节点轮询查询缓冲池是否有未确认的交易，一旦发现，就尝试验证交易的合法性，并将一组交易进行打包形成区块。

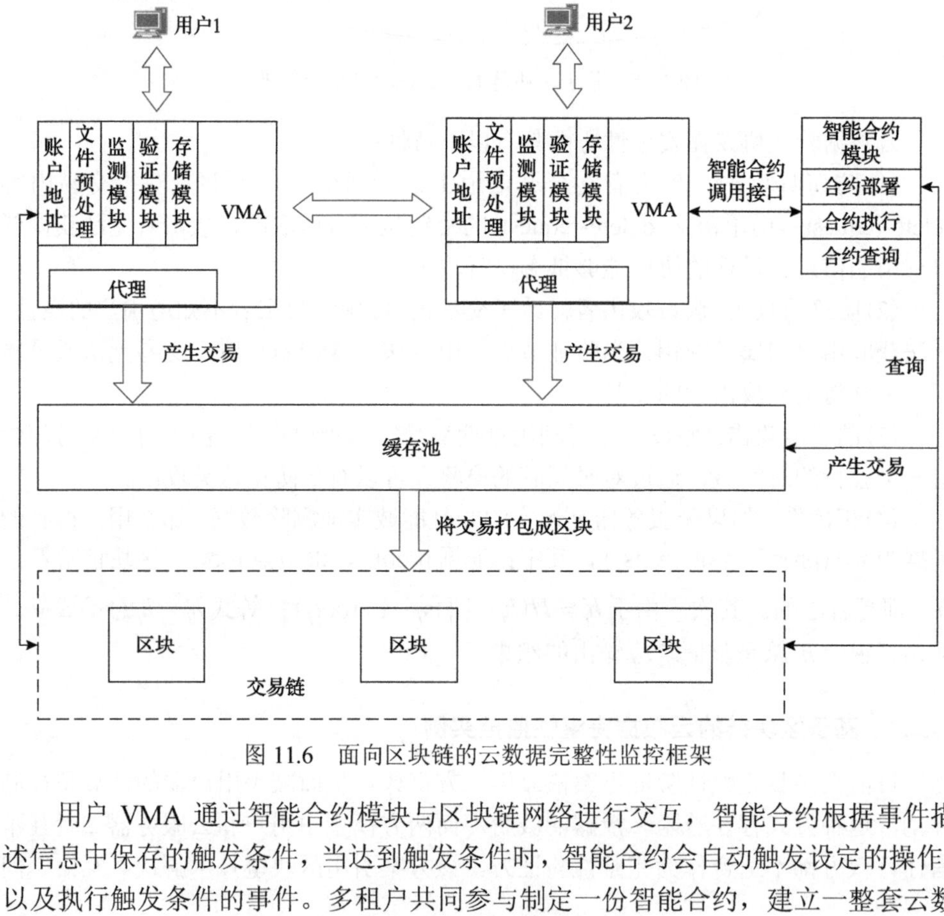

图 11.6 面向区块链的云数据完整性监控框架

用户 VMA 通过智能合约模块与区块链网络进行交互，智能合约根据事件描述信息中保存的触发条件，当达到触发条件时，智能合约会自动触发设定的操作，以及执行触发条件的事件。多租户共同参与制定一份智能合约，建立一整套云数据监控的流程，智能合约执行过程如图 11.7 所示。

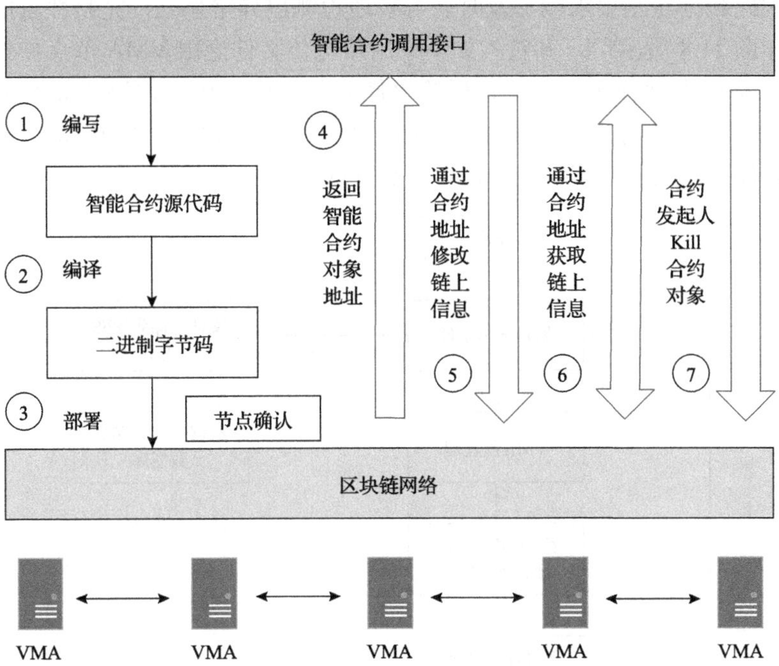

图 11.7　智能合约执行过程

具体步骤如下：首先以数字形式定义编写智能合约文件，包括参与方在上面执行的承诺。接着将智能合约编译成计算机可读的二进制字节码接口(application binary interface, ABI)，ABI 是合约接口的二进制表示。再将字节码部署到区块链网络，由该链上所有节点确认。之后返回该智能合约对象地址和 ABI，用于对区块链上数据读取或写入。每次修改文件后记录新的文件根哈希值，用来保证验证文件结果的可信性，并且通过记录前一次修改交易 ID 和修改者账户地址来追踪恶意篡改者。当文件删除后，发起人可终止合约，取回合约剩余的数字资产。

云数据完整性监控方案：首先编写数据监控的智能合约并将代码编译成二进制码；用户消耗一定的代币，将编译好的智能合约部署到区块链网络中，获得智能合约的区块链地址和 ABI。当 VMA 节点对该文件进行预处理后，将获取的数据块的数字签名集存储到数据库中，根据 Merkle 哈希树生成文件的根哈希值，用来描述所存储全部数据的完整性。之后 VMA 节点通过合约地址和 ABI 调用合约，将文件预处理后得到的存储地址和 Merkle 哈希树根哈希值作为键值对保存到 MAP 的数据结构中。接着通过监控文件 Merkle 哈希树的根节点，会检测到文件任何数据块的篡改，从而确保文件块的完整性；当用户校验文件时，通过文件存储地址作为键值，调用合约获取文件的 Merkle 哈希树根哈希值进行比对。

实际应用中，用户将数据上传至云端后，将数据的控制权交于云服务提供服务器，因此数据监测要求能够及时、有效地检测出异常篡改，完整性监控机制实现流程如图 11.8 所示[14]，其过程如下：用户上传文件交由 VMA 节点预处理，一方面，将文件进行分块划分，将标签存储到数据库，由文件块的数据标签生成 MHT；另一方面，将文件存储到 IPFS 集群得到基于文件内容的地址。最终智能合约通过保存的键值对监视文件是否合法修改。

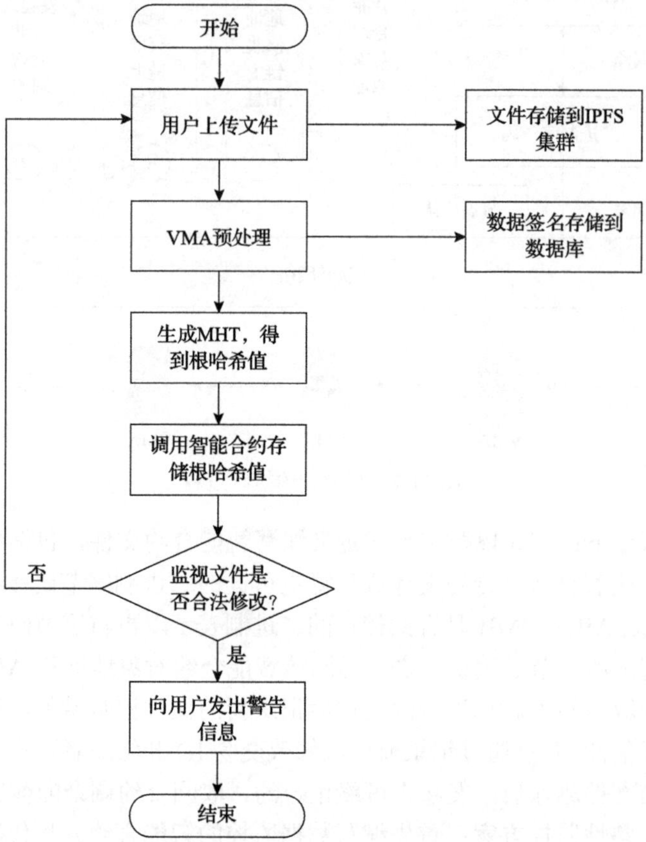

图 11.8　完整性监控机制实现流程图

针对完整性监控方案分析验证效果：正常修改，即用户节点向 VMA 节点发出访问请求，VMA 节点首先从数据库中读取该数据，获取对应的数据存储地址，再从 IPFS 集群中获取数据，然后传输给用户节点。当用户修改完数据后，通过调用智能合约，首先 VMA 节点收集受影响的数据，生成新的数字标签，然后调用智能合约接口保存新的 MHT 根哈希值，产生新的交易至区块链网络中，由网络中节点进行确认后保存至区块链中，最后更新 IPFS 信息和数据库信息。非法篡改，即如图 11.9 所示[14]，这种方式只能通过用户进行抽样完整性验证时，随机选择数据块号，从数据库中找到对应的哈希值，利用 IPFS 获取该文件块，对 VMA 节点进行完整性验证操作。

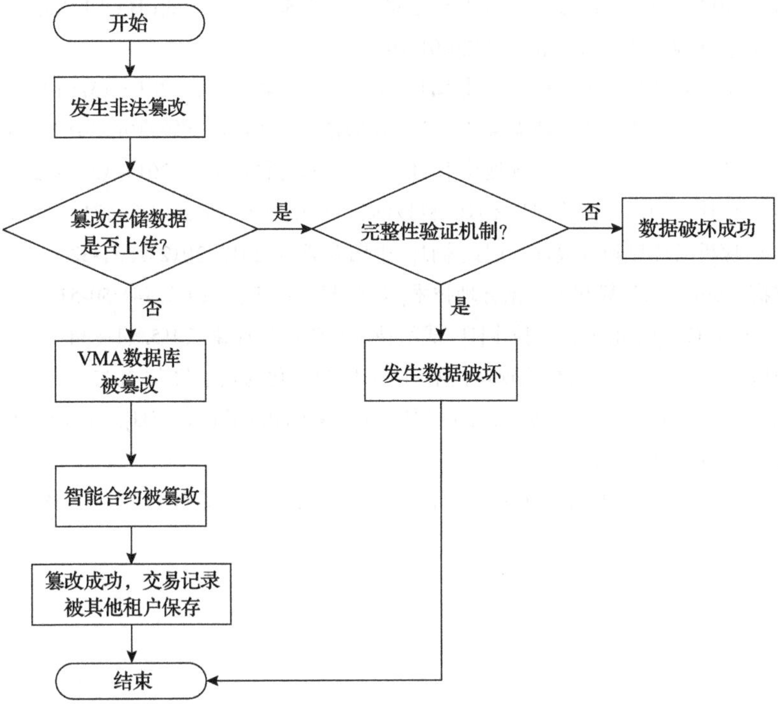

图 11.9　非法篡改流程图

11.3　本 章 小 结

本章介绍了区块链技术与云数据管理的相关内容。首先介绍了云计算与云数据的相关背景和知识；接着介绍了常见的两种云数据管理技术，即 GFS 技术和 BigTable 技术，分析了两种技术的实现原理；最后，详细介绍了三种基于区块链技术的云数据管理实例，与传统云数据管理技术相比较，这些方案能够有效提高云数据管理的安全性和可靠性。

参 考 文 献

[1] 周坚, 金瑜, 何亨, 等. 基于嵌套 Merkle hash tree 区块链的云数据动态审计模型[J]. 计算机应用, 2019, 39(12): 3575-3583.

[2] 刘忆宁, 周元健, 蓝如师, 等. 基于区块链的云数据删除验证协议[J]. 计算机研究与发展, 2018, 55(10): 2199-2207.

[3] 黄可，张小松，夏琦，等．一种基于区块链的云数据管理方法：CN107196934B[P]. [2019-05-10].

[4] 巴比特．印度区块链解决方案公司 Zebi 已推出 Zebi Secure Cloud[EB/OL]. http://www.fjzol.com/cloud/20200119/26712.html. [2020-01-19].

[5] 韦程馨．基于云计算的云数据管理技术[J]．电子技术与软件工程, 2019, (5): 145.

[6] 柳秀清．基于云计算时代下数据管理技术的研究[J]．文化创新比较研究, 2019, 3(5): 67-68.

[7] 刘中秋．基于云计算的云数据管理技术[J]．电子技术与软件工程, 2019, (2): 152.

[8] 宋雨威．云计算和云数据管理技术[J]．科技创新导报, 2019, 16(2): 170-171.

[9] 刘倩斓．探析云计算和云数据管理技术[J]．中国新通信, 2018, 20(23): 51-52.

[10] 杨雪梅, 刘莹．云计算和云数据管理技术[J]．信息系统工程, 2017, (4):50-51.

[11] 屠卫．基于 Google 的云计算技术[J]．成组技术与生产现代化, 2015, (4): 44-52.

[12] 张丽敏．基于云计算的云数据管理技术研究[J]．自动化与仪器仪表, 2017, (1): 177-179.

[13] 刘忆宁，周元健，蓝如师，等．基于区块链的云数据删除验证协议[J]．计算机研究与发展, 2018, 55(10): 107-115.

[14] 刘广沛．基于区块链的云数据完整性保护机制[D]．南京：南京邮电大学, 2018.

第 12 章　基于区块链的用户数据漫游服务

本章总结国际漫游结算的发展现状，对使用区块链技术解决漫游问题进行相应的介绍，分析在漫游业务引入区块链技术的优势，然后介绍一种基于区块链的漫游话费记录和结算方法。

12.1　研 究 背 景

12.1.1　基于区块链的数据漫游研究进展

2019 年，Forkast.Insight 发布的《中国区块链报告》提到，中国的电信运营商正在使用区块链技术提高漫游服务的效率，减少电信欺诈的发生。2018 年，中国移动和日本运营商 NTT DOCOMO 以及韩国运营商 KT 共建了一个自动国际漫游系统[1]，通过基于区块链的智能合约技术，实现了三方费用的实时结算。同时，区块链的使用将增强运营商对电信诈骗的识别效率，可以从电话号码追溯至机主的硬件 IMEI 号和 MSISDN 号，实现全链路拉黑。2019 年，韩国运营商 KT 与中国移动签署合作协议[2]，将加强在 5G 漫游服务和区块链系统方面的合作。KT 表示，已与中国移动完成了实时漫游结算系统“B.Link”的商用化公测。“B.Link”利用区块链的“智能连接”技术，能够“自动分析两家运营商的漫游数据，并实时处理漫游资费”。2020 年，德国电信、T-Mobile、Telefonica 和 Orange 四家公司正在测试一种基于区块链技术的解决方案[3]，用于实现运营商之间漫游折扣协议管理的自动化。根据移动欧洲发布的一份报告，四家电信公司联合开发的这一基于区块链技术的解决方案可以极大优化现有系统的复杂性，目前各项测试准备工作已经就绪。新的解决方案改进了一个多年来没有改变的流程，包括起草、签署和手动执行折价漫游费协议，自动化此工作流可加快并优化此过程，区块链技术的主要作用是，协议达成后条款内容再也不能更改。

2020 年，全球领先的通信连接服务公司 Syniverse 推出了业界首个面向物联网和 5G 网络的实时移动漫游解决方案 Universal Commerce[4]，该解决方案完全符合新的全球移动通信系统协会（GSMA）计费和收费演进标准。Universal Commerce 基于 IBM（International Business Machines Corporation）区块链平台，经过多个试点项目测试，不仅以区块链技术取代多个过时的手动流程，还可即时验证新的批量计费和收费流程，用于清算和结算服务。该解决方案可提供更高的安全性和透明度以及快速验证，有助于移动运营商更快地与更多业务合作伙伴实施新的业务模式。具体而言，Universal Commerce 可以在多个移动运营商或者其他合作伙伴之间协调并执行“智能合约”。这种基于区块链技术的智能合同能够通过共识过程确定各方之间有关每笔交易的规则和商业操作，有助于减少业务摩擦，提升客户效率。此外，区块链技术可实现“不基于信任”的生态系统，使得移动运营商和企业能够以更简单的方式开展业务，从而降低进入门槛，加快上市时间。目前，两家国际电信公司 Orange 与 Mobile TeleSystems(MTS)已经开始试用该系统。

世界上增长最快的数字运营商(BIST：TCELL)在 2019 年世界移动通信大会(MWC)上推出了用于国际漫游的区块链服务[5]。区块链是一种允许组织在安全环境中协作的新技术，该技术可用于电信业中更安全、更快速的交易，Turkcell 已成功地将区块链服务扩展到本行业，包括漫游清关、身份证管理和捐赠解决方案。目前 Turkcell 与 Lifecell 和 Lifecell 位于白罗斯的电信运营商 BeST 共享区块链网络，正在与学习小组和其他电信运营商洽谈，以进一步扩大该网络。

12.1.2 基于区块链的数据漫游发展现状

从国际漫游结算机制来看，国际漫游资费的产生过程较为复杂。国际漫游资费的形成，是当归属国运营商用户到漫游国发生境外通信后，由漫游国运营商对漫游用户提供通信服务并进行漫游计费，再将漫游计费数据传回归属国运营商，由归属国运营商对漫游用户进行收费，同时与漫游国运营商按照约定的资费进行漫游批发结算。目前，全球有 700 多家运营商，若开通漫游业务，都需要彼此之间进行相互的漫游关系的建立、漫游协议的谈判和漫游结算等相关工作[6]。

GSMA 根据国际漫游业务开展过程中运营商需要获取的信息，制定出标准的文档格式，形成了标准国际漫游协议文档[7]。运营商可通过文档的交互和解析获得漫游业务结算相关信息，开展漫游业务日常运营。虽然有 GSMA 定义的相关规范和标准，但运营商之间的漫游关系是一个相对松散的联盟关系，目前在国际漫游结算方面，依然存在着四大问题：①从争端处理机制来看，漫游结算中出现了问题需要耗费很大的协调成本和时间成本；②从漫游协议文件和财务结算文件的传输方式来看，目前运营商仍在通过人工发送电子邮件的方式来传送文件，可靠性差，受人工干预的影响较大；③从处理时效性上来看，运营商传输协议时，可能导致人为的分发错误；④从漫游管理模式来看，目前协议管理都为单边管理方式，无法完全保障双方协议的一致性，运营商无法对漫游协议进行统一管理。

12.2 引入区块链技术的漫游服务

一些电信提供商已经提出了一种通信模式，其中用户不仅可以免费使用服务，甚至可以从中获得奖励。从本质上讲，用户将成为代币持有者，不需要为移动服务和数据支付一分钱，而电信公司可以从广告中获得收入。电信公司 Bubbletone 正在为移动运营商和服务提供商开发一个私有区块链，允许与用户直接互动，消除全球漫游[8]。该团队推出了 Global Coverage，一个参与者提出请求和优惠的平台，运营商可以在客户端之间分发 SIM 卡，允许他们通过加密的 SMS 消息或数据渠道上传他们的本地移动配置文件以购买服务包。所有这些都是以当地价格使用他们现有的 SIM 卡。不同国家运营商的话单方式、对账等方式都非常复杂，需要人工适配效率比较高，结算成本也比较大。所以如果在国际漫游结算中引入区块链技术，则能够为运营商共享用户的话费、账单，通过智能合约实现高效、低成本、安全及标准化的支付方式。

通信服务供应商需要通过将各个系统进行整合的方式来降低当前的漫游压力，并且为了能够实现漫游电话，还需要能够提供复杂的访问和认证控制。通过使用区块链账本和智能合约技术，可以以集中的方式来实现漫游计费、超额收费和管理漫游订阅方的身份认证[9]。使用区块链技术对通信服务提供商和服务订阅方都能带来良好的效益。通信服务提供商可以通过区块链技术来快速识别服务订阅者身份认证，检测欺诈性的流量，从而减少损失，同时由于区块链技术的去中心化特点，不存在第三方中介的影响，通信服务提供商能够有效地节约成本。而服务订阅方可以有效控制自己的流量账单，不存在大收费、乱收费等问题，从而改善用户的体验。

当运营商考虑要在整个行业的解决方案中使用区块链技术时，需要重新进行策略部署。欺诈管理、身份管理、物联网安全、移动支付、共享网络和设备只是其中的一些例子。这里的挑战不再是一项技术，而是一种需要在运营商之间实现的商业意愿和共识。区块链技术为电信组织提供了很多可拓展空间。但是，他们必须进行一些大规模的调整才能彻底将区块链建设逐渐纳入业务部署流程中。当然，“区块链+电信”不可能一蹴而就，也不是能依靠单方面的突破便能促进电信行业的高效发展，它需要与网络通信领域的一些新技术以及物联网、大数据、云计算等协同发展[10]。

12.3　基于区块链的漫游话费记录和结算实例

针对现有电信运营商话费结算不实时、不高效和不透明的问题，本节提出了一种基于区块链的漫游话费记录和结算方法，实现用户漫游话费实时、高效和透明的记录和结算。该方案包括以下步骤：系统初始化；移动客户端 A 上传拨号信息到可信服务器并写入区块链；移动客户端 A 和移动客户端 B 建立通话；基站 A 上传呼出信号信息；中转站上传中转信号信息；基站 B 上传接收信号信息；移动客户端 B 上传接听信息；运营商按照当前话费标准，对区块链实时记录的漫游话费进行结算。具体步骤如图 12.1 所示。

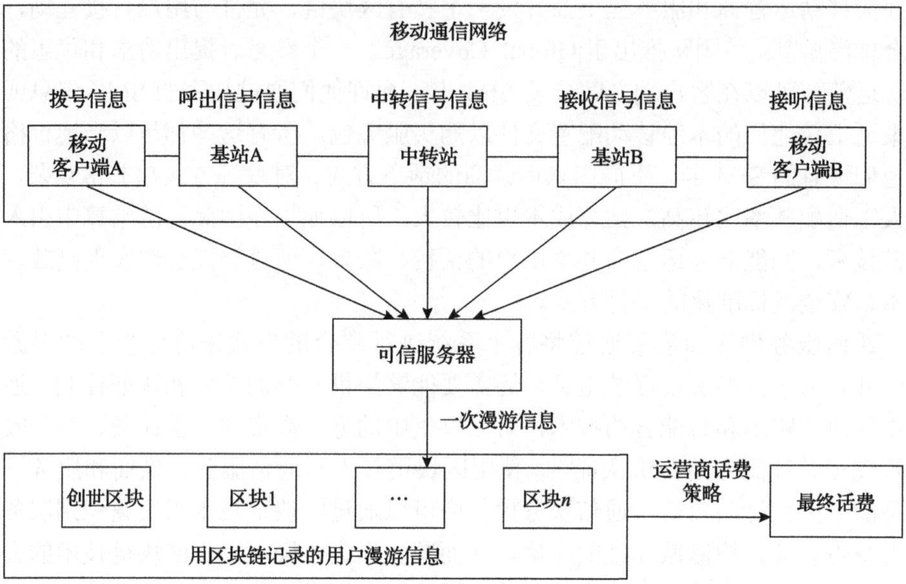

图 12.1　基于区块链的漫游话费记录和结算结构图

具体实施方案如下：首先可信服务器生成公钥 SKS 和私钥 SKS，然后产生第一区块(创世区块)，并将可信服务器的登记信息写入该区块。接着可信服务器为各个参与节点(移动客户端 A、基站 A、中转站、基站 B、移动客户端 B)颁发公钥和私钥(分别为 PKA 和 SKA、PKBSA 和 SKBSA、PKT 和 SKT、PKBSB 和 SKBSB、PKB 和 SKB)，其中，电话号码 PNA 和 PNB 分别为移动客户端 A 和移动客户端 B 的唯一标识符。

可信服务器将各个参与节点的登记信息记录到区块链中，以便于验证各个从节点的合法性，确保对话费信息的记录真实和可靠，同时移动客户端 A 和移动客户端 B 加入网络。在建立通话之前，移动客户端 A 将通话双方电话号码作为拨号信息 PNA||PNB，然后计算拨号信息的哈希值 Hash(PNA||PNB)，接着，它用自己的私钥 SKA 对哈希值进行签名，移动客户端 A 将通话信息、签名和公钥 PKA 一起发送给可信服务器，同时，它发起一笔从移动客户端 A 到可信服务器的交易。可信服务器收到拨号信息后，首先根据移动客户端 A 的公钥 PKA 和记录在区块链里的信息对移动客户端 A 的身份进行合法性验证，若通过则继续下一步；否则返回错误标识符。接着，可信服务器根据公钥 PKA 对签名的正确性进行验证，若校验通过，则把拨号信息的哈希值和交易时间戳一起写入区块中，确认交易并且在网络中广播此区块链；否则，返回错误标识符。

之后移动客户端 A 进行拨号，并将信号发送给其所处区域内的基站 A。基站

A 通过中转站将信号转发到移动客户端 B 所处区域内的基站 B。基站 B 将信号发送给处于其区域内的移动客户端 B。然后可信服务器计算拨号信息的哈希值，并且用自己的私钥 SKS 签名后，将自己的公钥 PKS、哈希值和签名一起发送给基站 A。基站 A 更新区块链，根据收到的拨号信息，基站 A 首先用公钥 PKS 验证签名正确性，若通过，则继续执行下一步；否则，返回失败标识符。接着，基站 A 计算实际拨号信息的哈希值，并且与收到的拨号信息哈希值进行比对，若对比通过，继续进行下一步；否则，返回失败标识符。

基站 A 会实时判断移动客户端 A 所在的位置计费区域是否发生变化，并且记录下用户的计费区域变化情况作为呼出信号信息(主要包括移动客户端 A 所使用基站的信息)，然后用自己的私钥 PKA 计算签名一起发送给可信服务器，同时发起一笔从基站 A 到中转站的交易，可信服务器将呼出信号信息的哈希值作为交易备注写入区块链中，并且向所有节点广播；可信服务器计算呼出信号信息的哈希值，并且用自己的私钥 SKS 签名后，将自己的公钥 PKS、哈希值和签名一起发送给中转站。中转站会更新区块链，计算实际呼出信号信息的哈希值，并与区块链上的哈希值进行比对，若比对成功，则实时生成此次移动客户端 A 到移动客户端 B 通话的中转信号信息(主要包括信号从基站 A 到基站 B 所经过的其他所有基站、交换机等的信息)，用自己的私钥签名后发送给服务器，同时发一笔从中转站到基站 B 的交易；否则，返回错误标识符。

可信服务器收到中转信号信息后，用中转站的公钥检查签名，验证通过后确认交易，可信服务器将中转信号信息的哈希值作为交易备注写入区块链中，并且向所有节点广播。同时基站 B 加入网络，获得私钥 SKBSB 和公钥 PKBSB。可信服务器计算中转信号信息的哈希值，并且用自己的私钥 SKS 签名后，将自己的公钥 PKS、哈希值和签名一起发送给基站 B。基站 B 将会更新区块链，实时记录下信号经由中转站达到基站 B 的信息作为接收信号信息(包括：信号到达基站 B 前经过的所有基站、交换机等的信息)，接着，它用自己的私钥 SKB 对哈希值进行签名，并将接听信息、签名和公钥 PKB 一起发送给可信服务器，同时，它发起一笔从移动客户端 B 到可信服务器的交易；可信服务器收到接听信息后，使用移动客户端 B 的公钥进行验证，通过后将接听信息写入区块链并广播，各节点同步更新，否则返回错误标识符。

接着移动客户端 B 更新区块链，可信服务器计算拨号信息的哈希值，并且用自己的私钥 SKS 签名后，将自己的公钥 PKS、哈希值和签名一起发送给移动客户端 B。移动客户端将通话双方电话号码作为接听信息 PNB||PNA，计算拨号信息的哈希值，接着，它用自己的私钥 SKB 对哈希值进行签名，并将接听信息、签名和公钥 PKB 一起发送给可信服务器，同时，它发起一笔从移动客户端 B 到可信服务器的交易；可信服务器收到接听信息后，使用移动客户端 B 的公钥进行验证，

通过后将接听信息写入区块链并广播，各节点同步更新，否则返回错误标识符。最后，运营商根据区块链所记录的通话记录信息，根据当时的话费标准，计算出移动客户端所对应的用户话费单。

12.4　基于区块链的国际漫游结算

利用区块链系统可信度高和防篡改的特性，运营商及其漫游伙伴之间可以共享一套可信、互认的漫游协议文件及财务结算文件体系，所有的漫游公参记录全部都上链，实现可查可追溯，安全透明，提升结算工作效率，减少之前因不一致带来的复杂的争端处理和仲裁机制，如图 12.2 所示。

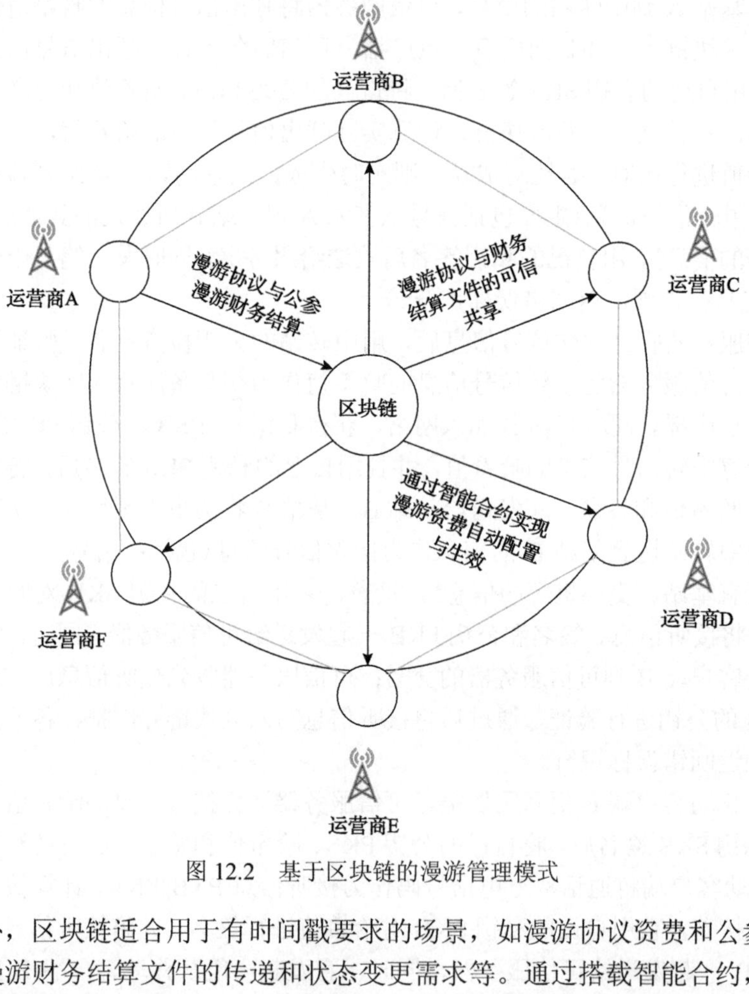

图 12.2　基于区块链的漫游管理模式

此外，区块链适合用于有时间戳要求的场景，如漫游协议资费和公参的生效管理、漫游财务结算文件的传递和状态变更需求等。通过搭载智能合约，可以实现自动执行漫游公参更新的自动化配置，从而实现漫游协议发布配置生效一条龙管理，进一步降低运营人员成本和差错率。使用区块链系统，可大大减少各运营商传统的进行协议文件巡检和处理的人工工作量，以及与海外运营商进行申告处理的时间，降低双方的人力成本。同时，提高了协议文件的传输可靠性，确保了漫游结算资费的准确性，有利于减小财务审计如计提和应收应付账款的风险压力[11]。

目前将区块链系统用于国际漫游结算的漫游协议管理及财务结算中，并在我国运营商漫游业务较为密集的亚太等运营商之间进行场景验证和试用推广，利用实际应用效果，逐步向漫游伙伴推广经验，建立信任机制，引导国际运营商和国际漫游清算中心认识到区块链技术对于国际漫游清算行业的重要意义，完善区块链技术在漫游业务的应用环境。下一步，与国际标准组织 GSMA、3GPP(第三代合作伙伴计划)等展开合作，推进和各类漫游协议的标准制定和实施，加强区块链技术与国际漫游清算业务的细化融合范围，继续开展实现协议/账单/话单等全业务数据的链上传输与链下运营商系统数据自动交互和解析处理的研究，最终完成基于区块链技术的漫游清算全业务处理，从而极大地提升国际漫游自动化清算的效率[12]。

12.5 本章小结

本章首先介绍了国际数据漫游业务的发展现状，分析了使用区块链技术解决数据漫游问题的优势，并介绍了两种基于区块链的漫游业务解决方案。相比现有的话费结算系统，本章提出的方案具有记录不可篡改、跨区域访问等优点。基于区块链的国际漫游结算方案能够有效地提高漫游结算的效率，确保漫游结算资费的准确性，有利于减轻财务审计的风险压力。

参考文献

[1] 号码之家. 中国移动与日本 NTT DOCOMO、韩国 KT 签署 5G 合作联合声明[EB/OL]. http://sd.tiaohao.com/news/newshow.asp?idnews=4699. [2020-03-04].

[2] 中华人民共和国驻大韩民国大使馆经济商务处. 韩国 KT 将加强与中国移动在 5G 漫游及区块链方面合作[EB/OL]. http://kr.mofcom.gov.cn/article/jmxw/201912/20191202920676.shtml. [2020-03-04].

[3] 玩币族. 欧洲 4 家电信公司联合开发区块链解决方案, 用于自动化漫游结算[EB/OL]. https://www.wanbizu.com/news/20200218203877.html. [2020-03-04].

[4] 玩币族. Syniverse 与 IBM 联袂打造首个基于区块链技术的漫游解决方案[EB/OL]. https://www.wanbizu.com/blockchain/20200418300383.html. [2020-03-04].

[5] 儒安机械数字运营商 Turkcell 推出了用于国际漫游的区块链服务[EB/OL]. http://www.zzrajx.com/zcfg/106421.html. [2020-03-04].

[6] 云晴. 欧盟取消漫游费十年路寻求社会福利和经济效益的平衡点[J]. 通信世界, 2018, (19): 20-21.

[7] 王芳, 方芳, 麦智毅. 国际漫游局数据全流程自动化配置系统[J]. 电信技术, 2018,(2): 80-84.

[8] 麦智毅. 国际漫游自助服务平台研发与应用[J]. 电信技术, 2018, (3): 52-54.

[9] 云晴. 国外取消漫游费经验镜鉴分阶段实施合理配置整体资源[J]. 通信世界, 2018, (8): 23-24.

[10] 李英锋. 别让漫游费成为“霸王费”[J]. 农村工作通讯, 2015, (11): 41-43.

[11] 张敬伟. 移动漫游费的利与罚[J]. 时代人物, 2015, (6): 20-21.

[12] 谭志娟. 漫游费何时能“下课”?[J]. 中国质量万里行, 2009, (8): 78-79.

第 13 章　区块链面临的挑战及在其他领域的应用

本章对目前常见的三种区块链，即公有链、私有链和联盟链的特点进行介绍，再针对其特点分析其适用的场景和应用价值。然后对区块链在广泛应用过程中存在的几个关键问题进行阐述，并给出目前的一些相关研究成果。另外，结合区块链的特点，给出几个基于区块链的应用作为例子，并对其进行分析。

13.1　研 究 背 景

区块链技术诞生之初主要用于加密货币，如比特币、莱特币、以太坊等。随着人们对其了解的深入，区块链技术逐渐应用到更广阔的领域，从银行等金融机构，再到云计算、边缘计算、物联网等技术领域，我们都能看到区块链的身影。但是区块链技术大规模应用其自身存在的技术性问题也逐渐暴露了出来，包括安全、隐私、性能等，这些仍然需要我们继续探索解决方案。

区块链目前的应用场景主要分为技术应用和商业应用两类，技术应用包括与边缘计算、物联网等新型技术的结合，商业应用包括银行、支付、智能电网等领域。Xu 等[1]将区块链智能合约应用于移动边缘计算的边缘服务器中，构建了一个去信任化的群智生态系统，解决了传统群智系统平台、工作者(个人、传感器或处理器)、任务分配者之间的信任问题，极大地提高了处理效率。Liu 等[2]将区块链的共识算法用于电动汽车云计算和边缘计算(electric vehicles cloud and edge computing)之中，创建了数据币和能量币，有效解决了在电动汽车的应用中由数据敏感性和环境复杂性导致的严峻安全问题。Liu 等[3]提出了一种支持无线区块链的移动边缘计算方法，将计算密集型任务加载到附近的边缘计算节点中，将区块加密的哈希值缓存到移动边缘计算服务器中，有效解决了将区块链应用到无线移动网络中面临的计算和存储能力不足的问题。Xu 等[4]针对工业物联网提出了一种基于区块链的不可抵赖的网络计算服务方案，利用区块链作为服务分发者和证据记录者，解决了传统物联网终端在使用网络服务的过程中面临的信任和安全问题。Di Silvestre 等[5]提出了一种用于微电网的能源区块链技术方案，解决了电力资源在分配过程中的损失问题。Devine 等[6]针对电力交易区块链提出了一种逾期机制，能源支持代币的赎回价值将会随着时间的推移而下降，从而刺激价格敏感型用户对电力的消费。

区块链技术在具体的应用上仍然面临一些问题。杨现民等[7]对区块链技术在教育领域的应用模式进行了探索，发现其仍然存在推广运行难、教育数据产权模糊、数据空间有限等问题。刘瑜恒等[8]对证券区块链的应用进行了探索，发现其应用过程中存在着诸多问题与风险，如技术上的安全性，违背金融规律、触犯监管法规等系统性风险。Li 等[9]针对自动化消费者服务提出了一种基于区块链和 AutoML 的方法，解决了中小型企业数据和技术经验缺乏的问题，但是其仍然存在用户数据保护问题、区块链扩展性问题等，未来的研究仍然需要考虑安全和效率的平衡。区块链在物联网中广泛应用，包括设计传感器、数据存储、可穿戴设备等技术。何正源等[10]对应用中面临的问题进行了总结，包括隐私安全、节能高效、通量性能等方面。区块链技术在金融领域的应用较广，对数字金融领域产生了较大的影响，可能会导致银行支付业务减少、助长洗钱和金融犯罪、容易遭受黑客攻击、缺乏相应监管机制、削弱央行(中国人民银行)对宏观经济的控制能力等问题[11]。

13.2 不同区块链的特点及其应用价值

公有链是目前数量最多、应用最广、规模最大的区块链，它是完全符合区块链去中心化、不可篡改等设计理念的一种区块链。公有链相对于私有链和联盟链有着如下几个明显的特点[12]：①更大的系统规模。在公有链中，任何人都可以参加和退出，这使得它的规模远远大于私有链和联盟链。②完全去中心化。公有链运行在点对点的对等网络上，所有节点有着同等的地位，所有节点都可以进行交易、验证、信息存取等。③完全去中心化。公有链通过共识算法来保证去中心化，防止少数人控制整个系统。④高度的安全可靠性。公有链采用密码学算法和共识机制进行加密和验证，保证了区块中的交易信息无法被任何人和组织机构篡改。公有链的应用价值非常广泛，下面将从以下两点进行阐述：①利用去中心化特点降低中介成本。公有链采用分布式的记账系统，交易信息在所有的节点中都存有副本，并且共识机制保证所有账本都是实时同步并且完全一致。因此采用公有链的应用完全可以消除中介，降低交易成本。②不可篡改特点保证数据安全可信。公有链全网数据完全公开透明和不可篡改的特点，使得各个节点之间可以完全信任。

私有链是区块链技术和应用发展到一定程度的产物，它相比于公有链有如下几个显著的特点：①规模和权限的改变。私有链相对于公有链人人都可参与的特点来说，它的规模更小，更加专注于某一个特定的企业和机构。②较低的去中心化程度。私有链是将区块链的权限收缩到特定企业和机构之中，系统中的节点权限并不是完全对等的。③系统数据完全不透明。私有链服务于企业内部，高层人员拥有更高的权限，他们往往可以读取、修改系统中的数据，这也造成了一定的安全风险。④更好的隐私保护。私有链服务于内部，数据不在网上公开。其读取隐私数据的权限也受到限制，参与者很难获得链中的关键隐私数据。⑤更高效的系统性能。私有链规模小，交易信息不需要经过所有节点的验证，交易速度大大提高。私有链虽然不符合区块链的概念，但是其特点非常明显，在企业级的应用有着广阔的空间，下面将从以下几点进行阐述：①较高的隐私保护性完美符合企业需求。在金融、审计机构等对隐私要求较高的行业，企业将其数据库和账本部署到私有链上，得益于私有链严格的权限控制和共识机制，使得企业的数据、商业机密、用户隐私得到有力保证。②不可篡改特性有助于企业数据管理[13]。私有链采用部分去中心化的技术，使它兼备不可篡改性、交易速度快、成本低等优点。这使得企业可以针对不同的业务需求，灵活地赋予相应的部门和人员一定的权限，提高办事效率，降低出错可能性。

联盟链从其特点来看，很像是在公有链和私有链中间的一种系统，它是将公有链和私有链结合起来，集中了两者的优点：①联盟链采用多成员相结合的方式，成员之间形成了一种互相制约的关系，能够有效促进联盟链成员自己管理自己，同时又将参与权限限制在少部分成员手中。②联盟链采用部分去中心化的技术方案，可以极大改善系统信任问题。对特定行业的清算、结算业务，能有效降低其执行时间和成本，比现有的系统更简单和高效。③多中心化特点明显。对于一些对保密要求较高的行业，企业、机构之间可以签订协议，建立联盟链，对不同机构进行控制权限设定。不同的机构对内有一定的自治权利，对外可以按照协议接入其他机构的私有链获取一定的权限，具有更高的可扩展性。总体来说，联盟链是结合了公有链和私有链而组成的一种混合模式，它对区块链的各种理念采用了一种折中的方式，兼具各种优点，有着巨大的市场潜力。

13.3　当前区块链面临的挑战及解决方案

区块链因其特有的技术架构和底层机制，使它成为解决很多实际难题的有效方法。但任何技术都有其利弊，区块链作为刚刚兴起并且正式受人重视的技术，不可避免地存在诸多问题。本节对当前区块链亟待解决的几个问题进行阐述，并列出目前学者专家提出的一些解决方案。

13.3.1　可扩展性问题

区块链技术从诞生至今，已经在各个领域产生了巨大的影响，但是目前区块链技术面临着严重的可拓展性问题。第一是低吞吐量，受限于区块大小、节点数目和共识机制，一个区块的处理时间往往很长。以比特币为例，其在 2010 年时每秒仅能处理 7 笔交易，这个速度显然无法满足现在市场的需求。第二是不同区块链之间难以互通，区块链诞生之初主要用于加密货币，之后才广泛应用于其他领域。因此区块链在设计之初很少考虑到不同区块链之间信息和价值的交互，这使得很多区块链系统成为信息孤岛[14]。性能可拓展性问题主要有以下四种解决方案：第一，链下交易通道(off-chain payment channel)。该方法使用小额支付网络通道来处理大部分交易，区块链仅作为底层负责处理最后一些交易的清算，从而减轻底层区块链交易模块的负担。这不仅解决了我们前面讨论过的低吞吐量问题，而且区块链可以处理的交易数量可以增加一个数量级。此外，由于交易是在支付通道中处理的，省去了等待节点确认的时间，也提高了交易速度，消除了延迟。第二，分片(sharding)。分片的思想是将区块链的整体状态划分为不同的“片”，每个部分由不同的节点存储和处理。每个切片只处理整个区块链系统状态的一部分，因此可以将任务分发到各个节点，利用分布式节点的算力优势并行处理。第三，链下计算(off-chain computation)。该方案类似于状态通道，但拥有更广泛的适用范围。它的核心思想是以一种安全和可验证的方式处理链中的一些高成本计算。通过将计算和证明处理转移到链下的独立协议，可以提高事务吞吐量。以太坊的 truebit 就是一个例子。第四，有向无环图(DAG)。目前存在部分 DAG 协议，如 IOTA 的 Tangle，创造性地放弃了传统的全局线性区块的概念，使用 DAG 的数据结构来记录系统运行的状态。为了确保网络系统安全，这些协议需要用新的技术，使节点不需要用线性的方法处理每一笔交易。不同区块链之间的交互问题主要采用跨链技术解决，常见的跨链技术有以下四种：①公证人机制，其利用区块链脚本中的多签名脚本，可以实现不同区块链之间的双向交换。具体流程为：用户在链 A 的资产进行锁定，公证人确认后在链 B 向用户的地址释放相应的资产。②侧链或中继技术，以早期的 BTC-Relay 为例，BTC-Relay 在以太坊上的智能合约中存储比特币的区块头，使得以太坊可以感知比特币中发生的事件，实现了以太坊作为比特币侧链的功能。利用比特币区块头数据相当于在以太坊中创建了一条简单的比特币区块链。③哈希锁定技术，是闪电网络中提出的一种新的技术实现形式，指在智能合约的基础上，让双方先锁定资产，如果都在规定的时间内输入正确哈希值的原值，即可完成交易。④分布式密钥控制技术，通过分布式的密钥控制机制来实现去中心化的跨链交换方案，其利用了密码学中的分布式密钥生成算法和门限签名技术允许跨链过程中资产锁定和解锁由系统参与共识的所有节点决定，并且在此过程系统中的任何节点或者少数节点都无法拥有资产的使用权。

13.3.2 智能合约的安全问题

智能合约是一种运行在区块链上的程序代码，其具有去中心化、信息共享等特点，在金融、科技等领域有着广泛的应用。随着区块链技术的深入发展，智能合约主要面临两个问题。第一是安全问题。由于区块链去中心化和不可篡改的特性，智能合约一旦部署到区块链网络上，便无法再像普通的应用程序一样对其进行升级或修改。此外，智能合约可公开访问，任何人都可以访问智能合约的具体内容，每个人都可以在智能合约中调用公共 API。这使得用户的操作变得更加开放和透明，但同样也吸引了黑客对智能合约进行攻击。例如，著名的 The DAO 攻击，在遭受攻击仅仅三个小时后，便导致 300 多万以太币资产被转出 The DAO 资产池。针对智能合约安全问题，目前常见的解决方法是对合约代码进行形式化验证。有研究者提出了一种智能合约语义分析框架[15]，该框架将智能合约代码翻译为一种用于验证程序功能是否正确的编程语言 F*，进而分析智能合约运行时的安全性和逻辑正确性。还有研究者扩展了 Isabelle/HOL（higher-order logic，高阶逻辑）定理中对 EVM 形式化的验证证明[16]，包括了说明智能合约正确性的特征。它能够在字节级验证智能合约程序逻辑的正确性，并且支持根据逻辑规则自动生成验证条件。第二是隐私问题。首先，区块链虽然有着一定的匿名性，但是智能合约中的交易信息、账户信息都是通过地址作为标识。一旦地址和现实产生关联，地址就变成了具体用户在区块链上的代号，隐私也会被轻易泄露。其次，近几年快速发展的深度学习和数据挖掘技术可以用来分析智能合约中的交易信息，这使得地址之间的关联性更容易被发现。目前常见的隐私保护技术有同态加密、零知识证明、混币器、多方安全计算[17]等。混币器可以将一组币输入与其他币进行混合输出，除了混币器自身，任何人都不知道输入币与输出币的对应关系。零知识证明允许证明方向验证方在不暴露除声明有效性之外的任何信息前提下证明声明是真的，非交互式指的是证明仅包含从证明方发送给验证方的单个消息，即证明方与验证方没有双向通信[18]。

13.3.3　效率问题

分布式数据库的账本记录了整个区块链网络从创世区块诞生到当前时间节点的所有交易记录，它在确保了区块链数据不被篡改和可信的同时，也带来了存储和耗能问题。下面将从存储和能耗两方面进行阐述。

(1) 存储问题。区块链上的大多数应用程序都需要解决存储数据，如用户身份、财务信息等。但是，在公有链要求网络中的每个节点都要存有完整的、相同的数据库副本，随着交易量的增大无限地存储数据。因此，区块链中的数据只会增加而不会减少，并且是不可逆的，完成去中心化的功能需要系统付出性能和存储的代价，并且扩展性也会受到限制。目前，区块链数据增长迅速，以比特币为例，全球数据总量已经突破 200GB，并且仍在增加。如果启动一个全量节点，需要 10 小时左右的时间进行数据同步。目前存储解决方案有很多，这些方法的基本思想不是让每个节点存储所有数据，而是在分散数据后将数据存储在节点集合中。例如 Storj，它将原始文件和数据进行分片和密码学加密，然后分布式地存储在多个节点中，每个节点仅存储一小部分数据；而 Swarm 允许用户在主链之外创建新的集群存储节点，将程序代码和数据存储在集群中，这些节点将保持与以太坊主链的连接。

(2)能耗问题。比特币系统使用了 PoW 算法，它需要节点不停地计算复杂、耗时但是验证起来却很容易的数学问题。矿工需要使用计算能力来进行昂贵的计算，而比特币系统则使用比特币和交易费用来奖励给出答案的矿工。矿工越有计算能力，他们对共识机制的贡献就越大。但是，PoW 算法并不完美，它造成了巨大的能源损耗。PoW 算法主要存在以下问题。

定制化硬件：PoW 算法的缺点是使用定制的硬件。在 2013 年，由于比特币巨大的经济利益驱使，有人制造出了 ASIC 设备来挖掘比特币，与传统方法相比，挖矿效率提高了 10～50 倍。从那时起，一般用户使用普通计算机的 CPU 和 GPU 进行挖矿变得不可能，挖矿的唯一方法是使用 ASIC 设备。在区块链中，每个人都应该能够为网络安全做出贡献，并且 ASIC 的出现偏离了“去中心化”的特征。

矿池中心化：当用户独立挖掘时，获得块奖励的机会很小。取而代之的是，他们都对矿池进行挖掘。该矿池为矿工提供了比例固定的回报。矿池的计算能力在网络中起着重要的作用，大型矿池的收益方差远低于单个矿工的收益方差。随着时间的流逝，少数矿池将控制大部分网络，而集中矿池控制的计算能力将随着时间而增加。现在，前五个矿区拥有近 70%的总网络计算能力，这令人非常恐惧。

浪费电力：PoW 算法需要矿工贡献巨大的算力和资源，但是对于市场而言，这些计算毫无价值，因为其只是计算无用的数学题。使用 PoW 算法共识的公共链将消耗越来越多的电力。不间断的电力能源和 PoW 算法巨大的计算成本浪费不利于公有链的扩展，无法将用户和交易的规模提升到千万级别。为了解决 PoW 算法存在的问题，研究者又陆续提出了一些其他算法来弥补这些缺点，如高效的 PoW 算法、PoS 算法[19]、DPoS 算法[20]等。经济高效的 PoW 算法的思想是让矿工来解决一些有意义的问题，如解决困难的人工智能算法，而不是解决没有意义的随机 SHA-256 问题；PoS 算法解决挖掘集中化问题的另一种方法是完全放弃挖掘，并对共识中每个节点的贡献引入另一种机制。与矿工使用计算能力不同，这里使用权益。PoW 算法使用算力作为节点贡献值的衡量单位，而 PoS 算法则以币龄为单位。如果一个用户拥有的加密货币数量越多，持有时间越长，算计越强，那么他挖到矿的可能性就越高。PoS 算法消除了对硬件的需求，因此不再存在以硬件为中心的问题。此外，矿工不再需要消耗大量电力来解决数学问题，PoS 算法相对来讲更节能。DPoS 算法参考了公司中董事会的运行机制，把每个节点当成董事长，他们都持有投票权，可以将票投给任意心仪的代理人。选出若干代理人之后，由代理人进行验证和记账。DPoS 算法选出固定节点之后，在一段时间内由这些代理节点进行验证和记账。此外，为了鼓励更多的人参与竞选，会生成少量的加密货币作为奖励给代理节点。因为不再需要“挖矿”，DPoS 算法节点的数量只有 101

个，使得消耗的电力资源更少。通过民主选举的方式进行投票，使去中心化程度很高。

13.3.4　治理和标准问题

在去中心化的公有链中，没有中央机构和组织来进行决策。一方面，每个人都是管理者，可以在一个完全去中心化的系统中开发智能合约等程序且可以不用授权。另一方面，无法安全地升级协议，也没有人负责维护协议标准。这给区块链的项目谈判、实施带来了很多问题，也阻碍了区块链的大规模推广和应用。另外，市场上已有的区块链应用也是复杂多样，无法有效评价产品质量。在保持区块链技术去中心化的同时，我们仍然需要一个由开发人员和生态系统中其他成员组成的组织，对新标准、功能和升级达成共识。在没有集中化组织(如以太坊基金会)的情况下如何实现这一目标社会各界仍在积极探索。Tezos 设计出链上治理(on-chain governance)的技术方案，想让区块链拥有升级协议的能力，但这仍是构想，还未被实现。

13.3.5　开发工具缺乏问题

开发人员需要足够多、足够好的开发工具，尤其是对于希望高效完成工作的开发人员而言。在目前的区块链系统开发的工程中，优秀开发工具的数量和质量显然无法与传统开发领域相提并论。即使是经验丰富的开发人员，在区块链上开发功能协议或去中心化应用程序也是一项艰巨的任务。从稳定性和区块链开发人员的角度列出了生态系统中缺少的一些工具：

(1) 可以检查代码错误并集成开发智能合约和区块链分析所需插件的 IDE(集成开发环境)。

(2) 有完整文档，且容易使用的构建工具和编译器。

(3) 持续更新的 API 和框架技术文档。

(4) 测试框架。以太坊中有一些测试框架，如 Truffle，但是其功能不够丰富，开发者需要一个可以提供更多选择的测试框架。

(5) 调试工具。在其他开发领域，都有不少易用高效的调试工具。但是在 Solidity 开发环境下没有类似的工具，开发者需要一个易于使用的工具来提高开发效率和安全可靠性。

(6) 日志工具。

13.3.6　私有链和联盟链的选择问题

私有链主要服务于公司和机构，其规模一般略小于联盟链。首先，这存在比较细粒度权限分配问题，即对数据的访问权限应具体到每个用户，如果权限分配不当，则可能造成严重的安全问题。例如，如果赋予普通员工查看公司敏感数据的权限，可能会泄露商业机密；如果不同部门之间也拥有互相查看数据的权限，公司员工和部门的隐私也会面临被泄露的风险。其次，也存在效率问题，私有链中的节点都是已掌握的受信任节点，因此不需要类似比特币的工作量证明机制，因为这不仅浪费计算能力，而且效率还特别低。为此，我们应该考虑其他的高性能的分布式一致性算法，目前常见的有 Raft 算法。Raft 算法包含三种角色，分别是跟随者(follower)、候选人(candidate)和领导者(leader)。Raft 算法主要有两个过程：一个过程是领导者选举，另一个过程是日志复制，其中日志复制过程分记录日志和提交数据两个阶段。Raft 算法支持最大的容错故障节点数量是$(N-1)/2$，其中 N 为集群中总的节点数量。最后，私有链本身也存在安全性问题。与前两种区块链相比，集中式私有链抵御攻击的能力要差得多，特别是如果攻击来自内部，则还可以修改"理论上不可篡改的"区块链。

联盟链作为具有许可机制的区块链，需要考虑许多问题。首先是访问权限。显然，企业和机构的数据是经过分类的，并且具有不同的权限级别，一部分节点只能看到该层及其下的数据。如何分配访问权限并划分数据机密性级别是主要问题，例如，联盟链中应该有一种机制来确保较低级别的节点不能直接与较高级别的节点进行交易。就像生活中一样，普通百姓去银行存取款，只去柜台找柜员寻求服务，而不能直接找银行老板。一旦有这样的跨层次交易，就应该采取特殊措施来处理。最后，还有一个隐私保护、数据公开和审计方便的综合问题。如果需要保留匿名性，则无法对每个公司进行审核。为了在不保留匿名的情况下促进审核，有必要降低数据的透明度，保证联盟链中各家公司的数据安全性。

13.3.7 中心化问题

从理论上讲，区块链网络中的每个节点都应受到同等对待，硬件竞争开始逐渐加剧，这导致了节点之间的不平等竞争。使用专用的挖矿节点自然比使用普通 CPU 和 GPU 的节点更容易挖到矿。目前，使用普通计算机 CPU 挖比特币的可能性理论上几乎为零。区块链记账权的随机性被破坏，这违背了设计的初衷。同样，为了从采矿中获得经济利益，有大量的矿池被创建。通常，在地理位置上选择靠近水电站的区域，而在硬件中选择专用于采矿的采矿机。成千上万台机器组成集群，试图以较低的成本进行开采以获得收益。据统计，以比特币为例，大约 60%的计算能力来自中国的矿池。三个著名的采矿池是 f2pool、btcchina 池和 hoobi 池。大量算力的集中会削弱系统的去中心化能力，主要会带来"51%攻击"[21]和不稳定性两个问题。"51%攻击"是指如果攻击者能够控制全网大部分节点，即掌握 51%的算力，攻击者便可以轻易篡改账本中的数据，这可能会造成双重支付问题。尽管理论上几乎不可能掌握分布式网络的大部分计算能力，但是矿池、量子计算机等新技术的出现使"51%攻击"的实施成为可能。同时，分布式网络节点的集中化趋势也是一个大问题，对整个分布式网络的稳定性造成了巨大的影响。如果矿井池出现问题，如停电、火灾等，将影响整个网络，从而削弱去区块链中心化的优势。常见的解决方法，如改进共识机制等也无法从根本上消除这个问题。

13.3.8　区块链上的隐私保护和安全问题

在隐私保护方面，区块链许多技术都是以密码学作为安全保证，但由于区块链去中心化的要求，区块链上的交易和用户信息所有人公开可见，这也造成了隐私安全问题。即使比特币使用匿名交易，但是交易地址信息仍是可知的，仍然存在较大的隐私泄露问题。例如，2019 年 7 月 21 日数字货币贷款平台 YouHolder 超过 8600 万条用户私人数据被盗用，包括个人信息、信用卡号、加密钱包和交易的详细数据。现在区块链隐私保护领域亟待突破性的成果，目前较为常见的隐私方法有 CoinJoin、同态加密、零知识证明等。例如，达世币采用了 CoinJoin 技术，将多个用户的输入和输出地址传输到主节点进行混合，形成单一的交易，能够有效防范交易数额以及输入输出地址的关联攻击。而 Zcash 使用 zk-SNARK[22]的零知识证明技术，构造去中心化的混币池，通过 mint 与 pour 操作完成匿名性[23]。

随着区块链技术的逐渐普及，安全问题也日益严峻。根据区块链安全公司零时科技不完全统计，2019 年全年区块链安全事件数量高达 140 多起，造成的经济损失高达 50 多亿美元。例如，2019 年 5 月，币安被盗 7000 枚比特币；2019 年 8 月，比特币钱包 Electrum 遭受黑客钓鱼攻击。区块链技术本身是由多种已有的技术融合而成，如分布式存储、分布式网络、密码学等，其在多方面都存在着安全性问题。首先在网络层，区块链使用的是 P2P 协议，攻击者可以利用网络协议漏洞进行日蚀攻击和路由攻击。黑客利用一个节点的出度受限可以用日蚀攻击将节点从主网中隔离，出度越多，节点随机化连接程度越高，黑客的攻击难度就越大。网络协议的好坏通常决定了信息流转的能力，由于 P2P 网络结构不同，以太坊就远比比特币更容易受到日蚀攻击的影响。其次是共识协议的安全性问题，矿机、矿池和量子计算机的出现使得“51%攻击”变成了可能。最后是在应用层，如智能合约等安全性问题。和普通程序不同，智能合约一旦部署完成，便无法修改，因此其对安全性要求极高。但现在智能合约仍然存在很多安全问题，如重入攻击、交易顺序依赖、函数默认可见、短地址攻击、伪随机等。为了解决问题，目前的方法主要有直接应对机制、异构区块链等。

13.4　区块链在其他领域的应用

13.4.1　区块链在跨境支付中的应用

近年来，随着外贸环境的日益复杂，缺乏外贸渠道和信任问题是国产品牌面临的主要问题。当前，跨境支付场景中主要有耗时长、费用高、安全性低等问题。采用分布式技术、密码学、一致性算法、P2P 网络的区块链技术可以使跨境支付的过程变得简单而安全，并有效地提高了跨境支付的效率。

Ripple 是一家数字支付公司，其基于区块链技术开发的 Ripple 价值网络是全球第一个开放的支付网络，能够实现在世界范围内多币种的实时交易和结算。Ripple 网络主要由 Ripple 网关、Ripple 账本、Ripple 币等组成。Ripple 网关负责货币的进出；Ripple 账本负责记录交易信息，并实时更新；Ripple 币简称“XPR”，在网络中具有防止恶意攻击和交换媒介的作用。Ripple 公司主要通过市商机制实现多币种的跨境支付。OKlink 公司主要为全球中小型金融参与者提供服务，致力于通过区块链技术解决中小金融参与者跨境汇款手续费成本高、效率低、操作不方便等痛点问题。OKlink 跨境支付过程如下：①OKlink 开设信托账户后，汇款机构需要在 OKlink 的子账户中预先存入不低于 1 万美元才能获得相应的 OKD（OKD 和美元 1∶1 挂钩）；②汇款人发出汇款指令；③汇款机构将汇款人所用的货币按照其与美元的实时汇率折算成 OKD；④收款机构收到 OKD 后按照美元与收款人所用货币的实时汇率折算成后者后支付给收款人；⑤收款机构按需将信托账户中的 OKD 转换成美元。区块链技术在支付场景中的应用逐渐扩大，VISA 与 Chain 公司合作，创建了 Visa B2B Connect 平台；SWIFT 在区块链项目中使用超级账本进行跨界区块链测试，降低跨境支付的成本；招商银行基于区块链技术开发了跨境直连支付系统，完成了国内首单区块链跨境支付业务。

13.4.2 区块链在供应链业务中的应用

供应链是一条完整的产品链，从购买原材料到生产再到销售，并且还包括库存控制、处理相应的订单等服务。在供应链的每个环节之间经常会产生数据的丢失问题，从而导致一系列的信任危机。区块链分布式账本技术的应用，可以做到数据信息的可靠、可溯源、公开等。

国家电网是我国的大型国有企业，拥有非常庞大的工业资源、应用链应用场景及大量的合作伙伴。在国家电网的主要业务领域当中，供应链方案主要侧重于电网采购、电网建设项目采购以及相应材料采购等方面，适用于供应链场景的行业主要集中在装备制造业和房地产业当中。一些装备制造企业的年采购规模大约为 300 亿元。当前，参与国家电网招标的供应商大约有 40000 家，其中保持活跃的供应商超过了 10000 家。在供应商方面主要存在的问题有投入资本大、回报周期长等，其中一些供应商由于缺乏信用问题，导致融资困难和融资成本昂贵。通过对装备制造企业的深入调查，在核心企业供应商的融资方面，可以以企业的供应链场景为出发点，建立一个国家电网公司的相应供应链金融业务，以增强供应链的稳定性。LogChain 是一家以色列创业公司，最近通过端到端区块链技术完成了第一笔国际海上运输，这种方法将供应链中的运输成本降低了 7%至 9%。另外，

LogChain 使用智能合约，使所有供应链成员都处于链条中，因此所需的文档编制时间由以前的几周缩短为了几分钟。2018 年，IBM 和马士基(Maersk)联手打造了一个用于全球贸易的“TradeLens”区块链平台，目前世界上最大的几家海运公司都已加入该平台。IBM 指出，全球贸易成本每年估计为 1.8 万亿美元，而更高效的流程所节省的成本可达到约 10%。

13.4.3　区块链在数字版权中的应用

一些文字、音乐、艺术品和摄影作品很容易产生盗版资源。而在区块链版权平台上通过将这些内容记录在区块上，并且这些资源都带有对应点作者信息以及相应的时间戳，通过时间戳可以对版权的转移进行相关证明，能够很方便地确认资源的版权。

西安纸贵互联网信息技术有限公司主要的发展方向为通过使用区块链技术来保护版权，并且建立相应的版权数据库和版权资产交易平台，提供版权保护、对侵权行为进行监控以及相应的服务。该公司拥有企业级的联盟链解决方案，可以通过其自主研发的底层技术来提供相应的区块链证书、供应链管理及企业级区块链解决方案。自西安纸贵互联网信息技术有限公司成立以来一直得到政府和学术机构的支持。它已经建立了完整的产品体系，包括四项主要的版权服务，即权利确认、权利保护、IP 孵化和 BaaS(区块链即服务)。版权数据的规模已达 500 万，注册量已超过 30 万，其中包括贾平凹、潘璞、韩露华等文学大师的原创作品。Blockai 是美国区块链版权服务运营项目，主要是帮助艺术家、摄影师等艺术创作工作者在区块链进行作品版权登记，防止侵权行为。在 Blockai 平台上，艺术创作者通过计算机或者其他网络方式将作品文件上传到区块链中之后，区块链技术会在作品上写入一个永久的时间戳，并且生成相应的版权证书。艺术创作者会得到一份登记资料显示作品登记的所有相关内容，并可以将其作为版权受到侵犯时所提供的证据。虽然 Blockai 平台在作品登记方面比美国政府更具效率，但是生成的版权登记证书和区块链记录能否得到美国法律的认可尚未有一个明确的定论，Blockai 平台也表示正在往这个方向努力。小犀版权链是中国首家联合版权保护中心、公证处和产业基金组建的版权综合服务平台，其核心功能在于电子作品的版权确权。权利人在进行实名认证之后，将原创作品上传到区块链上，小犀版权链将作品名称、权利人和登记时间等核心信息生成唯一对应的时间戳，并将时间戳封存于不可篡改的区块链数据中，最终在区块链网络中生成唯一且不可篡改的存在性证明。这一证明将以整个区块链系统的可靠性为背书，作为作品的权属证明。小犀版权链的特色优势在于其天然地能够与各类数字化的作品生产工具相适应，使得创作者在作品产出的那一刻即可将作品快速上传至区块链网络中，使确权时间尽可能地接近原创完成时间点，强化确权的时间属性，降低确权过程中的时间损耗。以电影作品为例，作者不仅能够在第一时间将已经制作好的视频上传至区块链网络进行确权保护，而且能够将各种尚在制作阶段，但又属于电影情节不可分割的一部分文字内容上传至区块链网络中，以此保护电影作品在创作阶段不会遭受侵权的危险。

13.4.4 区块链在能源领域的应用

布鲁克林微电网项目将涉及的家庭连接到区块链的智能电表，该智能电表跟踪和记录家庭的用电量，并管理邻居之间的电力交易。每个家庭既可以是生产者，也可以是消费者。这种微电网电力交易比传统的自上而下的能源分配系统效率更高，可以大大节省烦琐的中间流程所耗费的大量成本。电动汽车充电项目是由德国电力公司 RWE 和基于以太坊区块链的初创公司 Slock.it 联合开发的。电动汽车充电站使用区块链智能合约来验证用户身份并管理计费过程，其特点是小规模交易，可帮助用户节省资金并提高电力利用率。在这种情况下，用户将不再与公司或个人签订合同，而是使用以太坊智能合约直接与系统签订合同。用户同意智能合约后，可以与充电站进行交互。美国公司 Filament 开发的智能电网项目，使用区块链技术升级了澳大利亚传统电网中的传输设备[24]。电极内置于物联网的数字节点中，区块链技术与电力网络相结合，点对点物联网用于确保设备管理和电力安全，以及形成了新的点对点电力生产和分配方式。当智能杆故障时，它将通过物联网反馈到最近的返回网络，以与公司进行通信。欧盟的 Scanergy 项目建立了基于以太坊的智能合约通用平台，将区块链技术应用到分布式能源的交易中。澳大利亚 Fremantle 市采用区块链技术将光伏发电、电动汽车、区域水处理厂联系起来，形成智慧城市互联样板项目。澳大利亚的 Power Ledger 公司致力于实现区块链技术在能源系统中的多种应用。目前，Power Ledger 正与世界各地的能源供应商合作以促进分布式能源交易和可再生能源投资。泰国可再生能源企业 BCPG 采用 Power Ledger 平台，在曼谷建立了世界上最大的商业 P2P 能源交易试点项目。该项目拥有 700kW 太阳能发电能力，能够实现装有屋顶太阳能光伏的产消者与其他用户的 P2P 交易，并对交易记录进行追踪和结算，监控参与者的实时发用电情况，大幅降低了电力交易成本，提升了交易效率。但目前 Power Ledger 采用的是内部开发的私有链 EcoChain，存在扩展性较差的问题，因此 Power Ledger 平台目前正向基于以太坊的联盟链转型。

13.4.5 区块链在财政票据中的应用

目前金融领域已有的票据区块链的探索有很多，如上海票据交易所开发的数字票据交易平台等。上海票据交易所通过数字票据交易平台探索区块链技术在票据中的应用。根据上海票据交易所董事长宋汉光的描述，数字票据交易平台采用的是六域链(six domain chain，SDC)技术，同时运用密码学技术、拜占庭协议等科技手段。具体而言，该数字票据平台由四个平台构成，分别是票据交易所、企业、金融机构和风控系统。票据交易所和风控系统对整个区块链票据进行监测；金融机构(以银行为代表)承担的是承兑、转贴现、签收等义务；企业承担的是数字票据的出票、背书、提示付款等职责。美的金融为解决中小企业票据流通和融资问题，建立了区块链数字票据平台，实现票据录入、销售信息、智能匹配、票据流转、一键订货、用户自主选择点对点票据交易等功能。随着我国票据市场的不断扩大，票据的融资功能得到了市场的充分开发和利用。但值得注意的是，在整个票据市场快速发展的背景下，中小企业的票据融资需求始终难以满足。传统金融机构注重成本和风险考虑，在这一市场领域缺乏足够的关注和服务。作为回应，美的集团启动了区块链法案项目。美的计划将区块链的应用分为发布受理信息、转账单和贴现单、自动匹配供需三个阶段。浙商银行基于区块链技术的移动数字汇票产品正式上线并完成了首笔交易，标志着区块链技术在银行核心业务的真正落地应用。浙商银行于 2016 年 12 月成功搭建基于区块链技术的移动数字汇票平台，可为客户提供在移动客户端签发、签收、转让、买卖、兑付移动数字汇票的功能，并在区块链平台实现公开、安全的记账。中国人民银行完成了一个以区块链为基础系统的工作，该系统可以将国内企业的支票数字化。中国人民银行数字货币研究所副所长狄刚在一篇专栏文章中表示，中国人民银行已“完成了基于区块链系统的基础设施建设，该系统使用智能合同技术进行数字检查”。他还表示，“基于对数字票据及其交易特点的分析，我们初步完成了一套依托区块链技术、以智能合约为载体的数字票据技术基础设施。每张数字票据都是一段包含票据业务逻辑的程序代码及对应的票据数据信息，这些运行在区块链上的数字票据拥有独立的生命周期和自维护的业务处理能力，可支持票据承兑、背书转让、贴现、转贴现、兑付等一系列核心业务，各种业务规则可通过智能合约编程的方式来实现”。

13.5　本 章 小 结

本章主要介绍了区块链面临的问题和挑战。本章对公有链、私有链、联盟链及其涉及的安全、隐私、性能等方面的问题进行了分析，并且对区块链在部分领域的研究与应用进行了讨论和分析。

参 考 文 献

[1] Xu J, Wang S, Bhargava B K, et al. A blockchain-enabled trustless crowd-intelligence ecosystem on mobile edge computing[J]. IEEE Transactions on Industrial Informatics, 2019, 15(6): 3538-3547.

[2] Liu H, Zhang Y, Yang T. Blockchain-enabled security in electric vehicles cloud and edge computing[J]. IEEE Network, 2018, 32(3): 78-83.

[3] Liu M, Yu F R, Teng Y, et al. Computation offloading and content caching in wireless blockchain networks with mobile edge computing[J]. IEEE Transactions on Vehicular Technology, 2018, 67(11): 11008-11021.

[4] Xu Y, Ren J, Wang G, et al. A blockchain-based nonrepudiation network computing service scheme for industrial IoT[J]. IEEE Transactions on Industrial Informatics, 2019, 15(6): 3632-3641.

[5] Di Silvestre M L, Gallo P, Ippolito M G, et al. A technical approach to the energy blockchain in microgrids[J]. IEEE Transactions on Industrial Informatics, 2018, 14(11): 4792-4803.

[6] Devine M T, Cuffe P. Blockchain electricity trading under demurrage[J]. IEEE Transactions on Smart Grid, 2019, 10(2): 2323-2325.

[7] 杨现民, 李新, 吴焕庆, 等. 区块链技术在教育领域的应用模式与现实挑战[J]. 现代远程教育研究, 2017, 2(34): 45.

[8] 刘瑜恒, 周沙骑. 证券区块链的应用探索, 问题挑战与监管对策[J]. 金融监管研究, 2017, 4: 89-109.

[9] Li Z, Guo H, Wang W M, et al. A blockchain and AutoML approach for open and automated customer service[J]. IEEE Transactions on Industrial Informatics, 2019, 15(6): 3642-3651.

[10] 何正源, 段田田, 张颖, 等. 物联网中区块链技术的应用与挑战[J]. 应用科学学报, 2020, 38(1): 22-33.

[11] 李拔豪. 区块链技术发展下数字金融面临的机遇与挑战[J]. 中国商论, 2020, (7): 19.

[12] 刘明敏. 一天搞懂区块链: 有趣、有料的秒懂指南[M]. 长沙: 湖南人民出版社, 2020.

[13] 韦安垒. 公有链技术及其应用价值[J]. 互联网经济, 2018, (7): 26-31.

[14] 潘晨, 刘志强, 刘振, 等. 区块链可扩展性研究: 问题与方法[J]. 计算机研究与发展, 2018, 55(10): 7-18.

[15] Bhargavan K, Delignat-Lavaud A, Fournet C, et al. Formal verification of smart contracts: Short paper[C]. Proceedings of the ACM Workshop on Programming Languages and Analysis for Security, Vienna, 2016: 91-96.

[16] Amani S, Bégel M, Bortin M, et al. Towards verifying ethereum smart contract bytecode in isabelle/HOL[C]. Proceedings of the 7th ACM SIGPLAN International Conference on Certified Programs and Proofs, Los Angeles, 2018: 66-77.

[17] Andrychowicz M, Dziembowski S, Malinowski D, et al. Secure multiparty computations on bitcoin[C]. IEEE Symposium on Security and Privacy, San Jose, 2014: 443-458.

[18] 王化群. 智能合约中的安全与隐私保护技术[J]. 南京邮电大学学报(自然科学版), 2019, 39(4): 63-71.

[19] Kiayias A. Russell A, David B, et al. PPcoin: Peer-to-peer crypto-currency with proof-of-stake[C]. Proceedings of the ACM/SIGSAC Conference on Computer and Communications Security, Vienna, 2012: 1-27.

[20] Larimer D. Delegated proof-of-stake white paper[EB/OL]. https://en.bitcoin.it/wiki/Delegated_proof_of_stake. [2020-08-03].

[21] Nakamoto S. Bitcoin: A peer-to-peer electronic cash system[EB/OL]. http://www.iex.nl/Forum/Upload/2017/10425916.pdf. [2020-08-03].

[22] Ben-Sasson E, Chiesa A, Tromer E, et al. Succinct non-interactive zero knowledge for a von neumann architecture[C]. Proceedings of Security Symposium, Berkeley, 2014: 781-796.

[23] 张宪, 蒋钰钊, 闫莺. 区块链隐私技术综述[J]. 信息安全研究, 2017, 3(11): 981-989.

[24] Zhang N, Wang Y, Kang C Q, et al. Blockchain technique in the energy internet: Preliminary research framework and typical applications[J]. Proceedings of the CSEE, 2016, 36(15): 4011-4022.

第 14 章　可编辑区块链的技术探索

本章主要对可编辑区块链及其设计进行讨论，介绍区块链上问题内容的危害及修改的必要性，然后分别从区块交易结构、共识机制、哈希算法等方面出发，提出三种可编辑区块链的设计构想及实现算法，还介绍一种适用于公链的可编辑区块链协议。

14.1　研 究 背 景

区块链的一个特点是具有不可篡改性，一般体现在区块信息经过共识认证之后不可篡改。然而，随着区块链研究热潮涌起，区块链技术的应用场景得到了广泛的拓宽和丰富，利用区块记录的信息也早已不再局限于货币交易信息，其内容的丰富度和价值都得到了极大增加。但是在复杂多变的社会背景下，一方面，区块链的用户不是完美无缺的，同样也会存在人为失误或恶意操作；另一方面，相应的法律法规并不完善，且在地区、国家各有特点，并不统一。

区块链的不可篡改性将放大这些方面的负面影响。恶意上传到比特币区块链中的违法音像制品、侵犯知识产权的材料以及其他不当内容，能够对受害者造成永久性的伤害，用户也可能因为下载的完整比特币数据中包含违法信息而受到法律的制裁。而人工误操作的情况将影响用户交易进程。此外，对智能合约来说，合约本身存在的漏洞，会带来巨大的损失，如以太坊上的 DAO 攻击，黑客利用合约漏洞盗走了大量数字货币，致使以太坊不得不强制分叉来避免更大的损失。在法律法规方面，法律的滞后性导致了目前并没有能够完全适用“永久存储”特性的法律法规。

总而言之，区块链的不可篡改性虽然在用户交易及数据可信存储等方面有极大的优势，但是也不可避免地带来了问题。尽管某种程度上违背了区块链的初衷，但是可编辑区块链作为一种解决方案，非常具有现实意义。2017 年，Ateniese 等[1]首先提出了可编辑区块链的概念，他们使用变色龙哈希函数替换原本的普通哈希函数，使得区块重新编辑后，通过陷门快速找到满足碰撞要求的随机数，从而保持区块哈希不变，区块链的连续性不变。之后，研究者陆续提出其他实现可编辑区块链的方案，基本的研究目标仍是在不截断整个区块链的前提之下，对区块链进行编辑、重写或者删除，且同时兼容当前的区块链设计。

自 2017 年 Ateniese 等[1]提出可编辑区块链的概念，并利用变色龙哈希函数实现区块编辑功能之后，其余相关研究方向的研究者陆续跟进研究，从不同区块链特点与多种应用需求出发，探究可编辑区块链的实验方法，提出了多种解决方案。在是否保留编辑痕迹以及原始数据的处理方法等相关问题上，目前还缺少一个统一的标准和规范。而可编辑区块链方案的安全性、可用性、效率仍然是衡量方案优劣的重要标准，是研究者关注的重点。如表 14.1 所示为可编辑区块链的相关研究。

表 14.1　可编辑区块链的相关研究

方案	侧重点	技术路线	优势或劣势	存在问题
基于变色龙哈希的可编辑区块链[1]	变色龙哈希函数	用变色龙哈希函数替换原有传统的哈希函数，能够利用陷门密钥快速得到哈希碰撞，实现区块编辑的功能	首次提出可编辑区块链的概念及使用变色龙哈希函数的可编辑方案	存在较多缺陷，如修改交易未经验证，陷门(即修改权)的分配问题、陷门密钥可重复使用等
交易可突变的区块链[2]	可变交易集合	设计了多变量、可扩展、激活交易可修改的可变交易集合，通过扩展交易和突变交易实现编辑可变交易集合的功能	通过部署特定类型的交易来编辑区块内容，没有采用复杂的密码方案；新交易激活之后，需要重新计算大量数据，计算量要求较高	链上交易内容不能被删除，只能通过加密技术保护其不被泄露
基于共识投票机制的可编辑区块链[3]	投票共识机制	使用选举交易让所有节点对候选修正区块进行投票，在投票期间，投票结果满足要求即接收该区块替换原区块。所有的修正区块单独连接成链	投票过程需要各个节点验证修正区块的合法性，相当于对修正区块进行公识，安全性较高	编辑的基本单位为区块，而不是单个交易，因此验证过程计算量较大
针对公有链的可编辑区块链协议[4]	可编辑区块链协议及策略	设计了一种适合公有链可编辑区块链协议，以及对应的区块编辑策略。公有链系统内节点执行该协议实现编辑目标	针对公有链用户规模庞大不易管理的问题，可编辑区块链协议避免使用大规模安全多方计算，效率较高	是一个对修正区块合法性认证的协议，没有考虑编辑后区块链的连接状态
使用增强型变色龙哈希的可编辑区块链[5]	变色龙哈希函数和秘密共享方案	在秘密共享者之间通过安全多方计算得到临时陷门密钥，通过临时陷门计算哈希碰撞，修正区块被所有秘密共享者接受后广播至全网	使用非线性秘密共享方案抵御虚假共享份额攻击，使用一次性陷门限制修改次数，每次修改必须经过区块发布者的同意	秘密共享方案中参与的节点数量影响修改权限的中心化程度
基于变色龙哈希的可更改联盟链[6]	变色龙哈希函数和秘密共享方案	区块编辑仍旧通过变色龙哈希函数实现，更改请求需要经过节点投票确认，再随机选择进行更改操作的节点，更改结束后再经过节点确认	每个节点都有更改的权利，避免更改功能节点受到攻击或者恶意行为	适合用户规模较小的区块链，对公有链来说，不太适用
基于门限环签名的可删除区块链[7]	抗碰撞哈希函数和门限环签名方案	基于抗碰撞函数和空间证明的区块链，利用安全的门限环签名方案，在得到足够数量的节点同意之后，使用环签名替换交易数据，即删除交易	现有的区块链使用的哈希函数均为抗碰撞哈希函数，但是只能执行删除操作	每次删除对象为整个区块内的全部交易数据，不能指定某条交易记录
可修改的区块链方案[8]	陷门单向函数和基于空间证明的区块链结构	引入动机因子，在得到一定用户的同意，更改交易数据后，保证签名子块不变，编辑后不影响区块哈希	编辑效率高，且通过设定修改操作投票阈值，避免了恶意修改操作	不适用于普通的区块链交易结构

从表 14.1 观察可知，可编辑区块链的解决方案种类繁多，各有特点。以变色龙哈希函数为技术核心的可编辑方案[1,5,6]中，对陷门的安全分配、编辑交易数据验证以及陷门密钥的不可重复使用等问题进行了深入研究，在基本的设想之上，提出了各种改进措施。基于陷门单向函数和空间证明的区块链结构实现的修改方案[8]主要依赖特殊的交易数据结构，通过保证签名子块不变的方式编辑区块链。这两种编辑方式的共同点在于可以保持原有的区块连接状态，直接改变某个确定的交易数据的同时保持原有的区块哈希。

可突变交易方案[2]同样也不改变区块连接状态，而是创新性地引入可变交易集的概念，扩展和改变活动交易间接实现编辑功能。实际上，区块链的数据未得到修改，只是更改了用户读取数据的权限。此外，基于投票机制的可编辑区块链的方案[3,4]与门限环签名删除区块方案[7]中，区块链编辑或者删除的基本单位为块。前者通过系统内节点投票决定新区块的合法性，确定是否替换原区块；后者则是在投票通过后，通过环签名替换交易数据，而不改变区块内其他结构，实现删除数据的目的。

除上述介绍的可编辑区块链实现方式之外，一些研究者将关注点放在可编辑区块链应用上。例如，Huang 等[9]提出一种基于可编辑区块链的工业物联网的解决方案，并实现物联网智能信任层[10]；Xu 等[11]提出基于可编辑区块链的移动网络身份管理与认证方案，用户自主生成的自主权身份以及相应的公钥和私钥，区块链记录合法用户信息，删除非法用户信息。总而言之，可编辑区块链的研究进展已经取得了一定的成果，而其应用潜力期待进一步的开发。

14.2 可编辑区块链

为实现编辑区块内容的目标，研究者已提出多种可能且适用的解决方案。由于每个研究者的关注点各有侧重，其解决方式也不尽相同。下面将介绍几种可编辑区块链的设计方案。

14.2.1 基于变色龙哈希的可编辑区块链

接下来介绍 Ateniese 等[1]提出的通过变色龙哈希函数实现可编辑区块链的算法及步骤。基本方法是将用于区块链中的各个区块连接时使用的内部哈希函数 G 设置为变色龙哈希函数。通过变色龙哈希函数找到冲突，重写每个块的内容，同时不需要编辑外部哈希函数。

本节将以仅允许一个受信任的节点编辑区块链系统为例，通过描述简单的设置过程来详细说明这种设计的实现方法。在介绍变色龙哈希、编辑算法等核心技术之前，首先介绍可编辑区块链的数据结构，如图 14.1 所示。块的字段 s 存储着前一个块的哈希值，其他几个部分分别是 Transaction（交易）、Nonce、Randomness（随机字段）。编辑该区块时，需要通过陷门计算冲突，把冲突对应的随机字段同步更新到区块中。

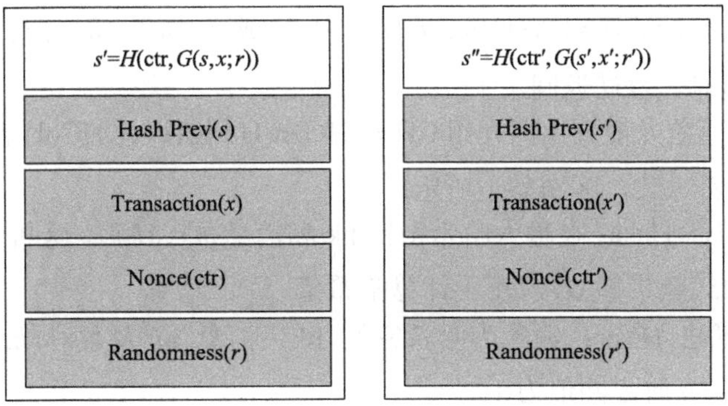

图 14.1　可编辑区块链的数据结构示意图

变色龙哈希（chameleon hash）：本节实现编辑功能的关键。它是一个非标准的抗碰撞哈希函数，包含一对公私钥对，分别用 hash key（hk）和 trapdoor key（tk）（即陷门信息）表示。与传统哈希函数相比，变色龙哈希函数具有以下特性：①如果一个人知道陷门信息，他就可以计算与 hk 相关联的变色龙哈希函数；②对于不知道陷门信息的人而言，变色龙哈希函数通常都是抗碰撞的；③掌握陷门信息的人面对任何给定输入都可以非常轻易地计算出与原始消息不同的一个碰撞。在本节中，使用的哈希函数包括两个类型：第一种称为“秘密参数（secret coin）”变色龙哈希，第二种称为“公共参数（public coin）”变色龙哈希。

设 $\mathrm{CH}=(\mathrm{HGen},\mathrm{Hash},\mathrm{HVer},\mathrm{HCol})$ 是一个作用在消息空间 M 上的秘密参数变色龙哈希，对于任意 $m\in M$ 都满足正确性的 CH，存在一个简单的函数 $v:N\to[0,1]$ 使得 $P\left[\mathrm{HVer}(\mathrm{hk},m,(h,\xi))=1:(h,\xi)\leftarrow\mathrm{Hash}(\mathrm{hk},m);(\mathrm{hk},\mathrm{tk})\leftarrow\mathrm{HGen}(1^{\kappa})\right]\geqslant 1-v^{\kappa}$ 成立。

四元组 $\mathrm{CH}=(\mathrm{HGen},\mathrm{Hash},\mathrm{HVer},\mathrm{HCol})$ 每个部分的含义如下：

(1) $(\mathrm{hk},\mathrm{tk})\leftarrow\mathrm{HGen}(1^{\kappa})$：概率密钥生成算法 HGen 把 $\kappa\in\mathbf{N}$ 作为安全参数输入；然后输出一个公共哈希密钥 hk 和一个私有陷门密钥 tk。

(2) $(h,\xi)\leftarrow\mathrm{Hash}(\mathrm{hk},m)$：概率哈希算法 Hash 将哈希密钥 hk、消息 $m\in M$ 以及一个随机参数 $r\in R_{\mathrm{hash}}$ 作为输入，并输出一对由哈希值 h 和一个校验字符串 ξ 组成的数组 (h,ξ)。

(3) $d=\mathrm{HVer}(\mathrm{hk},m,(h,\xi))$：确定性验证算法 HVer 将消息 $m\in M$、待检验哈希值 h 和校验字符串 ξ 作为输入，并返回长度为一比特的值 d。如果 d 等于 1，说

明对消息 m 来说，(h,ξ) 是一个合法的哈希/校验对，如果 d 等于 0，则证明不合法。

(4) $\pi' \leftarrow \mathrm{HCol}(\mathrm{tk},(h,m,\xi),m')$：概率碰撞发现算法 HCol 把陷门密钥 tk、有效的元组 (h,m,ξ) 以及一条新消息 $m' \in M$ 作为输入，返回一个新的检查字符串 ξ' 使得 $\mathrm{HVer}(\mathrm{hk},m,(h,\xi)) = \mathrm{HVer}(\mathrm{hk},m',(h,\xi')) = 1$ 成立。如果 (h,ξ) 对消息 m 不是有效的哈希/校验对，算法返回 $\perp$。

公共参数变色龙散列由四元组 $\mathrm{CH} = (\mathrm{HGen}, \mathrm{Hash}, \mathrm{HVer}, \mathrm{HCol})$ 表示，基本定义与秘密参数哈希一致，区别如下所示。

(1) 哈希算法 Hash：在输入哈希密钥 hk 和消息 $m \in M$ 后，返回一对数对 (h,r)（$r \in R_{\mathrm{hash}}$ 为隐式随机参数），用于计算哈希值。

(2) 验证算法 HVer：输入为哈希密钥 hk、消息 m 及数对 (h,r)，当且仅当 $\mathrm{Hash}(\mathrm{hk},m;r) = h$ 时返回值为 1。

可编辑区块链算法：本节区块的编辑功能通过变色龙哈希函数实现。首先将区块定义为 $B := \langle s,x,\mathrm{ctr},(h,\xi) \rangle$，$s$、$x$ 和 ctr 的意义内容与普通区块一致，(h,ξ) 是哈希/校验对。定义使用的变色龙哈希函数为 $\mathrm{CH} = (\mathrm{HGen}, \mathrm{Hash}, \mathrm{HVer}, \mathrm{HCol})$，则对应的秘密参数哈希对应的验证表达式为

$$\mathrm{validblock}_q^D(B) := \big(H(\mathrm{ctr},h) < D\big) \wedge \big(\mathrm{HVer}(\mathrm{hk},(s,x),(h,\xi))\big) \wedge (\mathrm{ctr} < q) = 1$$

对应的公共参数哈希对应的验证表达式为

$$\mathrm{validblock}_q^D(B) := \big(H(\mathrm{ctr}, \mathrm{Hash}(\mathrm{hk},(s,x);r)) < D\big) \wedge (\mathrm{ctr} < q) = 1$$

两种变色龙哈希函数的验证表达式之所以不同，是因为公共参数哈希值 H 可以通过哈希函数的输入和随机性的确定性函数得到。

通过链编辑算法(算法 14.1)执行区块编辑过程。不过，使用算法 14.1 编辑区块时，都会暴露对底层变色龙哈希函数的冲突，之后未经授权的用户能够重写链中的任意块。

算法 14.1 链编辑算法。

$C' = \mathrm{chainEdit}(C, I, \{x_i'\}_{i \in I}, \mathrm{tk})$，输入长度为 n 的待修正链 C，待编辑的区块位置集合 $I \in [n]$，待编辑的内容集合 $\{x_i'\}_{i \in I}$，以及变色龙哈希陷门密钥 tk。对于每个要编辑的块，在该块编辑新内容 $\{x_i'\}_{i \in I}$ 之后，根据陷门密钥 tk 计算碰撞，使编辑后的区块哈希保持不变，得到长度为 n 的编辑后的链 C'。

删除区块有利于节省磁盘空间和处理大型链时所需的计算能力，在本节中，通过链收缩算法(算法 14.2)实现这一功能。需要注意的是，如果删除 B_k 到 B_{k+j} 的所有连续的 j+1 个区块，只需编辑 B_{k+j+1} 这个区块就足够了。用于删除的区块链

收缩算法。

算法 14.2　链收缩算法。

$C' = \text{chainShrink}(C, I, \text{tk})$：输入长度为 n 的待收缩链 C，待删除的区块位置集合 $I \in [n]$，以及变色龙哈希陷门密钥 tk；它的功能是删除块 B_i，通过令 $s_{i+1} \leftarrow s_i$ 编辑区块 B_{i+1}。然后需要计算一个碰撞 B'_{i+1} 作为新产生的块代替原区块 B_{i+1} 插入链中，使链条保持一致状态。

密钥产生及管理：在区块链网络中，实际参与编辑过程的用户一般不止一个，因而实现区块可编辑，需要实现陷门密钥在区块链的固定用户之间秘密共享，通过安全多方计算协议，以分布式的方式实现对区块的编辑和删除。首先需要确认参与编辑的用户集合，在首次设置系统时，得到基础变色龙哈希函数运行密钥生成算法 HGen，获取哈希密钥 hk 和一个陷门密钥 tk。tk 由 t-out-of-n 秘密共享方案 $(\text{Share}, \text{Rec})$ 进行保密，其中 Share 为随机算法，Rec 为确定性算法。用户获得陷门密钥之后，在本地完成编辑或者删除的操作，将构成的新链广播给系统内其他用户，替换旧链。

不同的区块链应用程序可以有不同的编辑用户选择方案。对于私有链来说，可以将陷门密钥交给中央管理节点，由中央管理节点计算冲突和编辑区块。对联盟链来说，陷门密钥可以在所有成员之间共享，使用安全多方计算实现编辑。对公有链来说，既可以让陷门密钥分布在网络的所有参与者之间，也可以把陷门密钥分配给各方精心选择的部分参与者。不过前者如果网络中的参与方数量过多，受安全多方计算协议的性能影响，它可能效率不高。

14.2.2　交易可突变的区块链

交易可突变的区块链 μchain 是 Puddu、Dmitrienko、Capkun 三人针对智能合约漏洞，为给智能合约打补丁提出可变区块链设想[2]。μchain 的主要特点是同一条交易记录可能存在多个不同版本的交易内容，主要功能是维护区块中每条交易记录包含的所有版本交易数据，并对当前有效的记录数据达成共识，隐藏其余历史记录版本。

在 μchain 中，保存多个交易版本的交易记录称为可变交易。可变交易集指定其中一个交易版本为活动交易，其余为非活动交易。可以更换活动交易版本，也可以添加新的可选交易。另外在可变交易集中存在一种特殊的“空”交易，执行该交易不修改区块链的状态。若选择空交易为活动交易，相当于删除该交易。扩展和编辑可变交易集的交易统称为元交易(即 meta-transactions)，元交易主要分为扩展交易和突变交易两种，这两种交易同样也要经过用户或智能合约的发布、验证者的验证。而用于约束可变交易扩展、更改过程的规则称为访问控制策略，该策略一般定义了允许触发突变或添加其他版本数据记录的用户范围和内容限制，并通过验证程序，在处理元交易时验证其是否符合条件。

μchain 隐藏交易数据的方法是数据加密。只有活动交易能够被解密。对于非活动交易，将采用严格的加密技术及密钥管理技术。μchain 支持两种密钥管理方案，分别是仅对常规用户保密和对常规用户和验证者都实现保密。更换活动交易过程中，原活动交易被编辑为非活动交易，验证程序将不再提供它的解密密钥，原交易内容将不能被解密。但是，此方法只能避免通过区块链传播非法、敏感内容，因为非活动交易的密钥可以被保存在客户端本地，不能真正将其删除。

Puddu 等对 μchain 的架构和设计进行详细的说明和介绍，其编辑功能通过可变交易集、突变交易、扩展交易共同实现，而新型的交易树结构则保证了编辑功能的正确性。以下将对 μchain 的可变交易集、突变交易、扩展交易及相应的区块结构进行详细的讲解，并介绍如何使用 μchain 隐藏非活动交易及为 DAO 智能合约打补丁的功能。

可变交易集：可变交易集由经典交易改进而来，且可以与经典交易同时存在，用三元组 $\hat{T}=(T,a,P)$ 表示，其中 T 表示交易集，a 表示活动交易索引，P 表示交易可变性策略。

交易集包括多个版本的交易，定义为 $T=(\tau_1,\cdots,\tau_k)$，用索引 $a\in\{1,\cdots,k\}$ 确定活动交易 τ_a。交易 $\tau_i\in T$ 可能有三种不同的类型，分别是经典交易、部署交易和空交易，且每个交易集中至少包括一个经典或部署类型的交易和一个空交易。经典交易有发送者和接收者，需要实现一定数量的加密货币传输，交易中可能包括一个数据字段；部署交易的作用是在区块链上部署合约，发送者将其发送给所有的验证者，交易内包含了部署代码。同一交易集中所有经典类型和部署类型的交易与该交易集有相同的发送者和接收者。

交易集附带的可变策略 P 的作用是指定用户对活动的编辑权限，定义更改活动交易的条件。用户类型包括交易集的发送者、接收者、其他常规用户或智能合约，只有指定的用户类型才拥有添加交易的权限。策略指定一个保持可修改和可扩展性质的时间窗口 Δt，超过该时间，该交易不能再编辑或者扩展。

突变交易：突变交易是提出编辑请求的交易类型，有发送者，但是没有特定的接收者。突变交易的作用是为可变交易集 $\hat{T}$ 指定一个新的活动交易索引 $a'\in\{1,\cdots,k\}$（其中 $a'\neq a$），定义新的活动交易 $\tau_{a'}$。突变交易只能由交易策略 P 中指定的合法用户发送，验证者遵循交易策略 $P\in\hat{T}$ 对突变交易进行验证。本节中，突变交易用 $T'=\left(\mathrm{ref}_{\hat{T}},a'\right)$ 表示。

只要事先设置的策略允许，一个可变交易集可以对应多个突变交易，可变交易集随突变交易的发布而更改，最后一个发布的突变交易将决定当前交易集中活动交易的版本。突变过程都不需要对于任何一个区块进行二次共识。突变交易只会改变验证者对区块链中记录的交易的认识，即哪些交易是活动的，哪些交易是非活动的。在图 14.2 中，展示了可变交易集突变的过程：步骤 1 为发送可变交易集过程，步骤 3 为突变过程，步骤 2 和步骤 4 为调用当前活动交易过程。只有在 Δt 时间内发送的突变交易才能够生效，将 τ_a 替换为 $\tau_{a'}$。

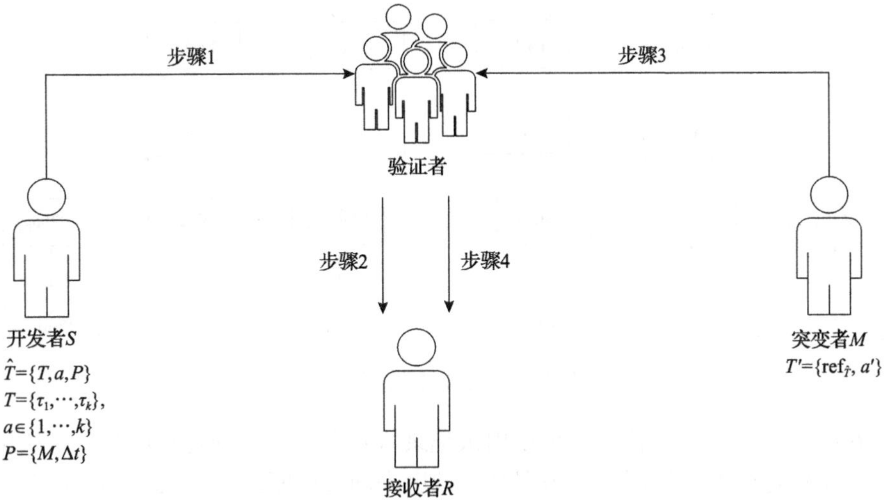

图 14.2　可变交易集突变过程

扩展交易：扩展交易是一种新型的交易，它具有发送方，但没有特定的接收方。扩展交易的功能是调用可变交易 $\hat{T}$，扩展交易集的交易版本数量，如添加包括 $m-k$ 个新的交易版本扩展集 $T_x=\{\tau_{k+1},\cdots,\tau_m\}$。扩展交易不指定活动交易，只能由交易策略 $P\in\hat{T}$ 中指定的合法扩展者发送，且所有交易 τ_i（其中 $k<i\leqslant m$）的发送者和接收者必须与 $\hat{T}$ 保持一致，受原可变交易 $\hat{T}$ 中指定的策略约束。本节中，扩展交易用 $\tilde{T}=\left(\mathrm{ref}_{\hat{T}},T_x\right)$ 表示。

区块结构：μchain 区块的结构与普通区块链的通用结构相似，包括如上一个区块的哈希、共识数据、时间戳、存储交易，以及账户余额和智能合约的数据结构根的值。交易的更改会影响存储交易的数据结构。在此基础上，μchain 使用了一种称为“μchain 版本”的新数据结构，用于记录交易集内最近活动交易，起到管理区块链的历史数据作用。新的交易类型与常规交易一起集成到了 Merkle 哈希树中。

交易树的更新结构如图 14.3 所示，这个例子中存在一个经典交易、一个可变交易、一个突变交易和一个扩展交易，被集成到 Merkle 哈希树中。突变交易一经部署后不可更改，集成的方式与经典交易相同，而可变交易和扩展交易在压缩且得到各自的树结构及其根值之后，才被集成到区块的交易树中。

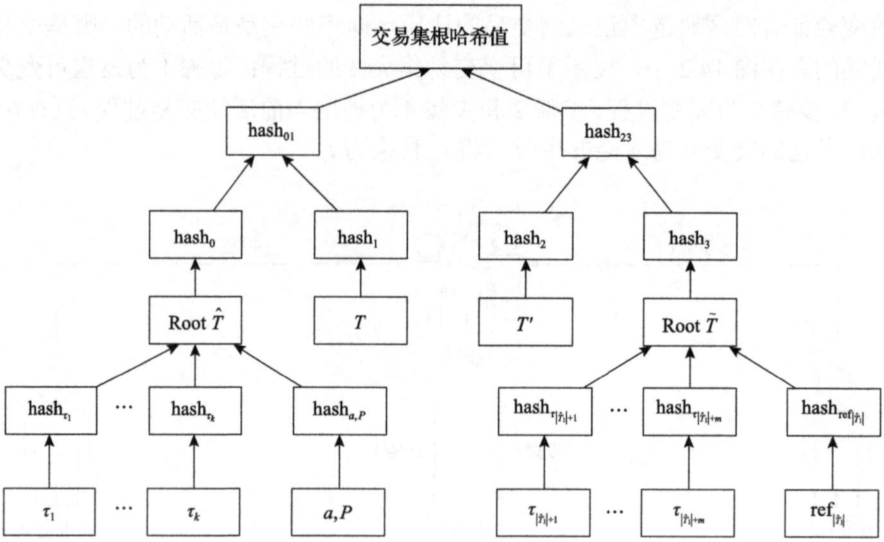

图 14.3　交易树的更新结构

在区块链中，有两种方式可以用来记录账户余额：一种是直接写入区块链，另一种是通过溯源区块历史，根据交易顺序来间接推断。对于 μchain，由于突变交易可能会编辑账户之间转移的加密货币数量，采用间接记录的方法更为合理。如果将账户余额明确地写入，则交易突变可能会使存储在过去区块中的账户状态失效。而且这种无效的账户余额可能会泄露有关突变交易的信息。例如，通过将溯源查询的结果与直接写入(且已经无效)的账户余额进行比较，可以找出先前由停用的交易转移的加密货币数量。这种类型的缺点都可以通过间接记录的方式避免，且区块链也使用这种方式记录用户账户余额信息。

隐藏非活动数据记录：隐藏非活动数据记录是为了保证非活动数据的安全。可变交易集中除了空交易的所有其他交易，都需要使用专用密钥进行加密，主要原因如下：①因为每个交易集必须包含一个空交易，所以对加密交易实际上是无意义的；②空交易不转移任何加密货币也不包含任何数据，加密反而会增加密钥管理的难度；③如果空交易被加密，验证者同样将无法检查交易集合是否包含该交易。为了简化设计，μchain 选择不加密部署交易的代码，因为在部署交易中参与者不能得到任何有用的案例。当然，如果未来研究中发现部署过程中产生了有用的例子，可以在当前设计基础上进行微调，增加加密代码部署交易。

对于密钥管理，有两种设计方案，分别是简单加密和使用秘密共享的加密。在简单加密方法中，μchain 使用交易专用的密钥对可变交易集中所有经典类型的交易进行加密。然后，区块链网络中的验证者负责揭示活动交易的解密密钥，同时将非活动交易的密钥保密。这种方法适用于合法验证者不会故意泄露非法交易的情况，例如，在私链或者带有审查制度的区块链系统中，使用这种方法是比较合理的。

使用秘密共享策略将交易专用的密钥分成多个份额，将所得的份额分配给验证者，只有在收集到足够数量的份额(由诚实的验证者提供)之后，验证者才能重构整个密钥。秘密共享策略不会在区块链网络的验证程序上添加任何其他信任假设，但是增加了区块链系统的性能需求和通信开销。

实例分析：本节之前的内容已经介绍了 μchain 的基本构建模块，也提到 μchain 能够用于修补 DAO 智能合约漏洞，本节将介绍修补 DAO 智能合约漏洞具体需要执行的步骤。补丁过程如图 14.4 所示。

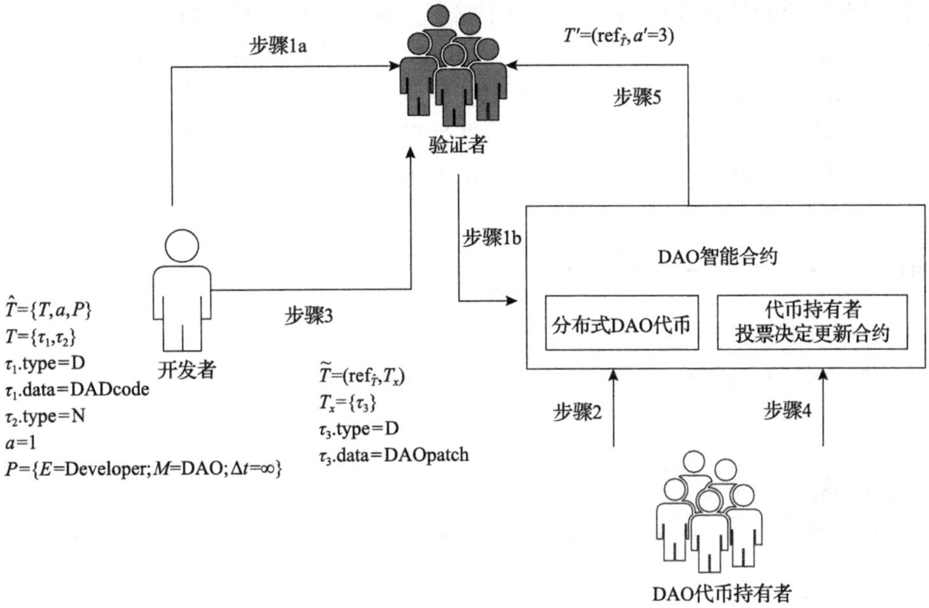

图 14.4　修补 DAO 智能合约漏洞的过程

首先，DAO 开发人员需要使用可变交易 $\hat{T}$ 将 DAO 代码部署在区块链上(步骤 1a)。它的交易集 T 包括两个交易 τ_1 和 τ_2，其中第一个交易是部署 D 类型交易的代码，且包含了 DAO 代码，第二个交易 τ_2 是可变交易集中必须包括的空交易。选择 τ_1 作为活动交易(a=1)，并且策略 P 声明该交易可以由 DAO 开发人员扩展，可以在无限制的时间内被 DAO 合约更改。代码部署交易 $\hat{T}$ 经过验证者验证后，DAO 智能合约将部署在区块链上(步骤 1b)。

在运行时，智能合约会注册 n 个 DAO 代币持有者(步骤 2)。一旦在智能合约中发现漏洞并发布补丁，开发人员通过使用扩展事务 $\tilde{T}$ (步骤 3)扩展可变交易 $\hat{T}$ (在步骤 1a 中发布的)。$\tilde{T}$ 包括调用 $\mathrm{ref}_{\hat{T}}$ 到原始代码，部署交易并执行 D 类型的单

个交易 τ_3。交易 τ_3 在其数据字段中包含 DAO 合同的补丁代码。

待新代码在区块链上可用之后，DAO 代币持有者对新代码进行投票，选择接受或拒绝更新(步骤 4)。每当收集到 t 票时，DAO 合同就会发出突变交易 T'（步骤 5)，突变交易激活了补丁代码的代码部署交易 τ_3，使其处于活动状态。只要 DAO 合约经过合法有效的签发，验证者就会接受该合约，曾经由旧版本合约处理的交易将由新代码重新处理，所有的被盗资金可返还给合约。

14.2.3　基于共识强制投票机制的可编辑区块链

基于共识强制投票机制的可编辑区块链由 Marsalek 等[3]提出，目的是实现对现有数据区块的替换和编辑。在本节中这些“编辑区块”和“替换区块”统称为“修正区块”，并且引入了“标准”区块链和“修正”区块链的概念，两条链相互连接。标准区块链为原始区块链，而修正区块链包含一个连接修正区块的列表，修正区块链连接到标准区块链之后，合法性通过修正链确认。图 14.5 展示了两次编辑操作期间标准区块链和修正区块链的演变。

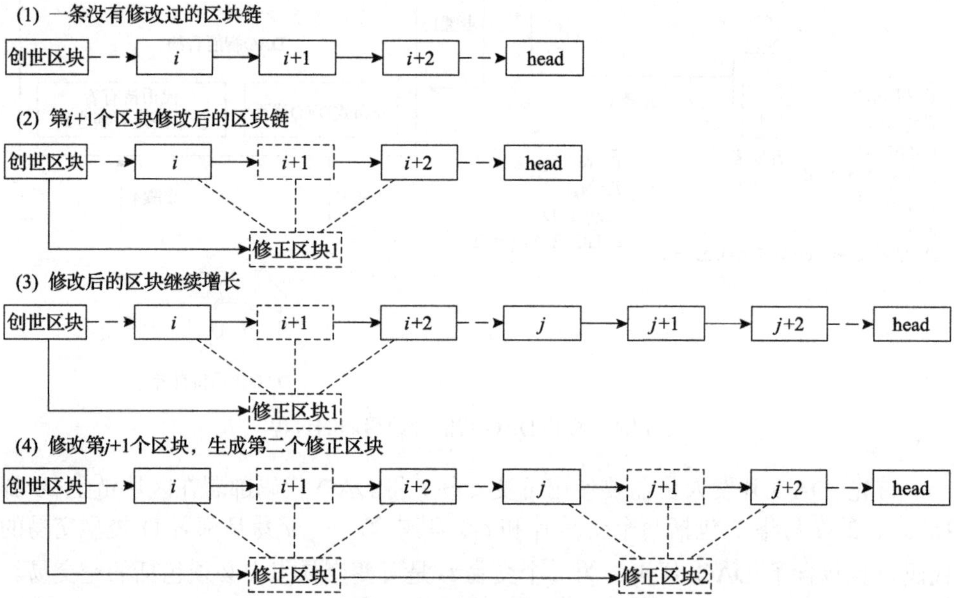

图 14.5　对区块链进行两次编辑操作的可视化过程

对区块链进行两次编辑操作的可视化过程步骤如下：

(1)用户提交选举交易(TX)，选举交易定义需要更正的区块以及应该进行的更正内容。

(2)每个矿工都根据区块链规则验证选举 TX，确保交易的修改请求合法且不影响标准链。如果 TX 有效，它将包含在新块中。

(3) 矿工在投票时间内对选举交易进行投票，记录在后续形成的区块中。这个方法通常独立于共识算法，例如，给每个矿工在每个区块上都分配一票，区块链的固有信任假设不会改变。

(4) 投票时间结束后，统计所有票数。只有赞成票数占多数时，才在修正链上扩展修正区块。修正区块确保了标准区块链中“空白”部分的合法性，读取标准区块链时，遇到空白部分，必须从修正区块链上读取对应的修正区块才能读取到完整且正确的数据。

Marsalek 等[3]以工作量证明作为可编辑区块链的共识机制，对基于共识强制投票机制的可编辑区块链进行详细的讲解。本节将介绍这种方法中的区块链架构及相应算法，并介绍在货币交易场景下可编辑区块链的解决方案。

在讲解之前，需要说明本节使用的符号及意义。

区块及区块链的符号及定义如下：

(1) 使用三元组 $B=\langle s,x,\mathrm{ctr}\rangle$ 表示区块，其中 $s\in\{0,1\}^{\kappa}$ 表示最后一个区块的状态(如哈希值)，$x\in\{0,1\}^{*}$ 是区块存储的数据，$\mathrm{ctr}\in\mathbf{N}$ 是区块的工作量证明。

(2) 使用判别式 $\mathrm{validateBlock}^{D}(B)H(\mathrm{ctr},G(s,x))<D$ 验证区块的合法性，这个式子里面，$H:\{0,1\}^{*}\to\{0,1\}^{\kappa}$ 和 $G:\{0,1\}^{*}\to\{0,1\}^{\kappa}$ 是加密哈希函数，$D\in\mathbf{N}$ 是生成区块难度。

(3) 使用 C 表示区块链，区块链由区块依次连接构成，最新连接的区块称为区块头，记作 $\mathrm{head}(C)$。

区块链扩展过程的符号及定义如下：

(1) 使用 $B':=\langle s',x',\mathrm{ctr}'\rangle$ 表示扩展区块，哈希值记为：$s':=H(\mathrm{ctr},G(s,x))$，区块链 C 被扩展为更长的链 C'。

(2) 使用 $\mathrm{len}(C)$ 表示区块链 C 的区块个数，即区块链的长度。

(3) 对于长度为 n 的区块链 C 和任意的 $k>0$，使用 $C^{\lceil k}$ 表示区块链去掉最新生成的 k 个区块的剩余部分，$C^{k\rceil}$ 表示区块链去掉最早生成 k 个区块的剩余部分。如果 k 比区块链 C 的长度长，有 $C^{\lceil k}:=\varepsilon$ 和 $C^{k\rceil}:=\varepsilon$，ε 表示一个空链。

区块链基本架构：在 Marsalek 等设计的架构中，可编辑区块链 C 由标准区块链 C_S 和修正区块链 C_C 相互连接构成。两条链共有同一个创世区块，但区块形式不同。标准区块链中的区块形式为 $\mathrm{BS}:=\langle \mathrm{ss},\mathrm{xs},\mathrm{ctrs},\mathrm{rs}\rangle$，其中 $\mathrm{rs}\in\{0,1\}^{\kappa}$ 是修正链中最后一个区块的哈希。区块 BS 的哈希为 $H(\mathrm{BS}):=H(\mathrm{ss},\mathrm{rs},G(\mathrm{xs}),\mathrm{ctrs})$。修正区块链中的区块形式为 $\mathrm{BC}:=\langle \mathrm{sc},\mathrm{xc},\mathrm{ctrc},H(E),H(\mathrm{BS}_{i+1}),H(\mathrm{BS}_n)\rangle$，其中 $H(E)$ 是选举交易 TX 的哈希值，$H(\mathrm{BS}_{i+1})$ 是区块 BS_{i+1} 的哈希值，$H(\mathrm{BS}_n)$ 是区块链 C_S 头的哈

希值。区块 BC 的哈希为 $H(\mathrm{BC}) := H\left(\mathrm{sc}, G(\mathrm{xc}), \mathrm{ctr}, H(E), H(\mathrm{BS}_{i+1}), H(\mathrm{BS}_n)\right)$，且 $H(E) := H\left(\mathrm{ss}_i, G(\mathrm{xs}_i), \mathrm{xs}_i^*, \mathrm{ctrs}, \mathrm{rs}_i\right)$。

定义选举交易为 TX $E = \left\langle \mathrm{ss}_i, G(\mathrm{xs}_i), \mathrm{xs}_i^*, \mathrm{ctrs}_i, \mathrm{rs}_i \right\rangle$，包含待修正区块 BS_i 除了 xs_i 之外所有要编辑的信息，此外还包括编辑数据 xs_i^* 与哈希值 $G(\mathrm{xs}_i)$。区块链策略 P 定义了能被允许进行的修正集，并且指定了有效的编辑过程的条件，被各方用于验证选举交易。对于带有两个链头 $\mathrm{head}(C_S){:=}\mathrm{BS}_n$ 和 $\mathrm{head}(C_C){:=}\mathrm{BC}_m$ 的区块链 C 可以分别从扩展标准区块链和扩展修正区块链两种方式扩展自身长度，其长度是两条链区块个数的总和，即 $\mathrm{len}(C) = \mathrm{len}(C_S) + \mathrm{len}(C_C)$。

区块链编辑算法：扩展修正区块链本质上就是区块链，假设需要编辑区块 BS_i，其协议步骤为：①用户或矿工创建并广播选举交易 TX E；②将选举 TX E 存储到区块链的内存池中；③将 E(或 $H(E)$) 存入一个区块中，确定投票期，在投票时间内，每个矿工在每个开采的区块中都有一票，确保了区块链的信任假设保持不变；④投票时间结束后，如果大多数人支持修正区块的提议，那么下一个区块为更正区块 BC，否则将为标准块 BS。

基于上述协议，提出算法 14.3～算法 14.7 完成编辑功能。每个协议步骤都由相应的算法来保证功能的可靠实现，算法 14.3 显示了如何验证给定的可编辑区块链 C 的区块链架构，需要调用算法 14.4～算法 14.6 实现验证区块和寻找映射的功能，而算法 14.7 是提出编辑操作的过程，创建包含所有相关信息的选举交易。

算法 14.3 isValidateChain:=validateChain$\left(C_S, C_C, P, T_V, \rho\right)$：输入长度为 n 的标准链 C_S=$(\mathrm{BS}_1, \cdots, \mathrm{BS}_n)$、长度为 m 的修正链 C_C=$(\mathrm{SC}_1, L, \mathrm{BC}_m)$、组成的区块链 C、编辑策略 P、T_V 和 ρ。主要功能为确认区块链的合法性，通过输出 isValidateChain $\in \{0,1\}$ 表示。

算法 14.4 $(\mathrm{isValidBS}, E, V)$=validateBS(BS)：用来确认区块 BS 的合法性，输出的 isValidBS $\in \{0,1\}$ 表示验证结果，E 表示 BS 中的选举交易，V 表示投票交易。

算法 14.5 isValidateBC=isValidBC$\left(\mathrm{BC}, H(E), \mathrm{BC}_j, \mathrm{BS}_i, \mathrm{BS}_{i+1}\right)$：确认区块 BC 的合法性，用输出的 isValidateBC $\in \{0,1\}$ 表示。

算法 14.6 map=getMapping(C_S)：遍历长度为 n 的标准链 C_S=$(\mathrm{BS}_1, \cdots, \mathrm{BS}_n)$，寻找 $H(E)$ 与 xs^* 的对应，得到两者的映射。

算法 14.7 E=proposeCorrection$\left(C_S, i, \mathrm{xs}^*\right)$：根据输入长度为 n 的标准链 C_S=$(\mathrm{BS}_1, L, \cdots, \mathrm{BS}_n)$、需要编辑的区块指数 $i \in \{1, \cdots, n\}$、新提出的数据 xs^*，得到交易 E。

14.2.4　针对公有链的编辑问题

为了适应参与者数量较大且流动性强、不易管理的公链系统，Deuber 等[4]提出了一种分布式的可编辑区块链协议，避免使用大规模安全多方计算协议，提升工作效率及实用性。

可编辑区块链协议的执行过程如图 14.6 所示，主要分为三步。

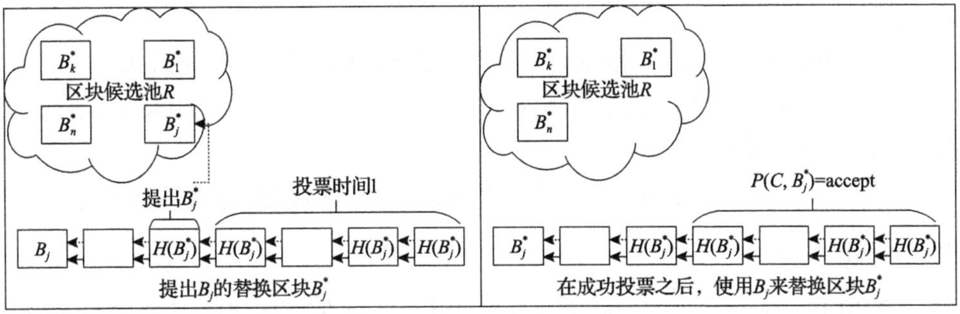

图 14.6　可编辑区块链协议执行过程

(1) 提出编辑请求，编辑请求中包含了将要编辑的区块索引及用于替换的候选区块。

(2) 验证候选区块，矿工收到编辑请求后，使用旧状态信息验证候选区块的合法性：①候选区块包含正确的先前区块信息；②候选区块经过了工作量证明；③候选区块不会使下一区块失效。候选区块验证合法之后，矿工在请求投票期间把对应请求的哈希值包含在矿工产生的下一个区块中。

(3) 根据验证结果判断是否执行编辑操作。投票结束之后，每个参与者根据区块链编辑策略验证请求是否被系统批准(如计算投票数量是否达到策略要求)，如果请求得到批准，参与者使用候选区块替换原始区块。

可编辑区块链协议：下面将给出可编辑区块链协议的形式化描述。首先介绍协议的基本概念及区块链基本协议，在此基础之上，再介绍可编辑区块链协议。

协议是指一组交互式图灵机(也称为节点)彼此交互的算法。将节点分为诚实节点和恶意节点两种类型。根据协议规则，诚实节点将按照外部环境输入的参数，执行相应的操作。在协议的执行过程中，诚实节点都会在每一轮开始时收到来自环境 Z 的输入，相应的，在每轮结束时将输出发送到环境 Z。恶意节点由系统中的恶意用户 A 控制，A 负责将所有(诚实或已损坏)节点发送的消息传递给所有其他方，传递过程中不能编辑诚实方广播消息的内容。在每轮执行过程中，A 随机获得节点的控制权。

假设一个不可编辑区块链协议为 Γ，通过一组接口接收来自外部环境 Z 的输入，作用到节点上。其中协议 Γ 的接口如下所示。

(1) $\{C',\perp\} \leftarrow \Gamma.\text{updateChain}$：返回存在的比当前区块链更长且合法的区块链 C，否则返回 $\perp$。

(2) $\{0,1\} \leftarrow \Gamma.\text{validateChain}(C)$：以区块链 C 为输入，验证 C 的合法性，合法时返回 1，否则返回 0。

(3) $\{0,1\} \leftarrow \Gamma.\text{validateBlock}(B)$：以区块 B 为输入，验证 B 的合法性，合法时返回 1，否则返回 0。

(4) $\Gamma.\text{broadcast}(x)$：以数据 x 为输入，将 x 广播给系统中其他节点。

可编辑区块链协议 Γ' 为了实现区块编辑功能，在上述协议的基础上，增加了两个接口，如下所示。

(1) $B_j^* \leftarrow \Gamma'.\text{proposeEdit}(C, j, x^*)$：以区块链 C、区块索引 j 及数据 x^* 为输入，得到候选区块 B_j^*。

(2) $\{0,1\} \leftarrow \Gamma'.\text{validateCand}(B_j^*, C)$：以候选区块 B_j^* 和区块链 C 为输入，验证候选区块是否合法，合法时返回 1，不合法时返回 0。

可编辑区块链协议的执行策略 Γ'_P： 除协议之外，接下来介绍区块链编辑策略 P 及规定编辑区块链 C 需要满足的条件。区块链编辑策略的最简单形式是通过投票率决定是否同意编辑，这个策略可以描述为：如果 $B_{r+l} \in C^{\lceil k}$ 且 B_r 与 B_{r+l} 之间 $H(B^*)$ 的比率(即投票率)不小于 ρ，其中 $k,l \in \mathbf{N}$，$0<\rho<1$，k 表示持久性参数，l 表示投票时间，ρ 表示规定投票时间必要的投票率，则称候选区块 B^* 满足区块链 $C := (B_1, \cdots, B_n)$ 的策略 P，即 $P(C, B^*) = \text{accept}$。协议策略规定了协议执行相应功能的条件和环境，而协议功能由对应的算法实现。从上文可以知道可编辑区块链协议的关键在于依照策略规定实现相应功能。

下面给出可编辑区块链协议执行策略 Γ'_P 的具体定义。

协议符号说明：假设协议 Γ' 包括一系列的执行轮次 r。使用参数描述协议 Γ'，包括表示协议的活性和持续性的参数 u 和 k，协议策略 P 中规定的参数 l(即投票时间)、ρ (即规定投票时间内候选区块接收时需要的最低投票率)。协议执行过程的策略分为初始化、更新链、候选区块池、修正链、创建新区块以及提出编辑请求等几个部分。初始化时需要将 C 设置为长度为 1 的区块链 $C \leftarrow \text{genesis}$，执行轮次 $r \leftarrow 1$，设置候选区块列表为空 $R := \varnothing$。

对于每一轮执行协议时，将进行下列操作：

(1) 更新链。每轮协议执行开始时，节点调用接口 $\Gamma'.\text{updateChain}$ 更新本地存储的区块链。

(2) 候选区块池。收集网络内部所有的候选区块 B_j^*，如果 Γ'.validateCand $\left(B_j^*, C\right)=1$，则将该区块添加到候选区块池 R 中。

(3) 修正链。对所有的候选区块 $B_j^* \in R$，如果 $P\left(C, B_j^*\right)=\text{accept}$，构建新的区块链 $C \leftarrow C^{\lceil n-j+1} \| B_j^* \| ^{j \rceil} C$，并将 B_j^* 从候选区块池中移除，而 B_j^* 被接收的要求是在投票时间 l 内，赞成的票数比率至少为 ρ；如果 $P\left(C, B_j^*\right)=\text{reject}$，只需将 B_j^* 从候选区块池中移除，而 B_j^* 被拒绝的要求是在投票时间 l 内，赞成的票数比率少于 ρ；如果 $P\left(C, B_j^*\right)=\text{voting}$，不做任何操作。

(4) 创建新区块。收集网络中第 r 轮所有的交易数据 x，通过执行后面几个步骤创建新区块 B_r：为候选区块投票，对于每一个正处于投票期的候选区块 $B_j^* \in R$，节点如果赞成编辑，则在数据 x 后添加 $H\left(B_j^*\right)$，即令 $x \leftarrow x \| H\left(B_j^*\right)$；创建新区块，在当前链头 $\text{Head}(C)$ 之后，创建新的区块作为下一链头；扩展本地区块链 $C \leftarrow C \| B$，如果 Γ'.validateChain$(C)=1$，将得到的新区块链广播到网络。

(5) 提出编辑请求。节点请求编辑区块 B_j（$j \in [n]$），使用新数据 x^* 创建候选区块 $B_j^* \leftarrow \Gamma'$.proposeEdit$\left(C, j, x^*\right)$，并通过调用接口 Γ'.broadcast$\left(B_j^*\right)$ 广播候选区块。

14.3　本 章 小 结

本章介绍了可编辑区块链的内容，分析了四种可编辑区块链的设计方法。第一种方法从区块生成方式着手，使用变色龙哈希函数，获得产生碰撞的随机数，在改变区块内容的同时而不改变区块哈希值。第二种方法通过改变交易活动性质来改变区块上的有效内容，不能删除和修改已经存在的数据，只能通过加密保证数据安全。第三种方法在修改过程中通过对新生成的区块进行重新共识，达到替换原区块的目标。第四种方法针对公有链可编辑区块链中存在的问题，提出一种安全可靠的可编辑区块协议。

参 考 文 献

[1] Ateniese G, Magri B, Venturi D, et al. Redactable blockchain-or-rewriting history in bitcoin and friends[C]. Proceedings of the IEEE European Symposium on Security and Privacy, Paris, 2017: 111-126.

[2] Puddu I, Dmitrienko A, Capkun S. μchain: How to forget without hard forks[EB/OL]. https://eprint.iacr.org/2017/106.pdf. [2020-08-03].

[3] Marsalek A, Zefferer T. A correctable public blockchain[C]. Proceedings of the 18th IEEE International Conference on Trust, Security and Privacy in Computing and Communications/13th IEEE International Conference on Big Data Science and Engineering (TrustCom/BigDataSE), Rotorua, 2019: 554-561.

[4] Deuber D, Magri B, Thyagarajan S A K. Redactable blockchain in the permissionless setting[C]. Proceedings of the IEEE Symposium on Security and Privacy, San Francisco, 2019: 124-138.

[5] Ashritha K, Sindhu M, Lakshmy K V. Redactable blockchain using enhanced chameleon hash function[C]. Proceedings of the 5th International Conference on Advanced Computing and Communication Systems, Coimbatore, 2019: 323-328.

[6] 李佩丽，徐海霞，马添军. 可更改区块链技术研究[J]. 密码学报, 2018, 5(5): 501-509.

[7] 任艳丽，徐丹婷，张新鹏，等. 基于门限环签名的可删除区块链[J]. 通信学报, 2019, 40(4): 71-82.

[8] 任艳丽，徐丹婷，张新鹏，等. 可更改的区块链方案[J]. 软件学报, 2020, 31(12): 3909-3912.

[9] Huang K, Zhang X, Mu Y, et al. Achieving intelligent trust-layer for internet-of-things via self-redactable blockchain[J]. IEEE Transactions on Industrial Informatics, 2020, 16(4): 2677-2686.

[10] Huang K, Zhang X, Mu Y, et al. Building redactable consortium blockchain for industrial internet-of-things[J]. IEEE Transactions on Industrial Informatics, 2019, 15(6): 3670-3679.

[11] Xu J, Xue K, Tian H, et al. An identity management and authentication scheme based on redactable blockchain for mobile networks[J]. IEEE Transactions on Vehicular Technology, 2020, 69(6): 6688-6698.